南华期货研究所金融及衍生品系列丛书

初学者入得门来，入门者深入门中，值得一读！
—— 全球金融期货之父 利奥·梅拉梅德（Leo Melamed）

金融工程学：
金融创新科技

陈松男 ◎ 著

场内外衍生品创新的磐石 >
"保险+期权"创新设计技术 >
持续创造有竞争力的产品 >
持续创造价值与提增收益 >

Financial Innovation Technology

中国财经出版传媒集团
中国财政经济出版社

图书在版编目（CIP）数据

金融工程学：金融创新科技/陈松男著. —北京：中国财政经济出版社，2018.7(2022.7重印)

（南华期货研究所金融及衍生品系列丛书）

ISBN 978 - 7 - 5095 - 8355 - 5

Ⅰ.①金… Ⅱ.①陈… Ⅲ.①金融学 Ⅳ.①F830

中国版本图书馆 CIP 数据核字（2018）第 140586 号

责任编辑：贾延平　　　　责任校对：黄亚青
封面设计：秦聪聪

中国财政经济出版社 出版
URL：http：//www.cfeph.cn
E - mail：cfeph @ cfeph.cn
（版权所有　翻印必究）
社址：北京市海淀区阜成路甲28号　邮政编码：100142
营销中心电话：010 - 88191537　北京财经书店电话：64033436　84041336
北京财经印刷厂印刷　各地新华书店经销
787×1092 毫米　16 开　26 印张　467 000 字
2018 年 8 月第 1 版　2022 年 7 月北京第 2 次印刷
定价：72.00 元
ISBN 978 - 7 - 5095 - 8355 - 5
（图书出现印装问题，本社负责调换）
本社质量投诉电话：010 - 88190744
打击盗版举报热线：010 - 88191661　QQ：2242791300

序 言

一本好书就像一盏明灯，照亮我们前进的道路。陈松男教授是金融工程方面的专家，在金融工程理论和实务操作领域都有很深的造诣，其系列著作不论在研究学者还是在金融业从业者中都有着深远的影响。南华期货十分荣幸地能够多次将陈教授的书收入《南华期货研究所金融及衍生品系列丛书》中。在如今这个信息大爆炸的时代，海量资讯、多元观点铺天盖地，人们仿佛置身于迷宫之中，寻觅一本好书变得十分困难。所以，当笔者看到陈松男教授的这本《金融工程学：金融创新科技》时，不禁眼前一亮。

本书内容深入浅出，巧妙地将丰富的衍生品创新技术和概念与实务应用接轨，让读者能够透彻理解高端金融工程的奥秘。提起金融工程书籍，大多数人能够联想到的都是较为高深的数学公式与刻板的经济学概念，学习使用的门槛之高让大家退避三舍。而本书为适应国内场外衍生品市场蓬勃发展、从业人员需求日渐增多的大环境，从初学者的观点出发，涵盖了从基础期权到奇异期权的经济学内涵、定价理论与风险对冲的方法与思路；从实际应用的角度考虑，列举了多个实务应用范例，包括权益类衍生产品、牛熊市衍生产品及其他结构性产品的介绍与解析，在传授知识之余，帮助读者融会贯通，开拓思维，并学以致用。相信此书能够成为有志青年进入场外衍生品领域的敲门砖，成为金融从业人士的重要参考资料、衍生品交易者的良师益友。

在此，我再次推荐《金融工程学：金融创新科技》一书。古人云：读书何所求？将以通事理。而本书的妙处，相信读者看过之后自会得其三昧。

罗旭峰

南华期货股份有限公司总经理

2018 年 8 月

前 言

在2014年之前，国内的场外衍生品（或客制化的衍生品）交易几乎不存在，特别是与实体企业、农产品和大宗商品关联的场外衍生品的交易更是缺乏，而且对场外期权的认知也很粗浅。在中国期货业协会、期货分析师协会与期货公司的积极推广下，三年后，场外衍生品的交易已成倍成长。在实体企业方面，已经出现了多种创新业务，如"期权/期货＋风险管理"的各种关联产品和"贸易＋衍生品"的产品。在农产品方面，保险公司与期货公司也积极合作并推出各种农产品的期权/期货保险单。在利率方面，大部分的衍生品都属于场外衍生品（比如利率互换、利率上限和下限期权、互换利率期权、利差期权等）。此外，外汇和大宗商品的衍生品也几乎都属于场外衍生品。其实，衍生品的适用对象不仅限于此，任何创新业务都可以嵌入不同类型的期权，以创造出更有竞争力的创新业务。比如，在资产配置和财富管理方面的产品都可以运用场外期权的概念创造出更有竞争力的产品，提高投资者的收益率，降低风险，进而优化投资组合的风险收益关系。根据国外场外衍生品未平仓的名义本金的统计数据（2014年），场外衍生品交易量已高达630万亿美元，约是场内衍生品（或交易所衍生品）的8倍之多。因此，在可预期的未来几年，国内场外衍生品市场会呈现出蓬勃发展的态势。

场内衍生品因其合约的标准化使其失去弹性，而无法满足实体企业及农业、贸易、金融机构和投资者等不同使用者的不同避险与风险管理的需求，同时也无法满足增益（增加收益率）和降低融资成本的需求。这些需求远远大于场内衍生品所能提供的。因此，在合约规格、到期日、执行价（行权价）和关联的合约条款没有标准化的情况下，场外衍生品市场迅速发展。

此外，场内衍生品因合约的标准化，其定价和对冲风险的方法比较容易为实务界人士所了解，但场外衍生品（包括期货、"期权+保险产品"）则不同，因为其产品是要满足实体企业及农业、金融机构和投资者等不同使用者的不同需求，所以产品的定价和对冲产品风险的方法更复杂、更困难，有时候甚至很棘手，难以处理。因此，导致产品定价的错误和对冲产品风险策略被扭曲，给日后带来风险累积的隐忧（如信用违约和刚性兑付风险）。要解决这方面的问题，需要有"对症下药"的好书、好教材和适当的培训教育（实务界和高校）。这就是本书所要肩负的责任与出版的目的。

笔者根据在美国马里兰大学任教多年的实务和培训经验，加上在中国大陆和台湾地区30多年的授课和实务操作经验，将授课的讲义经过多次调整与修订出版成本书。本书可以完善并解决目前国内衍生品市场发展所面临的两个问题：

一是衍生品的同质化和产品创新开发能力尚未达到国际水平。目前，在国内市场上所能看到的衍生品的创新，实质上是大同小异、大家互相仿效的，产品高度同质化，这显示出产品设计和开发能力的不足，无法创新具有竞争力的场外衍生品，建立自主品牌。

二是金融工程技术未能达到国际领先水平，导致衍生品的风险管理策略落后，隐藏了日后可能的金融危机。负责发行场外衍生品的金融机构（证券公司、期货公司和银行）必须对自己所发行的每一种衍生品备有详细的产品成本分析和自身所面临产品风险的风险管理策略，并在发行产品之前构建对冲产品风险的有效策略，而不是以投资组合"资金池"的现货观念，来对冲衍生品多种不同的非线性风险。这样的做法是非常危险的。因为每一种衍生品都有其独特的风险特征，必须彻底了解并构建适合于产品独特风险的有效对冲策略，切不可认为衍生品都有相同或类似的风险，更不可以将现货的线性风险管理方法直接应用于衍生品非线性风险的对冲。运用不正确的风险对冲方法会隐藏金融风险。

本书旨在提升国内衍生品的创新技术及定价和风险管理技术能力，掌握本书可达到场外衍生品国际领先的技术水平，使实体企业及农业、金融机构和其他使用者获益匪浅，使其能够降低使用衍生品的风险至最低水平。

此外，一旦场外衍生品的创新机构拥有衍生品关联的金融工程技术基础，就能够自主地进行衍生品关联的各种金融创新，设计多样化且有差异化的衍生品，提升自身的竞争力，对衍生品的风险能够评估，并能够构建一个有系统和有效率的对冲策略。这样，衍生品创新机构的信用风险和刚性兑付的风险就可以降低至最低水平，而且获利自然而稳定。只有这样，实体企业、"三农"、贸易公司、金融机构和其他场外衍生品的关联使用者才能够使风险可靠地被转嫁，且成本、价格被妥善管控。因此，实体企业、农业等的不同使用者可以稳定获利，并且能够安心地专注于本业的经营管理，并且能够应付来自国际的竞争压力。此外，投资者也能够优化理财管理与资产配置。

持续提升产品客制化与多样化的技术能力极为重要，因为衍生品的使用者会日益积累经验而成为老练的客户，这就需要持续创新更奇异、更有弹性的衍生品，以满足客户的需求变化，同时降低期权费用至客户可接受的水平。本书涵盖了许多丰富的衍生品创新技术和概念，能够让读者学到并掌握高端金融工程的创新技术。

国内关于衍生品创新、定价与风险管理的书籍，可以说是稀缺的。虽然有类似的英文书籍及其中文译本，但都是以比较高深的数学理论与刻板的数学公式呈现的，对金融经济概念的解释和实务应用并没有进行适当的介绍。对于衍生品的实务界人士和金融专业本科学生而言，想要了解金融与工程融会贯通的金融创新技术、概念和思路，是很困难的。此外，这些书籍几乎没有涉及基础期权在金融创新中所起的重要作用，更谈不上如何去评估和对冲创新产品的风险了。衍生品的基础期权如装修中用的基础颜色涂料，各种基础颜色涂料按不同的比例混合，就形成了各种颜色的涂料。产品创新与定价所需要的重要基础期权（如基础涂料）也是如此，一旦了解这些重要基础期权的经济内涵、定价与对冲风险的方法之后，将这些基础期权做适当的不同组合（或混合），就可以构建满足不同需求的创新衍生品了（如不同颜色组合的彩虹），也就是能够满足不同风险偏好的投资者、实体企业、金融机构和关联使用者的不同需求了，比如，避险、提升收益、降低融资成本、稳健套利、降低信用风险等。此外，任何一种比较复杂的创新衍生品都可以拆解成几个基础期权，据此可了解每一个基础期权的经济内涵、定价和对冲风险的方法，而后根据这些基础期权就可以得到新产品的正确定价，并提供有效率的新产品对冲风险的方法。同时，新衍生品的成本是可以控制的，并可以降低发行机构违约风险和刚性兑付的风险，而且实体企业、农业和金融机构等的不同使用者也可以得到风险转嫁的保险和保证。这给实体经济提供了正面的经济功能与价值。以上的亮点都是本书想要达到的目标。

本书的每一章包含一个或两个以上的重要基础期权的经济内涵、定价和对冲风险的方法与实务应用的范例，其内容完全是以初学者的角度出发，并以培训教育讲义为框架，由浅入深地带领读者一步一步地了解基础期权运用的基本数学概念与统计概率，并解释其所隐含的关联金融经济的概念以及实务应用的范例。这两个概念结合在一起就是"金融＋工程"的创新概念，简称金融工程学。如果没有金融经济的概念，本书就是枯燥的数学理论，而且会失去其与实务接轨的应用价值，更谈不上构建有效率且正确的风险对冲策略了。

本书所包含的衍生品的重要基础期权很丰富。这些基础期权可以让读者了解并提升各种衍生品（包括实体企业、资产配置、理财、信托等产品）的创新能力和定价能力，并能够正确且有效地去构建产品的风险控管策略。

本书所介绍的许多基础期权是学习与培训的范本。本书内容适用的对象包括：期货公司、证券公司、银行、保险、信托、共同基金、私募基金、资产配置、理财管理、社保基金、衍生品交易和风险管理部门等从业人士；欲提高对衍生品的灵活运用与优化研发能力的读者；想深入了解与衍生品关联的金融工程知识和其灵活操作技术的在校大学生（大学本科、硕士生、博士生）。相信他们必定能够获得极大的收益！

上海高级金融学院、上海交通大学　陈松男博士

2018 年 8 月

目　录

第1章　股价变动过程及伊藤定理 …………………………………………（ 1 ）
　　一、马可夫随机过程 ……………………………………………………（ 1 ）
　　二、概化韦努（Wiener）过程 …………………………………………（ 3 ）
　　三、伊藤过程与标的资产价格变动概率分布和实务意义 ……………（ 4 ）
　　四、伊藤定理的应用：衍生品价格的随机过程 ………………………（ 6 ）

第2章　布莱克—修斯期权的定价模型 …………………………………（ 12 ）
　　一、模型假设 ……………………………………………………………（ 12 ）
　　二、布莱克—修斯（BS）欧式看涨期权的定价、金融创新意义与
　　　　实务应用 ……………………………………………………………（ 12 ）
　　三、欧式看跌期权的定价模型、金融创新意义与实务应用 …………（ 18 ）
　　四、避险参数：对冲期权的五种风险 …………………………………（ 19 ）

第3章　莫顿期权模型（附加考量现金股息）及外汇期权 ……………（ 23 ）
　　一、布莱克—修斯（BS）模型的延伸：莫顿模型 ……………………（ 23 ）
　　二、运用莫顿模型推理外汇期权定价的缺点 …………………………（ 26 ）
　　三、莫顿模型的另一种推导方法 ………………………………………（ 27 ）

第4章　布莱克模型—期货期权 …………………………………………（ 29 ）
　　一、期货看涨期权的定价、金融创新与实务应用 ……………………（ 29 ）
　　二、期货看跌期权的定价、金融创新与实务应用 ……………………（ 31 ）

第5章　等价概率平赌的定价方法 ………………………………………（ 32 ）
　　一、风险中性的实务意义与资产价格的随机过程 ……………………（ 32 ）
　　二、Girsanov 定理与定价过程的简化 …………………………………（ 35 ）
　　三、等价概率平赌定价方法的应用 ……………………………………（ 38 ）

第6章 可降低期权费用的产品设计元件与定价 ……………………（43）
　　一、降低期权费用的产品设计 …………………………………（43）
　　二、期权产品创新、定价与对冲风险 …………………………（45）
　参考文献 …………………………………………………………（56）
　本章附录 …………………………………………………………（58）

第7章 组合型期权的正确定价及对冲风险方法 …………………（65）
　　一、实务应用范例 ………………………………………………（65）
　　二、组合型期权的定价 …………………………………………（66）
　　三、避险参数 ……………………………………………………（70）
　　四、正确的对冲风险策略 ………………………………………（71）
　　五、实证研究：模型的有效性与准确度 ………………………（74）
　本章附录 …………………………………………………………（79）

第8章 欧式及美式数字期权 ………………………………………（82）
　　一、数字期权的实务应用与产品创新 …………………………（82）
　　二、欧式数字期权与对冲风险 …………………………………（83）
　　三、美式数字期权与对冲风险 …………………………………（84）

第9章 二元期权：现金或无偿期权 ………………………………（90）
　　一、单一标的数字期权：现金或无偿付 ………………………（90）
　　二、双标的数字期权：以现金支付交割 ………………………（92）
　　三、现金砖期权：定价、产品设计、应用与对冲风险方法 …（96）
　　四、双标的数字期权：以标的资产交割支付 …………………（99）
　　五、资产砖期权与Delta对冲比率 ……………………………（102）
　本章附录 …………………………………………………………（104）

第10章 互换或价差期权 …………………………………………（106）
　　一、实务应用范例 ………………………………………………（106）
　　二、互换期权的特征与对冲风险 ………………………………（107）
　　三、互换期权的简易定价 ………………………………………（108）
　　四、互换期权的几个延伸模型与其平价联系 …………………（110）
　　五、金融创新与套利策略 ………………………………………（112）

第 11 章　后定期权：日后决定是看涨或看跌期权 ……………………（113）
一、设计的原意：避免未来的不确定性与降低期权成本 …………（113）
二、后定期权的定价 …………………………………………………（114）
三、对冲风险参数 ……………………………………………………（115）
四、多期定点的后定期权 ……………………………………………（116）
五、复杂型后定期权 …………………………………………………（117）

第 12 章　最大或最小值期权 ……………………………………………（119）
一、实务应用范例 ……………………………………………………（119）
二、最大值期权的定价 ………………………………………………（120）
三、最小值期权的定价 ………………………………………………（126）
四、特征与对冲风险的方法 …………………………………………（129）

第 13 章　复合期权：期权的期权 ………………………………………（131）
一、复合期权与其收益结构 …………………………………………（131）
二、复合期权的实务应用 ……………………………………………（133）
三、复合期权的定价：看涨期权的看涨期权 ………………………（133）
四、看涨期权的看跌期权定价模型（Put on a Call, PC）………（139）
五、看跌期权的看跌期权定价模型（Put on a Put）………………（140）
六、看跌期权的看涨期权定价模型（Call on A Put, CP）………（140）

第 14 章　外汇期权考量两国利率随机变动 ……………………………（141）
一、利率随机变动常见于国际与场外衍生品市场的交易 …………（141）
二、外汇看涨与看跌期权的价格关系 ………………………………（142）
三、外汇期权的平价关系、套利策略与外汇产品的创新 …………（143）
四、外汇期权的倒数（或反向）关系 ………………………………（145）
五、欧式外汇看涨和看跌期权的定价 ………………………………（147）
六、避险参数、风险控管与实务应用 ………………………………（150）
七、美式与欧式外汇期权的价格关系 ………………………………（152）
参考文献 ………………………………………………………………（152）

第 15 章　汇率挂钩远期契约 ……………………………………………（154）
一、常见于国际与场外衍生品市场的交易 …………………………（154）

二、在风险中性之下外汇和国外标的价格的随机过程 ……………（155）
三、四种不同的汇率挂钩远期契约与其定价 ……………………（160）
四、四种不同类型汇率挂钩远期契约之下的公允执行价格 ……（162）

第 16 章　汇率挂钩期权 ……………………………………………（164）

一、四种汇率挂钩期权与对冲风险的应用范例 …………………（164）
二、挂钩浮动汇率的期权：第一种汇率挂钩期权 ………………（166）
三、第二种汇率挂钩期权：定价与 Delta 对冲比率 ……………（168）
四、挂钩固定汇率期权：第三种汇率挂钩期权 …………………（170）
五、第四种汇率挂钩期权 …………………………………………（173）
参考文献 ……………………………………………………………（176）
本章附录一　第一种汇率挂钩看涨期权的定价 …………………（177）
本章附录二　第三种汇率挂钩期权的定价 ………………………（178）
本章附录三　第四种汇率挂钩期权的定价 ………………………（180）

第 17 章　美式汇率挂钩期权 ……………………………………（182）

一、提前行权的可能性 ……………………………………………（182）
二、美式第一类型汇率挂钩看涨或看跌期权 ……………………（184）
三、美式第二类型汇率挂钩看涨或看跌期权 ……………………（186）
四、美式第三类型汇率挂钩看涨或看跌期权 ……………………（188）
五、美式第四类型汇率挂钩看涨或看跌期权 ……………………（190）

第 18 章　平均式汇率期权 ………………………………………（192）

一、简介与实务应用 ………………………………………………（192）
二、算术平均式期权的平价关系 …………………………………（193）
三、定价模型：动差匹配方法 ……………………………………（196）

第 19 章　亚洲式期权：倒数 γ 概率分布及封闭解模型 ………（199）

一、股价算术平均值的定义及性质 ………………………………（200）
二、γ 与倒数 γ 概率分布的关系 …………………………………（202）
三、定价模型 ………………………………………………………（205）
四、避险参数 ………………………………………………………（211）
参考文献 ……………………………………………………………（211）

第20章 远期生效亚洲式期权 (213)
一、作为对冲风险的实务范例 (213)
二、定价模型与避险参数 (214)
三、远期生效亚洲式期权的平价关系 (219)
四、定价模型的准确度 (220)
本章附录一 (221)
本章附录二 (223)

第21章 重设型看跌期权 (224)
一、简介与实务应用范例：保护投资者与保值担保品 (224)
二、重设型看跌期权的定义 (225)
三、欧式重设型看跌期权的定价 (226)
四、重设型与一般看跌期权价格的比较 (231)
五、重设型与一般看跌期权 Vega 的比较 (232)
六、重设型与一般看跌期权 Delta 的比较 (233)
七、重设型看跌期权价值与最佳重设点（t）的设定 (233)
八、美式重设型看跌期权定价：二叉树 (234)

第22章 重设型熊市认售权证的创新 (237)
一、作为投资组合的保险策略 (237)
二、重设型熊市认售权证的定义 (238)
三、定价模型 (239)
四、风险特征与避险参数 (243)
五、美式重设型熊市认售权证 (245)

第23章 多点重设型期权 (246)
一、作为担保品保值的保险策略 (246)
二、重设程序及到期现金流量 (247)
三、多点重设型看涨期权的定价及避险参数 (248)
四、多点重设型看涨期权的内涵和意义 (250)
五、多点重设型看涨期权的 Delta 和 Gamma 参数 (251)
六、多点重设型看涨期权避险的困难 (253)
七、多点重设型与一般看涨期权 Delta 的比较 (254)

八、多点重设型看跌期权的定价和避险参数 …………………………… (255)
　　九、多点重设型看跌期权的 Delta 和 Gamma 参数 ………………………… (256)
　　十、多点重设型看跌期权的 Delta 小于零（$\Delta\rho<0$）………………… (257)
　　本章附录 …………………………………………………………………… (258)

第 24 章　回顾型期权 ……………………………………………………… (261)
　　一、四个不同类型的回顾型期权与实务应用 ……………………………… (261)
　　二、最高及最低标的价格的概率分布 ……………………………………… (262)
　　三、回顾型看涨期权的定价和对冲风险的方法：浮动执行价 …………… (263)
　　四、回顾型看跌期权的定价和对冲风险的方法：浮动执行价 …………… (269)
　　五、固定执行价格的回顾型看涨期权的定价与对冲风险的方法 ………… (272)

第 25 章　连续执行价（或限界）期权 …………………………………… (276)
　　一、可降低避险困难度的期权 ……………………………………………… (276)
　　二、连续执行价的期权与对冲风险的方法 ………………………………… (276)
　　三、连续执行价的限界期权与对冲风险的方法 …………………………… (281)
　　四、平方期权 ………………………………………………………………… (283)
　　五、软性限界期权：避险者不会立即失去保护 …………………………… (283)

第 26 章　美式期权效率定价法 …………………………………………… (286)
　　一、近似公式解定价的优点 ………………………………………………… (286)
　　二、欧式期权定价的回顾 …………………………………………………… (286)
　　三、美式期权定价：近似定价方法 ………………………………………… (288)
　　四、数值分析法：以 BW 方法求出近似价格 S^* 及 S' ………………… (293)
　　参考文献 …………………………………………………………………… (294)

第 27 章　二叉树期权定价模型：CRR ……………………………………… (296)
　　一、模型概念 ………………………………………………………………… (296)
　　二、定价期权的基本概念 …………………………………………………… (296)
　　三、二叉树定价模型的理论 ………………………………………………… (298)
　　四、二叉树定价模型的极限——布莱克—修斯（BS）模型 ……………… (306)
　　五、二叉树模型的其他定价应用 …………………………………………… (313)
　　参考文献 …………………………………………………………………… (314)

第28章 二叉树定价模型之应用：美式及奇异期权定价 ……………… (315)

    一、美式期权的定价：二叉树模型的应用范例 …………………… (315)

    二、美式外汇期权的二叉树定价：应用范例 ……………………… (320)

    三、美式期货期权的二叉树定价：应用范例 ……………………… (322)

    四、奇异期权的二叉树定价 ………………………………………… (325)

    参考文献 ……………………………………………………………… (335)

    本章附录 ……………………………………………………………… (335)

第29章 三叉树的期权定价模型 ………………………………………… (338)

    一、三叉树模型：单一情况变数模型 ……………………………… (338)

    二、三叉树与二叉树模型计算速度与准确度的比较 ……………… (341)

    三、限界期权定价：三叉树更快、更准确 ………………………… (344)

    四、双情况变数的三叉树模型 ……………………………………… (345)

    参考文献 ……………………………………………………………… (348)

第30章 随机过程与最大及最小值的概率分布 ………………………… (350)

    一、路径相依的结构式与场外衍生品 ……………………………… (350)

    二、基础概率理论 …………………………………………………… (350)

    三、布朗运动（W_t）及其最大最小值（$W_{W,t}$ 及 $m_{w,t}$）的概率分布：
        运用反射原理 …………………………………………………… (351)

    四、含有飘移项的布朗运动（X_t）及其最大值（$M_{x,t}$）的联合概率
        分布 ……………………………………………………………… (356)

    五、几何布朗运动（Y_t）及其最大值（$M_{y,t}$）的联合概率分布 … (359)

    六、几何布朗运动（Y_t）及其最小值（$m_{y,t}$）的联合概率分布 …… (360)

    七、第一触及时间的概率分布与实务应用 ………………………… (361)

第31章 限界期权 ………………………………………………………… (362)

    一、原理与实务应用 ………………………………………………… (362)

    二、标的价格与最大及最小值之概率分布 ………………………… (362)

    三、往下敲出与往下敲入看涨期权 ………………………………… (366)

    四、往上敲出及往上敲入看涨期权 ………………………………… (367)

    五、往下敲出及往下敲入看跌期权 ………………………………… (368)

    六、往上敲出及往上敲入看跌期权 ………………………………… (369)

第32章　跨越限界期权 …………………………………………………（370）

　　一、实务应用范例 …………………………………………………（370）

　　二、定价模型的介绍 ………………………………………………（371）

　　三、联合概率分布函数 ……………………………………………（374）

　　四、定价模型的推导 ………………………………………………（378）

　　五、相关系数大小对限界期权价值的影响 ………………………（380）

　　参考文献 ……………………………………………………………（381）

第33章　场外衍生品与投资产品设计的七个示范案例：定价与对冲
　　　　　产品风险 …………………………………………………（382）

　　一、挂钩股指的定期存款（或票据） ……………………………（382）

　　二、牛熊式产品：上涨或下跌通吃 ………………………………（384）

　　三、后定牛熊式产品：日后决定是看涨或看跌期权 ……………（386）

　　四、资产配置产品：保本保收益和获得两种资产的最高收益率 …（388）

　　五、熊市的增益产品 ………………………………………………（390）

　　六、每日区间累计收益期权产品 …………………………………（392）

　　七、双鲨鱼鳍期权产品（Double-Shark fin option, DSO） ……（394）

第1章 股价变动过程及伊藤定理

一、马可夫随机过程

在本章中,我们首先介绍随机过程的基本概念,而后介绍如何运用它去捕捉标的物(股票、指数、利率或大宗产品)价格的随机变动行为,了解标的物价格的随机过程是了解衍生品原理的开始与基础。

由实证得知,股价、利率及汇率变动过程呈现随机行为而无法预测。它的变动过程可以用某一种随机过程(Stochastic Process)来形容(或代表)。其中之一是韦努过程(Wiener Process)或称布朗运动(Brownian Motion),它是马可夫随机过程(Markov Stochastic Process)的一种。一个随机变数 z 成为韦努过程或布朗运动必须要具备下列两个条件:

1. 在某一小时间段 Δt 内,它的变动是与时段 Δt 及纯随机变动 ε(或称 White Noise)相关,可用下列公式表示:

$$\Delta z_t = \varepsilon \sqrt{\Delta t} \tag{1-1}$$

此处 $\Delta z_t = z_t - z_{t-1}$,  , Δt 代表从 $t-1$ 到 t 的时段,$\varepsilon \sim N(0,1)$,ε 是正态分布,零期望期及方差等于1。

2. 在两个不重叠时段 Δt 及 Δs,z 的增量 Δz_t 及 Δz_s 是独立的(即相系数 = 0)(这条件是马可夫随机过程成立的条件)。

$$Cov(\Delta z_t, \Delta z_s) = 0 \tag{1-2}$$

此处 $\Delta z_t = z_t - z_{t-1}$，$\Delta z_s = z_s - z_{s-1}$，$t-1 < t < s-1 < s$，$\Delta s$ 代表从 $s-1$ 到 s 的时段。

根据上述两个条件，随机增量 Δz 的概率分布性质如下：

1. 它的期望值（或称均值）为零，即 $E(\Delta z_t) = 0$。

2. 其方差为 $Var(\Delta z_t) = Var(\varepsilon \sqrt{\Delta t}) = \Delta t$（其方差是时段的长度 Δt），其标准差是 $\sqrt{Var(\Delta z_t)} = \sqrt{\Delta t}$（其标准差是时段的平方根）。

当时段的长度放大至 T 时（即从现在的 0 至未来时间 T），随机变量 Δz_T 的概率分布如下：

1. $E(\Delta z_T) = 0 (\Delta z_T = z_T - z_0)$。

2. $Var(\Delta z_T) = T$，其方差是时段的长度 T，其标准差为 $\sqrt{Var(\Delta z_T)} = \sqrt{T}$。

证明

如果将长时段 T 分成 N 个小时段 $\Delta t \left(= \dfrac{T}{N} \right)$，则

$$\Delta z_T = z_T - z_0 = \sum_{i=1}^{N} \Delta z_i$$

$$\Delta z_i = z_i - z_{i-1} = \varepsilon_i \sqrt{\Delta t} = \sum_{i=1}^{N} \varepsilon_i \sqrt{\Delta t} = \sqrt{\Delta t} \sum_{i=1}^{N} \varepsilon_i$$

对 Δz_T 取期望值及方差即可容易证明（简单统计演算）

$$E(\Delta z_T) = \sqrt{\Delta t} \cdot \sum_{i=1}^{N} E(\varepsilon_i) = 0 \quad [\because E(\varepsilon_i) = 0]$$

$$Var(\Delta z_T) = \Delta t \, Var\left(\sum_{i=1}^{N} \varepsilon_i\right) = \Delta t \cdot N = T$$

原因是 $E(\varepsilon_i^2) = 1 = Var(\varepsilon_i)$。

在连续时间下（Continuons Time），瞬间变量 dz_t 的性质可由式（1-1）及（1-2）分别转化成为式（1-3）及（1-4）如下：

$$dz = \varepsilon \sqrt{dt} \tag{1-3}$$

$$Cov(dz_t, dz_s) = 0 \tag{1-4}$$

此处，当时段 Δt 趋近于零时，其极限为 dt（不是零），且 $\Delta z_t \to dz_t$（箭头表示趋近），其概率分布性质如下：

$dz_t \sim N(0, dt)$（正态分布）

其 $E(dz_t) = 0$，$Var(dz_t) = dt$。在连续时间下，dz_t 的瞬间期望值为零，且其瞬间标准差为 $\sqrt{dt}$（其方差为 dt）。

布朗运动（dz_t）只能捕捉标的物的随机变动部分，无法捕捉全部的随机变

动过程。下一节介绍一个概化模型，它可以捕捉随机变动的全部过程。

二 概化韦努（Wiener）过程

前一节 dz_t 的变动呈现零期望值及方差 1（每单位时间 dt），且是正态概率分布，但有些随机变量的增量概率分布并不一定呈现零期望值及方差 1。因此，我们可修改前一节的随机过程，使其增量的期望不是零，且方差不是 1。此随机过程称为概化韦努随机过程（Generalized Wiener Process），其数学公式的定义如下：

$$dX_t = adt + bdz_t \qquad (1-5)$$

此处，dX_t 代表随机变量 X 的瞬间变量，a 代表随机变量 X 的瞬间变量期望值（每单位时间 dt）或称为飘移项（Drift），b 代表 dt 的瞬间标准差（每单位时间 $\sqrt{dt}$）。

根据式（1-5），随机变量 X 的瞬间变量 dX_t 概率分布性质为：

1. $E(dX_t) = adt$
2. $Var(dX_t) = b^2 dt$，$\sqrt{Var(dX_t)} = b\sqrt{dt}$
3. $dX_t \sim N(adt, b^2 dt)$，正态分布

若以间断时间 Δt 来代表式（1-5），则式（1-5）及其概率分布的性质如下：

$$\Delta X_t = a\Delta t + b\Delta z_t \qquad (1-6)$$

此处，$E(\Delta X_t) = a\Delta t$

$Var(\Delta X_t) = b^2 \Delta t$，$\sqrt{Var(\Delta X_t)} = b\sqrt{\Delta t}$

$\Delta X_t \sim N(a\Delta t, b^2 \Delta t)$

式（1-5）所代表的随机过程意义如下：

随机变量 X 的变动过程中，除了随机变动（dz_t）外，尚有另一个随时间成长的变动成分（Growth with Time），即 $dX_t = adt$（暂忽略随机项 dz_t），对它的两边积分从 0 到 t，可得：

$$\therefore \int_0^t dX_t = \int_0^t a ds \Rightarrow X_t - X_0 = a(t - 0)$$

$$\therefore X_t = X_0 + at$$

所以，随机变动 X 从时间 $t=0$ 开始的初始值 X_0，以 a 的比率随着时间成长（即 at），加上另一项无法预测的随机变动 bdz_t，这也就是式（1-5）或式（1-6）所代表的意义。

伊藤过程与标的资产价格变动概率分布和实务意义

虽然概化韦努随机过程（Generalized Wiener Process）式（1-5）比式（1-1）及（1-3）更能完整代表某些随机变量的变动过程，但仍不足以代表其他随机变量的复杂变动过程。比它更完整的随机过程称为伊藤过程（Itô Process），其数学程序如下：

$$dX_t = a(x,t)dt + b(x,t)dz_t \qquad (1-7)$$

此处，$a(x,t)$ 代表随机变量 X_t 的瞬间变量期望值，它会随着变量 X_t 本身及时间的变动而变动，也就是 $a(x,t)$ 不是固定不变；$b(x,t)$ 代表 X_t 的瞬间变量的标准差，它也是随着 X_t 及时间 t 变动，不是固定不变的。

因此，其期望值、方差和标准差为：

$$E(dX_t) = a(x,t)dt$$

$$Var(dX_t) = b^2(x,t)dt$$

$$\sqrt{Var(dX_t)} = b(x,t)\sqrt{dt}$$

布莱克—修斯（Black Scholes）期权定价模型是根据伊藤过程（Itô Process）的一种特别模型来代表股价的变动过程，表示如下：

$$dS_t = \mu S_t dt + \sigma S_t dz_t \qquad (1-8)$$

此处，S_t 代表在时间 t 的某种股票（或指数）的价位，它是一种随机变数（即 $X_t = S_t$）；μS_t 代表股价变量 dS_t 的瞬间期望值，$E(dS_t) = \mu S_t dt$；σS_t 代表股价变量的瞬间标准差，$\sqrt{Var(dS_t)} = \sigma S_t dt$。

式（1-8）显然是伊藤过程的一种变动程序 $[\because a(x,t) = \mu S, b(x,t) = \sigma S]$。式（1-8）的股价变动过程也可以股票收益率表示如下（为方便计，我们将 S_t 及 z_t 的下标 t 符号 t 予以忽略）：

$$\frac{dS}{S} = \mu dt + \sigma dz \qquad (1-9)$$

此处，$\dfrac{dS}{S}$ 代表股票的瞬间收益率（Instantaneous Rate of Return）；μ = 股票的期望瞬间收益率（Expected Instantaneous Rate of Return），即 $E\left(\dfrac{dS}{S}\right) = \mu dt$；$\sigma$ = 股票的收益率瞬间标准差（Instantaneous standard Deviation of Return），即 $Var\left(\dfrac{dS}{S}\right) = \sigma^2 dt$。

式（1-8）或（1-9）代表股价（或收益率）的变动，除了呈现随机变动项（$\sigma S dz_t$）外，仍有一项代表股价会以期望值 μ 的比率随时间成长，其证明如下（暂时忽略随机项）：

$$\dfrac{dS}{S} = \mu dt \Rightarrow \int_0^t \dfrac{dS}{S} = \int_0^t \mu dt$$

$\therefore \ln S_t - \ln S_0 = \mu t \Rightarrow S_t = S_0 e^{\mu t}$ \hfill (1-10)

若现在（$t=0$）的股价是 S_0，则股价是以成长率 μ 随时间成长至未来股价 $S_0 e^{\mu t}(=S_t)$。因此，股价除了以指数函数成长（即以连续复利成长）外，仍会因宏观经济因素及个股本身因素的随机冲击影响，而呈现随机变动。此随机变动是由式（1-8）的随机项 $S \sigma d z_t$ 代表。所以，式（1-8）或（1-9）比式（1-5）能更充分地代表股价的变动过程。布莱克—修斯（Black-Scholes）模型及其期权的标的股价变动过程都是以伊藤过程式（1-8）或（1-9）作为基础。

在离散时间（Discrete Time）架构下，式（1-8）及（1-9）可改写为：

$\Delta S = \mu S \cdot \Delta t + \sigma S \cdot \Delta z$ \hfill (1-11)

$\dfrac{\Delta S}{S} = \mu \cdot \Delta t + \sigma \cdot \Delta z$ \hfill (1-12)

$\therefore E\left(\dfrac{\Delta S}{S}\right) = \mu \cdot \Delta t$（期望收益率）

$Var\left(\dfrac{\Delta S}{S}\right) = \sigma^2 \Delta t$（收益率的方差）

$\dfrac{\Delta S}{S}$ 是正态分布 $N(\mu \Delta t, \sigma^2 \Delta t)$，也就是说，股票收益率 $\dfrac{\Delta S}{S}$ 是正态分布，期望值为 μ（每单位时间 Δt），且标准差为 σ（每单位时间 $\sqrt{\Delta t}$）。

四 伊藤定理的应用：衍生品价格的随机过程

衍生品是由标的物（股票、利率、汇率或商品）衍生而出的产品，其价格变动行为当然受到标的物价格的变动影响而产生变动。因标的价格的变动过程可由伊藤（Process）公式（1-8）或（1-9）代表，则衍生品的价格变动过程应如何表示呢？可借用伊藤定理〔是由日本一位数学家 K. Ito（1951）推导而出〕来推导任何衍生品的随机过程。首先我们先证明该定理，而后介绍其应用。重视实务应用的读者可以忽略定理的证明，但要学习其后的例题应用。

Itô 定理 1

假设某随机变量 X 的变动过程可由伊藤过程表示如下：
$$dX = a(X,t)dt + b(X,t)dW \tag{1-13}$$
此处，dW 代表布朗运动（Brownian Motion），也可以用 dz 代表。

令 $f(X,t)$ 为随机变量 X 及时间 t 的函数，亦即 $f(X,t)$ 代表标的 X 的某一种衍生品价格，如看涨期权、看跌期权、期货价格等，则该衍生品价格的随机变动过程可表示如下：

$$df = \left(\frac{\partial f}{\partial t} + \frac{\partial f}{\partial X} a + \frac{1}{2} \frac{\partial^2 f}{\partial X^2} b^2 \right) dt + \frac{\partial f}{\partial X} \cdot b\, dW \tag{1-14}$$

此处，$f = f(X,t)$，a 代表 $a(X,t)$，b 代表 $b(X,t)$。

证明

在离散时间下，式（1-13）成为：
$$\Delta X = a(X,t)\Delta t + b(X,t)\Delta W \tag{1-15}$$

$\Delta W = \varepsilon \sqrt{\Delta t}$ 是由式（1-3）而来的。

利用泰勒展开式 $f(X,t)$ 可以展开如下：

$$\Delta f = \frac{\partial f}{\partial t} \cdot \Delta t + \frac{\partial f}{\partial X} \cdot \Delta X + \frac{1}{2} \frac{\partial^2 f}{\partial X^2} \Delta X^2 + \frac{\partial^2 f}{\partial X \partial t} \Delta X \cdot \Delta t + \frac{1}{2} \frac{\partial^2 f}{\partial t^2} \Delta t^2 + \cdots \tag{1-16}$$

在连续时间下（$\Delta t \to 0$）：

$\Delta X \cdot \Delta t \to 0$ ($dt^{3/2} = 0 = dt^2$, 当 $\Delta t \to 0$)

$\Delta t^2 \to dt^2 = 0$ （当 $\Delta t \to 0$）

泰勒展开式中的 $\Delta X \cdot \Delta t$、Δt^2 及其他高次项，在连续时间下皆可视为零。在式（1-16）中，我们只要寻求计算前三项即可。首先，$\Delta X^2 = b^2 \varepsilon^2 \Delta t$ + 其他比 Δt 高次的项目（即 $\Delta t^{3/2}$，Δt^2，Δt^3 等）。则 $Var(\Delta X^2) = (b^2 \Delta t)^2 \cdot Var(\varepsilon^2) \to 0$ 当 $\Delta t \to 0$ ($\because \Delta t^2 \to 0$)。

因此，在连续时间下 ($\Delta t \to 0$)，ΔX^2 的方差收敛为零（即不呈现随机变动）。故 $\lim_{\Delta t \to 0} \Delta X^2 = b^2 dt$ [即 ΔX^2 收敛至 $b^2 dt$，当 $\Delta t \to 0$；此外，$E(\Delta X^2) = b^2 \Delta t E(\varepsilon^2) = b^2 dt$，又当 $\Delta t \to 0$，$Var(\varepsilon) = E(\varepsilon^2) = 1$]。

所以，

当 $\Delta t \to 0$，式（16）变成为：

$$df = \frac{\partial f}{\partial t}dt + \frac{\partial f}{\partial X}dX + \frac{1}{2}\frac{\partial^2 f}{\partial X^2}dX^2$$

$$= \frac{\partial f}{\partial t}dt + \frac{\partial f}{\partial X}(adt + bdW) + \frac{1}{2}\frac{\partial^2 f}{\partial X^2}(adt + bdW)^2$$

$$= \left(\frac{\partial f}{\partial t} + \frac{\partial f}{\partial X}a + \frac{1}{2}\frac{\partial^2 f}{\partial X^2}b^2\right)dt + \frac{\partial f}{\partial X}bdW$$

这就是式（1-14）。

例1：

令股价的变动过程如同式（1-8）所示。设 $f = \ln S$，它代表一个对数合约（Log Contract）。该合约的随机变动过程可由伊藤定理求得。首先计算相关微分如下：

$$\frac{\partial f}{\partial t} = 0, \quad \frac{\partial f}{\partial S} = \frac{1}{S}, \quad \frac{\partial^2 f}{\partial S^2} = \frac{-1}{S^2}$$

将上面微分代入伊藤定理式（1-14），即得对数合约 $\ln S$ 的随机变动过程如下：

$$d\ln S = \left(0 + \left(\frac{1}{S}\right) \cdot \mu S + \frac{1}{2}\left(\frac{-1}{S^2}\right)(\sigma S)^2\right)dt + \left(\frac{1}{S}\right)(\sigma S)dW$$

$$= \left(\mu - \frac{\sigma^2}{2}\right)dt + \sigma dW \qquad (1-17)$$

对数合约 $\ln S$ 的随机变动过程式（1-17）代表它的瞬间变量（$d\ln S$）呈现正态分布，其期望值为 $\left(\mu - \frac{\sigma^2}{2}\right)dt$，而且其方差与股票收益率的方差 $\sigma^2 dt$ 相同，也就是：

$d \ln S$ 是正态分布 $N\left[\left(\mu - \dfrac{\sigma^2}{2}\right)dt,\ \sigma^2 dt\right]$。 (1-18)

在离散时间 (ΔT) 下，$\Delta \ln S_T$ 也是正态分布 $N\left[\left(\mu - \dfrac{\sigma^2}{2}\right)(T-t),\ \sigma^2(T-t)\right]$。

此处，时间是从现在 t 至未来时间 T，因为 $\Delta \ln S_T = \ln S_T - \ln S_t$，所以上式也可书写为：

$$\ln S_T - \ln S_t \sim N\left[\left(\mu - \dfrac{\sigma^2}{2}\right)\tau,\ \sigma^2 \tau\right],\quad \tau = T - t$$

或

$$\ln S_T \sim N\left[\ln S_t + \left(\mu - \dfrac{\sigma^2}{2}\right)\tau,\ \sigma^2 \tau\right] \tag{1-19}$$

也就是说，股票（或其他标的）的对数价格概率分布是正态分布，其期望值为 $\ln S_t + \left(\mu - \dfrac{\sigma^2}{2}\right)\tau$，方差为 $\sigma^2 \tau$。

式 (1-19) 除了代表对数价格的变动过程外，它亦代表股价的动态变动过程 (Dynamics of the Stock Price)。只要将式 (1-17) 的两边进行积分即可求得：

$$\int_t^T d\ln S = \int_t^T \left(\mu - \dfrac{\sigma^2}{2}\right)du + \int_t^T \sigma dW$$

$$\ln S \big|_t^T = \left(\mu - \dfrac{\sigma^2}{2}\right)(T-t) + \sigma(W_T - W_t)$$

$$\ln(S_T/S_t) = \left(\mu - \dfrac{\sigma^2}{2}\right)\tau + \sigma \Delta W_T,\quad \Delta W_T = W_T - W_t$$

$$\therefore S_T = S_t \exp\left[\left(\mu - \dfrac{\sigma^2}{2}\right)\tau + \sigma \Delta W_T\right] \tag{1-20}$$

式 (1-20) 说明股价本身的随过程是从现在的股价 S_t 开始，以指数函数的比率成长，其中一部分的成长是随时间而变，但不是随机变动（由 $e^{(\mu - \sigma^2/2)\tau}$ 代表），另一部分的成长是无法预测的，且呈现随机变动（由 $e^{\sigma \Delta W_T}$ 代表）。

例 2：

令股价变动过程如同式 (1-8) 所示。股票远期契约的价格可以表示为 $f(S, t) = S - K e^{-r\tau}$，$\tau =$ 尚存到期日 $(T-t)$。求解该远期契约的价格变动过程 (df)。

首先求出偏微分如下：

$$\dfrac{\partial f}{\partial t} = -rKe^{-r(T-t)},\quad \dfrac{\partial f}{\partial S} = 1,\quad \dfrac{\partial^2 f}{\partial S^2} = 0$$

利用伊藤定理：

$$df = \left(-rKe^{-r(T-t)} + (1) \cdot \mu S + \frac{1}{2} \times 0 \right) dt + (1)\sigma S dW$$

$$= (\mu S - rKe^{-rt}) dt + \sigma S dW$$

例3：

股票的远期价格可表示为 $f(S, t) = Se^{r(T-t)}$，求解远期价格的随机变动过程。

先求偏微分如下：

$$\frac{\partial f}{\partial t} = -rSe^{r(T-t)}, \quad \frac{\partial f}{\partial S} = e^{r(T-t)}, \quad \frac{\partial^2 f}{\partial S^2} = 0$$

将上面的微分代入伊藤定理1即式（1-14）可获得远期价格的随机变动过程为：

$$df = \left(-rSe^{r(T-t)} + e^{r(T-t)} \cdot \mu S + \frac{1}{2} \cdot 0 \right) dt + e^{r(T-t)} \cdot \sigma S dW$$

$$= (-rf + \mu f) dt + \sigma f dW, \quad f = Se^{r(T-t)}$$

$$= (\mu - r) f dt + \sigma f dW$$

Itô 定理 2

假设 X_1 及 X_2 的随机变动过程如下：

$$dX_1 = a_1(X_1, t) dt + b_1(X_1, t) dW_1 \quad (1-21)$$

$$dX_2 = a_2(X_2, t) dt + b_2(X_2, t) dW_2 \quad (1-22)$$

令 $f = f(X_1, X_2, t)$ 为 X_1 及 X_2 的函数，它代表两标的物 X_1 及 X_2 的衍生品，则该衍生品的价格随机变动过程如下：

$$df = \left(\frac{\partial f}{\partial t} + \frac{\partial f}{\partial X_1} a_1 + \frac{\partial f}{\partial X_2} a_2 + \frac{1}{2} \frac{\partial^2 f}{\partial X_1^2} b_1^2 + \frac{1}{2} \frac{\partial^2 f}{\partial X_2^2} b_2^2 + \frac{\partial^2 f}{\partial X_1 \partial X_2} \rho_{12} b_1 b_2 \right) dt + \left(\frac{\partial f}{\partial X_1} \cdot b_1 dW_1 + \frac{\partial f}{\partial X_2} b_2 dW_2 \right) \quad (1-23)$$

此处：

$$a_i = a_i(X_i, t), \quad i = 1, 2$$

$$b_i = b_i(X_i, t), \quad i = 1, 2$$

$$\rho_{12} = Corr(dX_1, dX_2)$$

式（1-23）的证明与伊藤定理1的证明很相似。将 $f(X_1, X_2,)$ 以泰勒展开式表示：

$$\Delta f = \frac{\partial f}{\partial t} \Delta t + \frac{\partial f}{\partial X_1} \Delta X_1 + \frac{\partial f}{\partial X_2} \Delta X_2 + \frac{1}{2} \frac{\partial^2 f}{\partial X_1^2} (\Delta X_1)^2 + \frac{1}{2} \frac{\partial^2 f}{\partial X_2^2} (\Delta X_2)^2 + \frac{\partial^2 f}{\partial X_1 \partial X_2}$$

$\Delta X_1 \cdot \Delta X_2 + \cdots$ (1-24)

再利用在离散时间下的 ΔX_1 及 ΔX_2 定义，以及 $dt dW_1 = 0$，$dt dW_2 = 0 \Delta X_2$，$dt^{3/2} = 0$ 及其他高次项为零，则在平均值平方的收敛原理（Mean-Square Convergence）下，式（1-23）可证明成立，也就是运用下列规则：

$\Delta X_i = a_i \Delta t + b_i \sqrt{\Delta t}$，$i = 1, 2$

且 $Var(\Delta X_i^2) = b_i^2 \varepsilon_i^2 (\Delta t)^2 \to 0$，当 $\Delta t \to 0$

故 $\lim_{\Delta t \to 0} \Delta X_i^2 = b_i^2 dt$（即当 $\Delta t \to 0$，ΔX_i^2 不呈现随机变动，且等于 $b_i^2 dt$）

同样的，$\lim_{\Delta t \to 0} \Delta X_i \Delta X_j = \rho_{ij} b_i b_j dt$

则当 $\Delta t \to 0$，式（1-24）即可化简成为式（1-23）。

由两个随机变量的伊藤定理可延伸至 n 个随机变量的伊藤定理如下：令

$$dX_i = a_i(X_i, t) dt + b_i(X_i, t) dW_i, \quad i = 1, 2, \cdots, n \quad (1-25)$$

设 $f = f(X_1, X_2, \cdots, X_n, t)$，则几个标的衍生品的价格随机过程可以表示如下：

$$df = \left(\frac{\partial f}{\partial t} + \sum_{i=1}^{n} \frac{\partial f}{\partial X_i} a_i + \frac{1}{2} \sum_i \sum_j \frac{\partial^2 f}{\partial X_i \partial X_j} \rho_{ij} b_i b_j \right) dt + \sum_{i=1}^{n} \frac{\partial f}{\partial X_i} b_i dW_i \quad (1-26)$$

若令 $n = 2$，则式（1-26）可缩减成为式（1-23）。

例4：

设外国股票价格的随机过程为：

$$\frac{dS}{S} = \mu_S dt + \sigma_S dz \quad (1-27)$$

设汇率的随机变动过程为：

$$\frac{dX}{X} = \mu_X dt + \sigma_X dW \quad (1-28)$$

令 $f = f(S, X) = SX$ 为以国内货币计价的外国股票价格，比如 S 是美国 IBM 股价，汇率 $X = X(Rmb/\$) = $ 以人民币（Rmb）计价的每一美元汇率（即美元的人民币价值）。则外国股票以本地货币计价的价格随机过程 df 可由伊藤定理求解如下：

$$df = \left[\frac{\partial f}{\partial t} + \frac{\partial f}{\partial S} \mu_S S + \frac{\partial f}{\partial X} \mu_X X + \frac{1}{2} \frac{\partial^2 f}{\partial S^2} \sigma_S^2 S^2 + \frac{1}{2} \frac{\partial^2 f}{\partial X^2} \sigma_X^2 X^2 + \frac{\partial^2 f}{\partial S \partial X} \rho_{XS} \sigma_S \sigma_X SX \right] dt$$
$$+ \frac{\partial f}{\partial S} \sigma_S S dz + \frac{\partial f}{\partial X} \sigma_X X dW \quad (1-29)$$

对 $f(S, X) = SX$ 进行偏微分如下：

$\frac{\partial f}{\partial t} = 0$, $\frac{\partial f}{\partial S} = X$, $\frac{\partial f}{\partial X} = S$, $\frac{\partial^2 f}{\partial S^2} = 0$, $\frac{\partial^2 f}{\partial X^2} = 0$, $\frac{\partial^2 f}{\partial S \partial X} = 1$

将以上偏微分式代入式（1-29），并简化即得：

$$\frac{df}{f} = (\mu_S + \mu_X + \sigma_{SX})dt + \sigma_S dz + \sigma_X dW \qquad (1-30)$$

$\sigma_{SX} = \rho_{SX}\sigma_X\sigma_S$

所以，投资于外国标的（或股票）的期望收益率 [$E(df/f)$] 是外国标的期望收益率（μ_S）、汇率期望收益率（μ_X）与前两者收益率协方差（σ_{SX}）的总和。而其投资的总风险来自外汇和外国标的随机变动风险（由 dW 和 dz 代表）。

第2章 布莱克—修斯期权的定价模型

模型假设

布莱克—修斯（Black – Scholes，简称 BS）模型采用下列假设：

1. 股价变动过程可由伊藤过程代表：

$dS = \mu S dt + \sigma S dw$

2. 股票交易连续进行，且股票具有可分割性（即可交易任何比率的股票）。
3. 交易费用及税不存在。
4. 可无限放空股票及充分利用放空得来的资金。
5. 无风险利率存在，而且借贷利率相等。
6. 标的股在衍生品的存续时间不分配现金股息。

布莱克—修斯（BS）欧式看涨期权的定价、金融创新意义与实务应用

股价的随机变动过程为：

$dS = \mu S dt + \sigma S dw$ （2–1）

令 $f(S, t)$ 代表标的股的衍生品价格,则该衍生品的价格变动过程可由伊藤定理表示如下:

$$df = \left(\frac{\partial f}{\partial t} + \frac{\partial f}{\partial S}\mu S + \frac{1}{2}\frac{\partial^2 f}{\partial S^2}\sigma^2 S^2\right)dt + \frac{\partial f}{\partial S}\sigma S dw \qquad (2-2)$$

在离散时间 Δt 下,式 (2-1) 及 (2-2) 成为:

$$\Delta S = \mu S \Delta t + \sigma S \Delta w \qquad (2-3)$$

$$\Delta f = \left(\frac{\partial f}{\partial t} + \frac{\partial f}{\partial S}\mu S + \frac{1}{2}\frac{\partial^2 f}{\partial S^2}\sigma^2 S^2\right)\Delta t + \frac{\partial f}{\partial S}\sigma S \Delta w \qquad (2-4)$$

此处,ΔS 代表在小时段 Δt 内股价的变量。Δf 代表在小时段 Δt 内衍生品价格的变量。

假设某发行券商发行一单位的衍生品(以 $-f$ 代表,负号代表发行),其风险应由持有 Δ 股的标的股票来避险(即对冲发行衍生品的风险),则该避险组合可表示为:

$$\Pi = -f + \Delta S = -f + \left(\frac{\partial f}{\partial S}\right)S, \quad \Delta = \frac{\partial f}{\partial S} \qquad (2-5)$$

我们将证明该避险组合在连续时间下是没有风险,如下:

首先在 Δt 的时段下,该组合的变量为:

$$\Delta \Pi = -\Delta f + \left(\frac{\partial f}{\partial S}\right)\Delta S$$

$$= -\left(\frac{\partial f}{\partial t} + \frac{\partial f}{\partial S}\mu S + \frac{1}{2}\frac{\partial^2 f}{\partial S^2}\sigma^2 S^2\right)\Delta t - \frac{\partial f}{\partial S}\sigma S \Delta w$$

$$+ \left(\frac{\partial f}{\partial S}\right)(\mu S \Delta t + \sigma S \Delta w)$$

将 Δf 及 ΔS 代入

$$= -\left(\frac{\partial f}{\partial t} + \frac{1}{2}\frac{\partial^2 f}{\partial S^2}\sigma^2 S^2\right)\Delta t \text{(化简之后)} \qquad (2-6)$$

式 (2-6) 代表,当时间移动 Δt 且股价变动 ΔS,该组合的变量 $\Delta \Pi$ 却不含有随机项 dw。这意味着该组合确是无风险的避险组合。因此在 Δt 时间下,其收益率等于无风险收益 $\Pi \cdot r\Delta t$,此处 r 为无风险利率,故:

$$\Delta \Pi = -\left(\frac{\partial f}{\partial t} + \frac{1}{2}\frac{\partial^2 f}{\partial S^2}\sigma^2 S^2\right)\Delta t = \Pi r\Delta t \text{(无风险收益)}$$

$$= \left(-f + \frac{\partial f}{\partial S}S\right)r\Delta t \qquad (2-7)$$

重新整理安排 (2-7) 得求解衍生品价格的偏微分方程式如下:

$$\frac{\partial f}{\partial t} + \frac{\partial f}{\partial S}rS + \frac{1}{2}\frac{\partial^2 f}{\partial S^2}\sigma^2 S^2 = rf \qquad (2-8)$$

式（2-8）就是 BS 的偏微分方程。解出式（2-8）的答案 $f(s, t)$ 即是衍生品的定价模型。式（2-8）有很多答案，而不是只有一个答案。只有在设定某一临界条件（Boundary Conditions）下，式（2-8）才有唯一的解答（即唯一的定价公式）。临界条件代表衍生产品在到期时的现金流量（Final Payoff）。就欧式看涨期权而言，其到期现金流量为 $C_T = \max(S_T - K, 0)$，此处 S_T = 到期股价，K = 执行价格。而欧式看跌期权则是 $P_T = \max(K - S_T, 0)$。由不同衍生品的到期现金流量作为临界条件，而解出偏微分方程（2-8）的答案就是该衍生品的定价公式。

在尚未对式（2-8）进行求解欧式看涨期权和看跌期权的定价模型前，式（2-8）表示 Ⅱ 是无风险避险组合，它是在极微小的时段内（Infinitesimally Small Interval，即在连续时间 dt 下）才会是无风险，而不是永远无风险。每当时间变化，股价也变动，原来避险比率 $\Delta = \left(\frac{\partial f}{\partial S}\right)$ 已不是适当的避险比率，必须马上重新修正调整，获得新的避险比率。如此，避险组合才能再度回归无风险仓位，并可规避下一小时间段股价变动所带来的风险。因此，必须在动态连续修正调整避险比率之下（Dynamic Hedging），避险组合才会是无风险组合。

在下文，我们将首先对式（2-8）求解欧式看涨期权的定价公式，而后再求解欧式看跌期权的定价公式。欧式看涨期权的定价公式可由下列偏微分方程求得：

$$\frac{\partial C}{\partial t} + \frac{\partial C}{\partial S}rS + \frac{1}{2}\frac{\partial^2 C}{\partial S^2}\sigma^2 S^2 = rC, \text{此处 } C = C(S, t) \qquad (2-9)$$

$C_T = \max(S_T - K, 0)$（临界条件）

这个偏微方程正是 Feynmen-Kac 公式的一种形式，其答案正是：

$$C = C(s, t) = e^{-r\tau} E[\max(S_T - K, 0)] \qquad (2-10)$$

这相当于，在风险中性下将看涨期权到期现金流量的期望值以无风险利率 r 折现。因此，求解式（2-10）右边的期望值，即是欧式看涨期权 C 的定价模型：

$$C = SN(d_1) - Ke^{-r\tau}N(d_2) \qquad (2-11)$$

此处：

$$d_1 = \frac{\ln(S/K) + (r + \sigma^2/2)\tau}{\sigma\sqrt{\tau}}, \quad \tau = T - t \qquad (2-12)$$

$$d_2 = d_1 - \sigma\sqrt{\tau}$$

$$= \frac{\ln(S/K) + \left(r - \frac{\sigma^2}{2}\right)\tau}{\sigma\sqrt{\tau}} \tag{2-13}$$

$\sigma = \sqrt{Var(dS/S)} =$ 股票收益率的瞬间标准差

定价公式（2-1）的金融创新意义与实务应用如下：

1. 融资金额等于 $Ke^{-r\tau}N(d_2)$ 加上买入标的股的金额，等于 $SN(d_1)$，就是构建了一个看涨期权。期权的杠杆是来自融资金额，而两者的比率就是该期权的杠杆比率，类似（债务/股权）的杠杆比率。

2. 实务应用：融资加上持有黄金就是一个合成的黄金看涨期权，融资加上持有石油等于合成的石油看涨期权，融资加上持有玉米等于合成的玉米看涨期权等。以上每一个复制或合成组合的成本价就是其对应期权的价格。

3. 在场外（或结构式）产品设计时，看涨期权是常用的一个元件。比如：若到期时，黄金价格介于1100~1200美元/盎司，投资者获得5%；若黄金价格高于1200美元/盎司，投资者的收益率为5% + $(S_T - 1200)/1200$。第二部分的收益率是看涨期权收益向上涨的一部分。运用的标的可以是黄金以外的任一种标的：股价指数、螺纹钢、大豆、玉米、铜等。这些商品有不同的定价公式与对冲风险的不同方法（以实务应用为主的读者可以忽略下列的证明）。

我们证明定价公式（2-11）如下（以下的证明是20世纪70年代的方法，读者可以省略它。第5章会介绍更简单的定价方法）：

BS的假设：股价呈现对数正态分布。因此，$d(\ln S)$ 与 dS/S 同是正态分布。根据统计学，正态分布 $(\ln S_T)$ 的均值与方差分别为：

$$E(\ln S_T) = \ln S + \mu T \tag{2-14}$$

$$Var(\ln S_T) = \sigma^2 T, \; T = \tau \;(\text{此处我们用}\; t = 0) \tag{2-15}$$

此外，由统计理论可知，对数正态分布 S_T 的均值应是：

$$E(S_T) = S\exp(\mu T + \sigma^2 T/2) \tag{2-16}$$

以上3个公式由数理统计而来。

在风险中性环境下，所有资产的期望收益率都是无风险利率。以 r 代表每一个极微小时间单位（即瞬间 dt）下的（复利）无风险利率。因此，在看涨期权的契约期间内，标的股票的期望收益率应是：

$$E(S_T/S) = e^{rT} \tag{2-17}$$

比较式（2-16）与（2-17），我们可得：

$$e^{rT} = \exp(\mu T + \sigma^2 T/2)$$

也就是：
$$\mu = r - \sigma^2/2 \qquad (2-18)$$

在风险中性环境下，看涨期权在期初的价值应是到期日价值的折现值，折现率是连续无风险折现率 r，故看涨期权价值可表示为：

$$C = e^{-rT} \cdot E[\text{Max}(0, S_T - K)] = \begin{cases} e^{-rT} \cdot E(S_T - K), & \text{若 } S_T > K \\ 0, & \text{若 } S_T \leq K \end{cases}$$

此处，$\text{Max}(0, S_T - K)$ 代表看涨期权在到期时的价值；$K = $ 执行价格，$E(\cdot)$ 代表期望值。所以，看涨期权的价值可进一步表示为：

$$C = e^{-rT} \int_K^\infty (S_T - K) f(S_T) dS_T \qquad (2-19)$$

此处：
$$f(S_T) = \frac{1}{S_T} \cdot \frac{1}{\sigma \sqrt{T} \sqrt{2\pi}} \exp\left[\frac{-(\ln S_T - E\ln S_T)^2}{2\sigma^2 T}\right]$$
$$= \text{对数正态分布函数}$$

为简化符号，我们令 $\ln S_T = s$，$E(\ln S_T) = \bar{s}$，$u = \sigma\sqrt{T}$。利用式（2-19）与对数正态分布函数，式（2-19）内的右边积分部分可分解成为两个积分，也就是：

$$C = e^{-rT} \int_K^\infty \frac{1}{u\sqrt{2\pi}} \exp\left[\frac{-(s-\bar{s})^2}{2u^2}\right] dS_T - Ke^{-rT} \int_K^\infty \frac{1}{S_T} \cdot \frac{1}{u\sqrt{2\pi}}$$
$$\exp\left[\frac{-(s-\bar{s})^2}{2u^2}\right] dS_T \qquad (2-20)$$

式（2-20）的第一项其实就是 BS 模型内的第一项，而第二项就是 BS 模型内的第二项。我们证明如下：

式（2-20）的第一项 $= S \cdot \exp(-\ln S)^{①} \cdot e^{-rT} \int_K^\infty \exp(\ln S_T) \cdot \frac{1}{S_T} \frac{1}{u\sqrt{2\pi}} \cdot$
$$\exp\left[\frac{-(s-\bar{s})^2}{2u^2}\right] dS_T \qquad (2-21)$$

式（2-21）内第一个指数函数内的项目可重新改写为：
$$\ln S_T - \ln S - rT = s - (\bar{s} - \mu T) - rT \qquad [\text{利用式}（2-14）]$$
$$= s - [\bar{s} - (r - \sigma^2/2)T] - rT \qquad [\text{利用式}（2-18）]$$

---

① $S \cdot \exp(-\ln S) = 1$
$\exp(\ln S_T) = S_T = S\int_K^\infty \frac{1}{S_T} \cdot \frac{1}{u\sqrt{2\pi}} \cdot \exp(\ln S_T - \ln S - rT) \cdot \exp\left[\frac{-(s-\bar{s})^2}{2u^2}\right] dS_T$

$$= s - (\bar{s} + \sigma^2 T/2)$$
$$= s - (\bar{s} + u^2/2)$$

之后，将此项与式（2-21）第二指数函数内的项目合并，并以完全平方法改写成为：

$$s - \left(\bar{s} + \frac{u^2}{2}\right) - \frac{-(s-\bar{s})^2}{2u^2} = \frac{1}{2u^2}\left[2su^2 - 2u^2\left(\bar{s} + \frac{u^2}{2}\right) - (s-\bar{s})^2\right]$$

$$= \frac{1}{2u^2}[2su^2 - 2u^2\bar{s} - u^4 - s^2 + 2s\bar{s} - \bar{s}^2]$$

$$= \frac{1}{2u^2}[-(\bar{s}^2 + 2u^2\bar{s} + u^4) + 2s(u^2 + \bar{s}) - s^2]$$

$$= \frac{1}{2u^2}[-(\bar{s} + u^2)^2 + 2s(\bar{s} + u^2) - s^2]$$

$$= \frac{-1}{2u^2}[s - (\bar{s} + u^2)]^2$$

将之代入式（2-21）可获得第一项积分：$S\int_K^\infty \frac{1}{S_T} \cdot \frac{1}{u\sqrt{2\pi}} \cdot$

$$\exp\left[-\frac{(s-(\bar{s}+u^2))^2}{2u^2}\right]dS_T \tag{2-22}$$

然后，利用替代变数法（Jocobian Transformation）简化式（2-22）。我们令：

$$y = \frac{s - (\bar{s} + u^2)}{u}, \quad (s = \ln S_T)$$

所以：

$$dy = \frac{1}{u} \cdot ds = \frac{1}{u} d(\ln S_T) = \frac{1}{uS_T} \cdot dS_T$$

y 的积分下限 $= \dfrac{\ln K - [E(\ln S_T) + \sigma^2 T]}{\sigma\sqrt{T}}$

$$= \frac{\ln K - [(\ln S + \mu T) + \sigma^2 T]}{\sigma\sqrt{T}}$$

$$= \frac{\ln K - \ln S - (r - \sigma^2/2)T - \sigma^2 T}{\sigma\sqrt{T}}$$

$$= -\frac{\ln(S/K) + (r + \sigma^2/2)T}{\sigma\sqrt{T}}$$

$$= -d_1$$

将 dy 与 y 的积分上限代入式（2-22）即得：

$$S\int_{-d_1}^{\infty} \frac{1}{\sqrt{2\pi}} \cdot \exp(-y^2/2)dy = S[1-N(-d_1)] = S \cdot N(d_1) \qquad (2-23)$$

此处，$1-N(-d_1) = N(d_1)$。所以，我们已完成证明式（2-20）的第一项，也就是 BS 定价模型的第一项。对式（2-20）的第二项，我们也可以用类似的方法证明。首先，我们令：

$$w = (s - \bar{s})/u$$

$$dw = \frac{1}{uS_T}dS_T$$

则：

$$w \text{ 的积分下限} = \frac{\ln K - E(\ln S_T)}{u}$$

$$= \frac{\ln K - (\ln S + \mu T)}{u}$$

$$= \frac{\ln K - \ln S - (r - \sigma^2/2)T}{u}$$

$$= \frac{\ln S - \ln K + (r + \sigma^2/2)T - \sigma^2 T}{\sigma\sqrt{T}}$$

$$= -d_1 + \sigma\sqrt{T} = -d_2$$

将 dw 与 w 的积分下限代入式（2-20）的第二项积分即是：

$$Ke^{-rT}\int_{-d_2}^{\infty} \frac{1}{\sqrt{2\pi}} \exp(-w^2/2)dw = Ke^{-rT} \cdot [1 - N(-d_2)] = Ke^{-rT} \cdot N(d_2)$$

此处，$1 - N(-d_2) = N(d_2)$。所以，式（2-20）的第二项也就是 BS 定价模型的第二项。我们已完成了对布莱克—修斯定价模型的证明。

欧式看跌期权的定价模型、金融创新意义与实务应用

一旦欧式看涨期权的定价模型（2-11）求解后，欧式看跌期权的定价模型可用类似的方法求解，并将式（2-9）内的到期现金流量改成看跌期权的到期现金流量 $P_T = \max(K - S_T, 0)$，就可以推导出看跌期权的定价公式（2-24）。

或者欧式看跌期权的定价公式可将欧式看涨期权式（2-10）内的 S、K、d_1 及 d_2 分别改成负值 $-S$、$-K$、$-d_1$ 及 $-d_2$，即是欧式看跌期权的定价模型如下：

$$P = Ke^{-rT}N(-d_2) - SN(-d_1) \tag{2-24}$$

定价公式（2-24）的金融创新意义与看涨期数类似，简述如下：

1. 做空标的金额等于 $SN(-d_1)$ 加上贷放资金，等于 $Ke^{-rT}N(-d_2)$ 构成了一个合成的看跌期权，其杠杆比率是两者的比率。

2. 实务应用：做空铁矿砂并加上贷放资金就是等于一个合成的铁矿砂看跌期权，做空豆粕加上贷放资金就是等于一个合成的豆粕看跌期权，做空美元加上贷放资金就是一个合成的美元看跌期权等。

3. 在场外（或结构式）产品设计时，期权经常是一个重要的元件。比如，在到期时，黄金价格 S_T 高于 1200 美元/盎司，投资者获得 2% 的收益率，但若低于 1200 美元/盎司，投资者获得 2% 加上到期时金价价差的收益率（1200 - S_T）/1200。这个差价收益率就是看跌期权收益的一部分，它是黄金下跌的一种期权保险单。其定价原理类似期权，但定价公式不同，对冲风险的方法也不同。

我们可将看涨期权及看跌期权的定价公式并合成为一个综合公式如下：

$$C(\text{或 } P) = \emptyset SN(\emptyset d_1) - \emptyset Ke^{-rT}N(\emptyset d_2) \tag{2-25}$$

若 $\emptyset = +1$，则是欧式看涨期权的定价公式（2-11）。

若 $\emptyset = -1$，则是欧式看跌期权的定价公式（2-24）。

四

避险参数：对冲期权的五种风险

观察 BS 期权定价模型可知，看涨期权（及看跌期权）价值由五种参数所决定，包括标的股价（S）、执行价（K）、无风险利率（r）、到期日（T）及标的股收益率的标准差（σ）①。这五个参数的变动会影响看涨期权（及看跌期权）价值的变动。利用偏微分，我们可计算，当某一参数变动时看涨期权（或看跌期权）价值的变动值。我们介绍如下：

（一）Delta($\partial C/\partial S$)

它代表当股价变动 1 单位（或 1 元）时，造成看涨期权价值的变量。以公

---

① 关于期权五个重要避险参数的经济意义与其实务应用的详细介绍，请参见作者的另一本书《期权交易实战一本精》第 3 章（机械工业出版社）。

式表示如下（实务应用的读者可以忽略以下的证明）：

$$\frac{\partial C}{\partial S} = N(d_1) > 0 \tag{2-26}$$

证明

$$\frac{\partial C}{\partial S} = N(d_1) + S\frac{\partial N(d_1)}{\partial d_1} \cdot \frac{\partial d_1}{\partial S} - Ke^{-r\tau}\frac{\partial N(d_2)}{\partial d_2} \cdot \frac{\partial d_2}{\partial S} \tag{2-27}$$

最后两项相等，因此相减变成零：

$$\frac{\partial d_1}{\partial s} = \frac{\partial d_2}{\partial s} \;[\text{由式（2-13）的定义}]$$

$$Ke^{-r\tau}\frac{\partial N(d_2)}{\partial d_2} = Ke^{-r\tau}\left(\frac{1}{\sqrt{2\pi}}e^{-d_2^2/2}\right)$$

$$= \frac{Ke^{-r\tau}}{\sqrt{2\pi}} e^{-\frac{1}{2}(d_1^2 - 2\sigma\sqrt{\tau}d_1 + \sigma^2\tau)}$$

$$= Ke^{-r\tau}\left[\frac{1}{\sqrt{2\pi}}e^{-d_1^2/2} \cdot e^{d_1\sigma\sqrt{\tau} - \sigma^2\tau/2}\right], \frac{\partial N(d_1)}{\partial d_1} = \frac{1}{\sqrt{2\pi}}e^{-d_1^2/2}$$

$$= Ke^{-r\tau} \cdot \frac{\partial N(d_1)}{\partial d_1} \cdot e^{\ln(S/K) + (r + \sigma^2/2)\tau - \sigma^2\tau/2}$$

$$= Ke^{-r\tau}\frac{\partial N(d_1)}{\partial d_1} \cdot \frac{S}{K}e^{r\tau} = S\frac{\partial N(d_1)}{\partial d_1}$$

∴ 式（2-27）的最后两项相等，相减为零，也就是式（2-26）成立。

此外：

$$\frac{\partial P}{\partial S} = -N(-d_1) < 0$$

$$= -[1 - N(d_1)] = N(d_1) - 1 = \text{call Delta} - 1 < 0 \tag{2-28}$$

（二）Gamma($\partial C^2/\partial S^2$)

Gamma 代表，当股价等于 S 的价位时看涨期权价格线（或函数）的弧度（Curvature），也是 Delta 变动的敏感度。Gamma 愈大，代表当股价变动时，Delta 的变动愈大，避险也就愈困难。

$$\frac{\partial^2 C}{\partial S^2} = \frac{\partial}{\partial S}N(d_1) = \frac{n(d_1)}{S\sigma\sqrt{\tau}} = \frac{\partial^2 P}{\partial S^2} \text{（利用看涨和看跌期权平价关系）} \tag{2-29}$$

此处，$n(d_1) = \frac{1}{\sqrt{2\pi}}e^{-d_1^2/2}$，它是标准正态分布函数。

（三）Vega$\left(\dfrac{\partial C}{\partial \sigma}\right)$

$$\dfrac{\partial C}{\partial \sigma} = S\dfrac{\partial N(d_1)}{\partial d_1}\dfrac{\partial d_1}{\partial \sigma} - Ke^{-r\tau}\dfrac{\partial N(d_2)}{\partial d_2} \cdot \dfrac{\partial d_2}{\partial \sigma}$$

$$= S\sqrt{\tau}n(d_1) > 0 \qquad (2-30)$$

当标的股波动率 σ 增加（或减少）时，看涨期权（看跌期权）的价值也增加（或减少）。

此外：

$$\dfrac{\partial P}{\partial \sigma} = \dfrac{\partial}{\partial \sigma}(C - S + Ke^{-r\tau}) \quad \text{（利用看涨和看跌期权平价关系）}$$

$$= \dfrac{\partial C}{\partial \sigma} = S\sqrt{\tau}n(d_1) > 0 \qquad (2-31)$$

看涨和看跌期权的 Vega 都是相等的。

（四）Rho$(\partial C/\partial r)$

Rho 代表当利率变动时对期权价格的影响。

$$\dfrac{\partial C}{\partial r} = S\dfrac{\partial N(d_1)}{\partial d_1}\dfrac{\partial d_1}{\partial r} + K\tau e^{-r\tau}N(d_2) - Ke^{-r\tau}\dfrac{\partial N(d_2)}{\partial d_2}\dfrac{\partial d_2}{\partial r}$$

$$= \tau Ke^{-r\tau}N(d_2) > 0 \qquad (2-32)$$

因此，看涨期权的价值随着利率水准的上升（或下降）而上升（或下降）。

此外：

$$\dfrac{\partial P}{\partial r} = \dfrac{\partial}{\partial r}(C - S + Ke^{-r\tau})$$

$$= \dfrac{\partial c}{\partial r} - \tau Ke^{-r\tau} = -\tau Ke^{-r\tau}N(-d_2) < 0 \qquad (2-33)$$

此处，$N(-d_2) = 1 - N(d_2)$。

因此，看跌期权的价值随着利率水准的上升（或下降）而下降（或上升），呈现负相关。

（五）Theta$(\partial C/\partial t)$

Theta 代表看涨期权价值随着时间的消失而消失的价值。

$$\theta_c = \dfrac{\partial C}{\partial t} = -\dfrac{\partial C}{\partial \tau} = -\left[S\dfrac{\partial N(d_1)}{\partial d_1}\dfrac{\partial d_1}{\partial \tau} + Kre^{-r\tau}N(d_2) - Ke^{-r\tau}\dfrac{\partial N(d_2)}{\partial d_2}\dfrac{\partial d_2}{\partial r}\right] \quad \tau = T - t$$

$$= -\left[S\dfrac{1}{\sqrt{2\pi}}e^{-d_1^2/2}\dfrac{\partial d_1}{\partial \tau} + Kre^{-r\tau}N(d_2) - Ke^{-r\tau} \cdot \dfrac{1}{\sqrt{2\pi}}e^{-d_2^2/2}\dfrac{\partial d_2}{\partial r}\right]$$

$$= -\left[\frac{S\sigma n(d_1)}{2\sqrt{\tau}} + Kre^{-r\tau}N(d_2)\right] < 0 \qquad (2-34)$$

此外：

$$\theta_p = \frac{\partial P}{\partial t} = -\frac{\partial P}{\partial \tau} = -\frac{\partial}{\partial \tau}(C - S + Ke^{-r\tau})$$

$$= -\left[\frac{\partial C}{\partial \tau} - rKe^{-r\tau}\right]$$

$$= -\frac{S\sigma n(d_1)}{2\sqrt{\tau}} + Kre^{-r\tau}[1 - N(d_2)]$$

$$= -\frac{S\sigma n(d_1)}{2\sqrt{\tau}} + Kre^{-r\tau}N(-d_2) \lessgtr 0 \qquad (2-35)$$

当标的股价 S 下跌，且大幅度低于执行价 K 时（即深度实值时），θ 成为正值。但若股价上升，且大幅度高于 K 时（即深度虚值时），θ_p 成为负值。

第3章 莫顿期权模型（附加考量现金股息）及外汇期权

一

布莱克—修斯（BS）模型的延伸：莫顿模型

布莱克—修斯（Black–Scholes，BS）模型并未考虑在期权有效期内标的股支付现金股息的可能性。

莫顿（Merton）将它延伸至标的股支付现金股息下的期权定价模型。除了 BS 模型的假设条件外，另假设标的股在期权的有效期内连续支付（现金）股息 q，q 是股价的某一个确知百分比（q 是连续现金股息，Continuous Dividend）。那么在离散时间下，股价的随机过程可表示为：

$$\Delta S = \mu S \cdot \Delta t + \sigma S \cdot \Delta W \tag{3-1}$$

因为期权是标的股价 S 及时间 t 的函数，我们以 $f(S, t)$ 代表期权的价格。根据伊藤定理，期权价格的随机过程为：

$$df = \left(\frac{\partial f}{\partial t} + \frac{\partial f}{\partial S}\mu S + \frac{1}{2}\frac{\partial^2 f}{\partial S^2}\sigma^2 S^2 \right)dt + \frac{\partial f}{\partial S}\sigma S dW \tag{3-2}$$

在离散时间下式（3-2）成为：

$$\Delta f = \left(\frac{\partial f}{\partial t} + \frac{\partial f}{\partial S}\mu S + \frac{1}{2}\frac{\partial^2 f}{\partial S^2}\sigma^2 S^2 \right)\Delta t + \frac{\partial f}{\partial S}\sigma S \Delta W \tag{3-3}$$

期权发行商构建避险组合 Ⅱ 如下：

$$\Pi = -f + \left(\frac{\partial f}{\partial S} \right)S \tag{3-4}$$

此处，$\frac{\partial f}{\partial S}$ 代表避险时所需买进的股数。

正如前一章布莱克—修斯（BS）模型的推导，已证明该组合在极微的小时间段内（Infinitesimally Small Interval, dt）是一个无风险组合，以公式表示为：

$$\Delta \Pi = -\left(\frac{\partial f}{\partial t} + \frac{1}{2}\frac{\partial^2 f}{\partial S^2}\sigma^2 S^2\right)\Delta t \quad [\text{即前一章的式}(2-6)] \tag{3-5}$$

在 Δt 时间段内，该组合价值的变动包括两项：

1. 股息的分配，分配额为 $q\left(\frac{\partial f}{\partial S}\right)S \cdot \Delta t$。

此处，$\left(\frac{\partial f}{\partial S}\right)S$ 代表持股价值，q 是每单位时间 Δt 的股息。

2. 该组合的资本利得或无损（Capital Gain or Loss），已表示于式（3-5）内。

因此，在 Δt 时间段内，该组合价值的总变量 $\Delta \Pi^*$ 为：

$$\Delta \Pi^* = \Delta \Pi + q\left(\frac{\partial f}{\partial S}\right)S\Delta t$$

$$= -\left[\frac{\partial f}{\partial t} + \frac{1}{2}\frac{\partial^2 f}{\partial S^2}\sigma^2 S^2 - q\left(\frac{\partial f}{\partial S}\right)S\right]\Delta t \tag{3-6}$$

因该组合在 Δt 时间段内是无风险的，故其总变量（即为收益）应等于无风险收益 $r\Pi\Delta t$：

$$-\left[\frac{\partial f}{\partial t} + \frac{1}{2}\frac{\partial^2 f}{\partial S^2}\sigma^2 S^2 - q\left(\frac{\partial f}{\partial S}\right)S\right]\Delta t = r\Pi\Delta t$$

$$= r\left(-f + \frac{\partial f}{\partial S} \cdot S\right)\Delta t \tag{3-7}$$

简化式（3-7）即成为求解期权的偏微分方程如下：

$$\frac{\partial f}{\partial t} + \frac{\partial f}{\partial S}(r-q)S + \frac{1}{2}\frac{\partial^2 f}{\partial S^2}\sigma^2 S^2 = rf \tag{3-8}$$

在分配股息下，式（3-8）与不分配股息下的偏微分方程不同的地方在于 $\frac{\partial f}{\partial S}$ 内的 $(r-q)$ 及 r [见前一章式（2-8）]。因此，求解欧式看涨及看跌期权的方法相同。

求解欧式涨期权，偏微分方程为：

$$\begin{cases} \frac{\partial C}{\partial t} + \frac{\partial C}{\partial S}(r-q)S + \frac{1}{2}\frac{\partial^2 C}{\partial S^2}\sigma^2 S^2 = rC \\ C_T = \max(S_T - K, 0) \end{cases} \tag{3-9}$$

按照 Feynmen-Kac 公式，式（3-9）的解答即是欧式看涨期权的定价模型

第 3 章　莫顿期权模型（附加考量现金股息）及外汇期权

如下（其推导与前 BS 模型相同）：

$$C = e^{-(r-q)(T-t)} \cdot E[\max(S_T - K, 0)]$$
$$= Se^{-q(T-t)} N(d_1) - Ke^{-r(T-t)} N(d_2) \tag{3-10}$$

此处：

$$d_1 = \frac{\ln(S/K) + \left(r - q + \frac{\sigma^2}{2}\right)(T-t)}{\sigma\sqrt{T-t}} \tag{3-11}$$

$$d_2 = d_1 - \sigma\sqrt{T-t} = \frac{\ln(S/K) + \left(r - q - \frac{\sigma^2}{2}\right)(T-t)}{\sigma\sqrt{T-t}}$$

$\sigma = \sqrt{Var(dS/S)}$ = 股票收益率的瞬间标准差

以上莫顿（Merton）模型的推导也可以用较直觉的概念去求解。S 及 S_T 分别代表在无股息分配下的现在股价及到期日股价，则在连续分配股息下，到期日的股价应是 $S_T e^{q(T-t)}$（含权 $e^{q(T-t)}$）。现在的不含权股价应是 $Se^{-q(T-t)}$，以图 3-1 表示如下：

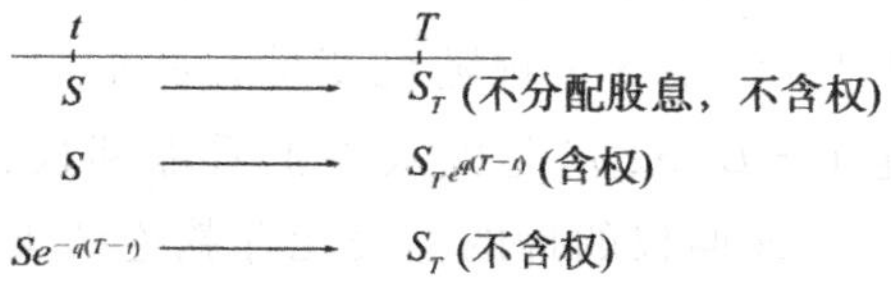

```
     t              T
     |              |
     S  ─────────→  S_T (不分配股息，不含权)

     S  ─────────→  S_T e^{q(T-t)} (含权)

  Se^{-q(T-t)} ──→  S_T (不含权)
```

图 3-1　不含权股价

因为布莱克—修斯（BS）模型是在无分配股息下的定价模型，所以，将 BS 模型内的现在股价 S 改成 $Se^{-q(T-t)}$，就可以转换成为在股息分配下的莫顿模型。所以：

$$C = Se^{-q(T-t)} N(d_1) - Ke^{-r(T-t)} N(d_2)$$

此处：

$$d_1 = \frac{\ln(Se^{-q(T-t)}/K) + \left(r + \frac{\sigma^2}{2}\right)(T-t)}{\sigma\sqrt{T-t}}$$

$$= \frac{\ln(S/K) + \left(r - q + \frac{\sigma^2}{2}\right)(T-t)}{\sigma\sqrt{T-t}}$$

$$d_2 = d_1 - \sigma\sqrt{T-t} = \frac{\ln(Se^{-q(T-t)}/K) + \left(r - \frac{\sigma^2}{2}\right)(T-t)}{\sigma\sqrt{T-t}}$$

$$= \frac{\ln(S/K) + \left(r - q - \frac{\sigma^2}{2}\right)(T-t)}{\sigma\sqrt{T-t}}$$

这正是我们在严谨推导下的莫顿模型式（3-10）。①

下面看一下欧式看跌期权定价模型。在连续分配股息 q 下，欧式看跌期权的定价模型可由式（3-10）内的 S、K、d_1 及 d_2 改换成负值 $-S$、$-K$、$-d_1$ 及 $-d_2$，即成为看跌期权的定价模型如下：

$$p = Ke^{-r(T-t)}N(-d_2) - Se^{-q(T-t)}N(-d_1) \tag{3-12}$$

运用莫顿模型推理外汇期权定价的缺点

外汇期权的定价模型原是由 Garman 和 Kohlhagen（1983）推导的。该模型也可由莫顿模型的转换应用求解。令汇率 $S = S(\text{Rmb}/\$)$，代表以人民币（Rmb）计价的美元价值。因汇率 S 呈现随机变动，我们可以用伊藤过程来代表它的随机变动过程。设定 $C = C(S,t)$ 是欧式外汇看涨期权，也就是美元（兑人民币）的看涨期权，美元是该期权的标的。美元存款连续支付无风险利率 r_f（美国利率），相当于股票连续支付现金股息。因此，在莫顿模型内，只要将股息 q 改成外国利率 r_f，且股价 S 的定义改成汇率的定义 $S = S(\text{Rmb}/\$)$，即成为 Garman 及 Kohlhagen（1983）外汇看涨期权的定价模型，如下：

$$C = Se^{-r_f\tau}N(d_1) - Ke^{-r\tau}N(d_2) \tag{3-13}$$

此处：

$$d_1 = \frac{\ln(S/K) + \left(r - r_f + \frac{\sigma^2}{2}\right)\tau}{\sigma\sqrt{\tau}}, \quad \tau = T - t$$

$d_2 = d_1 - \sigma\sqrt{\tau}$，$r =$ 本国利率

$\sigma = \sqrt{Var(dS/S)} =$ 汇率变动百分比的瞬间标准差

若是欧式外汇看跌期权，则将式（3-13）内的 S、K、d_1 及 d_2 改成负值的

---

① 至于莫顿定价模型［式（3-10）与（3-12）］的金融创新意义与实务应用，读者可按照第 2 章看涨和看跌期权的介绍自行推理。

$-S$、$-K$、$-d_1$ 及 $-d_2$，即转变成为看跌期权的定价模型①：

$$p = Ke^{-r\tau}N(-d_2) - Se^{-r_f\tau}N(-d_1) \tag{3-14}$$

下面我们看一下利率平价论（Interest Rate Parity，IRP）与外汇期权。利用利率平价论 IRP 的观念，外汇期权的定价模型也可以用远期外汇表示。IRP 告诉我们，两国之间的利率差距应等于汇率的变动比率，表示如下：

$$\frac{F}{S} = e^{(r-r_f)\tau}, \quad \tau = T - t \tag{3-15}$$

此处，$F = F(\text{Rmb}/\$)$，即美元兑人民币的远期价格。

$$\therefore S = Fe^{-(r-r_f)\tau} \tag{3-16}$$

将式（3-16）代入式（3-13）即成为以远期汇率作为标的物的欧式外汇看涨期权的定价模型，如下：

$$\begin{aligned} C &= Fe^{-(r-r_f)\tau} \cdot e^{-r_f\tau}N(d_1) - Ke^{-r\tau}N(d_2) \\ &= e^{-r\tau}[FN(d_1) - KN(d_2)] \end{aligned} \tag{3-17}$$

此处：

$$d_1 = \frac{\ln(Fe^{-(r-r_f)\tau}/K) + (r - r_f + \sigma^2/2)\tau}{\sigma\sqrt{\tau}}$$

$$= \frac{\ln(F/K) + \sigma^2\tau/2}{\sigma\sqrt{\tau}}$$

$$d_2 = d_1 - \sigma\sqrt{\tau} = \frac{\ln(F/K) - \sigma^2\tau/2}{\sigma\sqrt{\tau}}$$

外汇看跌期权的定价模型式（3-14）也可改写如下：

$$p = e^{-r\tau}[KN(-d_2) - FN(-d_1)] \tag{3-18}$$

莫顿模型的另一种推导方法

在连续支付现金股息 q 之下的标的股价随机过程可表示为：

$$dS = (\mu - q)Sdt + \sigma Sdz \tag{3-19}$$

---

① 汇率的短期变动主要来自两国利率的变动，若将两国利率设定为固定不变，则汇率也是固定不变。所以，这个外汇期权定价模型违反了经济原理和实务经验。第 14 章会介绍更好的外汇期权定价模型。

令 $c = c(S, t)$ 为标的股的衍生品（或看涨期权）。利用伊藤定理，该衍生品（看涨期权）的价格随机过程为：

$$dc = \left(\frac{\partial c}{\partial S}\mu^* S + \frac{\partial c}{\partial t} + \frac{1}{2}\frac{\partial^2 c}{\partial S^2}\sigma^2 S^2\right)dt + \frac{\partial c}{\partial S}\sigma S \cdot dz, \tag{3-20}$$

此处：$\mu^* = \mu - q$。

在极小时间段 Δt 下，式（3-19）及式（3-20）可改写为：

$$\Delta S = \mu^* S \Delta t + \sigma S \Delta z \tag{3-21}$$

$$\Delta c = \left(\frac{\partial c}{\partial S}\mu^* S + \frac{\partial c}{\partial t} + \frac{1}{2}\frac{\partial^2 c}{\partial S^2}\sigma^2 S^2\right)\Delta t + \frac{\partial c}{\partial S}\sigma S \cdot \Delta z \tag{3-22}$$

构建避险组合如下：

$$\Pi = -c + \left(\frac{\partial c}{\partial S}\right)S \tag{3-23}$$

在极小时间段 Δt 下，避险组合的变量 $\Delta \Pi$ 为：

$$\Delta \Pi = -\Delta c + \frac{\partial c}{\partial S}(\Delta S - qS\Delta t)\text{（在连续支付股息比率 }q\text{ 之下）}$$

$$= \underbrace{-\left(\frac{\partial c}{\partial S}\mu^* S + \frac{\partial c}{\partial t} + \frac{1}{2}\frac{\partial^2 c}{\partial S^2}\sigma^2 S^2\right)\Delta t - \frac{\partial c}{\partial S}\sigma S \cdot \Delta z}_{-\Delta c}$$

$$+ \frac{\partial c}{\partial S} \cdot (\mu^* S\Delta t + \sigma S\Delta z) - \frac{\partial c}{\partial S}qS\Delta t$$

$$= -\left(\frac{\partial c}{\partial t} + \frac{1}{2}\frac{\partial^2 c}{\partial S^2}\sigma^2 S^2\right)\Delta t - \frac{\partial c}{\partial S}qS\Delta t \tag{3-24}$$

式（3-24）表示 Π 是无风险组合，故：

$$\Delta \Pi = r\Pi \cdot \Delta t \tag{3-25}$$

合并式（3-24）及式（3-25）：

$$-\left(\frac{\partial c}{\partial t} + \frac{1}{2}\frac{\partial^2 c}{\partial S^2}\sigma^2 S^2\right)\Delta t - \frac{\partial c}{\partial S}qS \cdot \Delta t = r\Delta t$$

$$= r\left(-c + \frac{\partial c}{\partial S}S\right) \cdot \Delta t$$

简化后即可得求解衍生品价格的偏微分方程，如下：

$$\frac{\partial c}{\partial t} + (r-q)S\frac{\partial c}{\partial S} + \frac{1}{2}\frac{\partial^2 c}{\partial S^2}\sigma^2 S^2 = rc \tag{3-26}$$

式（3-26）与式（3-9）完全一样。加上看涨期权的临界条件之后，即可求解看涨期权的定价式（3-10）。

第4章　布莱克模型—期货期权

期货期权的标的是期货。（欧式）期货看涨期权允许持有人在看涨期权到期时有权利购买期货，而且当 $F_T > K$ 时，可获得交割金额，等于 $(F_T - K)$，此处 F_T 是看涨期权到期时的期货价格，K 是看涨期权的执行价格。期货看跌期权允许持有人在看跌期权到期有权利出售期货，而且当 $F_T < K$ 时，可获得现金收入，等于看跌期权执行价格 K 减掉到期时的期货价格 F_T，即 $(K - F_T)$。

期货看涨期权的定价、金融创新与实务应用

令期货价格 F 的随机过程为伊藤过程，如下：

$$dF = \mu F dt + \sigma F dw \tag{4-1}$$

期货看涨期权价格 $c = c(F, t)$ 的随机过程可由伊藤定理表示如下：

$$dc = \left(\frac{\partial c}{\partial t} + \frac{\partial c}{\partial F}\mu F + \frac{1}{2}\frac{\partial^2 c}{\partial F^2}\sigma^2 F^2\right)dt + \frac{\partial c}{\partial F}\sigma F dw \tag{4-2}$$

构建避险组合 II，如下：

$$\mathrm{II} = -c + \left(\frac{\partial c}{\partial F}\right)F$$

此处，$\left(\frac{\partial c}{\partial F}\right)F = 0$ \hfill (4-3)

因期初购买 $\left(\frac{\partial c}{\partial F}\right)$ 单位的期货并不支付任何成本，该组合的期初价值其实是 $\mathrm{II} = -c$。在时间变动 dt 下，该组合的变量 $\Delta \mathrm{II}$ 包括两部分变量。其一来自看涨

期权的变量 dc，其二是持有期货仓位的变量 $\left(\dfrac{\partial c}{\partial F}\right)dF$。因此，组合的总变量为：

$$d\Pi = -dc + \left(\frac{\partial c}{\partial F}\right)dF \tag{4-4}$$

$$= -\left(\frac{\partial c}{\partial t} + \frac{\partial c}{\partial F}\mu F + \frac{1}{2}\frac{\partial^2 c}{\partial F^2}\sigma^2 F^2\right)dt - \frac{\partial c}{\partial F}\sigma F dw$$

$$+ \left(\frac{\partial c}{\partial F}\right)(\mu F dt + \sigma F dw)\ [将式（4-1）及（4-2）代入式（4-4）]$$

$$= -\left(\frac{\partial c}{\partial t} + \frac{1}{2}\frac{\partial^2 c}{\partial F^2}\sigma^2 F^2\right)dt \tag{4-5}$$

式（4-4）显示在极微小时间段 dt 下，该组合并不含有随机项 dw，因此它是无风险避险组合，其收益应等无风险收益 $r\Pi\, dt$，故：

$$-\left(\frac{\partial c}{\partial t} + \frac{1}{2}\frac{\partial^2 c}{\partial F^2}\sigma^2 F^2\right)dt = r\Pi\, dt$$

$$= r(-c)dt$$

所以，求解期货看涨期权的偏微分方程为：

$$\frac{\partial c}{\partial t} + \frac{1}{2}\frac{\partial^2 c}{\partial F^2}\sigma^2 F^2 = rc \tag{4-6}$$

加上到期时看涨期权的现金流量为：

$$C_T = \max(F_T - K, 0) \tag{4-7}$$

偏微分方程（4-7）其实是莫顿（Merton）模型偏微分方程[见第3章式（3-9）]，当 $r=q$ 时的一种特别程式。因此，莫顿模型可应用于期货看涨期权的定价模型，并令 $r=q$ 以及将 S 改成 F，即可获得期货看涨期权的定价模型，如下：

$$c = Fe^{-q\tau}N(d_1) - Ke^{-r\tau}N(d_2)$$

$$= e^{-r\tau}[FN(d_1) - KN(d_2)] \tag{4-8}$$

此处：

$$d_1 = \frac{\ln(F/K) + (\sigma^2/2)\tau}{\sigma\sqrt{\tau}}$$

$$d_2 = d_1 - \sigma\sqrt{\tau} = \frac{\ln(F/K) - (\sigma^2/2)\tau}{\sigma\sqrt{\tau}}$$

$$\sigma = \sqrt{Var(dF/F)}，即期货收益率的瞬间标准差$$

式（4-8）的金融创新意义：

1. 融资金额等于 $e^{-r\tau}KN(d_2)$ 加上持有期货金额，等于 $e^{-r\tau}FN(d_1)$，等于复

制了一个期货的看涨期权，其杠杆比率为两者的比率。

2. 实务应用：融资加上买入铁矿砂，就是一个合成的铁矿看涨期权，融资加上买入沪深300ETF，就创造出一个沪深300ETF的看涨期权，融资加上买入中小板ETF，就创造出一个中小板ETF看涨期权等。

3. 在场外（或结构式）的设计时，运用期货期权作为设计元件的原理与第2章的看涨期权原理类似，在此不再重复。

期货看跌期权的定价、金融创新与实务应用

期货看跌期权的定价公式可根据它到期现金流量进行推导，或可将式（4-8）的 F、K、d_1 及 d_2 正负号对调，则可获期货看跌期权的定价公式，如下：

$$p = e^{-rT}[KN(-d_2) - FN(-d_1)] \qquad (4-9)$$

其他参数的定义与式（4-8）相同。式（4-9）的金融创新意义与实务应用类似于第2章的看跌期权，在此不再重复。

第5章 等价概率平赌的定价方法

一

风险中性的实务意义与资产价格的随机过程

在第2章我们已介绍了布莱克—修斯定价模型。求解偏微分方程的过程很繁杂且困难。在很多情况下甚至无法得到封闭解。幸好 Cox 及 Ross（1976）与 Harrison 及 Kreps（1979）介绍另一种求解衍生品定价的方法，称为等价平赌概率定价方法（或称鞅，但这个名称并不适合金融经济的意义和概念）。

在这种定价方法下，一种证券（或衍生品）的价格可经由折现该证券未来的期望现金流量而获得定价模型，而且折现可在风险中性下进行。

下面我们介绍等价概率平赌（Martingale）定价方法。这种定价方法比微分方程简单，且不会涉及复杂的积分。许多偏微分方程不能求解的问题，经由 Martingale 定价方法都可迎刃而解。Martingale 定价方法是研习现代金融工程学的学生及实务界人士所不可欠缺的新数学工具。在本章中，我们将介绍 Martingale 定价方法，以及如何操作及求解新金融产品的定价模型。在这定价方法下，期权的定价变得很简单。以下介绍风险中性的意义和在风险中性下的标的资产的价格随机过程。

1. 在风险中性下，资产价格的随机过程如下：

布莱克—修斯模型所采用的资产价格随机过程是一种如下的伊藤过程：

$$\frac{dS}{S} = \mu dt + \sigma dW^P \tag{5-1}$$

此处，dW^P 代表在概率测度 P 下的布朗运动，P 是实体环境下的概率测度。

若标的资产支付连续股息率 q,则式（5-1）成为:

$$\frac{dS}{S} = (\mu - q)dt + \sigma dW^P \qquad (5-2)$$

式（5-2）可转换成为在风险中性下的资产价格随机过程:由 Girsanov 定理（下文会介绍）得知,布朗运动由实体概率测度 P 转换成为风险中性概率测度 Q 之间的关系是:

$$dW^P = dW^Q - \left(\frac{\mu - r}{\sigma}\right)dt \qquad (5-3)$$

此处, dW^Q 代表在风险中性下的布朗运动, Q 是风险中性概率测度,或称等价概率平赌测度（Equivalent Martingale Measure）。

将式（5-3）代入式（5-2）即得在风险中性下收益率（或价格变动百分比）的价格随机过程:

$$\frac{dS}{S} = (r - q)dt + \sigma dW^Q \qquad (5-4)$$

比较式（5-2）及式（5-4）可知,在风险中性下,原来的 μ 已被无风险利率 r 取代,但原来标的资产的波动率（Volatility）σ 并未受到概率测度转换的影响。概率测度由 P 转换成 Q（即由有风险环境转换成为风险中性环境）的唯一影响只是资产收益率的概率分布期望值 μ 转换成 r（也就是其坐标位置往下移）,但并不改变资产原来的波动率 σ。也就是说,整体资产概率分布往无风险利率 r 的坐标位置向左移动了（见图 5-1）。

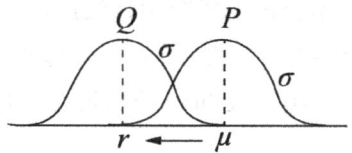

图 5-1 整体资产概率分布左移

一旦转换成为风险中性的概率分布,我们在定价时就可以用无风险利率 r 去折现未来的期望现金流量,而不必去考虑很难估计且变动不定的风险溢酬（或贴水）,它是包含于期望收益率 u 之内。

2. 在风险中性下,未来资产价格的动态过程（Dynamics of the Asset Price）。因为式（5-2）是在原来概率测度 P 下的价格随机变动过程,我们已知:

$$d\ln S_t = \left(\mu - q - \frac{\sigma^2}{2}\right)dt + \sigma dW_t^P \qquad (5-5)$$

因此,标的资产的价格动态过程为:

$$S_T = S\exp\left[\left(\mu - q - \frac{\sigma^2}{2}\right)T + \sigma\Delta W_T^P\right] \tag{5-6}$$

此处，S 代表标的资产的现在价格 ($t=0$)，S_T 代表在未来时间 T 的标的价格，$\Delta W_T^P = W_T^P - W_0^P$，代表在 P 测度下布朗运动 W^P 从时间 0 至 T 的增量（或变量），也就是，它是正态分布：

$$\Delta W_T^P \sim N^P(0, T)$$

在风险中性下（即在 Q 测度下），$\ln S_t$ 的随机变动过程成为：

$$d\ln S_t = \left(r - q - \frac{\sigma^2}{2}\right)dt + \sigma dW_t^Q \text{①} \tag{5-7}$$

因此，在风险中性下（Q 测度下），标的资产价格的动态过程为：

$$S_T = S\exp\left(r - q - \frac{\sigma^2}{2}\right)T + \sigma\Delta W_T^Q \text{②} \tag{5-8}$$

此处，$\Delta W_T^Q = W_T^Q - W_0^Q$，代表在 Q 测度下，布朗运动 W^Q 的变量，$\Delta W_T^Q \sim N^Q(0, T)$。

3. 在风险中性（R 测度）下，未来资产价格的动态过程。在式（5-3）中，我们将原来 P 测度转换成风险中性 Q 测度。我们也可再将风险中性 Q 测度转换成风险中性的另一种测度 R，如此有利于以后求解定价的方便。由 Girsanov 定理得知，布朗运动由 Q 测度转换为另外一个风险中性测度 R 的关系是（或 $dW^R = dW^Q - \sigma dt$，它的理论基础将在下文介绍）：

$$dW^Q = dW^R + \sigma dt \tag{5-9}$$

此处，σdt 不是随机项，不会改变风险中性测度的性质。

将式（5-9）代入式（5-4）及式（5-7），即得到在风险中性（R 测度）下的资产随机变动过程式（5-10）及 $\ln S_T$ 的随机变动过程式（5-11）如下：

$$\frac{dS}{S} = (r - q + \sigma^2)dt + \sigma dW^R \tag{5-10}$$

$$d\ln S = (r - q + \sigma^2/2)dt + \sigma dW^R \tag{5-11}$$

由式（5-11）进而求解，在风险中性 R 测度下，标的资产价格的动态过程为：

$$S_T = S\exp\left[(r - q + \sigma^2/2)T + \sigma\Delta W_T^R\right] \text{③} \tag{5-12}$$

此处，$\Delta W_T^R = W_T^R - W_0^R$，代表在 R 测度下布朗运动 W^R 的变量，$\Delta W_T^R \sim N^R(0, T)$。

---

① 与式（5-5）不同之处，只是 μ 已被 r 取代。
② 读者要记住式（5-8），日后定价时一定会用到。
③ 读者要记住式（5-12），日后定价时一定会用到。

Girsanov 定理与定价过程的简化

首先，我们将 Girsanov 定理叙述如下，再说明如何应用该定理。令 β_t 为时间相依变数，但不是随机变数，并满足充分条件：$E\left[\exp\left(\frac{1}{2}\int_0^T \beta_t^2 dt\right)\right] < \infty$，它称为诺维科夫条件（Novikov Condition）。同时，概率测度的转换是由 Q 成为 R，是根据 Radon–Nikodym 微分（Derivative）的定义，如下：

$$\left.\frac{dR}{dQ}\right|F_T = \zeta_T = \exp\left(\int_0^T \beta_t dW_t^Q - \frac{1}{2}\int_0^T \beta_t^2 dt\right) \tag{5-13}$$

所以在 Q 测度下，相对于一个自然布朗讯息集合 F_t（Natural Brownian Filtration），$\zeta_T(=\left.\frac{dR}{dQ}\right|F_T)$ 是一个等价概率平赌（或鞅）（Martingale）。它的条件期望值为：$E(\zeta_T|F_t) = \zeta_t$，$0 < t < T$，即相对于讯息集合 F_t，ζ_T 的未来最好预测值是现在的 ζ_t 值。也就是说，对赌双方都是依据对赌的现值 ζ_t，双方的期望输赢相等，而且没有套利的机会。具有此特性的随机过程才能称为等价概率平赌（Martingale）①。

下列等式关系（或公式）规范新测度 R 与原测度 Q 间的对等关系：

$$R(A) = \int_A \zeta_T dQ(\omega) \quad A \subset F, \omega \in A \tag{5-14}$$

或：

$dR = \zeta_T dQ$

$$\frac{dR}{dQ} = \zeta_T \quad [=式(13)] \tag{5-15}$$

它称为 Radon–Nikodyn 微分（Derivative）或 Girsanov 因素（Factor）。

也就是说，在讯息集合（Filtration）F 上，（新）测度 R 对事件 A 的衡量（或估值）是相等于测度 Q 对 A 的衡量。此外，在测度 R 下的布朗运动可由测度 Q 下的布朗运动转换，用公式表示如下：

$dW^Q = dW^R + \beta_t dt$

或

---

① 详见《金融数学与随机微积分》陈松男著，第 8 章及第 11 章。

$$dW^R = dW^Q - \beta_t dt \text{①} \qquad (5-16)$$

此外：

$$E^Q[\zeta_T I_A] = E^R[I_A] = P_r^R(A), \quad A \subset F \qquad (5-17)$$

此处，$I_A = \begin{cases} 1 & \text{若事件 } A \text{ 成立（或发生）} \\ 0 & \text{若事件 } A \text{ 不发生} \end{cases}$ ［式（5-17）的证明列报于例1之内］

$E^Q(\cdot)$ 代表在 Q 测度下的期望值；指标函数 I_A 代表事件 A 会成立或发生的条件；比如，事件 A 可以代表到期时股价高于执行价的事件 ($S_T > K$)。

式（5-17）说明，在 Q 测度下，乘积 $\zeta_T I_A$ 的期望值（较难计算）可转换成为在 R 测度下指标函数 I_A 的期望值（因为没有 S_T 的出现，其计算变为很容易）。此外，在 R 测度下 I_A 的期望值就是事件发生的概率。

以上对 Girsanove 定理的介绍比较抽象，下面我们举例说明，以帮助读者了解该定理的实务应用。

例1：

假设在定价时，我们必须求算：

$$E^Q[S_T | S_T > K] \qquad (5-18)$$

它代表在到期（T）时，股价 S_T 会大于执行价 K 的股价期望值。在风险中性 Q 测度下，直接求算该期望 $E^Q(\cdot)$ 比较困难。可利用 Girsanov 定理转换成 R 测度下的期望值。首先，在 Q 测度下，我们先改写到期日的股价 S_T（也可以是汇率或商品价格），如下：

$$S_T = S\exp[(r-q-\sigma^2/2)T + \sigma \Delta W_T^Q] \qquad [\text{它是式}(5-8)]$$

$$= Se^{(r-q)T} \cdot \underbrace{\exp\left[-\frac{\sigma^2}{2}T + \sigma \Delta W_T^Q\right]}_{\text{是一个 Martirnale } \zeta_T}$$

$$= Se^{(r-q)T} \cdot \zeta_T \qquad (5-19)$$

此处：

$$\frac{dR}{dQ} = \zeta_T = \exp\left(-\frac{\sigma^2 T}{2} + \sigma \Delta W_T^Q\right) = \exp\left(\frac{-1}{2}\int_0^T \sigma^2 dt + \int_0^T \sigma dW_t^Q\right) \qquad (5-20)$$

所以，ζ_T 也就是式（5-13），而且 $\beta_t = \sigma$。

同时因为 $E\left[\exp\left(\frac{1}{2}\int_0^T \beta_t^2 dt\right)\right] = e^{\frac{1}{2}\sigma^2 T} < \infty$（Novikov 的充分条件成立），所以 ζ_T 是一个 Martingale，测度 Q 的对等测度是测度 R（Equivalent Martingale Measure

---

① 在式（5-16）中，若令 R 为 Q 和 Q 为 P，以及 $\beta_t = -(\mu-r)/\sigma$，式（5-16）就是式（5-3）。

$of\ Q$)。两者的布朗运动转换关系式为：

$$dW^R = dW^Q - \beta_t dt = dW^Q - \sigma dt$$

或：

$$dW^Q = dW^R + \sigma dt \tag{5-21}$$

式（5-21）的测度转换，由 Q 转换成 R 已在式（5-9）介绍过。在此，我们强调它的理论基础与应用。

同时期望值式（5-18）可在 R 测度下计算会更容易，如下：

$$E^Q[S_T | S_T > K] = E^Q[S_T | A] \quad (\text{事件 } A = \{S_T | S_T > K\},\text{代表到期时股价大于执行价的事件}) \tag{5-22}$$

$$= Se^{(r-q)T} E^Q[\zeta_T I_A] \quad [\text{运用式（5-19）}]$$

$$= Se^{(r-q)T} E^R[I_A] \quad [\text{运用式（5-17）}]$$

$$= Se^{(r-q)T} \cdot P_r^R(S_T > K) \quad [E^R(I_A) = P_r^R(S_T > K)]$$

（在 R 测度下，I_A 的期望值就是 $S_T > K$ 的概率）

$$= Se^{(r-q)T} P_r^R(\ln S_T > \ln K)$$

注：$E^Q(\zeta_T I_A) = E^Q\left(\dfrac{dR}{dQ} \cdot I_A\right) = \int \dfrac{dR}{dQ} \cdot I_A \cdot dQ = \int I_A dR = E^R(I_A)$，此处 dQ 对销掉，这也就是式（5-17）。

在测度 R 下，我们已经已知道股价 S_T 的动态过程是式（5-12），因此：

$$\ln S_T = \ln S + (r - q + \sigma^2/2)T + \sigma \Delta W_T^R > \ln K$$

解出：

$$\Delta W_T^R > \dfrac{\ln(K/S) - (r - q + \sigma^2/2)T}{\sigma}$$

$$\therefore \dfrac{-\Delta W_T^R}{\sqrt{T}} \leq \dfrac{\ln(S/K) + (r - q + \sigma^2/2)T}{\sigma \sqrt{T}} = d_1 \tag{5-23}$$

此处：$-\dfrac{\Delta W_T^R}{\sqrt{T}} \sim N(0, 1)$

$\because -\Delta W_T^R \sim N(0, T)$

$\therefore$ 期望值式（5-22）变成：

$$E^Q(S_T | S_T > K) = Se^{(r-q)T} \underbrace{P_r^R\left(-\dfrac{\Delta W_T^R}{\sqrt{T}} \leq d_1\right)}_{\text{是 } N(d_1)}$$

$$= Se^{(r-q)T} \cdot N(d_1)① \tag{5-24}$$

---

① 要记住式（5-24），对日后的定价工作，不必重新计算，方便多了。

此处：$N(d_1) = \int_{\infty}^{d_1} \frac{1}{\sqrt{2\pi}} e^{-x^2/2} dx =$ 标准正态分布的累积概率

若式（5-24）再乘以 e^{-rT}，即是布莱克—修斯（BS）模型的第一项（当 $q=0$，下文会介绍）。读者应将 Girsanov 定理及上面的例题重复了解，以利日后求解衍生品的定价。

等价概率平赌定价方法的应用

在本节中，我们将举例说明如何应用等价概率平赌的方法来定价衍生品。首先我们应用于欧式看涨期权的定价。

例2：

欧式看涨期权定价：

$$C = e^{-rT} E^Q[\max(S_T - K, 0)] = e^{-rT} E^Q[(S_T - K) I_A] \quad (5-25)$$

此处：

$A = \{S_T | S_T > K\}$

$I_A = \begin{cases} 1 & \text{若 } A \text{ 成立，即 } S_T > K \\ 0 & \text{若 } A \text{ 不成立，即 } S_T \leq K \end{cases}$

$$\therefore C = e^{-rT} E^Q(S_T I_A) - K e^{-rT} E^Q(I_A) \quad (5-26)$$

式（5-26）的第一个期望值 $E^Q(S_T | I_A)$ 已在式（5-24）得解。第二个期望值求解如下：

$$E^Q[I_A] = P_r^Q(S_T > K) = P_r^Q(\ln S_T > \ln K)$$

$$= P_r^Q[\ln S + (r - q - \sigma^2/2)T + \sigma \Delta W_T^Q > \ln K]$$

[运用在 Q 测度下，S_T 的动态过程式（5-8）]

$$= P_r^Q\left[-\frac{\Delta W_T^Q}{\sqrt{T}} \leq \frac{\ln(S/K) + (r - q - \sigma^2/2)T}{\sigma \sqrt{T}} \right]$$

$$= N(d_2) \quad (5-27)$$

它也是在到期时，看涨期权是实值的概率。

$d_2 = \dfrac{\ln(S/K) + (r - q - \sigma^2/2)T}{\sigma \sqrt{T}}$

所以，欧式看涨期权的定价模型为：

$$C = e^{-rT} \cdot Se^{(r-q)T}N(d_1) - Ke^{-rT}N(d_2)$$
$$= Se^{-qT}N(d_1) - Ke^{-rT}N(d_2) \tag{5-28}$$

这也就是莫顿（Merton）连续股息下的看涨期权模型。令 $q=0$，则式（5-28）变成布莱克—修斯看涨期权的定价模型：

$$C = SN(d_1) - Ke^{-rT}N(d_2) \tag{5-29}$$

在等价概率平赌的定价（Martingale）方法下，我们得知：

$N(d_2) = P_r^Q(S_T > K)$ 它是到期时看涨期权是实值的概率（在 Q 测度下）；在计算其实际概率时，要将 r 改为标的物的期望收益率 μ。

$N(d_1) = P_r^R(S_T > K)$，也是到期时看涨期权是实值的概率［在 R 测度下，见式（5-24）］；在计算实际概率时，应该采用 $N(d_2)$。

由此可见，Martingale 定价法简单容易，比偏微分方程式的解法更简单更容易。

例3：

数字期权（Digital Option）［或称二元期权（Binary Option）］

1. 数字看涨期权（Digital Call, DC）其到期现金流量为：

$$DC_T = \begin{cases} X & \text{若 } S_T > K, X = \text{固定金额} \\ 0 & \text{若不是} \end{cases}$$

其定价为：

$$DC = e^{-rT}E^Q[XI_A] \quad (A = \{S_T | S_T > K\})$$
$$= Xe^{-rT}E^Q[I_A]$$
$$= Xe^{-rT} \cdot P_r^Q(S_T > K)$$
$$= Xe^{-rT}N(d_2)^{①} \quad ［见式（5-27）］ \tag{5-30}$$

2. 数字看跌期权（Digital Put, DP）其到期现金流量为：

$$DP_T = \begin{cases} X & \text{若 } S_T < K \\ 0 & \text{若不是} \end{cases}$$

其定价为：

$$DP = e^{-rT}E^Q[XI_A] \quad (A = \{S_T | S_T < K\})$$
$$= Xe^{-rT}E^Q[I_A]$$
$$= Xe^{-rT}P_r^Q(S_T < K)$$

---

① $N(d_2)$ 是投资者到期时能够获得收益 X 的概率。它也是看涨期权在到期时是实值的概率。

$$= Xe^{-rT}[1 - P_r^Q(S_T \geq K)]$$
$$= Xe^{-rT}[1 - N(d_2)]$$
$$= Xe^{-rT}N(-d_2) \tag{5-31}$$

此处，$N(-d_2) = 1 - N(d_2)$；$N(d_2)$代表投资者在到期时能够获得收益 X 的概率，它也是看跌期权在到期时是实值的概率。

例4：

区间型的数字期权（Range Digital Option，RDO），这种期权的到期现金流量 RDO_T 为：

$$RDO_T = \begin{cases} X & 若 K_1 < S_T < K_2 \\ 0 & 若不是 \end{cases}$$

则其定价为：

$$CDO = e^{-rT}E^Q[XI_A] \quad (A = \{S_T | K_1 < S_T < K_2\})$$
$$= Xe^{-rT}P_r^Q(K_1 < S_T < K_2)$$
$$= Xe^{-rT}[P_r^Q(S_T > K_1) - P_r^Q(S_T > K_2)]$$
$$= Xe^{-rT}[N(d_{21}) - N(d_{22})] \quad [利用式（5-22）] \tag{5-32}$$

中括号内的概率代表到期时投资者能够获得收益 X 的概率。此处：

$$d_{21} = \frac{\ln(S/K_1) + (r - q - \sigma^2/2)T}{\sigma\sqrt{T}}$$

$$d_{22} = \frac{\ln(S/K_2) + (r - q - \sigma^2/2)T}{\sigma\sqrt{T}}$$

注：以上这三个数字期权（或称二元期权）在场外（或结构式）产品设计时，经常会用到三个期权元件。比如，若到期时沪深300指数（S_T）低于3000点，投资者获得5%收益率；若 $3000 < S_T < 3100$，则投资者获得7%；若 $S_T > 3100$，则投资者获得10%，该产品的定价是式（5-30）、（5-31）和（5-32）之和。

例5：

往下敲出看涨期权的定价（Down-and-Out Call，DOC），往下敲出看涨期权的到期现金流量为：

$$DOC_T = \text{Max}(S_T - K, 0) 以及股价在到期前都不触及限界 B（即最低股价必须高于 B）$$

$$= \begin{cases} S_T - K & 若 S_T > K 及 \underline{S} > B, K > B \\ 0 & 若不是 \end{cases} \tag{5-33}$$

此处，$\underline{S}$ 代表在到期时或之前股价的最低价格 $[= \min_{0 \leq t \leq T}(S_t)]$。

往下敲出看涨期权的定价求算如下：
$$DOC = e^{-rT}E^Q[(S_T-K)I_{\{S_T>K,\underline{S}>B\}}]$$
$$= e^{-rT}E^Q[S_T I_{\{S_T>K,\underline{S}>B\}}] - Ke^{-rT}E^Q[I_{\{S_T>K,\underline{S}>B\}}] \quad (5-34)$$

我们首先求算式（5-34）内的第二期望值：
$$E^Q[I_{\{S_T>K,\underline{S}>B\}}] = P_r^Q(S_T>K,\underline{S}>B)$$
$$= P_r^Q[\ln(S_T/B) > \ln(K/B), \ln(\underline{S}/B) > 0]$$
$$= P_r^Q[X_T > k, \underline{X} > 0] \quad (5-35)$$

此处，$X_T = \ln(S_T/B)$，$\ln(K/B) = k$，$\underline{X} = \ln(\underline{S}/B)$。

式（5-35）内的一个条件是 $\underline{X} > 0$ [或 $\ln(\underline{S}/B) > 0$]，它代表布朗运动 X（或 X_T）必须大于零，否则其随机过程立即终止。也就是，一旦 X_T 等于或碰触到 0，则 X_T 终止。因此，限界 0 被称为 X 的吸收限界（Absorbing State）。此外，式（5-35）的概率是涉及具有吸收限界 0 的布朗运动 X 的概率。该概率已由 Ingersoll（1987，第 352 页）推导出，且可应用它求解式（5-35）。Ingersoll 的结果重述如下：

在 Q 测度下，X_t 的随机过程为：
$$dX = \mu dt + \sigma dW^Q$$
$$= (r - q - \sigma^2/2)dt + \sigma dW^Q \quad (5-36)$$

$\underline{X} = \min_{0 \leq s \leq T} X_s$

则：
$$P_r(X_T > k, \underline{X} > 0) = N\left[\frac{k - X_0 + \mu T}{\sigma\sqrt{T}}\right]$$
$$- e^{-2\mu X_0/\sigma^2} \cdot N\left[\frac{-k - X_0 + \mu T}{\sigma\sqrt{T}}\right] = \text{式}(5-35)$$

此处，$X_0 = \ln(S/B)$，$\mu = (r - q - \sigma^2/2)$。

再次，式（5-34）内的第一期望值求算如下：
$$E^Q[S_T I_{\{S_T>K,\underline{S}>B\}}] = Se^{(r-q)T} \cdot E^Q[\exp(-\sigma^2 T/2 + \sigma\Delta W_T^Q)I_{\{S_T>K,\underline{S}>B\}}]$$
$$= Se^{(r-q)T} \cdot E^R[I_{\{S_T>K,\underline{S}>B\}}] \quad \text{（由 Girsanov 定理将 } Q \text{ 测度转换成 } R \text{ 测度）}$$
$$= Se^{(r-q)T} E^R[I_{\{X_T>k,\underline{X}>0\}}] \quad (5-37)$$

在此 R 测度下，布朗运动 X 的随机过程为：
$$dX = (r - q + \sigma^2/2)dt + \sigma dW^R \quad [\text{正如式}(5-11)\text{所示}]$$

然后再应用 Ingersoll 的结果如下：

该期望值 $= Se^{(r-q)T} \cdot \left\{ N\left[\dfrac{k - X_0 + (r - q + \sigma^2/2)T}{\sigma\sqrt{T}} \right] - e^{-2(r-q+\sigma^2/2)X_0/\sigma^2} \cdot N\left[\dfrac{-k - X_0 + (r - q + \sigma^2/2)T}{\sigma\sqrt{T}} \right] \right\}$ (5-38)

最后将式（5-35）及式（5-38）代入式（5-34）简化，就是往下敲出看涨期权的定价：

$$DOC = e^{-rT} \left\{ \left[\dfrac{k - X_0 + (r - q - \sigma^2/2)T}{\sigma\sqrt{T}} \right] \right. \\
- e^{-2(r-q-\sigma^2/2)X_0/\sigma^2} N\left[\dfrac{-k - X_0 + (r - q - \sigma^2/2)T}{\sigma\sqrt{T}} \right] \right\} \\
- Ke^{-rT} \left(Se^{(r-q)T} \left\{ N\left[\dfrac{k - X_0 + (r - q + \sigma^2/2)T}{\sigma\sqrt{T}} \right] \right. \right. \\
\left. \left. - e^{-2(r-q+\sigma^2/2)X_0/\sigma^2} \left[\dfrac{-k - X_0 + (r - q + \sigma^2/2)T}{\sigma\sqrt{T}} \right] \right\} \right)$$ (5-39)

以上利用 Martingale 的方法定价往下敲出看涨期权并不困难。一旦往下敲出看涨期权求解后，我们就可利用往上、往下敲出期权的定价关系求解往下敲入看涨期权（DIC）的定价：

$DIC = $ 一般看涨期权[式(5-28)] $-$ 往下敲出看涨期权 [式（5-39）]

其他限界期权也可以用概率平赌的方法求解。

注：在产品设计时，敲出期权（或障碍期权）常被用为降低产品的期权费用（或权利金）。对于各种敲出和敲入期权的各种实务应用，请参阅作者的另一本书《期权交易实战一本精》第 8 章的详细介绍。

第6章 可降低期权费用的产品设计元件与定价

有不少发行机构相继推出不同类型新的场外（或结构型）衍生品，其中以可降低期权费用的产品元件很受投资人欢迎。本章将详细介绍几种可降低权利金的简单产品元件，并以概率平赌的方法推导出各种新产品元件期权的封闭解定价模型，同时推导出相关对冲风险的参数。

本章的方法还可应用于其他可降低权利金的新场外（或结构型）产品的创新，不但投资者会受益，发行机构也会因新产品元件定价模型的简单化以及类似布莱克—修斯期权对冲风险操作的简易性，获得更佳的风险控管，因此可降低避险损失，提升利润。此外，本章的理论也可应用于构建不同类型的保本基金、资产配置和理财产品。

降低期权费用的产品设计

为降低期权费用、吸引投资者和避险者购买结构式（或场外）衍生品的兴趣，不少发行机构相继创新发行多种不同的期权产品，如往上敲出或敲入期权、上限型期权、回顾型重设期权（Look-Back and Reset Calls）、市价定期重设期权等。投资人和对冲风险的使用者，对这些期权一般不熟悉。产品的购买者和使用者，只好从权利金（或期权费用）是否便宜来做判断，只要产品价格低，并能够达到他们的目标，则容易成交。因此，就发行机构而言，只要期权能够在合理的期间内完成促销，获利的机会很大。低权利金是个很好的买点，但若为了降低权利金而设计一些复杂且难以定价及避险的期权产品，则会增加发行期权产品的风险，并且权利金的决定很可能出现不合理的价位。因此，若能设计一些简单且可降低权利金的期权产品，投资者和对冲风险的使用者不但会受益，发行机构也比较容易决定期权产品的合理价位，且在避险方面也不复杂，风险自然会降低。

期权的创新种类不胜枚举，这些创新的期权产品都属于所谓的奇异期权（Exotic Options），如亚洲式期权（Asian Options）、敲入或敲出期权（Knock-in or Knock-out Options）、回顾型期权（Look-Back Options）、择选期权（Chooser Options）、汇率挂钩期权（Quanto Options）、远期生效期权（Forward-Start Options）等。这些奇异期权是为了满足对冲风险使用者及投资者的不同需求而设计创新的，但其到期现金流量完全不同于一般欧式期权的到期现金流量。一般投资者和使用者很难了解其所以然，因此，若我们能对布莱克—修斯（Black-Scholes）期权的到期现金流量做简单的修正调整，就能便于一般投资者和使用者了解，并可降低购买期权产品的成本，还更会吸引使用者和投资者的兴趣。据笔者所知，目前已有基于布莱克—修斯期权的简单产品设计的创新。可能因为国外金融创新相关法令早在 20 世纪 80 年代就已松绑，法人机构可就避险者及投资者的不同需求，设计创新种类繁多的奇异期权。但国内相关法令尚未完全松绑，法人机构只能设计简单的期权产品来满足投资者和避险者的需求。因此，本章的内容正适合目前国内法令规范下的简单期权设计创新。以概率平赌的定价方法对这些新的期权产品寻求封闭解（Closed-Form Solutions）的定价模型，且提供相关重要的避险参数（Hedging Parameters），如 Delta、Gamma 及 Vega。此外，这些新的期权产品创新的构想是将一般期权的到期现金流量（Final Payoff）加以修正调整，稍微降低或只支付部分到期现金流量，以期达到降低期权的权利金的目的，并符合投资者和使用者欲降低期权购买成本的要求。此外，这些新期权的优点在于具有布莱克—修斯（BS）定价模型的简单特征，避险参数也容易求解[1]。

---

[1] 读者可参阅作者的书《结构式金融产品设计与应用（二）》第 3 和第 10 章，以及《结构金融产品设计与应用（一）》的第 2、第 5 和第 17 章的案例分析。

期权产品创新、定价与对冲风险

在本节中,我们将逐一研讨可降低权利金的新期权产品元件。这些新元件期权简单易懂,其权利金的决定可由封闭解准确求算出来。避险参数也可由封闭解的定价模型加以决定,对避险操作有很大的助益。下文我们将逐一研讨分析。

(一) 缩减部分期权费用的看涨期权和对冲风险参数

我们首先介绍最简单的期权。若将普通期权到期时的价值或现金流量调降某一百分比,则新期权的权利金将可以相同的百比率降低,如下:

$$C_T = \alpha \max(S_T - K, 0) \tag{6-1}$$

此处:C_T = 新期权到期时的现金流量

S_T = 标的到期时的价格

K = 执行价格

α (<100%) 是调降的百分比率或称参与率。例如,$\alpha = 0.90$、0.85 等

T = 到期时间。

以图 6-1 表示如下:

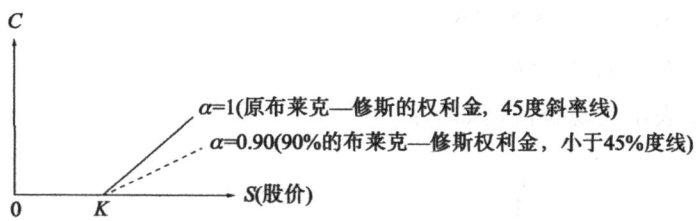

图 6-1 到期现金流量部分减缩的期权

注:为简单计,横轴下的权利金图省略了。

此种新期权的权利金其实是布莱克—修斯(BS)权利金的一个比率,因此该期权的定价模型即是 BS 模型乘以参与率 α。以公式表示如下①:

---

① 我们仍然采用布莱克—修斯的假设。标的物呈现几何布朗运动:$dS = rSdt + \sigma S dW^Q$,$Q$ 代表中性概率测度。

$$C = \alpha [Se^{-qT}N(d_1) - Ke^{-rT}N(d_2)] \qquad (6-2)$$

此处 q = 标的股的连续股息，r = 无风险利率

$$d_1 = \frac{\ln(S/K) + (r - q + \sigma^2/2) \cdot T}{\sigma\sqrt{T}}, \quad d_2 = d_1 - \sigma\sqrt{T}$$

S = 标的股的现在价格（$t = 0$）

σ = 标的股的连续收益率瞬间标准差

$N(x)$ = 标准正态分布的累积概率 = $\int_{-\infty}^{x} \frac{1}{\sqrt{2\pi}} \cdot e^{-x^2/2} dx$

该期权的避险参数即是 BS 模型避险参数乘以参与率 α：

$$\Delta = \frac{\partial C}{\partial S} = \alpha e^{-qT} N(d_1) \qquad (6-3)$$

$$\Gamma = \frac{\partial^2 C}{\partial S^2} = \frac{\alpha e^{-qT}}{\sigma S \sqrt{T}} n(d_1), \quad n(d_1) = \frac{1}{\sqrt{2\pi}} e^{-d_1^2/2} \qquad (6-4)$$

$$Vega = \frac{\partial C}{\partial \sigma} = \alpha S e^{-qT} n(d_1) \sqrt{T} \qquad (6-5)$$

这三个对冲期权风险的参数可参考《期权交易实战一本精》第 3 章（陈松男著，机械工业出版社出版）。

（二）上限型看涨期权和对冲风险参数（Capped Calls）

此种期权到期时的价值（或现金流量）如下：

$$C_T = \begin{cases} 0 & \text{若 } S_T \leq K_1 \\ S_T - K_1 & \text{若 } K_1 < S_T < K_2 \\ K_2 - K_1 & \text{若 } S_T \geq K_2 \end{cases} \qquad (6-6)$$

以图 6-2 表示其现金流量如下：

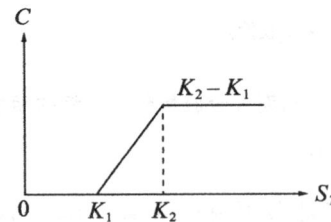

图 6-2 上限型期权的现金流量

解释如下：

1. 在到期时，若标的价格（S_T）小于或等于执行价格（K_1），则该期权价格为

零（$C_T = 0$），与一般看涨期权的到期价值相同。

2. 在到期时，若标的价格介于 K_1 及 K_2 之间（$K_1 < S_T < K_2$），该期权的价值为标的价格减掉执行价格（$S_T - K_1$），这与一般看涨期权相同。

3. 若 $S_T \geq K_2$，则期权的价值受到上限（$K_2 - K_1$）的限制，与一般看涨期权价值的决定（$S_T - K_2$）不同。因为该期权的价值受到上限的约束，所以其权利金得以降低。若 K_2 的设定越远离 K_1，则该期权越接近一般的看涨期权。因此，所节省的权利金越少。

在风险中性下，上限型看涨期权的定价模型可根据上面该期权到期现金流量的期望值，以无风险利率折现，并可以下列公式表示：

$$C = e^{-rT} E^Q \left[(S_T - K_1) 1_{\{K_1 < S_T < K_2\}} \right] + e^{-rT} E^Q \left[(K_2 - K_1) 1_{\{S_T \geq K_2\}} \right] \tag{6-7}$$

此处，1_A 代表指标函数（Indicator Function），其定义如下：

$$1_A = \begin{cases} 1 & \text{若事件 } A \text{ 成立（或出现）} \\ 0 & \text{若事件 } A \text{ 不成立（或不出现）} \end{cases}$$

所以：

$$(S_T - K_1) 1_{\{K_1 < S_T < K_2\}} = \begin{cases} S_T - K_1 & \text{若 } K_1 < S_T < K_2 \\ 0 & \text{若 } S_T \text{ 不在 } K_1 \text{ 及 } K_2 \text{ 之间} \\ & \text{（即 } S_T \leq K_1 \text{ 或 } S_T \geq K_2\text{）} \end{cases}$$

$$(K_2 - K_1) 1_{\{S_T \geq K_2\}} = \begin{cases} K_2 - K_1 & \text{若 } S_T \geq K_2 \\ 0 & \text{若 } S_T < K_2 \end{cases}$$

E^Q 代表风险中性概率测度 Q（Risk-Neutral Probability Measure Q）下的期望值。

定价模型（6-7）可借由等价概率平赌的定价方法求得，表示如下（详见本章附录第一部分的证明）：

$$\begin{aligned} C &= S e^{-qT} [N(d_1^*) - N(d_2^*)] + e^{-rT} [K_2 N(d_2') - K_1 N(d_1')] \\ &= [S e^{-qT} N(d_1^*) - K_1 e^{-rT} N(d_1^* - \sigma\sqrt{T})] \\ &\quad - [S e^{-qT} N(d_2^*) - K_2 e^{-rT} N(d_2^* - \sigma\sqrt{T})] \\ &= 看涨期权(K_1) - 看涨期权(K_2) \end{aligned} \tag{6-8}$$

此处，k_1 和 k_2 分别是第一个与第二个看涨期权的执行价。

$$d_1^* = \frac{\ln(S/K_1) + (r - q + \sigma^2/2)T}{\sigma\sqrt{T}}$$

$$d_2^* = \frac{\ln(S/K_2) + (r - q + \sigma^2/2)T}{\sigma\sqrt{T}}$$

$$d_1' = \frac{\ln(S/K_1) + (r - q - \sigma^2/2)T}{\sigma\sqrt{T}} = d_1^* - \sigma\sqrt{T}$$

$$d_2' = \frac{\ln(S/K_2) + (r - q - \sigma^2/2)T}{\sigma\sqrt{T}} = d_2^* - \sigma\sqrt{T}$$

观察式（6-8）可知，上限型看涨期权是由一个做多的看涨期权（K_1）及一个做空看涨期权（K_2）组合而成。定价模型（6-8）只涉及正态分布概率，计算很简单，其避险参数也很容易求得，表示如下（见本章附录第二部分的推导）：

$$\Delta = \frac{\partial C}{\partial S} = e^{-qT}[N(d_1^*) - N(d_2^*)] \quad (6-9)$$

$$\Gamma = \frac{\partial^2 C}{\partial S^2} = e^{-qT}\left[\frac{n(d_1^*)}{\sigma S\sqrt{T}} - \frac{n(d_2^*)}{\sigma S\sqrt{T}}\right] \quad (6-10)$$

$$Vega = \frac{\partial C}{\partial \sigma} = Se^{-qT}\sqrt{T}[n(d_1^*) - n(d_2^*)] \quad (6-11)①$$

（三）局部支付型期权和对冲风险参数

局部支付型看涨期权（Payoff Segment Calls）在到期时的价值可由图6-3表示如下：

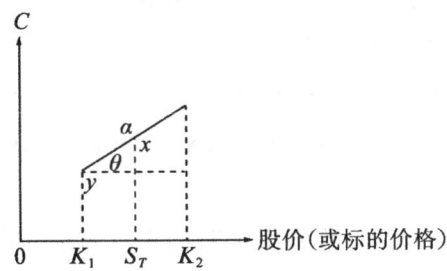

图6-3 局部支付型期权

以公式表示如下：

$$C_T = \begin{cases} 0 & \text{若 } S_T < K_1 \\ x + y = y + \alpha(S_T - K_1) & \text{若 } K_1 \leq S_T \leq K_2 \\ 0 & \text{若 } S_T > K_2 \end{cases} \quad (6-12)$$

此处，α代表支付收益的斜度（$\alpha = 1$，$\alpha < 1$，或$\alpha > 1$），或称参与率。

---

① 以上三个对冲该期权风险参数的实务应用，请参阅《期权交易实战一本精》第3章，陈松男著，机械工业出版社。

$$\alpha = \tan\theta = \frac{x}{S_T - K_1} \Rightarrow x = \alpha(S_T - K_1)$$

该期权的期终价值解释如下：

1. 在到期（T）时，若标的价格 S_T 低于 K_1，或高于 K_2 时，期权价值为零（即若 $S_T < K_1$ 或 $S_T > K_2$，则 $C_T = 0$）。

2. 在 T 时，若标的价格介于 K_1 及 K_2 之间（$K_1 \leq S_T \leq K_2$），期权的价值为 $y + \alpha(S_T - K_1)$。y 为 $S_T = K_1$ 时的期权价值。参与率 α 可调整为大于、小于或等于 1（即 $\alpha > 1$，$\alpha < 1$，或 $\alpha = 1$）。若 $\alpha = 1$ 时，期权的价值刚好等于 y 加上一般看涨期权在 K_1 及 K_2 间的价值［即 $y + (S_T - K_1)$］。

局部支付型期权的定价模型可根据式（6-12）到期时的价值（或现金流量）推导出定价模型。运用概率平赌定价方法，该期权的定价模型可表示如下（详见本章附录第三部分的推导）。

$$\begin{aligned} C &= e^{-rT} E^Q \{ [y + \alpha(S_T - K_1)] 1_{(K_1 \leq S_T \leq K_2)} \} \\ &= e^{-rT} \{ (y - \alpha K_1) E^Q [1_{(K_1 \leq S_T \leq K_2)}] + e^{-rT} \alpha E^Q [S_T 1_{(K_1 \leq S_T \leq K_2)}] \} \\ &= e^{-rT}(y - \alpha K_1)[N(d_{2,1}^*) - N(d_{2,2}^*)] + \alpha S e^{-qT}[N(d_{1,1}) - N(d_{1,2})] \quad (6-13) \end{aligned}$$

此处：

$$d_{1,1} = \frac{\ln(S/K_1) + \left(r - q + \frac{\sigma^2}{2}\right)T}{\sigma\sqrt{T}}$$

$$d_{1,2} = \frac{\ln(S/K_2) + \left(r - q + \frac{\sigma^2}{2}\right)T}{\sigma\sqrt{T}}$$

$$d_{2,1}^* = \frac{\ln(S/K_1) + \left(r - q - \frac{\sigma^2}{2}\right)T}{\sigma\sqrt{T}} = d_{1,1} - \sigma\sqrt{T}$$

$$d_{2,2}^* = \frac{\ln(S/K_2) + \left(r - q - \frac{\sigma^2}{2}\right)T}{\sigma\sqrt{T}} = d_{1,2} - \sigma\sqrt{T}$$

因局部支付型期权的定价模型包含很容易计算的正态分布概率 $N(\cdot)$，权利金也会被快速算出。

局部支付型期权的避险参数可由式（6-13）直接微分推导出，表示如下（详见本章附录第四部分的推导）：

$$\Delta = \frac{\partial C}{\partial S} = e^{-rT}(y - \alpha K_1)\left[\frac{n(d_{2,1}^*) - n(d_{2,2}^*)}{S\sigma\sqrt{T}}\right] + \alpha e^{-qT}\left[\frac{n(d_{1,1}) - n(d_{1,2})}{\sigma\sqrt{T}}\right]$$

$$+ \alpha e^{-qT} [N(d_{1,1}) - N(d_{1,2})] \quad (K_1 \leq S \leq K_2) \quad (6-14a)$$

$$\Gamma = \frac{\partial^2 C}{\partial S^2} = e^{-rT}(y - \alpha K_1) \left[\frac{n(d_{2,2}^*)(d_{2,2}^* + \sigma\sqrt{T}) - n(d_{2,1}^*)(d_{2,1}^* + \sigma\sqrt{T})}{\sigma^2 S^2 T} \right]$$

$$+ \alpha e^{-qT} \left[\frac{-n(d_{1,1})d_{1,1} + n(d_{1,2})d_{1,2}}{\sigma^2 S \sqrt{T}} \right]$$

$$+ \alpha e^{-qT} \left[\frac{n(d_{1,1}) - n(d_{1,2})}{\sigma S \sqrt{T}} \right] (K_1 \leq S \leq K_2) \quad (6-14b)$$

$$Vega = \frac{\partial C}{\partial \sigma} = e^{-rT}(y - \alpha K_1) \left[n(d_{2,1}^*)\left(1 - \frac{d_{2,1}^*}{\sigma\sqrt{T}}\right) - n(d_{2,2}^*)\left(\frac{d_{2,2}^*}{\sigma\sqrt{T}}\right) \right] \sqrt{T}$$

$$+ \alpha S e^{-qT} \left[n(d_{1,1})\left(1 - \frac{d_{1,1}}{\sigma\sqrt{T}}\right) - n(d_{1,2})\left(1 - \frac{d_{1,2}}{\sigma\sqrt{T}}\right) \right] \sqrt{T}$$

$$K_1 \leq S \leq K_2 \quad (6-14c)$$

(四) 避险跳跃的实务困难

虽然以上的避险参数 (Δ, Γ 及 $Vega$) 可经由式 (6-14) 求解,但就实务层面而言,对冲风险的交易会遭遇到 Delta 断裂 (或跳跃) 的困难。观察图 6-3 可知,当价格尚未上涨至 K_1 时,并不需要对冲头寸 ($\Delta = 0$,因该期权尚无现金流量)。但当标的价格上涨至 K_1 时,对冲头寸立即生效 [根据式 (6-14a) 计算,$\Delta > 0$]。因此,股价在 K_1 的前后就会有 Delta 跳跃的现象。实务避险操作很难应付 Delta 跳跃,即由避险零头寸可能立即跳跃成为正的避险头寸 ($\Delta > 0$,若价格持续向上涨)。但若价格迫近 K_1,却不是往上涨,而是再度回档,则仍是维持零避险头寸。但避险者无法预知,当价格迫近 K_1 时,价格是否会持续上涨或回档。在这个时候,避险者只有按照主观判断价格的走势来进行避险操作,这也就是实务界所谓的投机性避险 (Speculative Hedge),而不是纯粹学理的避险。投机性避险的可能情况列举如下。

当标的价格迫近时,若主观判断往上攻坚的可能性大,则可建立部分 (或全部) 避险头寸。若判断正确,则不会产生高价抢进避险头寸所需的现货 (或股票)。但判断可能会有错误,价格回档,则原先建立的避险头寸会有价格亏损。主观判断短期价格走势是一种投机性行为,故这种避险操作可称为投机性避险。这是实务避险操作所无法避免的困难。

另一种 Delta 跳跃发生于标的价格已在 K_1 及 K_2 之间,价格可能往上迫近 K_2 (仍是维持避险头寸),但价格是否会再往上涨超过 K_2 呢?若会,则避险头寸变成零;若不会,则仍应维持避险头寸。此种情况的避险头寸仍是基于主观判断当时价格的走势,因此又是投机性避险的另一种情况。这种 Delta 跳跃的困难是理论无法解决的,只有依赖避险交易员的多年经验才能应付此种跳跃式的困难。因此,虽然金融工程是一门科学(Science),但金融工程的应用却是一门交易操作与艺术(Art)。金融工程是兼具科学与艺术两方面的有趣学科。

公式(6-13)是局部支付型期权的综合定价模型。该期权会因 α 的不同设定而产生不同有趣的期权。我们介绍其中两种期权。

1. 当 $\alpha = 0$,局部支付型期权变成兑现或无兑现期权(Cash-or-Nothing Call,简称 CNC)。其到期日现金流量成为:

$$CNC_T = \begin{cases} y & \text{若 } K_1 \leq S_T \leq K_2 \text{(有现金 } y\text{)} \\ 0 & \text{若 } S_T < K_1 \text{ 或 } S_T > K_2 \text{(无现金)} \end{cases}$$

只有当标的价格介于 K_1 及 K_2 之间,CNC 期权才支付固定金额 y。以图 6-4 表示如下:

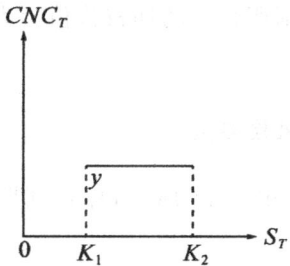

图 6-4 兑现或无兑现期权

CNC 的定价公式可将式(6-13)内的 α 设定为零,即得:

$$CNC = e^{-rT} y [N(d_{2,1}^*) - N(d_{2,2}^*)] \qquad (6-15)$$

其避险参数也可由式(6-14)很容易求出(令 $\alpha = 0$):

$$\Delta = \frac{\partial CNC}{\partial S} = e^{-rT} y \left[\frac{n(d_{2,1}^*) - n(d_{2,2}^*)}{S\sigma\sqrt{T}} \right], \quad K_1 \leq S \leq K_2 \qquad (6-16a)$$

$$\Gamma = \frac{\partial^2 CNC}{\partial S^2} = e^{-rT} y \left[\frac{n(d_{2,2}^*)(d_{2,2}^* + \sigma\sqrt{T}) - n(d_{2,1}^*)(d_{2,1}^* + \sigma\sqrt{T})}{\sigma^2 S^2 T} \right] \qquad (6-16b)$$

$$Vega = \frac{\partial CNC}{\partial \sigma} = e^{-rT} y \left[n(d_{2,1}^*)\left(1 - \frac{d_{2,1}^*}{\sigma\sqrt{T}}\right) - n(d_{2,2}^*)\left(1 - \frac{d_{2,2}^*}{\sigma\sqrt{T}}\right) \right]\sqrt{T} \qquad (6-16c)$$

2. 令 $\alpha = 1$,则局部支付型期权变成为一般欧式布莱克—修斯看涨期权的局部支付期权(以 C_{BS}^* 称之)(见图 6-5)。

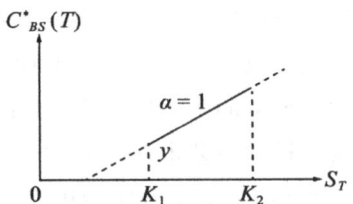

图 6-5　局部支付看涨期权——到期现金流量

其到期日现金流量为：

$$C_{BS}^*(T) = \begin{cases} y + S_T - K_1 & \text{若 } K_1 \leq S_T \leq K_2 \\ 0 & \text{若不是} \end{cases}$$

C_{BS}^* 的定价公式如下 [在式 (6-13) 内，令 $\alpha = 1$]：

$$C_{BS}^* = e^{-rT}(y - K_1)[N(d_{2,1}^*) - N(d_{2,2}^*)] + Se^{-qT}[N(d_{1,1}) - N(d_{1,2})] \quad (6-17)$$

其避险参数则为式 (6-14a)、(6-14b)、(6-14c)，并令 $\alpha = 1$，在此不再重复。若 α 值设定大于 1，则所得到的期权价值会大于式 (6-17) 所示 C_{BS}^* 的价格。

（五）抵付型期权和对冲风险参数

抵付型期权（Deductible Calls，以 DC 简称）到期现金流量为：

$$DC_T = \begin{cases} 0 & \text{若 } S_T < K \\ 0 & \text{若 } K \leq S_T \leq H \\ S_T - K & \text{若 } H < S_T \end{cases} \quad (6-18)$$

$K = $ 执行价格

当 $S_T < K$ 时，此类型期权（DC）无现金流量，与一般欧式看涨期权相同。但当 $K \leq S_T \leq H$ 时，此期权也不支付任何现金。这不同于一般看涨期权，一般看涨期权的现金流量为 $S_T - K$。因为在初步获利阶段该权证不支付任何现金，只有当标的价格 S_T 高于 H 时，才开始支付现金，此种现金流量如汽车保险或火险那样，在损失的最初固定金额内，保险公司不支付任何赔偿金，但当损失大于某一固定金额 H 时才支付保险金，因此，保险费（权利金支付）可降低。自付的部分越高，保险费也就越低（或权利金越低），我们称该类型的期权为抵付型期权（见图 6-6）。

根据抵付型期权的到期价值，权利金的决定是一般 BS 模型价格减去最初抵付（或自付）部分的权利金。以公式表示如下：

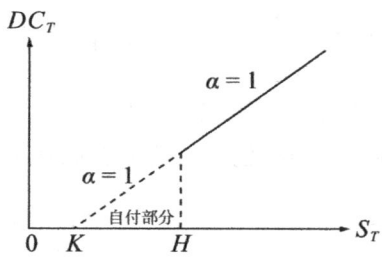

图 6-6 抵付型期权的到期价值

$$DC = Se^{-qT}N(X_1) - Ke^{-rT}N(X_2) - e^{-rT}E^Q[(S_T-K)1_{\{K \leq S_T \leq H\}}] \quad (6-19)$$

此处：

$$X_1 = \frac{\ln(S/K) + \left(r - q + \frac{\sigma^2}{2}\right)T}{\sigma\sqrt{T}}, \quad X_2 = X_1 - \sigma\sqrt{T}$$

自付部分权利金（期望值部分）可由式（6-13）直接求出，并令 $\alpha = 1$，$y = 0$，$K_1 = K$，$K_2 = H$：

$$e^{-rT}E^Q[(S_K-K)1_{\{K \leq S_T \leq H\}}] = -e^{-rT}K[N(X_2) - N(Y_2)] + Se^{-qT}[N(X_1) - N(Y_1)] \quad (6-20)$$

此处：

$$Y_1 = \frac{\ln(S/H) + \left(r - q + \frac{\sigma^2}{2}\right) \cdot T}{\sigma\sqrt{T}}, \quad Y_2 = Y_1 - \sigma\sqrt{T}$$

将式（6-20）代入式（6-19），即得抵付型期权的定价模型如下：

$$\begin{aligned}DC &= Se^{-qT}N(X_1) - Ke^{-rT}N(X_2) - Se^{-qT}[N(X_1) - N(Y_1)] + e^{-rT}K[N(X_2) - N(Y_2)] \\ &= Se^{-qT}N(Y_1) - Ke^{-rT}(Y_2)\end{aligned} \quad (6-21)$$

此定价模型其实是欧式看涨期权定价模型，虽然期权的执行价格是 K，但因自付部分，标的价格必须高于 H 时，期权的价值才能增加，且等于 $S_T - H$。因此，抵付型期权可视为另一种执行价格 H 高于原有执行价格 K 的期权。相对于 H 而言，它是一个虚值期权。

抵付型期权避险参数的推导正如 BS 模型避险参数，因此可以直接表示如下（见本章附录的第五部分）：

$$\Delta = \frac{\partial DC}{\partial S} = e^{-qT}N(Y_1) + (H-K)e^{-rT} \cdot n(Y_2) \cdot \frac{1}{S\sigma\sqrt{T}} \quad (6-21a)$$

$$\Gamma = \frac{\partial^2 DC}{\partial S^2} = e^{-qT}n(Y_1) \cdot \frac{1}{S\sigma\sqrt{T}} - (H-K)e^{-rT}n(Y_2)\frac{1}{S^2\sigma\sqrt{T}}\left[1 + \frac{Y_2}{\sigma\sqrt{T}}\right]$$

$$(6-21b)$$

$$Vega = \frac{\partial DC}{\partial \sigma} = Se^{-qT} n(Y_1)\left(1 - \frac{Y_1}{\sigma\sqrt{T}}\right) - Ke^{-rT} n(Y_2)\left(1 - \frac{Y_2}{\sigma\sqrt{T}}\right)\sqrt{T} \quad (6-21c)$$

其他类型的期权可由局部支付型期权定价模型（6-13）内的 α 加以变化，拼凑在一起成为可降低权利金的期权创新。我们在此列举其中两种类型。

（六）变化类型期权之一

此种期权的到期日价值可由图 6-7 表示。

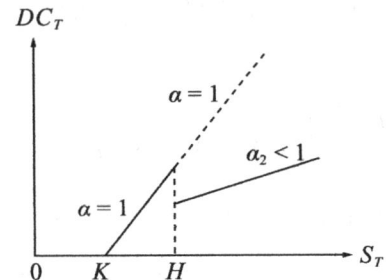

图 6-7 变化类型期权之一的到期日价值

以公式表示其价值如下：

$$C_T = \begin{cases} 0 & \text{若 } S_T \leq K \\ (S_T - K) & \text{若 } K < S_T \leq H \\ \alpha_2(S_T - K) & \text{若 } S_T > H, \alpha_2 < 1 \end{cases} \quad (6-22)$$

此种期权的执行价为 K。若到期时 S_T 介于 K 及 H 之间，其价值为 $S_T - K$；若 $S_T > H$，其价值为 $\alpha_2(S_T - K)$，$\alpha_2 < 1$。其定价模型的推导如下：

$$C = e^{-rT} E^Q\left[(S_T - K)1_{(K < S_T \leq H)}\right] + \alpha_2 e^{-rT} E^Q\left[(S_T - K)1_{(S_T > H)}\right] \quad (6-23)$$

第一个期望值是式（6-13）的一种特殊情况：$y=0$，$\alpha=1$，$K_1 = K$，$K_2 = H$。因此：

$$e^{-rT} E^Q\left[(S_T - K)1_{(K < S_T \leq H)}\right]$$
$$= Se^{-qT}[N(d_{1,1}) - N(d_{1,2})] - Ke^{-rT}[N(d_{2,1}^*) - N(d_{2,2}^*)] \quad (6-24)$$

第二个期望值其实是 α_2 乘以抵付型期权的价值见式（6-21）。因此，将此式（6-21）及式（6-24）代入式（6-23）即得最后的定价公式：

$$C = Se^{-qT}[N(d_{1,1}) - N(d_{1,2})] - Ke^{-rT}[N(d_{2,1}^*) - N(d_{2,2}^*)] + \alpha_2[Se^{-qT}N(Y_1)$$
$$- Ke^{-rT}N(Y_2)]$$
$$= Se^{-qT}[N(d_{1,1}) - N(d_{1,2}) + \alpha_2 N(Y_1)] - Ke^{-rT}[N(d_{2,1}^*) - N(d_{2,2}^*) + \alpha_2 N(Y_2)]$$
$$= Se^{-qT}[N(X_1) - (1-\alpha_2)N(Y_1)] - Ke^{-rT}[N(X_2) - (1-\alpha_2)N(Y_2)]$$

$$= [Se^{-qT}N(X_1) - Ke^{-rT}N(X_2)] - (1-\alpha_2)[Se^{-qT}N(Y_1) - Ke^{-rT}N(Y_2)]$$
(6-25)

此处：

$$d_{1,1} = \frac{\ln(S/K) + \left(r - q + \frac{\sigma^2}{2}\right)T}{\sigma\sqrt{T}} = X_1$$

$$d_{1,2} = \frac{\ln(S/H) + \left(r - q + \frac{\sigma^2}{2}\right)T}{\sigma\sqrt{T}} = Y_1$$

$$d_{2,1}^* = d_{1,1} - \sigma\sqrt{T} = X_1 - \sigma\sqrt{T} = X_2$$

$$d_{2,2}^* = d_{1,2} - \sigma\sqrt{T} = Y_1 - \sigma\sqrt{T} = Y_2$$

根据式（6-25）该期权的避险参数为：

$$\Delta = \frac{\partial C}{\partial S} = e^{-qT}N(X_1) - (1-\alpha_2)\left[e^{-qT}N(Y_1) + (H-K)e^{-rT}n(Y_2)\frac{1}{S\sigma\sqrt{T}}\right], d_1 = X_1$$
(6-26a)

$$\Gamma = \frac{\partial^2 C}{\partial S^2} = e^{-qT}\frac{n(X_1)}{S\sigma\sqrt{T}} - (1-\alpha_2)\left[e^{-qT}\frac{n(Y_1)}{S\sigma\sqrt{T}} - (H-K)e^{-rT}\frac{n(Y_2)}{S^2\sigma\sqrt{T}}\left(1 + \frac{Y_2}{\sigma\sqrt{T}}\right)\right]$$
(6-26b)

$$Vega = \frac{\partial C}{\partial \sigma} = [Ke^{-rT}\sqrt{T}n(X_1)] - (1-\alpha_2)\left[Se^{-qT}n(Y_1)\left(1 - \frac{Y_1}{\sigma\sqrt{T}}\right)\sqrt{T}\right.$$
$$\left. - Ke^{-rT}n(Y_2)\left(-1 - \frac{Y_2}{\sigma\sqrt{T}}\right)\sqrt{T}\right]$$
(6-26c)

（七）变化类型期权之二

此种期权的到期日价值可由图6-8表示：

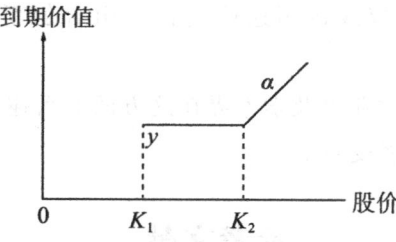

图6-8 变化类型期权之二

以公式表示其价值如下：

$$C_T = \begin{cases} 0 & \text{若 } S_T < K_1 \\ y & \text{若 } K_1 \leq S_T \leq K_2 \\ \alpha(S_T - K_1) & \text{若 } S_T > K_2 \end{cases}$$

此种期权的现在价格其实是兑现或无兑现型期权（Cash – or – Nothing Calls）的价格［式（6 – 15）］加上抵付型期权价格［式（6 – 21）］之和。因此，其定价模型为：

$$\begin{aligned} C &= e^{-rT}E^Q[y1_{\{K_1 \leq S_T \leq K_2\}}] + e^{-rT}E^Q[\alpha(S_T - K_2)1_{\{S_T > K_2\}}] \\ &= e^{-rT}y[N(d_{2,1}^*) - N(d_{2,2}^*)] + \alpha[Se^{-qT}N(Y_1^*) - Ke^{-rT}N(Y_2^*)] \\ &= \alpha[Se^{-qT}N(Y_1^*) - K_1e^{-rT}N(Y_2^*)] + e^{-rT}y[N(X_2) - N(Y_2)] \end{aligned} \quad (6-27)$$

此处：

$$d_{2,1}^* = X_2, \quad d_{2,2}^* = Y_2$$

$$Y_1^* = \frac{\ln(S/K_2) + \left(r - q + \frac{\sigma^2}{2}\right)T}{\sigma\sqrt{T}}$$

$$Y_2^* = Y_1^* - \sigma\sqrt{T}$$

最后，我们补充如下：基于局部支付型期权，我们可组合不同类型的现金流量成为另一种降低权利金的新期权元件或其他吸引投资者和使用者兴趣的新期权。读者可市场需求自行尝试创新。

本章我们介绍了可以降低权利金的几种新期权，并以等价概率平赌的定价方法推导出各种新期权的封闭解定价模型，同时报告了相关的避险参数。对于这些新期权在实务避险操作时所面临的 Delta 跳跃困难，本章也提供了一些实务应对之道（投机性的避险）。

发行机构可依据每一新期权特有的到期现金流量设计创新适合投资者和使用者需求的新期权，同时兼顾目前国内的法律法规。创新的期权最好尽量属于布莱克—修斯范围内的简单期权或运用这些期权的组合创新场外（或结构式）衍生品。

希望本章能进一步引发业界及学术界在这方面的兴趣，创新更多的低权利金的期权，使投资者和使用者受益。

参考文献

1. Benson, Robert, and Nicholas Daniel (1991), "Up Over and Out." Risk, 4,

(June), 17-19.

2. Bouaziz, Laurent, Eric Briys, and Miche Crouhy (1994), "The Pricing of Forward - Starting Asian Options." Journal of Banking and Finance, 18, (October), 823-839.

3. Chriss, Neil, and Michael Ong (1995), "Digitals Defused." Risk, 8, (December), 56-59.

4. Conze, Antoine, and R. Viswanathan (1991), "European Path - Dependent Options: The Case of Geometric Averages." Finance, 12, (June), 7-22.

5. Cox, J. C. and Ross (1976), "The Valuation of Options for Alternative Stochastic Process", Journal of Stochastic process 3, 145-66.

6. Geman, E, N. E. Karaoui, and J. Rocher (1995), "Changes of Numeraire, Change of Probability Measure and Option Pricing", Journal of Applied Probability 32, 443-58.

7. Geske, Robert (1979), "The Valuation of Compound Options," Journal of Financial Economics, (March), 63-81.

8. Harrison, M and D. Kreps (1977), "Martingales and Multiperiod Securities Markets", Journal of Economic Theory 20, 381-408.

9. Hull, J. C. (1997), Options, Futures and other Derivatives, Prentice - Hall International, Inc., 228-253.

10. Karatzas I. and S. E. Shreve (1991), Brownian Motion and Stochastic Calculus, Springer - Verlag, 1900-1980.

11. Kemna, A. G. Z., and A. C. F. Vorst (1990), "A Pricing Method for Options Based on Average Asset Values," Journal of Banking and Finance, 14, (March), 113-129.

12. Levy, Edmond (1990), "Asian Arithmetic," Risk, 3, (May), 7-8.

——. (1992), "Pricing European Average Rate Currency Options," Journal of International Money and Finance, 11, (October), 474-491.

13. Levy, Edmond, and Stuart Turnbull (1992), "Average Intelligence," Risk, 5, (Februrary), 53-59.

14. Rich, Don R. and Don M. Chance (1993), "An Alternative Approach to the Pricing of Options on Multiple Assets," Journal of Financial Engineering, 2, (December), 271-285.

15. Ritchken, Peter (1995), "On Pricing Barrier Options," Journal of Deriva-

tives, 3, (Winter), 19–28.

16. Rogers, L. C. G., and Z. Shi. (1995), "The Value of an Asian Option," Journal of Applied Probability, 32, (December), 1077–1088.

17. Rubinstein, Mark, and Eric Reiner (1991), "Unscrambling the Binary Code," Risk, 4, (October), 78–83.

18. Rubinstein, Mark (1991), "Options for the Undecided," Risk, 4, (April), 43.

19. Turnbull, Sturart M. (1995), "Interest Rate Digital Options and Range Notes," Journal of Derivatives, 3, (Fall), 92–101.

本章附录

式 (6-7) 的第一项 $= E^Q [(S_T - K_1) 1_{\{K_1 < S_T < K_2\}}]$

$$= E^Q [S_T 1_{\{K_1 < S_T < K_2\}}] - K_1 E^Q [1_{\{K_1 < S_T < K_2\}}]$$

则：

$$E^Q [S_T 1_{\{K_1 < S_T < K_2\}}] = E^Q \left\{ S \exp \left[\left(r - q - \frac{\sigma^2}{2} \right) T + \sigma (w_T - w_0) \right] 1_{\{K_1 < S_T < K_2\}} \right\}$$

$$= S e^{(r-q)T} E^Q \{ e^{\frac{-\sigma^2 T}{2} + \sigma \Delta w_T} 1_{\{K_1 < S_T < K_2\}} \}, \quad \Delta w_T = w_T - w_0$$

此外，令 $\xi_T = e^{\frac{-\sigma^2 T}{2} + \sigma \Delta w_T} = e^{\int_0^T \sigma dw_s - \frac{1}{2} \int_0^T \sigma^2 ds}$，它是一个 Girsanov 因子。

转换概率测度由 Q 到 R：$dw^Q = dw^R + \sigma dt$

$$\therefore \frac{ds}{s} = (r-q) dt + \sigma dw^Q = (r-q) dt + \sigma (dw^R + \sigma dt)$$

$$= (r - q + \sigma^2) dt + \sigma dw^R$$

$$\therefore d\ln S_T = \left(r - q - \frac{\sigma^2}{2} \right) dt + \sigma dw^Q$$

$$= \left(r - q - \frac{\sigma^2}{2} \right) dt + \sigma (dw^R + \sigma dt)$$

$$= \left(r - q + \frac{\sigma^2}{2} \right) dt + \sigma dw^R$$

对上式进行 Itô 积分可获得下式：

$$\therefore S_T = S \exp \left[\left(r - q + \frac{\sigma^2}{2} \right) T + \sigma \Delta w_T^R \right], \quad \Delta w_T^R = w_T^R - w_0^R \sim N(0, T)$$

一、公式（6-8）的证明

$Se^{(r-q)T}E^R[1_{(K_1<S_T<K_2)}]$ 　　　$[E^R(\cdot)$ 的求算是在测度 R 下进行$]$

$= Se^{(r-q)T}P_r^R[K_1 < Se^{(r-q+\frac{\sigma^2}{2})T+\sigma\Delta w_T^R} < K_2]$

$= Se^{(r-q)T}P_r^R\left[\dfrac{\ln(K_1/S)-\left(r-q+\dfrac{\sigma^2}{2}\right)T}{\sigma\sqrt{T}} < \dfrac{\Delta w_T^R}{\sqrt{T}} < \dfrac{\ln(K_2/S)-\left(r-q+\dfrac{\sigma^2}{2}\right)T}{\sigma\sqrt{T}}\right]$

$= Se^{(r-q)T}P_r^R\left[\underbrace{\dfrac{\ln(S/K_2)+\left(r-q+\dfrac{\sigma^2}{2}\right)T}{\sigma\sqrt{T}}}_{d_2^*} < -\dfrac{\Delta w_T^R}{\sqrt{T}} < \underbrace{\dfrac{\ln(S/K_1)+\left(r-q+\dfrac{\sigma^2}{2}\right)T}{\sigma\sqrt{T}}}_{d_1^*}\right]$

$= Se^{(r-q)T}[N(d_1^*)-N(d_2^*)]$，$\dfrac{-\Delta w_T^R}{\sqrt{T}} \sim N(0,1)$

再次：

$E^Q[1_{(K_1<S_T<K_2)}] = P_r^Q[K_1<S_T<K_2]$

$= P_r^Q\left\{K_1 < S\exp\left\{\left(r-q-\dfrac{\sigma^2}{2}T\right)T+\sigma\overbrace{(w_T^Q-w_0^Q)}^{\Delta w_T^Q}\right\} < K_2\right\}$

此外，是在概率测度 Q 下进行计算：

$S_T = S\exp\left[\left(r-q-\dfrac{\sigma^2}{2}T\right)T+\sigma(w_T^Q-w_0^Q)\right]$

$= P_r^Q\left[\dfrac{\ln(K_1/S)-\left(r-q-\dfrac{\sigma^2}{2}\right)T}{\sigma\sqrt{T}} < \dfrac{\Delta w_T^Q}{\sqrt{T}} < \dfrac{\ln(K_2/S)-\left(r-q-\dfrac{\sigma^2}{2}\right)T}{\sigma\sqrt{T}}\right]$

$= P_r^Q\left[\underbrace{\dfrac{\ln(S/K_2)+\left(r-q-\dfrac{\sigma^2}{2}\right)T}{\sigma\sqrt{T}}}_{d_2'} < -\dfrac{\Delta w_T^Q}{\sqrt{T}} < \underbrace{\dfrac{\ln(S/K_1)+\left(r-q-\dfrac{\sigma^2}{2}\right)T}{\sigma\sqrt{T}}}_{d_1'}\right]$

$= N(d_1')-N(d_2')$，$\dfrac{\Delta w_T^Q}{\sqrt{T}} \sim N(0,1)$

同时：

$E^Q[(K_2-K_1)1_{(S_T>K_2)}] = (K_2-K_1)P_r^Q(S_T\geq K_2)$

$= (K_2-K_1)P_r^Q[Se^{(r-q-\frac{\sigma^2}{2})T+\sigma\Delta w_T^Q} \geq K_2]$

$= (K_2-K_1)P_r^Q\left[\dfrac{\Delta w_T^Q}{\sqrt{T}} \geq \dfrac{\ln(K_2/S)-\left(r-q-\dfrac{\sigma^2}{2}\right)T}{\sigma\sqrt{T}}\right]$

$$= (K_2 - K_1) P_r^Q \left[-\frac{\Delta w_T^Q}{\sqrt{T}} < \underbrace{\frac{\ln(S/K_2) + \left(r - q - \frac{\sigma^2}{2}\right)T}{\sigma\sqrt{T}}}_{d_2'} \right]$$

$$= (K_2 - K_1) N(d_2')$$

所以：

$$C = e^{-rT}\{Se^{(r-q)T}[N(d_1^*) - N(d_2^*)] - K_1[N(d_1') - N(d_2')]\} + e^{-rT}\{(K_2 - K_1)N(d_2')\}$$

$$= Se^{-qT}[N(d_1^*) - N(d_2^*)] + e^{-rT}[K_2 N(d_2') - K_1 N(d_1')]$$

这就是式（6-8）。

二、公式（6-9）、（6-10）及（6-11）的推导

$$\frac{\partial N(d_1^*)}{\partial S} = n(d_1)\frac{\partial d_1^*}{\partial S} = \frac{n(d_1^*)}{S\sigma\sqrt{T}}$$

$$\Delta = \frac{\partial C}{\partial S}$$

$$= e^{-qT}[N(d_1^*) - N(d_2^*)] + Se^{-qT}\left[\frac{n(d_1^*)}{S\sigma\sqrt{T}} - \frac{n(d_2^*)}{S\sigma\sqrt{T}}\right]$$

$$+ e^{-rT}\left[K_2\frac{n(d_2')}{S\sigma\sqrt{T}} - K_1\frac{n(d_1')}{S\sigma\sqrt{T}}\right]$$

$$= e^{-qT}[N(d_1^*) - N(d_2^*)] + e^{-qT}\left[\frac{n(d_1^*) - n(d_2^*)}{S\sigma\sqrt{T}}\right]$$

$$+ e^{-rT}\left[\frac{K_2 n(d_2') - K_1 n(d_1')}{S\sigma\sqrt{T}}\right]$$

$$= e^{-qT}[N(d_1^*) - N(d_2^*)] \quad（最后两项可对消掉）$$

另外：

$$\frac{\partial n(d_1^*)}{\partial S} = \frac{\partial}{\partial S}\left[\frac{1}{\sqrt{2\pi}}e^{-d_1^{*2}/2}\right] = \frac{1}{\sqrt{2\pi}}e^{-d_1^{*2}/2} \cdot \frac{-1}{2}\frac{\partial}{\partial S}(d_1^{*2})$$

$$= \frac{-1}{2}n(d_1^*) \cdot 2d_1^*\frac{1}{S\sigma\sqrt{T}} = -\frac{n(d_1^*)d_1^*}{S\sigma\sqrt{T}}$$

$$\therefore \Gamma = \frac{\partial^2 C}{\partial S^2} = e^{-qT}\left[\frac{n(d_1^*) - n(d_2^*)}{S\sigma\sqrt{T}}\right] + e^{-qT}\left[\frac{-n(d_1^*)d_1^* + n(d_2^*)d_2^*}{S\sigma\sqrt{T}}\right]$$

$$+ e^{-rT}\left\{\frac{S\sigma\sqrt{T}[-K_2 n(d_2')d_2' + K_1 n(d_1')d_1'] - \sigma\sqrt{T}[K_2 n(d_2') - K_1 n(d_1')]}{S^2\sigma^2 T}\right\}$$

$$\frac{\partial N(d_1^*)}{\partial \sigma} = n(d_1^*)\frac{\partial d_1^*}{\partial \sigma} = n(d_1^*)\left\{\frac{\sigma\sqrt{T}(\sigma T) - [\ln(S/K_1) + (r-q+\sigma^2/2)T]\sqrt{T}}{\sigma^2 T}\right\}$$

$$= n(d_1^*)\left[\sqrt{T} - \frac{\ln(S/K_1) + (r-q+\sigma^2/2)T}{\sigma\sqrt{T}}\frac{\sigma\sqrt{T}\sqrt{T}}{\sigma^2 T}\right]$$

$$= n(d_1^*)[1 - d_1^*/\sigma\sqrt{T}]\sqrt{T}$$

$$Vega = Se^{-qT}\sqrt{T}[N(d_1^*) - N(d_2^*)]$$

三、公式（6-13）的证明

在风险中性下，标的价格的随机过程是 $ds_t/s_t = (r-q)dt + \sigma dw^Q$

$$\therefore d\ln(S_t/S) = \left(r - q - \frac{\sigma^2}{2}\right)dt + \sigma dw^Q$$

$$\Rightarrow S_t = S\exp\left[\left(r - q - \frac{\sigma^2}{2}\right)t + \sigma\overbrace{(w_t^Q - w_0^Q)}^{\Delta w_t^Q}\right]$$

我们首先推导式（6-13）内的第一个期望值：

$$E^Q[1_{\{K_1 < S_T < K_2\}}] = P_r[K_1 < S_T < K_2]$$

$$= P_r[\ln(K_1/S) < \ln(S_T/S) < \ln(K_2/S)]$$

$$= P_r\left[\frac{\ln(K_1/S) - \left(r - q - \frac{\sigma^2}{2}\right)T}{\sigma\sqrt{T}} < \frac{\Delta w^Q}{\sqrt{T}}\right.$$

$$\left. < \frac{\ln(K_2/S) - \left(r - q - \frac{\sigma^2}{2}\right)T}{\sigma\sqrt{T}}\right]$$

$$= P_r\left[\underbrace{\frac{\ln(S/K_1) + \left(r - q - \frac{\sigma^2}{2}\right)T}{\sigma\sqrt{T}}}_{d_{2,1}^*} > -\frac{\Delta w^Q}{\sqrt{T}}\right.$$

$$\left. > \underbrace{\frac{\ln(S/K_2) + \left(r - q - \frac{\sigma^2}{2}\right)T}{\sigma\sqrt{T}}}_{d_{2,2}^*}\right]$$

$$= N(d_{2,1}^*) - N(d_{2,2}^*), \quad \left[-\frac{\Delta w^Q}{\sqrt{T}} \sim N(0,1)\right]$$

再次计算式（6-13）内的第二个期望值：

$$E^Q[S_T 1_{\{K_1 \le S_T \le K_2\}}] = E^Q\left\{S\exp\left[\left(r - q - \frac{\sigma^2}{2}\right)T + \sigma(w_T^Q - w_T^Q)\right]1_{\{K_1 \le S_T \le K_2\}}\right\}$$

$$= Se^{(r-q)T}E^Q\left[e^{-\frac{\sigma^2}{2}T+\sigma(w_T^Q-w_0^Q)}\mathbf{1}_{(K_1\leq S_T\leq K_2)}\right]$$

令：

$$\xi_T = e^{-\frac{\sigma^2 T}{2}+\sigma(w_T^Q-w_0^Q)} = e^{\int_0^T \sigma dw_s - \frac{1}{2}\int_0^T \sigma^2 ds} \Rightarrow \xi_T \text{ 是 Girsanov 因子}$$

$$\therefore dw^Q = dw^R + \sigma dt$$

$$d\ln(S_t/S) = \left(r-q-\frac{\sigma^2}{2}\right)dt + \sigma dw^Q$$

$$= \left(r-q-\frac{\sigma^2}{2}\right)dt + \sigma(dw^R + \sigma dt)$$

$$= \left(r-q+\frac{\sigma^2}{2}\right)dt + \sigma dw^R$$

$$\Rightarrow S_t = S\exp\left[\left(r-q+\frac{\sigma^2}{2}\right)dt + \sigma(w_t^R - w_0^R)\right]$$

利用 Girsanov 定理：

$$\text{第二个期望值} \stackrel{\text{Girsanov}}{=} Se^{(r-q)T}E^R\left[\mathbf{1}_{(K_1<S_T<K_2)}\right] \quad (\text{在测度 } R \text{ 下})。$$

$$= Se^{(r-q)T}P_r^R[K_1 < S_T < K_2]$$

$$= Se^{(r-q)T}P_r^R[\ln(K_1/S) < \ln(S_T/S) < \ln(K_2/S)]$$

$$= Se^{(r-q)T}P_r^R\left[\frac{\ln(K_1/S) - \left(r-q+\frac{\sigma^2}{2}\right)T}{\sigma\sqrt{T}} < \frac{\Delta w_T^R}{\sqrt{T}}\right.$$

$$\left. < \frac{\ln(K_2/S) - \left(r-q+\frac{\sigma^2}{2}\right)T}{\sigma\sqrt{T}}\right]$$

$$= Se^{(r-q)T}P_r^R\left[\underbrace{\frac{\ln(S/K_1) + \left(r-q+\frac{\sigma^2}{2}\right)T}{\sigma\sqrt{T}}}_{d_{1,1}} > -\frac{\Delta w_T^R}{\sqrt{T}}\right.$$

$$\left. > \underbrace{\frac{\ln(S/K_2) + \left(r-q+\frac{\sigma^2}{2}\right)T}{\sigma\sqrt{T}}}_{d_{1,2}}\right]$$

$$= Se^{(r-q)T}[N(d_{1,1}) - N(d_{1,2})]$$

所以：

$$C = e^{-rT}(y-\alpha K_1)[N(d_{2,1}^*) - N(d_{2,2}^*)] + \alpha Se^{-qT}[N(d_{1,1}) - N(d_{1,2})]$$

四、公式（6-14a）、（6-14b）及（6-14c）的推导

先求式（6-14a）：

$$\frac{\partial N(d_{2,1}^*)}{\partial S} = \frac{\partial N(d_{2,1}^*)}{\partial d_{2,1}^*}\frac{\partial d_{2,1}^*}{\partial S} = \frac{n(d_{2,1}^*)}{S\sigma\sqrt{T}}, \quad n(d_{2,1}^*) = \frac{1}{\sqrt{2\pi}}e^{\frac{-d_{2,1}^{*2}}{2}}$$

$$\frac{\partial N(d_{2,2}^*)}{\partial S} = \frac{n(d_{2,2}^*)}{S\sigma\sqrt{T}}, \quad n(d_{2,2}^*) = \frac{1}{\sqrt{2\pi}}e^{\frac{-d_{2,2}^{*2}}{2}}$$

$$\frac{\partial N(d_{1,1})}{\partial S} = \frac{n(d_{1,1})}{S\sigma\sqrt{T}}, \quad \frac{\partial N(d_{1,2})}{\partial S} = \frac{n(d_{1,2})}{S\sigma\sqrt{T}}$$

此处：

$$n(b) = \frac{1}{\sqrt{2\pi}}e^{\frac{-b^2}{2}}, \quad b = d_{1,1}, d_{1,2}, d_{2,1}^*, 或 d_{2,2}^*$$

将以上的偏微分代入式（6-14a），即得 $\Delta(=\frac{\partial C}{\partial S})$

然后求式（6-14b）：

$$\frac{\partial^2 N(d_{1,1}^*)}{\partial S^2} = \frac{\frac{(d_{2,1}^*)}{\partial S}(\sigma S\sqrt{T}) - n(d_{2,1}^*)(\sigma\sqrt{T})}{(\sigma S\sqrt{T})^2} \quad [此处\frac{\partial n(d_{2,1}^*)}{\partial S} = \frac{\partial n(d_{2,1}^*)}{\partial d_{2,1}^*}\frac{\partial d_{2,1}^*}{\partial S}]$$

$$= \frac{\left[\frac{1}{\sqrt{2\pi}}e^{\frac{-d_{2,1}^{*2}}{2}}(-\frac{1}{2})2d_{2,1}^*(\frac{1}{\sigma S\sqrt{T}})\right](\sigma S\sqrt{T}) - n(d_{2,1}^*)(\sigma\sqrt{T})}{\sigma^2 S^2 T}$$

$$= -\frac{d_{2,1}^* n(d_{2,1}^*) + n(d_{2,1}^*)\sigma\sqrt{T}}{T\sigma^2 S^2} = \frac{-n(d_{2,1}^*)(d_{2,1}^* + \sigma\sqrt{T})}{T\sigma^2 S^2}$$

同样：

$$\frac{\partial^2 N(d_{2,2}^*)}{\partial S^2} = -\frac{d_{2,2}^* n(d_{2,2}^*) + n(d_{2,2}^*)\sigma\sqrt{T}}{T\sigma^2 S^2}$$

$$\frac{\partial n(d_{1,2})}{\partial S} = \frac{\partial n(d_{1,1})}{\partial d_{1,1}}\frac{\partial d_{1,1}}{\partial S}$$

$$= \frac{1}{\sqrt{2\pi}}e^{-d_{1,1}^2/2}\left(\frac{-1}{2}\cdot 2d_{1,1}\right)\frac{1}{S\sigma\sqrt{T}}$$

$$= -n(d_{1,1})d_{1,1}/(S\sigma\sqrt{T})$$

$$\frac{\partial^2 C}{\partial S^2} = e^{-rT}(y - \alpha K_1)\left\{\frac{d_{2,2}^* n(d_{2,2}^*) - d_{2,1}^* n(d_{2,1}^*) + [n(d_{2,2}^*) - n(d_{2,1}^*)]\sigma\sqrt{T}}{T\sigma^2 S^2}\right\}$$

$$+ \alpha e^{-qT}\left[\frac{-n(d_{1,1})d_{1,1} + n(d_{1,2})d_{1,2}}{S\sigma^2 T}\right]$$

$$+ \alpha e^{-qT}\left[\frac{n(d_{1,1}) - n(d_{1,2})}{S\sigma\sqrt{T}}\right] \quad [简化即为式（6-14b）]$$

$$\frac{\partial C}{\partial \sigma} = e^{-rT}(y-\alpha K_1)[n(d_{2,1}^*)(1-d_{2,1}^*/\sigma\sqrt{T})\sqrt{T} - n(d_{2,2}^*)(1-d_{2,2}^*/\sigma\sqrt{T})\sqrt{T}]$$
$$+\alpha Se^{-qT}[n(d_{1,1})(1-d_{1,1}/\sigma\sqrt{T})\sqrt{T} - n(d_{1,2})(1-d_{1,2}/\sigma\sqrt{T})\sqrt{T}]$$

五、公式（6–21a）、（6–21b）及（6–21c）的推导

$$\Delta = \frac{\partial DC}{\partial S} = e^{-qT}N(Y_1) + Se^{-qT}\frac{\partial N(Y_1)}{\partial S} - Ke^{-rT}\frac{\partial N(Y_2)}{\partial S}$$

$$= e^{-qT}N(Y_1) + Se^{-qT}n(Y_1)\frac{\partial Y_1}{\partial S} - Ke^{-rT}n(Y_2)\frac{\partial Y_2}{\partial S}$$

$$[\because Se^{-qT}n(Y_1) = He^{-rT}n(Y_2)]$$

$$= e^{-qT}N(Y_1) + Se^{-qT}n(Y_1)\frac{\partial Y_1}{\partial S} - He^{-rT}n(Y_2)\frac{\partial Y_2}{\partial S}$$

$$+ (H-K)e^{-rT}n(Y_2)\frac{\partial Y_2}{\partial S}$$

$$= e^{-qT}N(Y_1) + (H-K)e^{-rT}n(Y_2)\cdot\frac{1}{S\sigma\sqrt{T}}$$

$$\Gamma = \frac{\partial^2 DC}{\partial S^2}$$

$$= e^{-qT}n(Y_1)\cdot\frac{1}{S\sigma\sqrt{T}} + (H-K)e^{-rT}n(Y_2)\cdot\frac{-1}{S^2\sigma\sqrt{T}} + (H-K)e^{-rT}\cdot$$

$$\left(-Y_2\cdot n(Y_2)\cdot\frac{1}{S\sigma\sqrt{T}}\right)\cdot\frac{1}{S\sigma\sqrt{T}}$$

$$= e^{-qT}n(Y_1)\frac{1}{S\sigma\sqrt{T}} - (H-K)e^{-rT}n(Y_2)\cdot\frac{1}{S^2\sigma\sqrt{T}}\left[1+\frac{Y_2}{\sigma}\sqrt{T}\right]$$

$$Vega = \frac{\partial^2 DC}{\partial \sigma} = Se^{-qT}n(Y_1)\cdot\frac{\partial Y_1}{\partial \sigma} - Ke^{-rT}n(Y_2)\cdot\frac{\partial Y_2}{\partial \sigma}$$

$$= Se^{-qT}n(Y_1)\cdot\left(1-\frac{Y_1}{\sigma\sqrt{T}}\right)\sqrt{T}$$

$$- Ke^{-rT}n(Y_2)\cdot\left(1-\frac{Y_2}{\sigma\sqrt{T}}\right)\sqrt{T}$$

第7章 组合型期权的正确定价及对冲风险方法

在本章中，我们证明了不能直接套用布莱克—修斯（BS）模型来定价的组合型期权，也不适合直接利用 BS 的 Delta 来对冲风险。我们将推导出定价组合型期权的正确模型，同时提供对冲组合型期权风险的正确方法。本章的结果对组合型期权发行机构在定价及避险方面提供正面的辅助。

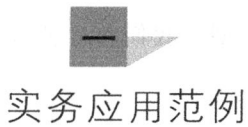

实务应用范例

组合型期权（Basket Options）是许多奇异期权（Exotic Options）中很受欢迎的一种期权，因为它可获得成本效益。避险者可用较低的成本（权利金的支出）获得有效的避险。比如说，进口商采购产品必须支付美元及欧元，为规避美元及欧元的汇率风险以及降低权利金的支出，进口商可购买以美元及欧元为组合的看涨期权（Basket Call Options）。其总成本一定会比单独购买美元及欧元看涨期权的权利金之和还低，这是因为美元及欧元组合的波动率（Volatility）会比原来美元及欧元的单独波动率还低（美元及欧元的相关数低于1）。同样的道理，组合型股票（Basket of Stocks）的波动率也低于组合内个别股票的波动率。因此，组合型期权的权利金低于个股期权的权利金之和，广受投资者和使用者欢迎。至于其应用于场外（或结构式）产品的设计、定价和对冲风险，可参见作者的另一本书《结构式金融产品设计与应用（二）》。

组合型期权发行机构必须决定组合型期权的权利金，并了解如何对冲风险。

以大型指数期权而言，我们可利用统计理论的中央极限定理（Central Limit Theorem）来推理，大型指数的价格变动过程很接近对数正态分配（Lognomal Distributions），因此我们可利用布莱克—修斯（BS）模型来定价（大型）指数期权。但对（小型）组合型期权而言，它只包括少数几种不同的股票，因此我们不能将组合型期权价格变动的概率分配视为对数正态分配，更不能直接采用 BS 模型来定价（小型）组合型期权；否则定价误差会很大，而且避险比率也会被扭曲。所以，在本章中我们将介绍一些适当的方法，即可用来定价组合型期权及提供对冲风险的方法。本章同时证明了直接套用布莱克—修斯模型来定价组合型期权是错误的。

在第二部分中，我们首先介绍组合型权证的正确定价方法，并介绍了有关的实证结果。之后介绍了如何规避发行组合型权证的风险，再进行了总结。

组合型期权的定价

正如布莱克—修斯（BS）模型，我们首先假设标的物的价格变动可由下列 Itô 程式代表：

$$dS_{it} = \mu_i S_{it} dt + \sigma_i S_{it} dz_{it} \tag{7-1}$$

此处：dS_{it} = 标的物的瞬间价格变量；S_{it} = 股票（或标的物）在时间 t 的价格；μ_i = 股票 i 的瞬间期望收益率；σ_i = 股票 i 收益率的瞬间标准差（或称波动率）；z_{it} = 随机误差（Random Noise 或 White Noise）； = N（0，1），标准正态分布；dz_{it} 是 z_{it} 的瞬间变量。

由数种不同股票（或标的物）组成一个组合的（加权平均）价格 B_t 可进行如下表示：

$$B_t = \sum_{i=1}^{n} W_i S_{it} \tag{7-2}$$

此处，W_i = 股票 i 在组合内所占的权值（或百分比）。若 $W_i = 1/n$，则 B_t 代表等权值组合（Equally-Weighted Basket of Stocks）的价格。在到期时，组合型期权的收益 C_T（Basket Payoff）可表示为：

$$C_T = Max(B_T - K, 0)$$

$$B_T = \sum_{i=1}^{n} W_i S_{iT}$$

在风险中性的环境下，组合型看涨期权在到期前任一时间 t 的价值 C_t 为：

$$C_t = e^{-r\tau} \cdot E[\max(B_T - K, 0)] \tag{7-3}$$

此处，τ = 期权的存续时间，r = 无风险利率。

$E[\cdot]$ 代表组合型期权的期望值。该期望值是以风险中性概率测度作为计算基础（Equivalent Martingale Probability Measure）。

组合价格 B_t 的概率分布并不是对数正态分布，因为即使个别单一变数价格呈现对数正态分布，数个对数正态分配变数的加权平均价格（B_t）却不会是对数正态分配。因此，B_t 不是对数正态分配，我们不能直接套用 BS 模型来定价组合型期权[①]。虽然如此，我们可借用数理统计的理论将组合价格（加权平均价格）转换成几何平均价格，并加上两个调整项目。而后，用数理统计理论计算，几个对数正态分配变数的几何平均价格才会呈现对数正态分布。如此，我们才可利用 BS 的风险中性方法推导组合型看涨期权的适当定价模型，进而推导出风险管理（或对冲风险）的方法。为了方便推导，我们利用 Gentle（1994）方法将式 (7-3) 内的 $(B_T - K)$ 项改写成：

$$B_T - K = \sum_i \left[(W_i F_{it}) \left(\frac{S_{iT}}{F_{it}} \right) \right] - K \quad (\sum_i \text{代表} \sum_i^n)$$

$$= \left[\sum_i \frac{W_i F_{it}}{\sum_j W_j F_{jt}} \cdot S_{iT}^* - \frac{K}{\sum_j W_j F_{jt}} \right] \cdot \sum_j W_j F_{jt}$$

$$= \left[\sum_i X_i S_{iT}^* - K^* \right] \cdot \sum_j W_j F_{jt} \tag{7-4}$$

此处：

$$X_i = \frac{W_i F_{it}}{\sum_j W_j F_{jt}}$$

$$\sum_i X_i = 1$$

$$K^* = \frac{K}{\sum_j W_j F_{jt}}$$

F_{jt} = 在时间 t 股票 j（或标的物 j）的远期价格（到期日 T）

[①] 若是大型期权（诸如股价指数或大型组合期权）可直接假设整个组合的收益率是正态分布，但小型期权只包括少数几只个股，按照数理统计原理，则不可直接视其为正态分布。一般而言，组合应包括至少 30 个以上的股票才可勉强视为正态分布。有些学者提出为何不直接假设组合期权的标的本身（即组合本身）是正态分布，其实是可以的。但问题是，直接假设组合的本身是正态分布的，其定价的准确度及避险效率并不及本部分所介绍的模型。本部分除了介绍了一个比较适当的定价模型，还与直接套用 BS 模型（即直接假设组合是正态分布）进行了实证比较，其结果列报于第四部分。

$$= S_{it} e^{r(T-t)}$$

$$S_{iT}^* = S_{iT}/F_{it}$$

将式（7-4）代入式（7-3），并重新整理即得：

$$C_t = e^{-rr} \cdot E[Max(\sum_i X_i S_{iT}^* - K^*, 0)] \cdot \sum_j W_j F_{jt} \quad (7-5)$$

另外，Vorst（1992）已推导出几何平均 $\prod_i S_{it}^{*X_i}$ 与算术平均 $\sum_i X_i S_{it}^*$ 间的关系：

$$\sum_i X_i S_{iT}^* \cong \prod_i S_{iT}^{*X_i} - E(\prod_i S_{iT}^{*X_i}) + E(\sum_i X_i S_{iT}^*) \quad (7-6)$$

此处：

$$\prod_i S_{it}^{*X_i} = S_{1T}^{*X_1} \cdot S_{2T}^{*X_2}, \cdots, S_{nT}^{*X_n}$$

$$E(\sum_i X_i S_{iT}^*) = \sum_i X_i E\left(\frac{S_{iT}}{F_{it}}\right) = \sum_i X_i = 1$$

$$[\because F_{it} = E(S_{it})]$$

将式（7-6）代入式（7-5）简化即得：

$$C_t \cong e^{-rr} \cdot E[Max(\prod_i S_{iT}^{*X_i} - K', 0)] \cdot \sum_j W_j F_{jt} \quad (7-7)$$

此处：

$$K' = K^* + E(\prod_i S_{iT}^{*X_i}) - E(\sum_i X_i S_{iT}^*) \quad \text{（是修正调整后的执行价格）} \quad (7-8)$$

公式（7-7）组合型期权价格 C_t 内的组合价格已经调整转换成为加权平均价格 $\prod_i S_{iT}^{*X_i}$，并以其作为基础来计算期权的价格。因 $\prod_i S_{iT}^{*X_i}$ 的价格变动呈现对数正态分配，我们可利用 BS 风险中性的方法求出组合型期权 C_t 的定价模型。虽然我们以几何平均价格 $\prod_i S_{iT}^{*X_i}$ 加上两个调整项来替代原来的期权价格（加权价格 $\sum_i X_i S_{iT}^*$）并不是完全无误差，但误差很小，不值得重视［参见 Levy and Turnbull（1992）］。反之，若利用式（7-3）内的期权价格直接套用 BS 模型，则会产生更大的定价误差及不正确的避险比率。

在尚未利用 BS 方法推导出式（7-7）内组合型期权的价格（或权利金）时，我们必须首先求出式（7-7）内几何平均价格 $\prod_i S_{iT}^{*X_i}$ 的期望值及其波动率（v）。我们可利用数理统计的理论计算。

重新改写几何平均价格：

$$\prod_i S_{iT}^{*X_i} = \prod_i^n \left(\frac{S_{iT}}{S_{it} e^{rr}}\right)^{X_i}$$

$$= \prod_i \left(\frac{S_{iT}}{S_{it}}\right)^{X_i} \cdot \prod_i (e^{-r\tau})^{X_i}$$

$$= \prod_i \left(\frac{S_{iT}}{S_{it}}\right)^{X_i} e^{-r\tau \Sigma X_i}$$

$$= \prod_i \left(\frac{S_{iT}}{S_{it}}\right)^{X_i} \cdot e^{-r\tau}$$

$\sum_i X_i = 1$

$\therefore \ln(\prod_i S_{iT}^{*X_i}) = \sum_i X_i \ln\left(\frac{S_{iT}}{S_{it}}\right) - r\tau$

$\tau = T - t$

根据式 (7-1), 股票价格变动呈现 Itô 程式为 $\ln(S_{iT}/S_{it})$, 是正态分布, 即 $N[(\mu_i - \sigma_i^2/2)\tau, \sigma_i^2\tau]$。

$\therefore X_i \ln(S_{iT}/S_{it}) \sim N[X_i(\mu_i - \sigma_i^2/2)\tau, X_i^2 \sigma_i^2 \tau]$

因此, 利用数理统计, $\ln(\prod_i S_{iT}^{*X_i})$ 也是正态分配[①], 而且:

$\alpha = E[\ln \prod_i S_{iT}^{*X_i}]$

$= \sum_i X_i(u_i - \alpha_i^2/2)\tau - r\tau$

$= \sum_i X_i(-\sigma_i^2/2)\tau$

$\because \sum_i X_i \mu_i \tau - r\tau = 0, \mu_i = r$ \hfill (7-9)

$\sigma^{*2} = Var[\ln \prod_i S_{iT}^{*X_i}]$

$= \left(\sum_i X_i^2 \sigma_i^2 + \sum_i \sum_{i \neq j} X_i X_j \sigma_{ij} \tau\right)$

$= v^2 \tau$ \hfill (7-10)

$v^2 = \sum_i X_i^2 \sigma_i^2 + \sum_i \sum_{i \neq j} X_i X_j \sigma_{ij}$

$\sigma_i^2 = Var(dS_{iT}/S_{iT})$ （股票 i 的瞬间收益率方差）

$\sigma_{ij} = Cov(dS_{iT}/S_{iT}, dS_{jT}/S_{jT}) =$ 股票 i 及 j 瞬间收益率的共变数, $i \neq j$。

所以, 几何平均价格 $\prod_i S_{iT}^{*X_i}$ 的期望值为:

[①] 假设各证券间 $\ln(S_{iT}/S_{it})$ 是不相关（或独立）的。它是一种近似假设, 目的是使推导公式更容易理解。它多少会影响定价公式的准确性, 由第四部分的实证结果可验证, 其准确性仍优于直接套用 BS 模型的结果。

$$E\left(\prod_i S_{iT}^{*X_i}\right) = e^{\alpha + \frac{1}{2}\sigma^{*2}} = m \cdot \exp\left(\frac{1}{2}v^2\tau\right) \quad (7-11)$$

$$m = e^{\alpha} = \exp\left[\sum_i X_i(-\sigma_i^2/2) \cdot \tau\right] \quad (7-12)$$

我们回到式（7-7）。因为式（7-7）内的几何平均价格 $\prod_i S_{iT}^{*X_i}$ 的变动呈现对数正态分布，我们可以利用 BS 的方法来推导组合型期权的定价模型（见本章附录的推导）：

$$C_t = e^{-r\tau}\left(\sum_i W_i F_{it}\right) \cdot \left[m \cdot \exp\left(\frac{1}{2}v^2\tau\right) \cdot N(d_1) - K' \cdot N(d_2)\right] \quad (7-13)$$

此处：

$$d_1 = v\sqrt{\tau} - \frac{\ln(K'/m)}{v\sqrt{\tau}} \quad (7-14)$$

$$d_2 = d_1 - v\sqrt{\tau}$$

避险参数

利用组合型期权定价模型（7-13），我们可进一步推导组合型期权的 Delta（Δ）及 Gamma（Γ），其结果如下（见本章附录的证明）：

$$\Delta = \frac{\partial C_t}{\partial B_t} = N(d_1) \quad (7-15)$$

$$\Gamma = \frac{\partial^2 C_t}{\partial B_t^2} = \left(\sum_i W_i F_{it}\right)^{-1} \cdot \frac{e^{r\tau}}{K'v\sqrt{\tau}} \cdot f(y) \quad (7-16)$$

$$f(y) = \frac{1}{\sqrt{2\pi}}e^{\frac{-y^2}{2}}$$

此处：

$$B_t = e^{-r\tau} \cdot E\left[\prod_i S_{iT}^{*X_i}\right]\left(\sum_i W_i F_{it}\right)$$

$$= e^{-r\tau} \cdot m \cdot \exp\left(\frac{1}{2}v^2\tau\right) \cdot \sum_i W_i F_{it}$$

= 在时间 t 组合的价格（已转换为几何平均价格）

观察式（7-15）及（7-16）可知，组合型期权的 Delta 及 Gamma 与相似

BS 的 Delta 及 Gamma 相似，但完全不同。组合型权证的 Delta 及 Gamma 都含有组合内各股票远期价格的加权平均 $\sum_i W_i F_{it}$，但 BS 模型则无此项。此外，组合型权证内的 d_i 定义也完全不同于 BS 的 d_i。由此可知，若直接套用 BS 模型来定价组合型期权，则会产生很大的误差，而且 Delta 及 Gamma 的计算也会完全不正确。

利用 Vorst（1992）的结果，将组合加权平均价格转换成几何平均价格，再加上两个调整项［式（7-6）］，而后推导出了组合型期权定价模型［式（7-13）］。式（7-6）已由 Gentle（1994）证明其实证准确性不逊于 Rubinstein（1991）二项模型的准确性，且容易计算。此外，期权内各标的物间的收益率相关系数愈低，权证的价格波动率也愈低，因此，其权利金也愈低（Gentle 采用外汇组合期权作实证资料）。

四

正确的对冲风险策略

在第二部分中我们已推导出组合型期权的 Delta 及 Gamma［式（7-15）及式（7-16）］，但组合型期权的标的物是组合本身，组合本身并不是上市交易的公司股票。因此，我们无法直接利用式（7-15）的 Delta 来计算应购买或出售组合来进行对冲组合型期权的风险。另一种可行的对冲风险方法是，计算组合内每一个标的股的 Delta($\Delta_i = \partial C_t / \partial S_{it}$)。此 Δ_i 的决定可由数学微积分求算。也就是说，我们仍可对组合型期权 C_t 微分，取得组合内个股对组合整体风险应对冲的头寸（即 $\partial C_t / \partial S_{it}$）。虽然经由微分可硬推导出 $\partial C_t / \partial S_{it}$，但是却很复杂，难以了解。在实务应用上必须靠复杂的数值分析（Numerical Analysis）才能计算出组合内个股的避险仓位($\partial C_t / \partial S_{it}$)。为避免计算上的复杂及费时，我们采取另一种可行的方法，分析如下：

从式（7-15）已知组合的总避险比率为 Δ，所以一篮子内个股风险应对冲的头寸(Δ_i)应该占整体组合期权总避险头寸(Δ)的部分是个股 i 的风险占有组合总风险的比率(X_i^*)，乘以组合总避险头寸(Δ)。以公式表示如下：

$$\Delta_i = \frac{\partial C_t}{\partial S_{it}} \cong X_i^* \cdot \Delta, \ [\Delta = N(d_1)] \tag{7-17}$$

此处：Δ 是组合型期权的 Delta，可由式（7-15）计算出个股 i 的风险占组合整体风险的比例（X_i^*），其实也就是投资理论所言的个股 i 的价格变动对组合整体风险所注入或增加的风险。由公式表示为：

$$X_i^* = \frac{X_i Cov(R_i, R_B)}{v^2} = \frac{X_i Cov(R_i, R_B)}{\sum_{j=1}^n X_j Cov(R_j, R_B)} \qquad (7-18)$$

此处：$R_i = dS_i/S_i$（股票 i 的收益率）；$Cov(R_i, R_B)$ = 个股 i 与组合间的收益率协方差；v^2 = 组合的总风险（或方差）

为何采用式（7-18）的理由，因为：

由式（7-10）已知调整修正后组合的总风险为：

$$v^2 = \sum_i \sum_j X_i X_j \sigma_{ij} \qquad \sigma_{ij} = Cov(R_i, R_j)$$

$$= \sum_i X_i Cov(R_i, R_B)$$

$$R_B = \sum_j X_j R_j \text{①} \qquad (7-19)$$

式（7-19）告诉我们，组合总风险是个股风险对组合注入风险 $[X_i Cov(R_i, R_B)]$ 的总和。因此，个股 i 的风险对组合总风险所占的比例应是式（7-18）所示的 X_i^*。所以，在对冲发行人组合型期权风险时，我们可以利用式（7-17）的 Δ_i 来计算应出售或购入适当数量的个股 i，以冲销组合型期权的风险。在实务应用时，很容易计算 Δ_i，因为组合总风险 v^2 及个股注入风险 $[X_i Cov(R_i, R_B)]$ 都是很容易计算的。所以，式（7-17）的个股 Delta（Δ_i）不但容易计算，且具有理论基础的强力支持。

（一）对冲风险的另一种选择

式（7-18）的 X_i^* 提供我们在避险操作方面的另一种可行的选择。X_i^* 代表组合内标的股 i 注入组合总风险的额外风险。也就是，标的股 i 风险占组合总风险的分量（或百分比）。因此，若组合内少数标的股的风险 $[X_i Cov(R_i, R_B)]$ 占组合总风险（v^2）的分量很高时，不妨只针对这些少数高分量标的股进行修正调整避险比率。其余标的股风险占总风险的分量低时，可暂时忽略它。为更清楚地说明，可举一个简单的例子。

---

① 详见本书证明。

例:

假设某一组合型期权含有四种标的股(1、2、3及4)。标的股与组合间关联数据计算如表 7-1。

表 7-1　　　　　　　　　　标的股与组合的关联数据

标的股	X_i	$Cov(R_i, R_B)$	$X_i Cov(R_i, R_B)$	注入风险百分比 X_i^*
1	0.35	0.65	0.228	51.70% $= [X_1 Cov(R_1, R_B)/v^2]$
2	0.30	0.55	0.165	37.41% $= [X_2 Cov(R_2, R_B)/v^2]$
3	0.25	0.15	0.038	8.62%
4	0.10	0.10	0.010	2.27%
			$0.441 = v^2$ (总风险)	100%

观察上表 7-1 得知,标的股 1 及 2 的风险占组合总风险($v^2 = 0.441$)的 89.11%(= 51.70% + 37.41%),不妨对这两种高分量标的股进行调整避险比率($X_i^* \cdot \Delta$)。换言之,若组合总避险比率为 0.90 [$=\Delta$,可由式(7-15)计算],则标的股 1 的避险比率为 0.47(= 51.70% × 0.90),标的股 2 的避险比率为 0.34(37.41% × 0.90)。至于标的股 3 及 4 可暂时忽略它。较保守的操作方法,可再加入标的股 3。如此,前三个标的股的风险占组合总风险的比率为 97.73%(忽略标的股 4 的避险操作)。

(二) 常被误用的方法

式(7-17)及(7-18)是计算组合型期权内标的股的正确避险比率公式。应注意的是,某些实务界误用下列公式计算标的股应占组合避险部分的比率如下:

$$X_i' = \frac{\rho_{iB}}{\sum_{j=1}^{n} \rho_{jB}} \quad (7-20)$$

此处:$\rho_{iB} = Corr(R_i, R_B)$

式(7-20)内的 X_i' 完全不同于式(7-18)的 X_i^*。X_i' 并不是个股 i 的价格变动对组合总风险所注入或增加的风险,其理由如下:

1. X_i' 的分母 $\sum_{j=1}^{n} \rho_{iB}$ 并不代表组合的总风险

$$\sum_{j=1}^{n} \rho_{iB} = \sum_{j} \frac{Cov(R_j, R_B)}{\sigma_j \sigma_B} \neq \sum_{j} X_j Cov(R_j, R_B) = v^2$$

$$\left(\because \frac{1}{\sigma_j \sigma_B} \neq X_j \right)$$

2. X_i' 的分子 ρ_{iB} 并不是代表标的股 i 风险注入组合总风险的部分

$$\rho_{iB} = \frac{Cov(R_i, R_B)}{\sigma_i \sigma_B} \neq X_i Cov(R_i, R_B), \quad \left(\because \frac{1}{\sigma_i \sigma_B} \neq X_i \right)$$

由上面的证明可知，采用式（7-20）的 X_i' 作为标的股占有组合避险头寸的比率是不正确的。正确的计算是根据式（7-18）的 X_i^*。此外，当组合内个股的数目增加至大型加权指数时，X_i 也不会接近 X_i^*（很容易可证明之）。采用式（7-18）的 X_i^* 才是正确的方法。

五

实证研究：模型的有效性与准确度

本部分实证研究，主要针对"台湾证券交易所"挂牌交易而目前已经到期的组合型期权，共计四只，分别是宝来01地产股组合型期权、宝来02科技股组合型期权、中信01金融股组合型期权、建弘01"电子指数概念"组合型期权。资料来源为"台湾经济新报"资料库。①

上述四只期权的标的股票包括国建、太设、中工、中石化、华新、宏电、大众、中环、茂矽、明电、中信银、农银、复华、国寿、联电、仁宝、国巨、旺宏、华邦19只股票。资料来源为"台湾经济新报资料库"及"AREMOS经济统计资料库"。以每日收盘价格作为计算日收益率、收益率相关系数及协方差。

在计算波动率时，将根据前一天组合型期权的收盘价格及当时的利率、权值、存续期间、标的价值（B_t）、执行价格等计算出隐含波动率，并以此隐含波动率作为估计次一日组合型期权理论价格的输入变量。个股的隐含波动率也以类

---

① 虽然"台湾权证"均为美式期权，但因现金股利调整的结果，它更像欧式期权。当标的股在前期发配现金股利时，按照"证监会"规定，执行价格必须往下修正调整。因此，现金股利对权证的价格不产生影响。在这种情况下，美式期权的标的可视为无现金股利的股票。因此，从理论而言，美式权证可视为欧式期权（至少很接近）。此外，我国台湾投资人极少在到期前行使提前执行权，因此，虽是美式权证，但实际上几乎是欧式期权。所以，欧式期权的定价模型仍适用于中国台湾的权证，而不会产生误差，这是因为中国台湾实务界均以欧式模型来定价"台湾期权"。

似的方式求得（采用 Bisection Method 的方法求得隐含波动率）。

为计算式（7-9）及（7-10）内的个股标准差（σ_i）及几何平均收益率的方差 ν^2，我们采用 Garman-Klass 的方法，此方法提供比较有效率的统计估计值。Garman 及 Klass 的波动率估计公式如下①：

$$\sigma = \sqrt{\frac{1}{n}\sum_{t=1}^{n}\left\{\frac{1}{2}[\log(H_t/L_t)]^2 - \frac{1}{n}\sum_{t=1}^{n}[2\log(2)-1]\times[\log(C_t/O_{t-1})]^2\right\}}$$

(7-21)

此处：H_t 为当日最高价，L_t 为当日最低价，C_t 为当日收盘价，O_{t-1} 为前日收盘价。

为利用式（7-21）计算组合型权证的模型价格 C_t，除了需要标的股价外，还需要利率、执行价格（K）、权重等资料。我们采用的利率为一年期定存利率一个月的资料（由"台湾经济新报资料库"取得）。执行价格、个股权值（行使比率）为各发行券商所订定，并按照各发行证券商相应的标的股票发行股票股利、现金增资所调整的执行价、个股权值作为计算组合型期权的每日价格。资料来源为"各发行机构之期权公开说明书"及相关的"调整期权执行价格、行使比率的公告事项"。

比较模型价格［式（7-13）］是否优于直接套用布莱克—修斯（以后简称 BS）模型所估计出来的价格，我们采用的评鉴原则是，何者更能接近组合型期权的市价，也就是何者对市价的误差为最低。当然，模型价格愈接近市场价格，愈能显示它的估价能力。②

我们采用两种估计误差的方法来进行判别：一是平均平方误差及其标准差；二是平均绝对误差及平均绝对误差率。其公式分述如下：

1. 平均平方误差是：$\dfrac{\sum_{t=1}^{n}(P_t - P_{mt})^2}{n}$

此处：P_t = 在 t 日的理论模型价格（或 BS 模型价格）；P_{mt} = 组合权证在 t 日的收盘价格（即市价）；n = 组合权证的交易天数。

2. 平均平方误差的标准差，以统计的标准差公式求算。

---

① 波动率有数种估计方法，诸如随机漫步、GARCH、EGARCH、Volatility Smiles 等。至于哪一种方法比较好，是一个重要的研究议题，将会在未来进行实证研究。

② Monte Carlo 用来评鉴估价的品质（准确性）并不见得是绝对的好方法，它的估计值标准差（Standard Error of Estimates）会随着标的物波动度的增大而增加。因此，对评鉴估价品质而言，它可以说是一种相对不良的标准［详见：Bouaziz, Briys and Crouhy (1994)］。

3. 平均绝对误差是：$\dfrac{\sum_{t=1}^{n}|P_t - P_{mt}|}{n}$

4. 平均绝对误差率是：$\dfrac{\sum_{t=1}^{n}|(P_t - P_{mt})/P_{mt}|}{n}$

根据以上估计误差的方法，本章理论模型与 BS 模型对四种组合型权证估价与市价间的估计误差见表 7-2。

表 7-2   四种组合型期权的理论模型价格、BS 模型价格
的理论模型价格、BS 模型价格

权证	判别方法			
宝来 01	1. 平均平方差	2. 平方差标准差	3. 平均绝对差	4. 平均绝对差率
理论模型	0.083994025	0.196279935	0.190650231	0.074967265
BS 模型	0.147598818	0.212095502	0.297734809	0.296356166
宝来 02	1. 平均平方差	2. 平方差标准差	3. 平均绝对差	4. 平均绝对差率
理论模型	0.108982935	0.639236234	0.151789507	0.055628021
BS 模型	1.065999289	1.657131511	0.727801648	2.236125649
中信 01	1. 平均平方差	2. 平方差标准差	3. 平均绝对差	4. 平均绝对差率
理论模型	0.203607526	2.210432085	0.131406737	0.034540349
BS 模型	0.407726147	2.144977175	0.367074185	1.040681082
建弘 01	1. 平均平方差	2. 平方差标准差	3. 平均绝对差	4. 平均绝对差率
理论模型	0.066898098	0.135222842	0.172999045	059587728
BS 模型	0.702987096	1.58188395	0.568671194	0.03529919

观察表 7-2 的结果可知，由本章理论模型对宝来 01、宝来 02、中信 01、建弘 01 计算出的价格与市价的误差都小于 BS 模型计算出的价格与市价的误差，而且误差的波动较为稳定（因为平方差标准差较小），最明显的是建弘 01，本书理论模型的价格与市价的估计误差仅有 0.07 元平方的误差（平均平方差），而 BS 模型估价与市价的误差达到 0.7 元平方，超过理论模型的误差有 10 倍之多。就平方差标准而言，除了建弘 01 外，理论模型的标准差都比 BS 模型的标准差小很多。理论模型的建弘 01 标准差仅是略高于 BS 模型（仅超过 0.065 而已）。至于平均绝对误差及平均绝对误差率（最后两栏），本章理论模型的误差甚至比 BS 模型误差的 1/3 还要小。根据上面实证结果，本章理论模型对组合型期权的估价的确优于 BS 模型。

(一) 避险效率

准确定价模型的避险效率应高于不准确的定价模型（此处指直接套用 BS 模型来定价组合型权证或一篮子权证）。为求算本章模型与 BS 模型的避险效率，我们必须根据这两种模型建议的避险比率（Delta）来建立避险组合。按照理论，避险组合的价值对标的价格的变动应不具敏感性。也就是说，避险组合的价值随标的价格变动的幅度愈低，就愈具有避险效率。基于此，我们将于下文求证：在本章模型下，避险组合随标的价格（权证价格）变动的敏感性（价值变量）低于 BS 模型下的避险组合，因此，前者的避险效率高于后者。

(二) 构建避险组合

避险组合包括标的股票（现股）、存借款（Borrowing or Lending）以及权证本身。在决定应持有的股权时，（本章）理论模型是按照式（7-15）（7-17）（7-18）来计算组合型权证内个股的 Delta $[\Delta_i = X_i^* \cdot \Delta = (18) \times (15)]$，而 BS 模型则首先按照 BS 的 Delta 公式来计算组合型权证的 Delta(Δ^*)，再利用式（7-20）求算个股的 Delta $[\Delta_i = X_i' \cdot \Delta^* = (20) \times \Delta^*]$。此外，也可以原始权重[式（7-2）内的 W_i]来计算在 BS 模型下的个股 Delta $(\Delta_i = W_i \times \Delta^*)$。

从期权上市开始第一天起，避险组合的建立如下：将收到的权利金作为购买现股建立避险组合之用，而买卖现股所需要的金额扣减权利金后，不足的部分则以借款将差额补齐，所以在期初时避险组合的价值为零（即 Self-Financing 组合的观念）。在次一交易日，再按照当天应有持股数（由 Delta 计算决定）出脱多余的股数并偿还债务或以融资方式再买进不足的股数，如此，逐日修正调整。在建立及修正调整避险组合时，交易成本也加入考量。交易成本包括：(1) 买卖股票成本，发行券商买进股票时，要缴纳千分之零点五的手续费；卖出股票时要缴纳千分之零点五（自营商缴纳证交所的手续费）及千分之三（交易税）的手续费。(2) 利息成本：采用一年期定存利率作为利息计算的依据。

(三) 避险组合价值的计算

根据上述所构建的避险组合，在每天收盘时按照个股张（手）数乘以相对应的收盘价，再减去融资成本及认购权证在收盘时的价值，最后可求得每日避险组合的价值。在期初避险组合的价值为零（即 Self-Financing）。之后，因标的价格的波动，避险组合的价值会偏离零。其价值愈偏离零，对标的股价变动就愈具敏感性（即其变动幅度愈大），则避险效率就愈差。表 7-3 分别列报理论模型及 BS 模型避险组合的效率。

避险效率是以各避险组合每日价值偏离零的平均绝对值大小作为评鉴依据的。同时，我们也计算每一避险组合每日价值的绝对值是否小于另一避险组合每日价值的绝对值。每日价值绝对值小于另一组绝对值的天数愈多，其价格对标的价格的变动就愈不具敏感性，其避险效率也愈好。

表 7-3　　　　　　　　　　认购权证避险效率总表

	宝来 01 地产股		宝来 02 科技股	
	平均绝对值	避险优异天数	平均绝对值	避险优异天数
本章理论模型				
1. 协方差及修正权值 [式 (7-15)、(7-17) 及 (7-18)]	27 840 098	149	143 770 305	174
BS 模型				
1. 相关系数 [式 (7-20)]	31 545 202	109	51 006 658	23
2. 原始权重 [式 (7-2) 的 W_i]	32 081 346	13	145 046 546	74
	中信 01 金融股		建弘 01 电子股	
	平均绝对值	避险优异天数	平均绝对值	避险优异天数
本章理论模型				
1. 协方差及修正权值 [式 (7-15)、(7-17) 及 (7-18)]	37 061 090	112	64 620 033	260
BS 模型				
1. 相关系数 [式 (7-20)]	24 185 017	74	255 277 353	0
2. 原始权重 [式 (7-2) 的 W_i]	27 185 348	83	268 768 895	7

观察表 7-3 可知，以绝对平均值来说，宝来 01、宝来 02、建弘 01 都显示出理论模型 [即同时考虑协方差及修正权值，式 (7-15) (7-17) 及 (7-18)] 的避险方法较优；以最佳避险天数来看，宝来 01、宝来 02、中信 01、建弘 01 的理论模型在大部分的时间的避险效率都优于 BS 模型的两组 [相关系数见式 (7-20) 及原始权重 $\Delta_i = W_i \times \Delta^*$]。以建弘 01 为例：由建弘 01 期权、相

关履约标的个股及存借款所构建的避险组合，理论模型的稳定性（平均绝对值）约是 BS 模型两组的 4 倍。另外，在组合期权的存续期间内，理论模型采用的避险方式的表现优于其他两种 BS 模型构建的避险组合（当天避险组合价值的绝对值是比较低的或最小的）。就宝来 01 及 02 而言，理论模型组的避险优异天数分别为 149 天及 174 天，远高于 BS 模型的两组。中信 01 及建弘 01 也显示理论模型更优异。虽然中信 01 的理论模型在平均绝对值的判别下表现不如 BS 模型组，但以避险优异天数而言，理论模型却有 112 天，而 BS 模型的两组只有 74 天及 83 天。因此，虽然我们无法确定理论模型对中信 01 权证避险的效率是绝对优于 BS 模型的，但至少可与 BS 模型持平。就 4 个组合型期权整体而言，理论模型依照个股对整体期权所注入的风险程度且将其当作避险比率的考量［即式（7 - 15）（7 - 17）及（7 - 18）］，可以说，这是较佳的避险方法。此外，第一部分的实证结果证明，理论模型对组合型期权的估价比 BS 模型更接近权证的市场价格。

我们已经证明不能直接套用 BS 模型来定价组合型权证，也不适当直接利用 BS 的 Delta 来避险。我们在本章中推导出了，定价组合型期权的正确模型，同时提供了规避组合型期权风险的正确方法。本章的理论及实证结果对组合型期权发行机构（券商）在定价及避险方面提供了正面的辅助。

本章附录

一、证明式（7 - 13）

将 BS 模型应用于式（7 - 7）内：

$$C_t = \left(\sum_i W_i F_{it}\right) \cdot \underbrace{e^{-r\tau} E\max\left(\prod_i S_{iT}^{*X_i} - K', 0\right)}_{\text{应用BS模型}}$$

$$= \left(\sum_i W_i F_{it}\right) \cdot \left[\left(\prod_i S_{it}^{*X_i}\right) \cdot N(d_i) - K'e^{-r\tau} \cdot N(d_2)\right]$$

$$= \left(\sum_i W_i F_{it}\right) \cdot \left[e^{-r\tau} E\left(\prod_i S_{iT}^{*X_i}\right) \cdot N(d_i) - K'e^{-r\tau} \cdot N(d_2)\right]$$

此处，在风险中性下：

$$e^{-r\tau} E\left(\prod_i S_{iT}^{*X_i}\right) = \prod_i S_{it}^{*X_i}$$

$$\therefore C_t = e^{-r\tau} \cdot \left(\sum_i W_i F_{it}\right)\left[m \cdot \exp\left(\frac{1}{2}v^2\tau\right) N(d_1) - K'N(d_2)\right] \quad [\text{利用式（7 - 11）}]$$

以上公式，执行价格 $= K'$，组合权证价格 $= \prod_i S_{iT}^{*X_i} = e^{-r\tau}E(\prod_i S_{iT}^{*X_i})$，组合期权 $Vol. = v$，因此，由 BS 模型的 d_1 定义，我们可直接书写 d_1 如下：

$$d_1 = \frac{\ln[e^{-r\tau}E(\prod_i S_{iT}^{*X_i}/K')] + (r + v^2/2)\tau}{v\sqrt{\tau}}$$

$$= \frac{\ln[E(\prod_i S_{iT}^{*X_i})] - \ln K' + v^2\tau/2}{v\sqrt{\tau}}$$

$$= \frac{\ln(e^{\alpha + v^2\tau/2}) - \ln K' + v^2\tau/2}{v\sqrt{\tau}} \qquad E(\prod_i S_{iT}^{*X_i}) = e^{\alpha + v^2\tau/2}（由对数正态分布的性质）$$

$$= \frac{\alpha - \ln K' + v^2\tau}{v\sqrt{\tau}}$$

$$= v\sqrt{\tau} - \frac{\ln(K'/m)}{v\sqrt{\tau}}$$

$\because E(\ln \prod_i S_{iT}^{*X_i}) = \alpha = \ln e^{\alpha} = \ln m$

$d_2 = d_1 - v\sqrt{\tau}$

二、式（7-15）及（7-16）的证明

$$\Delta = \frac{\partial C_t}{\partial B_t} = N(d_1)$$

$$\Gamma = \frac{\partial^2 C_t}{\partial B_t^2}$$

$$= \frac{\partial}{\partial B_t}\int_{-\infty}^{v\sqrt{\tau}-h} f(y)dy \qquad h = \frac{\ln(k'/m)}{v\sqrt{\tau}}$$

$$= f(y) \cdot \frac{\partial}{\partial B_t}(v\sqrt{\tau} - h)$$

$$= f(y) \cdot \frac{\partial}{\partial B_t}[v\sqrt{\tau} - \ln(K'/m)/v\sqrt{\tau}]$$

此处：

$$K' = K^* + E(\prod_i S_{iT}^{*X_i}) - E(\sum_i X_i S_{iT}^*)$$

$$= f(y) \cdot \left(0 - \frac{(1/K')}{v\sqrt{\tau}}\frac{\partial}{\partial B_t} \cdot K'\right)$$

$$= \Big(\sum_i w_i F_{it}\Big)^{-1} f(y) \Big[\frac{1}{K'v\sqrt{\tau}} \cdot (0 + e^{r\tau} - 0)\Big]$$

此处：

$$\frac{\partial}{\partial B_t}\Big(E\prod_i S_{iT}^{*X_i}\Big) = e^{r\tau}\Big(\sum_i w_i F_{it}\Big)^{-1} \frac{\partial}{\partial B_t}\Big(\underbrace{e^{-r\tau} E\prod_i S_{iT}^{*X_i} \sum_i w_i F_{it}}_{B_t}\Big)$$

$$= e^{r\tau}\Big(\sum_i w_i F_{it}\Big)^{-1}$$

$$= \Big(\sum_i w_i F_{it}\Big)^{-1} \cdot \frac{e^{r\tau}}{K'v\sqrt{\tau}} \cdot f(y)$$

注：利用积分规则：$\frac{d}{dx}\int_{-\infty}^{v(x)} g(y)dy = g(y) \cdot \frac{d}{dx}v(X)$，$g(y)$ 不是 X 的函数。

第8章 欧式及美式数字期权

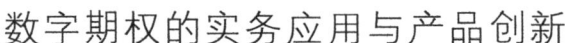

数字期权的实务应用与产品创新

欧式数字看涨期权（European Digital Calls）在到期时支付投资人某一固定金额 X，条件是到期时标的价格大于执行价（K），也就是：

$$C_T = \begin{cases} X & \text{若 } S_T > K \\ 0 & \text{若不是(也可设定为 } X \text{ 单位的标的物)} \end{cases}$$

欧式数字看跌期权（European Digital Puts）在到期时也支付投资人某一固定金额 X，若到期时标的价格低于执行价，则：

$$P_T = \begin{cases} X & \text{若 } S_T < K \\ 0 & \text{若不是} \end{cases}$$

至于美式数字期权，在到期前任一时刻，若标的价格高于（或低于）执行价，则在当时立即支付某一固定金额 X，也可设定延迟至到期时再支付。在本章中，我们将介绍欧式及美式数字期权的定价。

欧式与美式数字期权经常被用于许多场外（或结构式）衍生品创新设计产品时，产品创新的基本期权元件。也就是说，这些期权元件的不同组合可创造出能够满足投资者或实体企业的不同避险需求，并可以控制成本价格的波动、降低营运风险和提升效益。

欧式数字期权与对冲风险

1. 欧式数字看涨期权的定价

在风险中性下,欧式数字看涨期权的价值（DC）为:

$$\begin{aligned} DC &= e^{-r\tau} E[XI_{(S_T > K)}] \\ &= e^{-r\tau} XE[I_{(S_T > K)}] \\ &= e^{-r\tau} XN(d_2) \end{aligned} \qquad (8-1)$$

此处: $E(I_{(S_T > K)}) = N(d_2) = $ 到期时该期权是实值的概率（也是获得收益 X 的概率）[①]:

$$d_2 = \frac{\ln(S/K) + (r - q - \sigma^2/2)\tau}{\sigma\sqrt{\tau}} \qquad (8-2)$$

$\tau = T - t$ （t 是现在定价时点）

2. 欧式数字看跌期权的定价

在风险中性下,欧式数字看跌期权的价值（DP）为:

$$\begin{aligned} DP &= e^{-r\tau} E[XI_{(S_T < K)}] = e^{-r\tau} X \cdot E[I_{(S_T < K)}] \\ &= e^{-r\tau} X[1 - P_r(S_T > K)] \\ &= e^{-r\tau} X[1 - N(d_2)] \\ &= e^{-r\tau} XN(-d_2) \end{aligned} \qquad (8-3)$$

$N(-d_2)$ 代表该期权在到期时是实值的概率,也是获得收益 X 的概率。

3. 避险比率 Delta

看涨期权: $\Delta_{DC} = \dfrac{\partial DC}{\partial S} = e^{-r\tau} \times \dfrac{1}{\sigma S \sqrt{\tau}} n(d_2) \qquad (8-4)$

看跌期权: $\Delta_{DP} = \dfrac{\partial DP}{\partial S} = -e^{-r\tau} \times \dfrac{1}{\sigma S \sqrt{\tau}} n(d_2) = -\Delta_{DC} \qquad (8-5)$

$$n(d_2) = \frac{1}{\sqrt{2\pi}} e^{-d_2^2/2}$$

虽然式（8-4）及（8-5）的避险比率涉及标的价格 S,但一般不使用式

---

① 请参见第 5 章关于数字期权应用于场外衍生品的设计。

(8-4)及(8-5)作为避险依据。常用的方法是利用看涨期权构建的牛市价差来规避发行数字看涨期权的风险。牛市价差内的做多看涨期权（低执行价 K_L）及做空（高执行价 $K_U = K$），应调整使其执行价差($K_U - K_L$)等于数字看涨期权支付的金额 X（即 $K_U - K_L = X$），因为在到期时，当标的价格高于执行价 K_U，牛市价差达到最大利润 $K_U - K_L (= X)$。若加入考量牛市价差的建构成本 y，应尽量选择 K_U 及 K_L 的价差减掉成本 y 等于 X [即$(K_U - K_L) - y = X$]①。

同样，对数字看跌期权的避险可采用看跌期权的熊市价差，执行价差($K_U - K_L$)等于 X（$K_L = K$，K 是数字看跌期权的执行价）。若构建看跌期权价差时有收入 h，则可选择$(K_U - K) - h = X$。

至于数字期权的应用范例，读者可参阅作者的书《期权交易实战一本精》第 7 章（第 97~99 页）。

美式数字期权与对冲风险

美式数字期权的定价比欧式数字期权的定价更困难。我们首先要考虑延迟支付现金 X 至到期日的情况，而后考量立即支付的另一种情况。

1. 延迟现金支付至到期日 T

（1）美式数字看涨期权（American Digital Calls）。首先，我们改写标的价格的变动过程：

$$\frac{dS_t}{S_t} = (r - q)dt + \sigma dW_t \qquad (8-6)$$

$$d\ln(S_t/S) = (r - q - \sigma^2/2)dt + \sigma dW_t \qquad (8-7)$$

$$\therefore \ln(S_t/S) = (r - q - \sigma^2/2)t + \sigma W_t$$

$$W_t + vt = \frac{1}{\sigma}\ln(S_t/S) \qquad (8-8a)$$

此处：

$$v = (r - q - \sigma^2/2)/\sigma \qquad (8-8b)$$

$W_t + vt$ 代表有飘移项的布朗运动（Drifted Brownian Motion）。根据式（8-

---

① 在 K_U 和 K_L 之下，其所对应的波动率会不同，这是因为波动率微笑的存在。

8a），我们可表示在到期前标的价格第一次触及执行价 K 的时点为 τ_y^v：

$$\tau_y^v = \inf\{t \mid W_t + vt = y\} \tag{8-9a}$$

此处：

$$y = \left(\frac{1}{\sigma}\right)\ln(K/S) > 0, \quad S < K \tag{8-9b}$$

当标的价格触及 $K(S_t = K)$ 即是有飘移项布朗运动 $(W_t + vt)$ 触及 $\left(\frac{1}{\sigma}\right)\ln(K/S)$ 的价位。假设期初股价 S 小于 K，而后往上涨触及 K。

根据式（8-9a）及美式数字看涨期权在到期时的现金流量（延迟至到期日支付）为：

$$ADC_T = XI_{\{\tau_y^v \le T\}} \tag{8-10}$$

此处，X 是固定支付金额。因此，在风险中性下，美式数字看涨期权的现在 $(t=0)$ 价值应为：

$$ADC = e^{-rT}XE[I_{\{\tau_y^v \le T\}}] = Xe^{-rT}P_r(\tau_y^v \le T) \tag{8-11}$$

为求解式（8-11）式的概率，我们必须首先知道第一触及时点 τ_y^v（First Hitting Time）的概率分布函数。根据 Brockhaus、Ferraris, etc. (1999, p.14)，τ_y^v 在有效期 T 内的（累积）概率分配为：

$$P_r[\tau_y^v \le T] = N\left(\frac{y - vT}{\sqrt{T}}\right) + e^{2vy}N\left(\frac{y + vT}{\sqrt{T}}\right) \tag{8-12}$$

因 τ_y^v 可能发生于瞬间时刻，我们必须将式（8-12）转换成为发生于瞬间时刻 (dt) 的概率分布，也就是对式（8-12）的 T 微分如下：

首先，微分两个小项：

$$\frac{\partial}{\partial T}\left(\frac{y - vT}{\sqrt{T}}\right) = \frac{\sqrt{T}(0 - v) - (y - vT)\frac{1}{2}T^{-1/2}}{(\sqrt{T})^2}$$

$$= \frac{\left(-Tv - \frac{1}{2}y + \frac{1}{2}vT\right)\frac{1}{\sqrt{T}}}{T}$$

$$= -\frac{1}{2}\frac{y + vT}{T^{3/2}} = -\frac{1}{2}(y + vT)T^{-3/2}$$

$$\frac{\partial}{\partial T}\left(\frac{y + vT}{\sqrt{T}}\right) = -\frac{1}{2}(y - vT)T^{-3/2} \tag{8-13}$$

第一次瞬间时刻 (τ_y^v) 触及 y 的概率分配为：

$$P_r[\tau_y^v \in dt] = \frac{\partial}{\partial T}P_r^*[\tau_y^v \le T] = \frac{\partial}{\partial T}N\left(\frac{y - vT}{\sqrt{T}}\right) + e^{2vy}\frac{\partial}{\partial T}N\left(\frac{y + vT}{\sqrt{T}}\right)$$

$$= \frac{1}{\sqrt{2\pi}} e^{-(y-vt)^2/2t} \cdot \frac{\partial}{\partial t}\left[\frac{y-vt}{\sqrt{t}}\right] + e^{2vy}\left[\frac{1}{\sqrt{2\pi}} e^{-(y+vt)^2/2t} \cdot \frac{\partial}{\partial T}\left(\frac{y+vt}{\sqrt{t}}\right)\right]$$

$(0 \leqslant t \leqslant T)$

$$= \frac{-1}{2}\frac{1}{\sqrt{2\pi}} e^{-(y-vt)^2/2t}(y+vt)t^{-3/2} - \frac{1}{2}e^{2vy}\frac{1}{\sqrt{2\pi}} e^{-(y+vt)^2/2t} \cdot (y-vt)t^{-3/2}$$

(8-14)

此处，为简单计算，在式（8-14）内，以 t 来表示 τ_y^v，$0 \leqslant t \leqslant T$。利用式（8-14），我们可求算式（8-11）式内 $P_r(\tau_y^v \leqslant T)$ 的概率如下：

$$P_r(0 \leqslant \tau_y^v \leqslant T) = \frac{1}{\sqrt{2\pi}}\left[\frac{1}{2}\int_0^T -(y+vt)t^{-3/2}e^{-(y-vt)^2/2t}dt + \frac{1}{2}e^{2vy}\int_0^T -(y-vt)t^{-3/2}e^{-(y+vt)^2/2t}dt\right]$$

(8-15)

就第一积分部分，令 $u = \frac{y-vt}{\sqrt{t}} \Rightarrow du = d\left(\frac{y-vt}{\sqrt{t}}\right) = \frac{-1}{2}(y+vt)t^{-3/2}dt$

$\Rightarrow dt = -2(y+vt)^{-1}t^{3/2}du$

当 $t = 0$，$u = \infty$

当 $t = T$，$u = \frac{y-vT}{\sqrt{T}} = a_2$（设定）

$$\therefore \text{第一积分部分} = \frac{1}{\sqrt{2\pi}}\int_{a_2}^{\infty} \frac{1}{2}(y+vt)t^{-3/2}e^{-u^2/2} \cdot |-2(y+vt)^{-1}t^{3/2}|du$$

$$= \int_{-\infty}^{-a_2} \frac{1}{\sqrt{2\pi}} e^{-u^2/2}du = N(-a_2)$$

$$= N\left(-\frac{y-vT}{\sqrt{T}}\right) \quad (8-16)$$

就第二积分部分，令 $x = \frac{y+vt}{\sqrt{t}} \Rightarrow dx = d\left(\frac{y+vt}{\sqrt{t}}\right) = \frac{-1}{2}(y-vt)t^{-3/2}dt$

$\Rightarrow dt = -2(y-vt)^{-1}t^{3/2} \cdot dx$

当 $t = 0$，$x = \infty$

当 $t = T$，$x = \frac{y+vT}{\sqrt{T}} = a_1$（设定）

$$\therefore \text{第二积分部分} = e^{2vy}\frac{1}{\sqrt{2\pi}}\int_{a_1}^{\infty} -\frac{1}{2}(y-vt)t^{-3/2}e^{-x^2/2} \cdot |-2(y-vt)^{-1}t^{3/2}dx|$$

$$= e^{2vy}\int_{-\infty}^{-a_1} \frac{1}{\sqrt{2\pi}} e^{-x^2/2}dx = e^{2vy}N(-a_1)$$

$$= \exp\left[2\left(\frac{r-q-\sigma^2/2}{\sigma}\right)\left(\frac{\ln(K/S)}{\sigma}\right)\right]N(-a_1)$$

$$= (K/S)^{2(r-q-\sigma^2/2)/\sigma^2} \cdot N\left(-\frac{y+vT}{\sqrt{T}}\right) \quad (8-17)$$

最后，将式（8-16）及（8-17）代入式（8-15），并代入式（8-11）即得美式数字看涨期权的定价，公式如下：

$$ADC = Xe^{-rT}[N(-a_2) + (K/S)^{2(r-q-\sigma^2/2)/\sigma^2}N(-a_1)] \quad (8-18)$$

此处：$a_1 = \frac{y+vT}{\sqrt{T}}$，$y = \left(\frac{1}{\sigma}\right)\ln(K/S)$

$a_2 = \frac{y-vT}{\sqrt{T}}$，$v = (r-q-\sigma^2/2)/\sigma$

至于对冲美式数字期权风险的方法，可以用对冲方法：运用两个美式期权，一个做多，另外一个做空，形成美式价差期权。

（2）美式数字看跌期权（American Digital Puts）。就看跌期权而言，我们考虑期初标的价格高于执行价，$S > K$，则美式数字看跌期权在到期时的现金流量（延迟至到期日支付）为：

$$ADP_T = XI_{(\tau_y^v \leq T)} \quad (8-19)$$

在风险中性下，美式数字看跌期权的现在（$t=0$）价值为：

$$ADP = e^{-rT}XE[I_{(\tau_y^v \leq T)}]$$
$$= e^{-rT}XP_r[\tau_y^v \leq T]$$
$$= e^{-rT}X \cdot P_r[\tau_{-y}^{-v} \leq T] \quad (8-20)$$

利用布朗运动 W_t 概率分布的对称性质：

$$P_r[\tau_y^v \leq T] = P_r[\tau_{-y}^{-v} \leq T]$$

可得：

$$\tau_y^v = \inf\{t \mid W_t + vt = y\}$$
$$= \inf\{t \mid (-W_t) + (-v)t = (-y)\} \quad （对称性质）$$
$$= \tau_{-y}^{-v} \quad [-y > 0, \because S < K, 见式（8-9b）]$$

利用求解美式数字看涨期权的方法，将原来的 y 及 v 分别以 $-y$ 及 $-v$ 替代，即可获得美式数字看跌期权的定价模型如下：

$$ADP = e^{-rT}X[N(a_2) + (K/S)^{2(r-q-\sigma^2/2)/\sigma^2}N(a_1)] \quad (8-21)$$

2. 立即支付型

当标的价格触及 K（即 $W_t + vt$ 触及 y）时，立即支付固定金额 X 的定价不同于前文延迟支付的定价。我们按如下求解：

（1）美式数字看涨期权。在风险中性下，美式数字看涨期权的定价为：
$$ADC^* = XE[e^{-rt}I_{(\tau_y^v \leq T)}] \qquad (8-22)$$

此处，折现是在标的价格初次触及 K 的时刻 t，将 X 折现到期初[不是到期日 T，与式（8-11）不同]。

根据式（8-12），第一次瞬间时刻 τ_y^v 触及 y 的概率分布式（8-14）也可表示为①：

$$P_r[\tau_y^v \in dt] = \frac{|y|}{\sqrt{2\pi t^3}}e^{-(y-vt)^2/2t}, \quad y \neq 0 \qquad (8-23a)$$

$$= \frac{\partial}{\partial T}P_r[\tau_y^v \leq T] = 式(8-14) \qquad (8-23b)$$

利用式（8-23a）我们可求算式（8-22）美式数字看涨期权的定价如下：

$$ADC^* = X \cdot \int_0^T e^{-rt}\frac{|y|}{\sqrt{2\pi t^3}}e^{-(y-vt)^2/2t}dt \qquad (8-24)$$

此处，t 代表 τ_y^b；第一次触及 y 可能发生于有效期 T 内的任何时刻，故对 t 积分 0 到 T，也就是式（8-22）的期望值。为求解式（8-24），我们令 $u = \sqrt{v^2 + 2r} \Rightarrow u^2 = v^2 + 2r \Rightarrow r = (u^2 - v^2)/2$

$$\therefore ADC^* = X\int_0^T e^{-rt}\frac{|y|}{\sqrt{2\pi t^3}}e^{-\frac{(y-vt)^2}{2t}}dt$$

$$= \frac{X}{\sqrt{2\pi}}\int_0^T e^{-(u^2-v^2)t/2} \cdot t^{-3/2} \cdot |y|e^{-(y-vt)^2/2t}dt$$

此处：

$$\exp\left[-\frac{(u^2-v^2)t}{2} - \frac{(y-vt)^2}{2t}\right] = \exp\left[-\frac{(u^2-v^2)t^2 + y^2 - 2yvt + v^2t^2}{2t}\right]$$

$$= \exp\left[-\frac{u^2t^2 + y^2 - 2yvt}{2t}\right]$$

$$= \exp[yv - yu]\exp\left[-\frac{y^2 - 2yvt + u^2t^2}{2t}\right]$$

$$= e^{-y(u-v)} \cdot e^{-\frac{(y-ut)^2}{2t}}$$

$$\therefore ADC^* = X\frac{1}{\sqrt{2\pi}}e^{-y(u-v)}\int_0^T t^{-3/2}|y|e^{-(y-ut)^2/2t}dt$$

$$= Xe^{-y(u-v)} \cdot \int_0^T \underbrace{\frac{|y|}{\sqrt{2\pi t^3}}e^{-(y-ut)^2/2t}}_{P_r[\tau_y^v \in dt]}dt = Xe^{-y(u-v)t}\int_0^T \underbrace{P_r[\tau_y^v \in dt]}_{(8-14) \text{ in } u}dt$$

---

① 详见 Brockhaus、Ferraris, etc.（1999, 14页）。

[以（8-14）式替代上等式的积分函数，获得下一等式，并以 u 替代 v]

$$= Xe^{-y(u-v)} \cdot \frac{1}{\sqrt{2\pi}} \left[\frac{-1}{2} \int_0^T (y+ut) t^{-3/2} e^{-(y-ut)^2/2t} dt \right.$$

$$\left. + \frac{-1}{2} e^{2ay} \int_0^T (y-ut) t^{-3/2} e^{-(y+ut)^2/2t} dt \right]$$

[上等式的积分与式（8-15）（8-16）及（8-17）的积分相同，不同之处只有符号，以 u 替代 v。因此获得下等式]。所以，立即支付型美式数字看涨期权的定价为：

$$ADC^* = Xe^{-y(u-v)} \left[N(-a_2^*) + e^{2yu} N(-a_1^*) \right] \tag{8-25}$$

此处，$a_2^* = \dfrac{y-uT}{\sqrt{T}}$，$a_1^* = \dfrac{y+uT}{\sqrt{T}}$

$u = \sqrt{v^2 + 2r}$，$v = (r - q - \sigma^2/2)/\sigma$

（2）美式数字看跌期权。在风险中性下，立即支付型美式数字看跌期权的定价为：

$$ADP^* = XE\left[e^{-rt} I_{(\tau_y^e < T)} \right]$$

$$= XE\left[e^{-rt} I_{(\tau_{-y}^e < T)} \right] \tag{8-26}$$

正如式（8-20），利用 W_t 概率分布的对称性质，只要将式（8-22）及（8-24）内的 y、v 及 u 分别以负号 $-y$、$-v$ 及 $-u$ 替代，即是答案。

$$\therefore ADP^* = Xe^{-y(u-v)} \left[N(a_2^*) + e^{2yu} N(a_1^*) \right] \tag{8-27}$$

另外，对冲这两种美式数字期权风险的方法，类似运用美式价差期权的方法。

第9章 二元期权：现金或无偿期权

单一标的数字期权：现金或无偿付

二元期权（Binary Options，也称为数字期权）到期时，若标的价格在某一预先约定的价格范围内，支付持有人某一个金额；但若不在该范围内，则不支付任何金额。过去投资银行很成功地推出了二元素期权，但都是以单一种标的物为主。举例如下：

例1：

现金或无偿看涨期权（Cash – or – Nothing Call，CNC），其到期日现金流量为：

$$CNC_T = \begin{cases} X & \text{若 } S_T > K \\ 0 & \text{若不是} \end{cases} \quad (9-1)$$

此处，S_T 代表到期日标的价格，K = 执行价，则其定价很容易求解：

$$\begin{aligned} CNC &= e^{-rT} E\left[XI_{(S_T > K)} \right] \\ &= e^{-rT} X P_r(S_T > K) = e^{-rT} X N(d_2) \end{aligned} \quad (9-2)$$

此处：$S_T = S\exp[(r - q - \sigma^2/2)T - \sigma(W_T - W_0)]$

W_T = 布朗运动

$$d_2 = \frac{\ln(S/K) + (r - q - \sigma^2/2)T}{\sigma\sqrt{T}}$$

$N(d_2) = P_r(S_T > K)$ 是布莱克—修斯（BS）公式内的第二项。它代表在到期时看涨期权会是实值的概率。

q = 连续股息率，r = 无风险利率

例 2：

现金或无偿看跌期权（Cash – or – Nothing Put，CNP），其到期现金流量为：

$$CNP_T = \begin{cases} X & \text{若 } S_T < K \\ 0 & \text{若不是} \end{cases} \qquad (9-3)$$

则其定价公式为：

$$CNP = e^{-rT} E[XI_{\{S_T < K\}}] = e^{-rT} XP_r(S_T < K) = e^{-rT} XN(-d_2) \qquad (9-4)$$

例 3：

资产或无偿期权（Asset – or – Nothing Call，ANC）（以上两种二元或数字期权已于第 8 章介绍过）。其到期现金流量为：

$$ANC_T = \begin{cases} S_T & \text{若 } S_T > K \text{（到期时,以实物 } S_T \text{ 交割）} \\ 0 & \text{若不是} \end{cases} \qquad (9-5)$$

其定价公式为：

$$ANC = e^{-rT} E^Q[S_T I_{\{S_T > K\}}] = e^{-rT} \cdot Se^{(r-q)T} E^Q[\zeta_T I_{\{S_T > K\}}]$$

此处：$\zeta_T = \exp(-\sigma^2 T/2 + \sigma \Delta W_T^Q)$

$\Delta W_T^Q = W_T^Q - W_0^Q$

在 Q 概率测度下：

$S_T = S\exp[(r - q - \sigma^2/2)T + \sigma \Delta W^Q]$

$\therefore ANC = Se^{-qT} E^R[I_{\{S_T > K\}}]$ （期望值是在 R 概率测度下）

$$= Se^{-qT} P_r^R(S_T > K) = Se^{-qT} N(d_1) \qquad (9-6)$$

此处，在 R 测度下：$S_T = S\exp\left[\left(r - q + \dfrac{\sigma^2}{2}\right)T + \sigma \Delta W^R\right]$

$N(d_1) = P_r^R(S_T > K)$ 也是布莱克—修斯（BS）期权公式内第一项的概率。在 R 测度下，看涨期权会是实值内的概率。

例 4：

资产或无偿看跌期权（Asset – or – Nothing Put，ANP），其到期现金流量为：

$$ANP_T = \begin{cases} S_T & \text{若 } S_T < K \\ 0 & \text{若不是} \end{cases} \qquad (9-7)$$

其定价公式为：

$$ANP = e^{-rT} E^Q[S_T I_{\{S_T < K\}}] = Se^{-qT} E^Q[\zeta_T I_{\{S_T < K\}}]$$

$$= Se^{-qT}E^R[I_{\{S_T<K\}}] = Se^{-qT}P_r^R[S_T<K]$$

$$= Se^{-qT}N(-d_1) \qquad (9-8)$$

以上两种期权元件也经常被运用于场外（或结构式）衍生品的各种产品设计中，而且很成功。鉴于单一标的型现金或无偿期权的成功经历，Heynen 及 Kat (1998) 将它延伸至两个标的型的现金或无偿期权。在下文中，我们将详细介绍几种不同类型期权及其定价模型与避险参数（Hedging Parameters）。

二

双标的数字期权：以现金支付交割

本部分介绍单一标的物的数字期权延伸到两个标的物的数字期权。其在场外产品设计的应用与单一标的物的数字期权的产品设计应用相同，只不过是多了一个标的物。

令标的 1 及标的 2 的价格随机过程如下：

$$d\ln(S_{1t}/S_1) = (r - q_1 - \sigma_1^2/2)dt + \sigma_1 dW_1 \qquad (9-9)$$

$$d\ln(S_{2t}/S_2) = (r - q_2 - \sigma_2^2/2)dt + \sigma_2 dW_2 \qquad (9-10)$$

此处：S_{it} = 标的 i 在时间 t 的价格，$i = 1, 2$

q_i = 标的 i 的连续股息率

此外，$\begin{cases} S_{1T} = S_1 \exp[(r - q_1 - \sigma_1^2/2)T + \sigma_1^2 \Delta W_{1T}^Q] \\ S_{2T} = S_2 \exp[(r - q_2 - \sigma_2^2/2)T + \sigma_2^2 \Delta W_{2T}^Q] \end{cases}$

以下是四种不同类型二元（或双标的）现金或无偿期权介绍。

（一）双标的型数字看涨期权（或双标的型现金或无偿期权；Bivariate Cash – or – Nothing Call，BCNC）

其到期现金流量为：

$$BCNC_T = \begin{cases} X & \text{若 } S_{1T} > K_1 \text{ 及 } S_{2T} > K_2 \\ 0 & \text{若不是} \end{cases} \qquad (9-11)$$

在风险中性下，它的定价模型为：

$$BCNC = e^{-rT}E[XI_{(S_{1T}>K_1, S_{2T}>K_2)}]$$

$$= e^{-rT}XP_r(S_{1T} > K_1, S_{2T} > K_2)$$

$$= e^{-rT} X P_r(\ln S_{1T} > \ln K_1, \ln S_{2T} > \ln K_2)$$

此处：∵ $\ln S_{iT} > \ln K_i$

∴ $\ln S_i + (r - q_i - \sigma_i^2/2)T + \sigma_i \Delta W_{iT} > \ln K_i$

$$-\frac{\Delta W_{iT}}{\sqrt{T}} < \frac{\ln(S_i/K_i) + (r - q_i - \sigma_i^2/2)T}{\sigma_i \sqrt{T}} = d_{ii}, \ i = 1, 2 \quad (9-12)$$

∴ $BCNC = Xe^{-rT} P_r\left(-\frac{\Delta W_{1T}}{\sqrt{T}} < d_{11}, -\frac{\Delta W_{2T}}{\sqrt{T}} < d_{22}\right) \quad (9-13)$

$$= Xe^{-rT} N_2(d_{11}, d_{22}, \rho)$$

此处：$N_2(\cdot)$ = 二元标准正态分布下的累积概率

$$= \int_{-\infty}^{d_{11}} \int_{-\infty}^{d_{22}} f(X_1, X_2) dX_2 dX_1$$

$$f(X_1, X_2) = \frac{1}{2\pi \sqrt{1-\rho^2}} \exp\left[\frac{-1}{2(1-\rho^2)}(X_1^2 - 2\rho X_1 X_2 + X_2^2)\right] \quad (-\infty < X_i < \infty, i = 1, 2)$$

$$X_i = -\frac{\Delta W_{iT}}{\sqrt{T}} \sim N(0, 1)$$

$$\rho = Corr\left(\frac{-\Delta W_{1T}}{\sqrt{T}}, \frac{-\Delta W_{2T}}{\sqrt{T}}\right) = \frac{Cov(\Delta W_{1T}, \Delta W_{2T})}{T} \quad （两资产收益率的相关系数）$$

$BCNC$ 期权 Delta 风险对冲比率的求解如下：

对第一资产的 Delta：

$$\frac{\partial(BCNC)}{\partial S_1} = e^{-rT} X \cdot \frac{\partial N_2(d_{11}, d_{22}, \rho)}{\partial S_1} = e^{-rT} X \cdot \left(\frac{\partial N}{\partial d_{11}}\right)\left(\frac{\partial d_{11}}{\partial S_1}\right)$$

首先计算：

$$\frac{\partial N}{\partial d_{11}} = \frac{\partial}{\partial d_{11}} \int_{-\infty}^{d_{11}} \int_{-\infty}^{d_{22}} \frac{1}{2\pi \sqrt{1-\rho^2}} e^{-q/2} dX_2 dX_1$$

此处，$q = \frac{1}{1-\rho^2}(X_1^2 - 2\rho X_1 X_2 + X_2^2)$

∴ $\frac{\partial N}{\partial d_{11}} = \int_{-\infty}^{d_{22}} \frac{1}{2\pi \sqrt{1-\rho^2}} e^{-q/2} dX_2$

运用微分规则：$\frac{d}{dX} \int_a^X f(t) dt = f(X)$

此处：

$$q = \frac{1}{1-\rho^2}(d_{11}^2 - 2\rho d_{11} X_2 + X_2^2)$$

$$= \frac{1}{1-\rho^2}[d_{11}^2 - \rho^2 d_{11}^2 + (\rho^2 d_{11}^2 - 2\rho d_{11} X_2 + X_2^2)]$$

$$= d_{11}^2 + (X_2 - \rho d_{11})^2 / (1 - \rho^2) \quad \text{（运用完全平方法）}$$

$$\therefore q = e^{-d_{11}^2/2} \int_{-\infty}^{d_{22}} \frac{1}{2\pi \sqrt{1-\rho^2}} e^{-\frac{(X_2 - \rho d_{11})^2}{2(1-\rho^2)}} dX_2$$

再利用转换变数，令：

$$y = (X_2 - \rho d_{11}) / \sqrt{1-\rho^2} \Rightarrow dy = dX_2 / \sqrt{1-\rho^2}$$

$$\therefore -\infty < y < \frac{d_{22} - \rho d_{11}}{\sqrt{1-\rho^2}}$$

$$\therefore \frac{\partial N}{\partial d_{11}} = e^{-d_{11}^2/2} \int_{-\infty}^{\frac{d_{22}-\rho d_{11}}{\sqrt{1-\rho^2}}} \frac{1}{2\pi \sqrt{1-\rho^2}} e^{-y^2/2} \cdot dy \sqrt{1-\rho^2}$$

$$= \frac{e^{-d_{11}^2/2}}{\sqrt{2\pi}} \cdot \int_{-\infty}^{\frac{d_{22}-\rho d_{11}}{\sqrt{1-\rho^2}}} \frac{1}{\sqrt{2\pi}} e^{-y^2/2} dy = \frac{e^{-d_{11}^2/2}}{\sqrt{2\pi}} \cdot N\left(\frac{d_{22} - \rho d_{11}}{\sqrt{1-\rho^2}}\right)$$

另外：$\frac{\partial d_{11}}{\partial S_1} = \frac{\partial}{\partial S_1}\left[\frac{\ln(S_1/K_1) + (r - q_1 - \sigma_1^2/2)T}{\sigma_1 \sqrt{T}}\right] = \frac{1}{S_1 \sigma_1 \sqrt{T}}$

$$\therefore \Delta_1 = \frac{\partial (BCNC)}{\partial S_1} = e^{-rT} X \left(\frac{e^{-d_{11}^2/2}}{\sqrt{2\pi}}\right) \cdot \frac{1}{S_1 \sigma_1 \sqrt{T}} N\left(\frac{d_{22} - \rho d_{11}}{\sqrt{1-\rho^2}}\right)$$

$$= \frac{Xe^{-rT}}{\sqrt{2\pi}}\left[e^{-d_{11}^2/2}\frac{1}{S_1 \sigma_1 \sqrt{T}} N\left(\frac{d_{22} - \rho d_{11}}{\sqrt{1-\rho^2}}\right)\right] \quad (9-14)$$

用类似的求解方法，我们可求解第二资产的 Delta：

$$\Delta_2 = \frac{\partial (BCNC)}{\partial S_2} = \frac{Xe^{-rT}}{\sqrt{2\pi}}\left[e^{-d_{22}^2/2}\frac{1}{S_2 \sigma_2 \sqrt{T}} N\left(\frac{d_{11} - \rho d_{22}}{\sqrt{1-\rho^2}}\right)\right] \quad (9-15)$$

对 BCNC 的避险时必须同时持有 Δ_1 股的标的 1 及 Δ_2 股的标的 2。与 BS 模型的 Delta 避险相同，基本上必须是动态避险，但因 BCNC 同时涉及两种标的的对冲风险，故其避险困难度高于一般看涨期权或看跌期权。

（二）双标的型现金或无偿看跌期权（Bivariate Cash - or - Nothing Put, BCNP）

到期现金流量为：

$$BCNC_T = \begin{cases} X & \text{若 } S_{1T} < K_1 \text{ 及 } S_{2T} < K_2 \\ 0 & \text{若不是} \end{cases} \quad (9-16)$$

在风险中性下，它的定价模型为：

$$BCNP = e^{-rT}E[XI_{\{S_{1T}<K_1,S_{2T}<K_2\}}]$$
$$= Xe^{-rT}P_r(S_{1T}<K_1, S_{2T}<K_2)$$
$$= Xe^{-rT}N_2(-d_{11}, -d_{22}, \rho) \quad (9-17)$$

至于 BCNP 的 Delta 对冲比率,可将式(9-14)及(9-15)内的 d_{11} 及 d_{22} 改成负值,即得应放空 Δ_1 股的标的 1 及 Δ_2 股的标的 2。

(三)混合型现金或无偿看涨期权

第一种混合型现金或无偿期权 BCN(I)的到期现金流量为:

$$BCN(I)_T = \begin{cases} X & \text{若 } S_{1T}>K_1 \text{ 及 } S_{2T}<K_2 \\ 0 & \text{若不是} \end{cases} \quad (9-18)$$

在风险中性下,它的定价模型为:
$$BCN(I) = e^{-rT}E[XI_{(S_{1T}>K_1,S_{2T}<K_2)}]$$
$$= Xe^{-rT}P_r(S_{1T}>K_1, S_{2T}<K_2)$$
$$= Xe^{-rT}N_2(d_{11}, -d_{22}, -\rho) \quad (9-19)$$

此处:$-\rho = Corr\left(\dfrac{-\Delta W_{1T}}{\sqrt{T}}, \dfrac{\Delta W_{2T}}{\sqrt{T}}\right)$

BCN(I)期权 Delta 风险对冲比率:将式(9-14)和(9-15)内 d_{22} 改为 $-d_{2,2}$,而 ρ 改为 $-\rho$ 就对了。第二种混合型现金或无偿期权 BCN(II)的到期现流量为:

$$BCN(II)_T = \begin{cases} X & \text{若 } S_{1T}<K_1 \text{ 及 } S_{2T}>K_2 \\ 0 & \text{若不是} \end{cases} \quad (9-20)$$

在风险中性下,其定价模型为:
$$BCN(II) = e^{-rT}E[XI_{(S_{1T}<K_1,S_{2T}>K_2)}]$$
$$= Xe^{-rT}P_r(S_{1T}<K_1, S_{2T}>K_2)$$
$$= Xe^{-rT}N_2(-d_{11}, d_{22}, -\rho) \quad (9-21)$$

BCN(II)期权 Delta 风险对冲比率:
将式(9-14)和(9-15)内的 d_{11} 改为 $-d_{11}$,而 ρ 改 $-\rho$ 就对了。
现金或无偿期权的极限性质(读者可以忽略以下的数学性质):
1. 当 $K_1 \to 0$,$d_{11} \to \infty$,则:$BCNC = Xe^{-rT}N_2(d_{11}=\infty, d_{22}, \rho)$
$$= Xe^{-rT}N(d_{22}), \quad N_2(\infty, d_{22}, 0) = N(d_{22})$$

∴ 当 $K_1 \to 0$,BCNC 变成以资产 2 为标的物的现金或无偿看涨期权 CNC。

但:$BCNP = Xe^{-rT}N_2(-d_{11}=-\infty, -d_{22}, \rho)$

$= 0$

$\therefore N_2(-\infty, -d_{22}, \rho) = 0$

$BCN(\text{I}) = Xe^{-rT} N_2(d_{11} = \infty, -d_{22}, -\rho)$

$\qquad = Xe^{-rT} N(-d_{22}) = CNP \quad [即式（9-4）]$

$BCN(\text{II}) = Xe^{-rT} N(-\infty, d_{22}, \rho) = 0$

2. 当 $K_2 \to 0$，$d_{22} \to \infty$

$\therefore BCNC = Xe^{-rT} N(d_{11})$ （以资产1为标的物的现金或无偿看涨期权）

$BCNP = Xe^{-rT} N_2(-d_{11}, -d_{22} = -\infty, \rho) = 0$

$BCN(\text{I}) = Xe^{-rT} N_2(d_{11}, -\infty, \rho) = 0$

$BCN(\text{II}) = Xe^{-rT} N_2(-d_{11}, \infty, \rho)$

$\qquad = Xe^{-rT} N_2(-d_{11}) = 式(9-8)$ （以标的1为标的物的现金或无偿看跌期权）

3. 当 $K_1 \to \infty$，$d_{11} \to -\infty$ 则：$BCNC = Xe^{-rT} N_2(d_{11} = -\infty, d_{22}, \rho) = 0$

$BCNP = Xe^{-rT} N_2(-d_{11} = \infty, -d_{22}, \rho)$

$\qquad = Xe^{-rT} N(-d_{22})$ （以资产2为标的物的现金或无偿看跌期权）

$BCN(\text{I}) = Xe^{-rT} N_2(d_{11} = -\infty, -d_{22}, -\rho) = 0$

$BCN(\text{II}) = Xe^{-rT} N_2(-d_{11} = \infty, d_{22}, -\rho)$

$\qquad = Xe^{-rT} N_2(d_{22}) = 式(9-8)$ （以资产2为标的物的现金或无偿看涨期权）

4. 当 $K_2 \to \infty$，$d_{22} \to -\infty$，则：$BCNC = Xe^{-rT} N_2(d_{11}, d_{22} = -\infty, \rho) = 0$

$BCNP = Xe^{-rT} N_2(-d_{11}, -d_{22} = \infty, \rho)$

$\qquad = Xe^{-rT} N(-d_{11})$ （以资产1为标的物的现金或无偿看跌期权）

$BCN(\text{I}) = Xe^{-rT} N_2(d_{11}, -d_{22} = \infty, -\rho)$

$\qquad = Xe^{-rT} N(d_{11}) \quad [看涨期权（标的1）]$

$BCN(\text{II}) = Xe^{-rT} N_2(-d_{11}, d_{22} = -\infty, \rho) = 0$

三

现金砖期权：定价、产品设计、应用与对冲风险方法

现金砖（C-Brick）期权是指在到期时，若两个标的价格分别落在不同的价

格范围内，则支付持有人某一固定金额 X，也就是：

$$C - Brick_T = \begin{cases} X & 若 K_1 < S_{1T} < K_2 \text{ 及 } K_3 < S_{2T} < K_4 \\ 0 & 若不是 \end{cases} \quad (9-22)$$

现金砖期权的收益结构在三维图上呈现一个立体砖块的形状，故其到期收益被称为现金砖，其高度为 X（C 代表 Cash）。其定价为：

$$C - Brick = e^{-rT} E[XI_{\{K_1 < S_{1T} < K_2, K_3 < S_{2T} < K_4\}}]$$
$$= Xe^{-rT} P_r(K_1 < S_{1T} < K_2, K_3 < S_{2T} < K_4)$$

此处：$\because K_1 < S_{1T} < K_2 \Rightarrow \ln K_1 < \ln S_{1T} < \ln K_2$

$\therefore \ln K_1 < \ln S_1 + \left(r - q - \dfrac{\sigma_1^2}{2}\right)T + \sigma_1 \Delta W_{1T} < \ln K_2$

$$\underbrace{\dfrac{\ln(S_1/K_1) + \left(r - q_1 - \dfrac{\sigma_1^2}{2}\right)T}{\sigma_1 \sqrt{T}}}_{d_{11}} > -\dfrac{\Delta W_{1T}}{\sqrt{T}} > \underbrace{\dfrac{\ln(S_1/K_2) + \left(r - q_1 - \dfrac{\sigma_1^2}{2}\right)T}{\sigma_1 \sqrt{T}}}_{d_{12}}$$

或：

$$d_{12} < -\dfrac{\Delta W_{1T}}{\sqrt{T}} < d_{11}, \quad \dfrac{-\Delta W_{1T}}{\sqrt{T}} \sim N(0,1)$$

相同的：$d_{24} < -\dfrac{\Delta W_{2T}}{\sqrt{T}} < d_{23}, \quad \dfrac{-\Delta W_{2T}}{\sqrt{T}} \sim N(0,1)$

$$d_{11} = \dfrac{\ln(S_1/K_1) + \left(r - q_1 - \dfrac{\sigma_1^2}{2}\right)T}{\sigma_1 \sqrt{T}}$$

$$d_{12} = \dfrac{\ln(S_1/K_2) + \left(r - q_1 - \dfrac{\sigma_1^2}{2}\right)T}{\sigma_1 \sqrt{T}} \quad (9-23a)$$

$$d_{23} = \dfrac{\ln(S_2/K_3) + \left(r - q_2 - \dfrac{\sigma_2^2}{2}\right)T}{\sigma_2 \sqrt{T}}$$

$$d_{24} = \dfrac{\ln(S_2/K_4) + \left(r - q_2 - \dfrac{\sigma_2^2}{2}\right)T}{\sigma_2 \sqrt{T}} \quad (9-23b)$$

所以：

$$C - Brick = Xe^{-rT} P_r\left(d_{12} < -\dfrac{\Delta W_{1T}}{\sqrt{T}} < d_{11}, d_{24} < \dfrac{-\Delta W_{2T}}{\sqrt{T}} < d_{23}\right)$$

$$= Xe^{-rT} \cdot \int_{d_{12}}^{d_{11}} \int_{d_{24}}^{d_{23}} f(X_1, X_2) dX_2 dX_1$$

$$= Xe^{-rT} \left(\int_{-\infty}^{d_{11}} \int_{d_{24}}^{d_{23}} f(X_1, X_2) dX_2 dX_1 - \int_{-\infty}^{d_{12}} \int_{d_{24}}^{d_{23}} f(X_1, X_2) dX_2 dX_1 \right)$$

$$= Xe^{-rT} \Big[\underbrace{\int_{-\infty}^{d_{11}} \int_{-\infty}^{d_{23}} f(X_1, X_2) dX_2 dX_1}_{N_2(d_{11}, d_{23}, \rho)} - \underbrace{\int_{-\infty}^{d_{11}} \int_{-\infty}^{d_{24}} f(X_1, X_2) dX_2 dX_1}_{N_2(d_{11}, d_{24}, \rho)}$$

$$- \underbrace{\int_{-\infty}^{d_{12}} \int_{-\infty}^{d_{23}} f(X_1, X_2) dX_2 dX_1}_{N_2(d_{12}, d_{23}, \rho)} + \underbrace{\int_{-\infty}^{d_{12}} \int_{-\infty}^{d_{24}} f(X_1, X_2) dX_2 dX_1}_{N_2(d_{12}, d_{24}, \rho)} \Big]$$

故：

$$\begin{aligned} C - Brick = Xe^{-rT} \big[& N_2(d_{11}, d_{23}, \rho) - N_2(d_{11}, d_{24}, \rho) \\ & - N_2(d_{12}, d_{23}, \rho) + N_2(d_{12}, d_{24}, \rho) \big] \end{aligned} \qquad (9-24)$$

观察现金砖期权（C - Brick）的定价（9 - 24）可知，C - Brick 其实是由四个不同的 BCNC 组合而成。

第一个做多的头寸（或期权）：$BCNC = Xe^{-rT} N_2(d_{11}, d_{23}, \rho)$，即买进它的仓位。

$$到期时现金流量 = \begin{cases} 收取\ X & 若\ S_{1T} > K_1\ 及\ S_{2T} > K_3 \\ 0 & 若不是 \end{cases}$$

第二个做多的头寸（或期权）：$BCNC = Xe^{-rT} N_2(d_{12}, d_{24}, \rho)$，即买进它的仓位。

$$到期时现金流量 = \begin{cases} 收取\ X & 若\ S_{1T} > K_2\ 及\ S_{2T} > K_4 \\ 0 & 若不是 \end{cases}$$

第三个做空的头寸：$BCNC = Xe^{-rT} N_2(d_{12}, d_{23}, \rho)$，即出售或发行的头寸。

$$到期时现金流量 = \begin{cases} 支付\ X & 若\ S_{1T} > K_2\ 及\ S_{2T} > K_3 \\ 0 & 若不是 \end{cases}$$

第四个做空的头寸：$BCNC = Xe^{-rT} N_2(d_{11}, d_{24}, \rho)$

$$到期时现金流量 = \begin{cases} 支付\ X & 若\ S_{1T} > K_1\ 及\ S_{2T} > K_4 \\ 0 & 若不是 \end{cases}$$

（一）现金砖 Delta 风险对冲方法

因现金砖期权是由四个不同的 BCNC 期权组合而成，它的 Delta 也是四个 BCNC 期权的 Delta 之和。每一个 BCNC 期权的 Delta 都可由式（9 - 14）及（9 - 15）推敲而出。比如说，式（9 - 24）内第二个 BCNC 期权的 Delta 的求解，可将式（9 - 14）及（9 - 15）内的 d_{11} 及 d_{22} 分别以 d_{12} 及 d_{23} 取代即是。其他 BCNC

期权的 Delta 可类推。

因现金砖期权的 Delta 是四个不同 BCNC 期权的 Delta 之和（其中有两个负 Delta），C-Brick 的 Delta 可能是正值，也可能是负值，因此 Delta 的变动行为很复杂，由 Heynen 及 Kat 的简单例证得知：

（1）当标的 1 股价从低价位持续上涨，C-Brick Delta 从 0 起上升，而后下降变成负值，再回归至 0。

（2）接近到期日时，C-Brick Delta 对标的价格的变动反应更是敏感，更有剧烈的变动。

（3）对标的 2 的价格变动，C-Brick Delta 也有如上述两点的反应。Heynen 及 Kat 有图解说明上述的结果。

（二）产品设计的应用

在场外（或结构式）产品设计时，现金砖期权也经常被运用。比如：第一个标的（S_{1T}）可以设定内为沪深 300 指数，而第二个标的（S_{2T}）是上证 50ETF；若在到期时，S_{1T} 和 S_{2T} 分别落入所设定的区间内，投资者可获得现金 10 万元（X），也可设定标的为其他大宗商品：S_{1T} = 螺纹钢，S_{2T} = 焦煤；或 S_{1T} = 大豆，S_{2T} = 豆粕；或 S_{1T} = 黄金，S_{2T} = 人民币与美元汇率等。这些期权可以现金结算交割，也可以实物结算交割，详见下文介绍。

四 双标的数据期权：以标的资产交割支付

双标的型资产或无偿期权（Bivariate Asset-or-Nothing Option）也可分成四种不同的类型，分别介绍如下：

（一）双标的型资产或无偿看涨期权（Bivariate Asset-or-Nothing Call，BANC）

到期现金流量为：

$$BANC_T = \begin{cases} S_{1T} & 若\ S_{1T} > K_1\ 及\ S_{2T} > K_2 \\ 0 & 若不是 \end{cases} \quad (9-25)$$

若两个标的物的条件都成立，持有者获得第一个标的（S_{1T}）；它以实物交割，也可以设定以第二个标的(S_{2T})交割。

其定价模型求解如下:
$$BANC = e^{-rT} E^Q [S_{1T} I_{\{S_{1T} > K_1, S_{2T} > K_2\}}]$$

在求解期望值时,我们必须借用两个变数(两个资产价格)下的 Girsanov 定理的概率测度转换:

1. $dW_1^Q = dW_1^R + \sigma_1 dt$,由 Q 测度转换成 R 测度(详见本章附录)

$$\therefore d\ln(S_{1T}/S_1) = (r - q_1 - \sigma_1^2/2) dt + \sigma_1 dW_1^Q$$
$$= (r - q_1 + \sigma_1^2/2) dt + \sigma_1 dW_1^R$$

$\Rightarrow$ 在 R 测度下,
$$S_{1T} = S_1 \exp[(r - q_1 + \sigma_1^2/2) T + \sigma_1 \Delta W_{1T}^R], \Delta W_{1T}^R = W_{1T}^R - W_{10}^R$$

2. $dW_2^Q = dW_2^R + \sigma_1 \rho dt$ (详见本章附录)

$$\therefore d\ln(S_{2T}/S_2) = (r - q_2 - \sigma_2^2/2) dt + \sigma_2 dW_2^Q$$
$$= (r - q_2 - \sigma_2^2/2 + \rho\sigma_1\sigma_2) dt + \sigma_2 dW_2^R$$

$\Rightarrow$ 在 R 测度下,
$$S_{2T} = S_2 \exp[(r - q_2 - \sigma_2^2/2 + \rho\sigma_1\sigma_2) T + \sigma_2 \Delta W_{2T}^R]$$

利用上面 Girsanov 的结果,$BANC$ 的定价可表示为:
$$BANC = e^{-rT} \cdot S_1 e^{(r-q_1)T} E^Q [e^{-\sigma_1^2 T/2 + \sigma_1 \Delta W_{1T}^Q} \cdot I_{\{S_{1T} > K_1, S_{2T} > K_2\}}] \qquad (9-26)$$

此处,在 Q 测度下:
$$S_{1T} = S_1 \exp[(r - q_1 - \sigma_1^2/2) T + \sigma_1 \Delta W_{1T}^Q]$$
$$\therefore BANC = S_1 e^{-q_1 T} E^R [I_{\{S_{1T} > K_1, S_{2T} > K_2\}}]$$
$$= S_1 e^{-q_1 T} P_r^R (S_{1T} > K_1, S_{2T} > K_2) \qquad (9-27)$$

此处:

$\because S_{1T} > K_1 \Rightarrow \ln S_{1T} > \ln K_1$

$\therefore \ln S_1 + (r - q_1 + \sigma_1^2/2) T + \sigma_1 \Delta W_{1T}^R > \ln K_1$

$$\Rightarrow -\frac{\Delta W_{1T}^R}{\sqrt{T}} < \frac{\ln(S_1/K_1) + (r - q_1 + \sigma_1^2/2) T}{\sigma_1 \sqrt{T}} = f_{11} \qquad (9-28)$$

类似推理,条件 $S_{2T} > K_2$ 即:

$$-\frac{\Delta W_{2T}^R}{\sqrt{T}} < \frac{\ln(S_2/K_2) + (r - q_2 - \sigma_2^2/2 + \rho\sigma_1\sigma_2) T}{\sigma_2 \sqrt{T}} = g_{22} \qquad (9-29)$$

$$\therefore BANC = S_1 e^{-q_1 T} P_r \left(-\frac{\Delta W_{1T}^R}{\sqrt{T}} < f_{11}, -\frac{\Delta W_{2T}^R}{\sqrt{T}} < g_{22} \right)$$
$$= S_1 e^{-q_1 T} N_2(f_{11}, g_{22}, \rho) \qquad (9-30)$$

$$\rho = Corr\left(\frac{-\Delta W_{1T}^R}{\sqrt{T}}, \frac{-\Delta W_{2T}^R}{\sqrt{T}}\right)$$

此处，f_{11} 及 g_{22} 分别是式（9-28）及（9-29）的等号值。

BCNC 期权的 Delta 风险对冲比率：将式（9-15）内的 Xe^{-rT} 改为 $S_1 e^{-q_1 T}$，而 d_{11} 和 d_{22} 分别改为 f_{11} 和 g_{22}，就是 BCNC 期权的 Δ_2。但其 Δ_1 必须运用部分积分法，变成两项，再套用式（9-14）就是 BCNC 期权的 Delta（容易）。

（二）双标的型资产或无偿看跌期权（Bivariate Asset - or - Nothing Put，BANP）

到期现金流量为：

$$BANP_T = \begin{cases} S_{1T} & \text{若 } S_{1T} < K_1 \text{ 及 } S_{2T} < K_2 \\ 0 & \text{若不是} \end{cases}$$

若两个标的物的条件都成立，持有者获得第一个标的（比如 ETF、债券、黄金、铜、锌等）；否则没有任何收益。其定价求解可由式（9-25）的求解立即推论得知：

$$\begin{aligned} BANP &= e^{-rT} E^Q [S_{1T} I_{(S_{1T} < K_1, S_{2T} < K_2)}] \\ &= S_1 e^{-q_1 T} N_2 (-f_{11}, -g_{22}, \rho) \end{aligned} \quad (9-31)$$

（三）混合型双标的资产或无偿期权可为两类

1. 第一类混合型的到期现金流量为：

$$BAN(\text{I})_T = \begin{cases} S_{1T} & \text{若 } S_{1T} < K_1 \text{ 及 } S_{2T} > K_2 \\ 0 & \text{若不是} \end{cases}$$

若第一个标的物的条件（$S_{1T} < k_1$）和第二个标的物的条件（$S_{2T} > k_2$）都成立，投资者获得第一个标的（S_{1T}）的实物交割；否则没有任何收益。其定价为：

$$\begin{aligned} BAN(\text{I}) &= e^{-rT} E^Q [S_{1T} I_{(S_{1T} < K_1, S_{2T} > K_2)}] \\ &= S_1 e^{-q_1 T} N_2 (-f_{11}, g_{22}, -\rho) \end{aligned} \quad (9-32)$$

此定价是根据前面两个混合型期权的定价而来的；看跌期权条件的对应参数是负值（$-f_{11}$），而看涨期权的对应参数是正值（g_{22}）。

2. 第二类混合型的到期现金流量为：

$$BAN(\text{II}) = \begin{cases} S_{1T} & \text{若 } S_{1T} > K_1 \text{ 及 } S_{2T} < K_2 \\ 0 & \text{若不是} \end{cases}$$

则其定价为：

$$BAN(\text{II}) = e^{-rT}E^Q[S_{1T}I_{\{S_{1T}>K_1, S_{2T}<K_2\}}]$$
$$= S_1 e^{-q_1 T} N_2(f_{11}, -g_{22}, -\rho) \tag{9-33}$$

至于资产或无偿期权的极限性质分析与现金或无偿期权的极限性质分析相似，简述如下：

就 BANC 而论：

(1) 当 $K_1 \to 0$，则 $BANC = S_1 e^{-q_1 T} N(g_{22})$，是标的 2 的看涨期权。到期时，若 $S_{2T} > K_2$，则该看涨期权支付 S_{1T}。

(2) 当 $K_2 \to 0$，则 $BANC = S_1 e^{q_1 T} N(f_{11})$，是标的 1 的看涨期权。到期时，若 $S_{1T} > K_1$，则该看涨期权支付 S_{1T}。

(3) 若 $K_1 \to \infty$ 或 $K_2 \to \infty$，$BANC = 0$。

就 BANP 而论：

(1) 当 $K_1 \to 0$ 或 $K_2 \to 0$，则 $BANP = 0$。（∵ $f_{11} \to -\infty$，$g_{22} \to -\infty$）

(2) 当 $K_1 \to \infty$，则 $BANP = S_1 e^{-q_1 T} N(-g_{22})$，是标的 2 的看跌期权。到期时，若 $S_{2T} < K_2$，则该看跌期权支付 S_{1T}。

(3) 当 $K_2 \to \infty$，则 $BANP = S_1 e^{-q_1 T} N(-f_{11})$，是标的 1 的看跌期权。到期时，若 $S_{1T} < K_1$，则该看跌期权支付 S_{1T}。

至于其他混合型可做类似分析。

五 资产砖期权与 Delta 对冲比率

资产砖（A-Brick）期权的到期现金流量为：

$$A\text{-}Brick_T = \begin{cases} \alpha S_{1T} & \text{若 } K_1 < S_{1T} < K_2 \text{ 及 } K_3 < S_{2T} < K_4 \\ 0 & \text{若不是。}(\alpha \text{ 是一常数 } \alpha > 1 \text{ 或 } 0 < \alpha < 1) \end{cases} \tag{9-34}$$

在到期时，若两个标的价格（S_{1T} 和 S_{2T}）分别落于他们的价格区间内，持有者获得第一个标的的实物交割（S_{1T}）（A 代表 Asset）。

它的定价模型如下：

$$A\text{-}Brick = e^{-rT}E^Q[\alpha S_{1T} I_{\{K_1<S_{1T}<K_2, K_3<S_{2T}<K_4\}}]$$
$$= \alpha S_1 e^{-q_1 T} E^R[I_{\{K_1<S_{1T}<K_2, K_3<S_{2T}<K_4\}}] \quad \text{（利用 Girsanor 概率测度转换，}$$
$$\text{正如式（9-26）及（9-27），而后利用 C-Brick 的类似解法）}$$

$$= \alpha S_1 e^{-q_1 T} [N_2(f_{12}, g_{24}, \rho)$$
$$- N_2(f_{12}, g_{23}, \rho) - N_2(f_{11}, g_{24}, \rho) + N_2(f_{11}, g_{23}, \rho)] \quad (9-35)$$

此处：

$$f_{11} = \frac{\ln(S_1/K_1) + (r - q_1 + \sigma_1^2/2)T}{\sigma_1 \sqrt{T}} \quad \text{类似式（9-28）}$$

$$f_{12} = \frac{\ln(S_1/K_2) + (r - q_1 + \sigma_1^2/2)T}{\sigma_1 \sqrt{T}}$$

$$g_{23} = \frac{\ln(S_2/K_3) + (r - q_2 - \sigma_2^2/2 + \rho\sigma_1\sigma_2)T}{\sigma_2 \sqrt{T}} \quad \text{类似式（9-29）}$$

$$g_{24} = \frac{\ln(S_2/K_4) + (r - q_2 - \sigma_2^2/2 + \rho\sigma_1\sigma_2)T}{\sigma_2 \sqrt{T}}$$

（一）资产砖期权的 Delta 对冲比率

因为资产砖期权是由四个资产或无偿看涨期权 BANC 组合而成［正如式（9-35）所示］，其 Delta 也是由四个 $BANC$ 的 Delta 加总之和。求解 $BANC$ Delta 的方法与求解 $BCNC$ Delta［式（9-14）及（9-15）］的方法相同。因此，我们可先将第一个 $BANC_1$ 的 Delta 表示如下：

$$\Delta_1 = \frac{\partial}{\partial S_1}(BANC_1) = \frac{\partial}{\partial S_1}[\alpha S_1 e^{-q_1 T} N_2(f_{12}, g_{24}, \rho)]$$

$$= \alpha e^{-q_1 T} \left[N_2(f_{11}, g_{24}, \rho) + S_1 \frac{\partial N_2(f_{12}, g_{24}, \rho)}{\partial S_1} \right] \quad \text{［再利用式（9-14）的方法微分 } N_2(\cdot)\text{］} \quad (9-36)$$

$$= \alpha e^{-q_1 T} \left[N_2(f_{11}, g_{24}, \rho) + \frac{S_1}{\sqrt{2\pi}} \left(e^{-f_{12}^2/2} \frac{1}{S_1 \sigma_1 \sqrt{T}} N\left(\frac{g_{24} - \rho f_{12}}{\sqrt{1-\rho^2}} \right) \right) \right]$$

$$\Delta_2 = \frac{\partial}{\partial S_2}(BANC_1)$$

$$= \frac{\alpha S_1 e^{-q_1 T}}{\sqrt{2\pi}} \left[e^{-g_{24}^2/2} \cdot \frac{1}{S_2 \sigma_2 \sqrt{T}} N\left(\frac{f_{12} - \rho g_{24}}{\sqrt{1-\rho^2}} \right) \right] \quad (9-37)$$

其他三个 $BANC$ 的 Delta 也可很容易从式（9-36）及（9-37）推算而出。因资产砖期权的 Delta 是四个 $BCNC$ 的 Delta 的总和，其避险 Delta 值可能是正值，也可能是负值，且其变化行为也很复杂，正如现金砖期权 Delta 的变动行为。

（二）产品设计的应用

资产砖期权在场外衍生品设计的应用与现金砖期权类似，唯一不同之处在于，到期收益的交割是以其中一个标的物交割，而不是现金交割。

本章附录

求证：$\begin{cases} dW_1^Q = dW_1^R + \sigma_1 dt \\ dW_2^Q = dW_2^R + \rho\sigma_1 dt \end{cases}$

证明1 已知 $\dfrac{dR}{dQ} = \exp\left[-\dfrac{1}{2}\sigma_1^2 T + \sigma_1 W_1^T\right]$

$\therefore E^R\left[e^{\theta_1 W_1^T + \theta_2 W_2^T}\right] = E^Q\left[\dfrac{dR}{dQ} \cdot e^{\theta_1 W_1^T + \theta_2 W_2^T}\right]$

$= E^Q\left[\exp\left(-\dfrac{1}{2}\sigma_1^2 T - \sigma_1 W_1^T + \theta_1 W_1^T + \theta_2 W_2^T\right)\right]$

$= e^{-\sigma_1^2 T/2} \cdot E^Q\left[e^{(\theta_1 - \sigma_1) W_1^T + \theta_2 W_2^T}\right]$ （该期望值其实是 W_1^T 及 W_2^T 的矩量生成函数 mgf）

$= e^{-\sigma_1^2 T/2} \cdot \exp\left[\dfrac{1}{2}(\theta_1 - \sigma_1)^2 T + \dfrac{1}{2}\theta_2^2 T + \rho\theta_2(\theta_1 - \sigma_1)T\right]$ （利用 Rohatgi, 234 页）

$= e^{-\sigma_1^2 T/2} \cdot \exp\left[\dfrac{1}{2}\theta_1^2 + \dfrac{1}{2}\sigma_1^2 T - \sigma_1\theta_1 T + \dfrac{1}{2}\theta_2^2 T + \rho\theta_1\theta_2 T - \rho\theta_2\sigma_1 T\right]$

$= \exp\left[(-\sigma_1 T \cdot \theta_1 + \dfrac{1}{2}\theta_1^2 T) + (-\rho\sigma_1 T \cdot \theta_2 + \dfrac{1}{2}\theta_2^2)T + \rho\theta_1\theta_2 T\right]$

$= \exp\left\{(\theta_1, \theta_2)\begin{pmatrix} -\sigma_1 \\ -\rho\sigma_1 \end{pmatrix}T + \dfrac{1}{2}(\theta_1, \theta_2)\begin{pmatrix} 1 & \rho \\ \rho & 1 \end{pmatrix}\begin{pmatrix} \theta_1 \\ \theta_2 \end{pmatrix}T\right\}$

$= \exp\left\{\underline{\theta}'\underline{\mu}T + \dfrac{1}{2}\underline{\theta}'\underline{\Sigma}\,\underline{\theta}T\right\}$

$\Rightarrow \begin{pmatrix} W_1 \\ W_2 \end{pmatrix}^R \sim N\left[\underbrace{\begin{pmatrix} -\sigma_1 T \\ -\rho\sigma_1 T \end{pmatrix}}_{\underline{\mu}}, \underbrace{\begin{pmatrix} 1 & \rho \\ \rho & 1 \end{pmatrix}}_{\underline{\Sigma}}\right]$

$\Rightarrow \begin{cases} dW_1^R = dW_1^Q - \sigma_1 dt \\ dW_2^R = dW_2^Q - \rho\sigma_1 dt \end{cases}$

或：

$$\Rightarrow \begin{cases} dW_1^Q = dW_1^R + \sigma_1 dt \\ dW_2^Q = dW_2^R + \rho\sigma_1 dt \end{cases}$$

证明 2 运用 Girsanov 定理来计算，严谨的证明请参阅 Karatzas. I. and S. Shreve（1991），"*Brownian Motion and Stochastic Calculus*," 2nd Ed. Springer - Varlag, pp. 190 – 196。也就是说，令：

$$\xi_T = \exp\left(\int_0^T \beta_{1t} dw_1^Q + \int_0^T \beta_{2t} dz_2^Q - \frac{1}{2}\int_0^T (\beta_{1t}^2 + 2\rho\beta_{1t}\beta_{2t} + \beta_{2t}^2) dt\right)$$

在新的概率测度 R 下的布朗运动可由风险中性概率测度 Q 下的布朗运动转换，以公式表示如下：

$$dw_1^Q = dw_1^R + (\beta_{1t} + \rho\beta_{2t}) dt \quad 与 \quad dz_2^Q = dz_2^R + (\rho\beta_{1t} + \beta_{2t}) dt \tag{A}$$

因此，$E^Q[\xi_T \cdot 1_A] = E^R[1_A]$，其中 1_A 为一指示函数。

则：

$$E^Q[S_{1T} 1_{\{S_{1T} > K_1, S_{2T} > K_2\}}] = S_1 e^{rT} E^Q[e^{-\frac{1}{2}\sigma_1^2 T + \sigma_1 W_{1T}} \cdot 1_A] = S_1 e^{rT} E^R[1_A]$$

与上式 ξ_T 对照即可知 $\beta_1 = \sigma_1$，$\beta_2 = 0$。将它代入式（A）：

$$\therefore dw_1^Q = dw_1^R + (\underset{\underset{\sigma_1}{\parallel}}{\beta_1} + \underset{\underset{0}{\parallel}}{\beta_2}\, dt) = dw_1^R + \sigma_1 dt$$

$$dw_2^Q = dw_2^R + (\underset{\underset{0}{\parallel}}{\beta_2} + \underset{\underset{\sigma_1}{\parallel}}{\rho\beta_1}\, dt) = dw_2^R + \rho\sigma_1 dt$$

第10章 互换或价差期权

实务应用范例

在实务上，投资顾问的薪酬是由他的绩效收益率 R_1 高于设定目标收益率 R_2 的某一百分比决定的，即 $\alpha(R_1-R_2)$，α 是百分比，比如 20% 或 30% 等。也就是，他的薪酬是超额收益率 (R_1-R_2) 的 α 百分比。若他的绩效低于标准收益率 R_2（即 $R_1-R_2<0$），则他的报酬为零。这种绩效价值其实是一种互换或价差期权（Exchange Dption 或 Spread Option），以 R_2 交换 R_1。其到期现金流量为 $\max[\alpha(R_1-R_2),0]$。互换期权的另一种应用是融资购买股票。若融资百分比为 x_1，则在合约到期时，必须归还本金加利息（以 x_1^* 代表之）。若在到期时，质押的股票（期初购进股票，但被质押在经纪商或银行）的价值 S^* 高于应归还的 x_1^*，则融资者偿还全部债务，否则就违约，那么融资者的到期盈亏是期权的到期盈亏 $\max(S^*-x_1^*,0)$。这也是互换期权的一种，以负债 x_1^* 交换股票价值 S^*。在实务上，尚有其他金融合约的性质相当于互换期权。比如，两种商品价差期权：螺纹钢与生铁的价差期权，铜与锌的价差期权、92 和 95 级汽油的价差期权、玉米和玉米油的价差期权、冬天与春天汽油的价差（或和日历价差）期权、得州石油（WTI）与北海石油（Brent）的质量价差期权等。这些商品价差期权都属于互换期权。因此，可利用互换期权的定价模型来评估金融合约。互换期权（或称价差期权）是由 Margrabe（1978）介绍的。在本章中我们将详细介绍其定价模型。

互换期权的特征与对冲风险

令两种资产价格的随机过程为：
$$dS_i = \mu_i S_i dt + \sigma_i S_i dW_i, \quad i = 1, 2 \tag{10-1}$$

式（10-1）内的符号与前几章中伊藤过程（Ito Process）的定义相同，即 μ_i 是资产 i 的期望瞬间收益率，σ_i 是资产 i 收益率的瞬间标准差，dW_i 是资产 i 价格变动的随机项（即布朗运动）。

欧式互换期权的到期现金流量 w^* 为：
$$\begin{aligned} w^* &= w(S_1^*, S_2^*, t) \quad (t = \text{尚存到期日}) \\ &= \max(S_1^* - S_2^*, 0) \end{aligned} \tag{10-2}$$

此处 S_i^* 为到期时资产 i 的价格 $(i=1,2)$。标的资产可以是股票价格、股价指数、债券价格、金、银、铜、铁等大宗商品的价格。

有关互换期权的重要特征探讨如下：

1. 因为它是一种期权，在有效期内其价值大于或等于零，$w \geq 0$。但由式（10-2）可知，显然在有效期内，$w \leq S_1$，故：

$0 \leq w \leq S_1$。所以，互换期权的上限价格为标的 S_1^*，而下限价格为零；或其价格介于 0 与 S_1 之间。

2. 对两种资产 S_1 及 S_2 而言，互换期权是线性同质（Linear Homogeneous in S_1 and S_2），也就是：
$$\begin{aligned} \lambda w^*(S_1^*, S_2^*, t) &= \lambda \max(S_1^* - S_2^*, 0) \\ &= \max(\lambda S_1^* - \lambda S_2^*, 0) \\ &= w^*(\lambda S_1^*, \lambda S_2^*, t) \end{aligned} \tag{10-3}$$

所以，该期权的倍数（λ）也是一个互换期权，其标的是原来标的的倍数 λS_1 和 λS_2。

3. 复制与对冲风险：因 w 对 S_1 及 S_2 具有线性同质，由 Euler 定理，下列公式成立：
$$w - \left(\frac{\partial w}{\partial S_1}\right) S_1 - \left(\frac{\partial w}{\partial S_2}\right) S_2 = 0 \tag{10-4}$$

或：

$$w = \left(\frac{\partial w}{\partial S_1}\right)S_1 + \left(\frac{\partial w}{\partial S_2}\right)S_2 \tag{10-5}$$

式（10-5）说明：互换期权可以由期权的两个标的 S_1 和 S_2 复制和对冲其风险。也就是说，互换期权的避险组合，可由持有 $\left(\frac{\partial w}{\partial S_1}\right)$ 单位（或股）的第一标的物与放空 $\left(\frac{\partial w}{\partial S_2}\right)$ 单位（或股）的第二标的物（$\because \frac{\partial w}{\partial S_2} < 0$）。因该避险组可由放空 S_2 所得的资金去购买 $\left(\frac{\partial w}{\partial S_1}\right)$ 单位的 S_1，该避险组合是零投资避险组合。因为它是零投资成本，所以在很短期内其收益率为零：

$$dw - \left(\frac{\partial w}{\partial S_1}\right)dS_1 - \left(\frac{\partial w}{\partial S_2}\right)dS_2 = 0 \tag{10-6}$$

这与布莱克—修斯（BS）模型内的避险组合Ⅱ不同。布莱克—修斯模型内的组合Ⅱ并无风险，但仍有无风险收益（因为组合Ⅱ的构建不是零成本）。

4. 式（10-2）可解释为：以 S_1 为标的股的看涨期权，执行价为 S_2；或以 S_2 为标的股的看跌期权，执行价为 S_1。

互换期权的简易定价

我们仍采用布莱克—修斯模型（BS）所有的假设。定价的经济概念如下：欧式互换看涨期权 w^* 及资产 S_1^* 的价值将以资产 S_2^* 作为计价单位（即 w^*/S_2^* 与 S_1^*/S_2^*），则式（10-2）可改写如下（S_2^* 视为随机或浮动执行价）：

$$\frac{w^*}{S_2^*} = \frac{1}{S_2^*}\max(S_1^* - S_2^*, 0) = \max(S_1^*/S_2^* - 1, 0) \tag{10-7}$$

式（10-7）表示 w^*/S_2^*，其实是一种看涨期权的到期现金流量，标的物的到期价格为 S_1^*/S_2^*，执行价等于 1。因此，我们可利用布莱克—修斯看涨期权的定价模型来求解期权 (w/S) 的定价公式。尚未这样做之前，先要决定在以 S_2^*（或 S_2）作为计价后的一个经济体。在此经济体下，无风险利率为零。也就是，以资产 2 价值计价的无风险利率（借及贷放利率）为零。这是因为：贷放者贷放一单位以资产 2 计价的其他资产，当然要求在到期时偿还同样单位的资产，而不要求利率，因为资产 2（第二资产）的价值随时间过去而成长，其成长率即是利率（原来经济环境下的无风险利率仍是 r）。以另一方式来解释：资产 2 收益率 r_2 作为计价的无风险利率为 $\ln(r/r_2) = \ln r - \ln r_2 = 0$（∵ 在风险中性下，$\ln r_2 = \ln r$）。

我们已分析式（10-7）是欧式看涨期权的到期现金流量，故利用 BS 模型，该看涨期权（w/S_2）的现在价格应是：

$$\frac{w}{S_2} = \left(\frac{S_1}{S_2}\right)N(d_1) - 1 \cdot e^{0(t)} \cdot N(d_2) \tag{10-8}$$

所以，欧式互换看涨期权的定价模型为：

$$w = S_1 N(d_1) - S_2 N(d_2) \tag{10-9}$$

此处：

$$d_1 = \frac{\ln(S_1/S_2) + \frac{1}{2}\sigma^2 t}{\sigma\sqrt{t}} \quad (\text{利率项} = 0)$$

$$d_2 = d_1 - \sigma\sqrt{t}$$

$$\sigma^2 = \sigma_1^2 + \sigma_2^2 - 2\rho_{12}\sigma_1\sigma_2, \quad \rho_{12} = Corr\left(\frac{dS_1}{S_1}, \frac{dS_2}{S_2}\right)$$

$$\sigma_1^2 = Var\left(\frac{dS_1}{S_1}\right) = Var(d\ln S_1) = Var(\ln S_{1,t} - \ln S_{1,0})$$
$$\quad = Var(\ln S_1) \quad \because Var(\ln S_{1,0}) = 0$$

$$\sigma_2^2 = Var\left(\frac{dS_2}{S_2}\right) = Var(\ln S_2)$$

证明 σ^2：

$$\sigma^2 = Var\left[\frac{d(S_1/S_2)}{(S_1/S_2)}\right] = Var\left[d\ln\left(\frac{S_1}{S_2}\right)\right]$$

$$\quad = Var\left[\ln\left(\frac{S_{1t}}{S_{2t}}\right) - \ln\left(\frac{S_{10}}{S_{20}}\right)\right]$$

$$\quad = Var\left[\ln\left(\frac{S_{1t}}{S_{2t}}\right)\right] \quad \because Var\left[\ln\left(\frac{S_{10}}{S_{20}}\right) = 0\right]$$

$$\quad = Var(\ln S_{1t} - \ln S_{2t})$$

$$\quad = \sigma_1^2 + \sigma_2^2 - 2\rho_{12}\sigma_1\sigma_2$$

四 互换期权的几个延伸模型与其平价联系

互换期权定价模型（10-9）可应用于下列几种情况，讨论如下：

1. 若 S_2 是执行价的折现值，$S_2 = Ke^{-rt}$，则式（10-9）即变成 BS 模型的看涨期权定价公式：

$$C = w = S_1 N(d_1) - Ke^{-rt} N(d_2)$$

此处：

$$d_1 = \frac{\ln(S_1/Ke^{-rt}) + \frac{1}{2}\sigma_1^2 t}{\sigma_1 \sqrt{t}} = \frac{\ln(S_1/K) + (r + \sigma_1^2/2)t}{\sigma_1 \sqrt{t}}$$

$$d_2 = d_1 - \sigma \sqrt{t}$$

$$\sigma^2 = \sigma_1^2$$

2. 若 S_2 是零息债券 $P(0, t)$ 的 k 倍，$S_2 = KP(0, t)$，$P(0, t) =$ 无风险折价债券的现在价值（到期日 t，到期时支付 1 元），则互换期权变成在随机利率之下的 BS 模型：

$$w = S_1 N(d_1) - KP(0, t) N(d_2) \quad \text{在随机利率之下，} P(0, t) \text{ 由利率期限结构决定}$$

$$= S_1 N(d_1) - Ke^{-rt} N(d_2) \quad \text{在固定利率之下，} [P(0, t) = e^{-rT}]$$

若利率固定，则 $P(0, t)$ 等同于 e^{-rt} 的折现角色。

3. 欧式互换期权可用来定价美式互换期权。

建立两个组合 A 和 B。

组合 A：包含互换期权 w

组合 B：购进 S_1 并放空 S_2，即 $S_1 - S_2$

在到期日 T：

组合 A 的价值 $= w^* = \max(S_1^* - S_2^*, 0) \geq 0$

组合 B 的价值 $= S_1^* - S_2^* > 0$ 或 < 0

因此，组合 A 的价值大于或等于组合 B 的价值。

$$\therefore w(S_1, S_2, t) \geq S_1 - S_2 \tag{10-10}$$

式（10-10）可用来决定美式互换期权是否应提前履约的条件。只要提前履约的价值$(S_1 - S_2)$小于或等于欧式互换期权的价值$w(S_1, S_2, t)$，持有人不应提前履约。因此，持有人不会提前履行该期权合约。在这种情况下，美式互换选择权w_A，其实是欧式互换期权：$w_A(S_1, S_2, t) = w(S_1, S_2, t)$。

4. 互换期权定价公式（10-9）也可用来定价美式互换期权（看涨期权或看跌期权均可），其执行价随着时间加长，即Ke^{-rt}愈接近到期日，t愈小，因此Ke^{-rt}愈大，且到期时执行价等于K。此种美式互换看涨期权的定价可将式（10-9）内的S_2设定为Ke^{-rt}，即$S_2 = Ke^{-rt}$。

$$\therefore w_A = S_1 N(d_1) - Ke^{-rt} \cdot N(d_2)$$

5. 欧式互换看跌期权的定价模型可由前文的方法求解。重写式（10-7）如下（S_1^*视为随机或浮动执行价）：

$$\frac{w_p^*}{S_1^*} = \max\left(1 - \frac{S_2^*}{S_1^*}, 0\right) \quad \text{与式（10-7）同理} \tag{10-11}$$

它是看跌期权的到期现金流量，标的价格为S_2^*/S_1^*，执行价为1。因此，互换看跌期权的定价模型w_p可利用BS看跌期权定价模型求解如下：

$$\frac{w_p}{S_1} = 1 \cdot e^{-0(t)} N(-d_2') - \left(\frac{S_2}{S_1}\right) N(-d_1') \tag{10-12}$$

$$\therefore w_p = S_1 N(-d_2') - S_2 N(-d_1') \tag{10-13}$$

此处：

$$d_1' = \frac{\ln(S_2/S_1) + \frac{1}{2}\sigma^2 t}{\sigma\sqrt{t}} \tag{10-14}$$

$$d_2' = d_1' - \sigma\sqrt{t}$$

$$\sigma^2 = Var\left[\frac{d(S_2/S_1)}{(S_2/S_1)}\right] = Var[\ln(S_2/S_1)] = Var[\ln(S_1/S_2)]$$

$$= \sigma_1^2 + \sigma_2^2 - 2\rho_{12}\sigma_1\sigma_2$$

6. 式（10-13）也可解释为美式互换看跌期权的定价模型，其执行价Ke^{-rt}（$= S_1$）随时间成长。故其定价模型为：

$$w_p = Ke^{-rt} N(-d_2') - S_2 N(-d_1') \tag{10-15}$$

7. 互换期权的看涨与看跌期权的平价关系（Put-Call Parity）。

构建两个组合如下：

组合A：包括持有美式互换看涨期权$w_A(S_1, S_2, t)$（标的为S_1，执行价为S_2），并出售美式互换看跌期权$w_A(S_2, S_1, t)$（标的为S_1，执行价为S_2），加上持有资产S_2。

组合 B：包括持有资产 S_1。

根据上述第三点的结果，美式互换选择其实是欧式互换期权。在到期时组合 A 及组合 B 的价值如下：

$$\begin{aligned}
\text{组合 A} &= w_A^*(S_1^*, S_2^*, t) - w_A^*(S_2^*, S_1^*, t) + S_2^* \\
&= \max(S_1^* - S_2^*, 0) - \max(S_2^* - S_1^*, 0) + S_2^* \\
&= \begin{cases} (S_1^* - S_2^*) - 0 + S_2^* = S_1^*, & \text{若 } S_1^* > S_2^* \\ S_2^* = S_1^*, & \text{若 } S_1^* = S_2^* \\ 0 - (S_2^* - S_1^*) + S_2^* = S_1^*, & \text{若 } S_1^* < S_2^* \end{cases}
\end{aligned}$$

组合 B $= S_1^*$

在到期时，组合 A 价值等于组合 B 价值。互换期权的平价关系于是成立。

美式互换期权平价关系：

$$w_A(S_1, S_2, t) - w_A(S_2, S_1, t) + S_2 = S_1 \tag{10-16}$$

欧式互换期权：

$$w_e(S_1, S_2, t) - w_e(S_2, S_1, t) + S_2 = S_1 \tag{10-17}$$

注：w_A 代表美式，w_e 代表欧式。

五 金融创新与套利策略

运用平价关系可以进行许多创新的合成产品，比如，做多互换看涨期权与做空互换看跌期权其实是两个标的价差 $(S_1 - S_2)$ 的产品。此外，也可以运用平价关系构建多种套利策略。读者可参阅作者的另一本书《期权交易实战一本精》第 4 章和第 5 章的详细介绍。

第 11 章 后定期权：日后决定是看涨或看跌期权

一、设计的原意：避免未来的不确定性与降低期权成本

看涨期权是一种牛市格局的产品，当标的股价如同预期上涨，则看涨期权持有人获利，但若标的股价不上涨反而下跌，则看跌期权持有人获利。在不确定的市场情况下，投资人很难预期未来标的股价是否会上涨或下跌。因此，在不确定市场环境下，预先买进看涨期权或看跌期权的风险极高。但可买进下跨式（Long Straddles），即同时买进看涨期权及看跌期权。若在到期时，标的股价（大幅）上涨，下跨式内的看涨期权获利；若大幅下跌，则下跨式内的看跌期权获利。唯一的缺点是，买进下跨式必须同时支付看涨期权及看跌期权的权利金成本。为降低成本，可设计另一种产品，允许持有人在到期前某一特定时点决定该产品是看涨期权或看跌期权，而不是如同下跨式，在期初持有人同时买入看涨和看跌期权，其成本很高，而且在到期时再做决定是要行权看涨或看跌期权。相对的，后定期权的成本会较低。这也就是后定期权（Chooser Options）设计的本意。信孚银行（Bankers Trust）曾在 1990 年发行以油价及德国 DAX 指数为标的物的后定期权。又如，2016 年 6 月 23 日是英国"脱欧"公投日，此期权允许投资者在公投的次日（6 月 24 日）决定所持有的后定期权是股指看涨或看跌期权，或者是英镑看涨或看跌期权。后定期权的标的可以选择大宗商品（石油、金、

银、大豆、豆粉、玉米、铜、铁、铝、锌、焦煤等）。至于后定期权的实务应用范例和实用的几种情况，读者可参阅作者的另外一本书《期权交易实战一本精》第7章。

二 后定期权的定价

后定期权的定价由 Rubinstein （1992） 介绍。我们仍然沿用布莱克—修斯（BS）的假设及股价的 Itô 随机过程。后定期权 W^* 的定价概念如下：

在决定时点 t 的现金流量为：

$$W^* = \max [C^*(K, T-t, T), P^*(K, T-t, T); t] \quad (11-1)$$

此处：

C^* = 欧式看涨期权在时点 t 的价值，执行价 K

P^* = 欧式看跌期权在时点 t 的价值，执行价 K

t = 持有人在到期前选择是看涨期权或看跌期权的时点，$t < T$

$T - t$ = 从决定时点 t 至到期日 T 的时间长度

因看涨—看跌期权平价关系在期权有效期的任一时点都会成立：

$$C^* = P^* + S^* e^{-q(T-t)} - K e^{-r(T-t)} \quad (11-2)$$

此处：q 代表标的股连续支付股息率；符号"*"代表决定时点 t。

将式（11-2）代入式（11-1）获得：

$$W^* = \max [C^*(K, T-t, T), C^*(K, T-t, T) - S^* e^{-q(T-t)} + K e^{-r(T-t)}; t]$$
$$= C^*(K, T-t, T) + \max [K e^{-r(T-t)} - S^* e^{-q(T-t)}, 0; t] \quad (11-3)$$

公式（11-3）说明后定期权由两个期权组合而成：

1. 第一个期权是到期日 T 的看涨期权 $C^*(K, T-t, T)$，执行价为 K，标的股价 S^*。

2. 第二个期权是看跌期权，标的股的到期股价为 $S^* e^{-q(T-t)}$，执行价为 $K e^{-r(T-t)}$，到期日为 t。因此，根据 BS 定价模型，后定期权的现在价格为（现在时点设定为零）：

$$W = S e^{-qT} N(d_1) - K e^{-rT} N(d_2) + K e^{-rT} N(-d'_2) - S e^{-qT} N(-d'_1) \quad (11-4)$$

（前两项是看涨期权的定价公式，到期日为 T，后两项是看跌期权的定价公式，到期日为 t。）

此处：

$$d_1 = \frac{\ln(S/K) + (r - q + \sigma^2/2)T}{\sigma\sqrt{T}}$$

$$d_2 = d_1 - \sigma\sqrt{T}$$

$$d'_1 = \frac{\ln(Se^{-qT}/Ke^{-rT}) + (\sigma^2/2)t}{\sigma\sqrt{t}} = \frac{\ln(S/K) + (r-q)T + \sigma^2 t/2}{\sigma\sqrt{t}}$$

$$d'_2 = d'_1 - \sigma\sqrt{t}$$

定价式（11-4）内的最后两项是看跌期权在期初的价值，t 是决定时刻，也是看跌期权的到期日。若选择时间段（或到期日）t 愈长，看跌期权的价值愈大，因此后定期权的价值也愈大。当 t 等于 T 时，后定期权其实包括看涨期权及看跌期权，两者的到期日同样是 T，后定期权完全成为下跨式策略，其价值等于下跨式的价值。当 $t=0$，看跌期权价值为零，则后定期权变成看涨期权。以上论点可由 Rubinstein（1992）的实证证明如下：

输入数据：$S = 100$，$K = 100$，$r = \ln 1.1$，$q = \ln 1.05$，$T = 1$ 年

表 11-1　　　　　　　　　　　Rubinstein 的实证

t	后定期权	
0	13.39	变成看涨期权价值
0.1	15.17	
0.2	16.50	
0.5	19.28	
1	22.46	变成下跨式的价值

综上，选择时点 t，离期初时点越远（即越靠近到期日 T），后定期权的价格越高（即期权费用越高），因为其所包含的看跌期的到期日 t 越长，其价格就越高。

三　对冲风险参数

因为后定期权是由看涨和看跌期权组合而成，在选择时点（t）之前，其对

冲风险参数 Delta、Gamma、Vega、Theta 和 Rho 是这两个期权的避险参数之和。比如，看涨和看跌期权的两个 Delta 相加，看涨和看跌期权的两个 Gamma 相加等。在选择时点之后，只有看涨或看跌期权的避险参数。读者可参阅作者的《期权交易实战一本精》第 3 章。

四 多期定点的后定期权

前文的分析是在到期前单点选择看涨期权或看跌期权。其结果也可延伸至多点选择看涨期权或看跌期权。令 $t_1, t_2, \cdots, t_n, (t_n \leq T)$ 为在期权有效期内的 n 个选择时点，则多点后定期权的现金流量可表示如下：

$$W_m^* = \sum_{i=1}^{n} \max[C^*(K, T-t_i, T), P^*(K, T-t_i, T); t_i] \quad (11-5)$$

$$= \sum_{i=1}^{n} C^*(K, T-t_i, T) + \sum_{i=1}^{n} \max[0, Ke^{-r(T-t_i)} - S_{t_i}^* e^{-q(T-t_i)}; t_i] \quad [\text{利用看涨和看跌期权平价关系,式}(11-2)]$$

由式（11-5）得知，多点后定期权是由下列看涨期权及看跌期权组合而成的：

1. n 个相同到期日 T，相同执行价 K 及相同标的股价 $S_{t_i}^*$ 的看涨期权（n 个相同的看涨期权）。

2. n 个看跌期权：不同到期日 t_i，执行价 $Ke^{-r(T-t_i)}$ 不同，而且标的股价也不同 $S_{t_i}^* e^{-q(T-t_i)}$，$i=1,2,\cdots,n$。

因此，由单点后定期权定价式（11-4），可知多点后定期权的定价模型（W_m）求解如下：

$$W_m = n\left[Se^{-qT}N(d_1) - Ke^{-rT}N(d_2)\right] + \sum_{i=1}^{n}\left[Ke^{-rT}N(-d'_{2i}) - Se^{-qT}N(-d'_{1i})\right]$$

$$(11-6)$$

此处：

$$d'_{1i} = \frac{\ln(Se^{-qT}/Ke^{rT}) + (\sigma^2/2)t_i}{\sigma\sqrt{t_i}}$$

$$= \frac{\ln(S/K) + (r-q)T + \sigma^2 t_i/2}{\sigma\sqrt{t_i}}$$

$$d'_{2i} = d'_{1i} - \sigma\sqrt{t_i}$$

若持有人可在合约有效期内任一时点都可选择看涨期权或看跌期权，则形成美式后定期权。其定价可由式（11-6）求得，即将式（11-6）内看跌期权的总和（$\sum_{i=1}^{n}$）换成对 t_i 的积分，t_i 的积分上下限由 0 至 T，而且式（11-6）内的 n 改为 T，即可求解获得美式后定期权的定价模型（此时后定期权的避险参数可由上一部分的介绍类推）。

五

复杂型后定期权

以上介绍的后定期权的到期日都是相同的，执行价也相同，但也可松绑此条件，让到期日不同，执行价也不同。也就是说，投资人选择的看涨期权及看跌期权各有不同的到期日 T_1 及 T_2，以及不同的执行价 K_1 及 K_2，则此种后定期权的到期现金流量 W_c^* 为：

$$W_c^* = \max[C^*(K_1, T_1), P^*(K_2, T_2); t] \quad (11-7)$$

此处，$C^*(K_1, T_1)$ 代表看涨期权在到期日 T_1 的价值，K_1 是执行价，$P^*(K_2, T_2)$ 代表看跌期权在到期日 T_2 的价值，K_2 是执行价。

复杂型后定期权的定价过程很复杂，其中涉及看涨期权的看涨期权（Call on A Call，看涨期权是标的）与看跌期权的看涨期权（Call on A put，看跌期权是标的）定价的求解。Rubinstein（1994）已有推导定价模型，重述如下，可做参考。

$$\begin{aligned} W_c = &\, Se^{-qT_1} N_2(d'_1, y_1, \rho_1) - K_1 e^{-rT_1} N_2(d'_1 - \sigma\sqrt{t}, y_1 - \sigma\sqrt{T_1}; \rho_1) \\ &- Se^{-qT_2} N_2(-d'_1, -y_2; \rho_2) \\ &+ K_2 e^{-rT_2} N_2(-d'_1 + \sigma\sqrt{t}, -y_2 + \sigma\sqrt{T_2}; \rho_2) \end{aligned} \quad (11-8)$$

此处，前两项代表二元看涨期权的定价，而后两项代表二元看跌期权的定价：

$$d'_1 = \frac{\ln(S/X) + (r - q + \sigma^2/2)t}{\sigma\sqrt{t}}$$

$$y_1 = \frac{\ln(Se^{-qT_1}/K_1 e^{-rT_1}) + \sigma^2 T_1/2}{\sigma\sqrt{T_1}}$$

$$y_2 = \frac{\ln(Se^{-qT_2}/K_2 e^{-rT_2}) + \sigma^2 T_2/2}{\sigma \sqrt{T_2}}$$

$\rho_1 = \sqrt{t/T_1}$, $\quad \rho_2 = \sqrt{t/T_2}$

d'_1 的 X 必须由下式求解：

$$Xe^{-q(T_1-t)}N(z_1) - K_1 e^{-r(T_1-t)}N(z_1 - \sigma \sqrt{T_1-t})$$
$$+ Xe^{-q(T_2-t)}N(-z_2) - K_2 e^{-r(T_2-t)}N(-z_2 + \sigma \sqrt{T_2-t}) = 0 \quad (11-9)$$

注：可用 Newton – Raphson 数值分析法或其他数值分析法求解 X。

$z_1 = \ln(Xe^{-q(T_1-t)}/K_1 e^{-r(T_1-t)}) \div \sigma \sqrt{T_1-t} + \sigma \sqrt{T_1-t}/2$

$z_2 = \ln(Xe^{-q(T_2-t)}/K_2 e^{-r(T_2-t)}) \div \sigma \sqrt{T_2-t} + \sigma \sqrt{T_2-t}/2$

第 12 章 最大或最小值期权

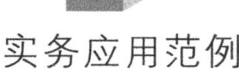

实务应用范例

在早期 Johnson（1981）及 Stultz（1982）曾求解，以两种资产为标的物的最大值与最小值期权（Options on the Maximum or the Minimum of Two Risky Assets）可为以延伸至 n 种标的物的最大值或最小值期权（$n>2$），但其数学的推演会更为复杂，难以应付。为了避免原来数学的复杂性，我们可采用第 10 章互换期权的定价方法以及等价概率平赌的方法来简化求解定价过程的复杂性。一旦定价完成了，对冲风险的方法也可得到解决。这样对场外（或结构式）衍生品的设计和风险控管皆有很大的帮助。最大或最小期权因其标的包括多种资产（或商品），也被称为彩虹期权（Rainbow Option）。彩虹期权被广泛应用于结构式产品和大宗商品，比如，以黄金和白银的到期最高收益率为交割收益率，以石油和汽油的最高收益率为交割收益率，或以上证 50 指数和沪深 300 指数的最高收益率为交割收益率等都是两种标的资产的彩虹期权。摩根、高盛、花旗、法国兴业银行和其他国外金融机构都发行过彩虹期权或嵌入其结构式产品内。有兴趣的读者可参阅作者的另外一本书《结构式金融产品设计与应用》。

二 最大值期权的定价

布莱克—修斯（BS）所采用的标的物价格随机过程为：

$$\frac{dS}{S} = \mu dt + \sigma dz \tag{12-1}$$

则 BS 看涨期权的定价模型为：

$$C = SN(d_1) - Ke^{-rT}N(d_2) \tag{12-2}$$

此处：

$$d_2 = \frac{\ln(S/K) + (r - \sigma^2/2)T}{\sigma\sqrt{T}} \tag{12-3}$$

$$d_1 = d_2 + \sigma\sqrt{T} = \frac{\ln(S/K) + (r + \sigma^2/2)T}{\sigma\sqrt{T}} \tag{12-4}$$

布莱克—修斯（BS）模型式（12-2）也可以运用第 10 章互换期权的方法求解如下：

看涨期权的到期现金流量为：

$$C_T = \max(S_T - K, 0)$$

$$\therefore C_T/S_T = \max(1 - K/S_T, 0) \tag{12-5}$$

式（12-5）等号的右边代表（C_T/S_T）是看跌期权的到期现金流量，标的物的到期价格为 K/S_T，执行价为 1。该标的物在期初的价格是 Ke^{-rT}/S（期初的时间设定为零，S 代表期初股价）。按照 BS 公式，该看跌期权的定价模型为：

$$\underbrace{\frac{C}{S}}_{\text{看跌期权}} = 1 \cdot e^{0(T)} N(-d'_2) - (Ke^{-rT}/S)N(-d'_1) \tag{12-6}$$

$$\therefore C = SN(-d'_2) - ke^{-rT} \cdot N(-d'_1) \tag{12-6}$$

或：$C = SN(d_1) - ke^{-rT} \cdot N(d_2)$，$-d'_2 = d_1$，$-d'_1 = d_2$ \qquad (12-7)

此处：

$$d'_2 = \frac{\ln(Ke^{-rT}/S) - \sigma^2 T/2}{\sigma\sqrt{T}} = \frac{\ln(K/S) - (r + \sigma^2/2)T}{\sigma\sqrt{T}} \tag{12-8}$$

注 1：∵ 在式（12-4）内，$N(-d_1') = P_r^R(S_T > K)$

∴ $N(-d_1')$ 是在概率测度 R 之下，看跌期权在到期（T）时是实值的概率，

当到期股份 S_T 是计价单位（作为分母），而且标的是 Ke^{-rT}/S。

注2：同理 $P_T = \max(K - S_T, 0) \Rightarrow \dfrac{P_T}{S_T} = \max\left(\dfrac{K}{S_T} - 1, 0\right) =$ 看涨期权

$\therefore P/S = (Ke^{-rT}/S)N(d_1^*) - 1 \cdot e^{-0 \cdot T}N(d_2^*)$；$N(d_1^*) = p_r^R\left(\dfrac{K}{S_T} > 1\right)$

$$d_1^* = \dfrac{\ln(Ke^{-rT}/S) + \dfrac{1}{2}\sigma_T^2}{\sigma\sqrt{T}} = -\dfrac{\ln(S/K) + (r - \sigma^2/2)T}{\sigma\sqrt{T}}$$

此外，$d'_1 = d'_2 + \sigma\sqrt{T} = \dfrac{\ln(K/S) - (r - \sigma^2/2)T}{\sigma\sqrt{T}}$ 由式（12-8）

$$= -\dfrac{\ln(S/K) + (r - \sigma^2/2)T}{\sigma\sqrt{T}} = -d_2 \qquad (12-9)$$

$[-d'_1 = d_2, -d'_2 = d_1$，见式（12-7）$]$

只有记住以上的原理与规则，才容易了解以下定价的过程。

在以下的推导中，我们将以等价概率平赌的定价方法，加上式（12-6）或（12-7）的推理并延伸至 n 个标的。我们将以星号 * 代表到期日。最大值期权（或最大值看涨期权）的到期现金流量 $C_{\max}^*$ 为：

$$C_{\max}^* = \max[\max(S_1^*, S_2^*, \cdots, S_n^*) - K, 0] \quad K = \text{执行价} \qquad (12-10)$$

$\qquad = \max[\max\limits_{1 \leq i \leq n}(S_i^* - K), 0] \quad [$此处 $\max\limits_{1 \leq i \leq n}(S_i^* - K, 0)$ 代表有一个 $(S_i^* - K)$ 是最大值$]$

$\qquad = (S_i^* - K)I_A$

此处：$A = [S_i^* > K|$有一个资产 i，其 $(S_i^* - K)$ 是最大$]$

$I = $ 指标函数（Indicator Function）

在风险中性下，期权的价格是其到期现金流量期望值的折现值，公式如下：

$C_{\max} = e^{-rT}E^Q(C_{\max}^*) = e^{-rT}E^Q[(S_i^* - K)I_A]$

$\qquad = e^{-rT}E^Q(S_i^* I_A) - Ke^{-rT}E^Q(I_A) \qquad (12-11)$

首先计算式（12-11）内的第二项如下：

$-Ke^{-rT}E^Q[I_{(S_i^* > K, \text{就一个资产} i \text{而言})}]$

$= -Ke^{-rT}P_r^Q[S_i^* > K, \text{就一个资产而言}]$

$= -Ke^{-rT}[1 - P_r^Q(\text{没有任何一个资产能够满足} S_i^* > K)]$

$= -Ke^{-rT}[1 - P_r^Q(\text{所有资产都满足} S_i^* \leq K)]$

$= -Ke^{-rT}[1 - P_r^Q(S_1^* \leq K, S_2^* \leq K, \cdots, S_n^* \leq K)]$，计算第 i 项如下：

$\therefore S_i^* \leq K \Rightarrow \ln S_i^* \leq \ln K \Rightarrow \ln S_i + \left(r - \dfrac{\sigma_i^2}{2}\right)T + \sigma\Delta Z_i \leq \ln K$

$$\therefore \frac{\Delta Z_i}{\sqrt{T}} \leq \frac{\ln(K/S_i) - (r - \sigma_i^2/2)T}{\sigma_i\sqrt{T}} = -\underbrace{\frac{\ln(S_i/K) + (r - \sigma_i^2/2)T}{\sigma_i\sqrt{T}}}_{d_2(S_i,K,\sigma_i^2)}$$

$$= -d_2(S_i, K, \sigma_i^2) \quad [\Delta Z_i = Z_{i,T} - Z_{i,0} = N(0, T)]$$

$$= -Ke^{-rT}\left[1 - P_r\left(\frac{\Delta Z_1}{\sqrt{T}} \leq -d_2(S_1, K, \sigma_1^2), \frac{\Delta Z_2}{\sqrt{T}} \leq -d_2(S_2, K, \sigma_2^2),\right.\right.$$
$$\left.\left. \cdots, \frac{\Delta Z_n}{\sqrt{T}} \leq -d_2(S_n, K, \sigma_n^2)\right)\right]$$

$$= -Ke^{-rT}\{1 - N_n[-d_2(S_1, K, \sigma_1^2), -d_2(S_2, K, \sigma_2^2), \cdots, -d_n(S_n, K, \sigma_n^2); \rho_{12}, \rho_{13}, \cdots]\} \tag{12-12}$$

此处：$d_2(S_i, K, \sigma_i^2) = \dfrac{\ln(S_i/K) + (r - \sigma_i^2/2)T}{\sigma_i\sqrt{T}}$

$\rho_{ij} = Corr(dS_i/S_i, dS_j/S_j) = $ 资产 i 及 j 收益率的相关系数

$N_n(\cdot)$ 代表多变数（n 个）标准正态分布的累积概率

对照式（12-12）与（12-7），式（12-12）[即式（12-11）的第二项] 相似 BS 式（12-7）内的第二项延伸至 n 个资产的情况。而式（12-11）内的第一项相似式（12-7）内的第一项延伸至 n 个资产的情况。我们将在下文中求解式（12-11）的第一项。

$$e^{-rT}E(S_i^* I_A) = e^{-rT}S_i e^{rT}E(e^{-\sigma_i^2 T/2 + \sigma_i \Delta Z_T} I_A)$$

此处：$S_T = S_i \exp[(r - \sigma_i^2/2)T + \sigma_i \Delta Z_T]$

$\quad = S_i E^R[I_A]$　　运用 Girsanov 定理作概率测度的转换之后，期望值是在概率测度 R 下计算。

$\quad = S_i E^R[I_{(S_i^* > K \text{ 至少有一个资产 } i)}]$　　共有 n 项

$\quad = S_1 E^R[I_{(S_1^* > K, S_2^* < S_1^*, \cdots, S_n^* < S_1^*)}] \quad (S_1 = \max_{1 \leq j \leq n} S_j)$

$\quad + S_2 E^R[I_{(S_2^* > K, S_1^* < S_2^*, S_3^* < S_2^*, \cdots, S_n^* < S_2^*)}] \quad (S_2^* \text{ 是最大})$

$\quad + \cdots + S_n E^R[I_{(S_n^* > K, S_1^* < S_n^*, S_2^* < S_n^*, \cdots, S_{n-1}^* < S_n^*)}] \quad (S_n^* \text{ 是最大})$

$\quad = S_1 P_r^R\left(1 - \dfrac{K}{S_1^*} > 0, 1 - \dfrac{S_2^*}{S_1^*} > 0, \cdots, 1 - \dfrac{S_n^*}{S_1^*} > 0\right)$　（所有股价都是以 S_1 作为计价）

$\quad + S_2 P_r^R\left(1 - \dfrac{K}{S_2^*} > 0, 1 - \dfrac{S_1^*}{S_2^*} > 0, \cdots, 1 - \dfrac{S_n^*}{S_2^*} > 0\right)$　（所有股价都是以 S_2 作为计价）

$\quad \vdots$

$$+ S_n P_r^R \left(1 - \frac{K}{S_n^*} > 0, \ 1 - \frac{S_1^*}{S_n^*} > 0, \cdots, \ 1 - \frac{S_{n-1}^*}{S_n^*} > 0 \right) \quad \text{（所有股价}$$

都是以 S_n 作为计价）

$$= S_1 N_n \left[-d'_1(x_1, 1, \sigma_1^2), -d'_1\left(\frac{S_2}{S_1}, 1, \sigma_{12}^2\right), \cdots, \right.$$
$$\left. -d'_1\left(\frac{S_n}{S_1}, 1, \sigma_{1n}^2\right); \rho_{1,12}, \rho_{1,13}, \cdots \right]$$
$$+ S_2 N_n \left[-d'_1(x_2, 1, \sigma_2^2), -d'_1\left(\frac{S_1}{S_2}, 1, \sigma_{12}^2\right), \cdots, \right.$$
$$\left. -d'_1\left(\frac{S_n}{S_2}, 1, \sigma_{2n}^2\right); \rho_{2,12}, \rho_{2,23}, \cdots \right]$$
$$+ \cdots$$
$$+ S_n N_n \left[-d'_1(x_n, 1, \sigma_n^2), -d'_1\left(\frac{S_1}{S_n}, 1, \sigma_{1n}^2\right), \cdots, \right.$$
$$\left. -d'_1\left(\frac{S_{n-1}}{S_n}, 1, \sigma_{n,n-1}^2\right); \rho_{n,1n}, \rho_{n,2n}, \cdots \right]$$

此处：

$$x_1 = Ke^{-rT}/S_1, \ x_2 = Ke^{-rT}/S_2, \cdots, x_n = e^{-rT}K/S_n$$

$$-d'_1(x_1, 1, \sigma_1^2) = -\frac{\ln x_1 + \frac{1}{2}\sigma_1^2 T}{\sigma\sqrt{T}} = \frac{\ln(S_1/K) + \left(r - \frac{\sigma_1^2}{2}\right)T}{\sigma_1\sqrt{T}}$$
$$= -d_1(S_1, K, \sigma_1^2) \quad \text{令之}$$

利用式（12-6）及（12-9）的观念：由式（12-6）得知，$-d'_1$ 是在测度 R 下计算：

$$-d'_1(x_2, 1, \sigma_2^2) = \frac{\ln(S_2/K) + \left(r - \frac{\sigma_2^2}{2}\right)T}{\sigma_2\sqrt{T}} = -d_1(S_2, K, \sigma_2^2) \quad \text{（令之）}$$

$$\vdots$$

$$-d'_1(x_n, 1, \sigma_n^2) = \frac{\ln(S_n/K) + \left(r - \frac{\sigma_n^2}{2}\right)T}{\sigma_n\sqrt{T}} = -d_1(S_n, K, \sigma_n^2)$$

或 $$-d'_1(x_i, 1, \sigma_n^2) = \frac{\ln(S_i/K) + \left(r - \frac{\sigma_i^2}{2}\right)T}{\sigma_i\sqrt{T}}$$
$$= -d_1(S_i, K, \sigma_i^2), \ i = 1, 2, \cdots, n$$

以上根据注1，在测度 R 下看跌期权是实值的 $-d'_1$ 定义（以 S_i 为计价）。

$$-d'_1\left(\frac{S_2}{S_1}, 1, \sigma_{12}^2\right) = -\frac{\overbrace{\ln(S_2/S_1) + \sigma_{12}^2 T/2}^{d_1}}{\sigma_{12}\sqrt{T}} = -d_1(S_1, S_2, \sigma_{12}^2) \quad （令之）$$

其他类推。

$\sigma_{12}^2 = Var[\ln(S_1^*/S_2^*)] = Var[\ln(S_2^*/S_1^*)]$

$$-d'_1\left(\frac{S_3}{S_1}, 1, \sigma_{13}^2\right) = -\underbrace{\frac{\ln(S_3/S_1) + \frac{\sigma_{13}^2 T}{2}}{\sigma_{13}\sqrt{T}}}_{d_1} = -d_1(S_1, S_3, \sigma_{13}^2) \quad （令之）$$

$\sigma_{13}^2 = Var[\ln(S_1^*/S_3^*)] = Var[\ln(S_3^*/S_1^*)]$

$\vdots$

$$-d'_1\left(\frac{S_n}{S_1}, 1, \sigma_{1n}^2\right) = -\underbrace{\frac{\ln(S_n/S_1) + \frac{\sigma_{1n}^2 T}{2}}{\sigma_{1n}\sqrt{T}}}_{d_1} = -d_1(S_1, S_n, \sigma_{1n}^2) \quad （令之）$$

$\sigma_{1n}^2 = Var[\ln(S_1^*/S_n^*)] = Var[\ln(S_n^*/S_1^*)]$

$$-d'_1\left(\frac{S_1}{S_2}, 1, \sigma_{12}^2\right) = -\frac{\ln(S_2/S_1) + \sigma_{12}^2 T/2}{\sigma_{12}\sqrt{T}}$$
$$= -d_1(S_2, S_1, \sigma_{12}^2) \quad （令之）$$

$\sigma_{12}^2 = Var[\ln(S_2^*/S_1^*)] = Var[\ln(S_1^*/S_2^*)]$

$$-d'_1\left(\frac{S_3}{S_2}, 1, \sigma_{23}^2\right) = -\frac{\ln(S_3/S_2) + \frac{\sigma_{23}^2 T}{2}}{\sigma_{23}\sqrt{T}} = -d'_1(S_2, S_3, \sigma_{23}^2)$$

$\sigma_{23}^2 = Var[\ln(S_3^*/S_2^*)]$

$\vdots$

$$-d'_1\left(\frac{S_n}{S_2}, 1, \sigma_{2n}^2\right) = \frac{\ln(S_n/S_2) + \frac{\sigma_{2n}^2 T}{2}}{\sigma_{2n}\sqrt{T}} = -d_1(S_2, S_n, \sigma_{2n}^2)$$

$\sigma_{2n}^2 = Var[\ln(S_2^*/S_n^*)]$

相同的：

$$-d'_1\left(\frac{S_i}{S_n}, 1, \sigma_{in}^2\right) = -\frac{\ln(S_i/S_n) + \sigma_{in}^2 T/2}{\sigma_{in}\sqrt{T}}$$
$$= -d_1(S_n, S_i, \sigma_{in}^2), \quad i = 1, 2, \cdots, n-1$$

$$\sigma_{in}^2 = Var[\ln(S_n^*/S_i^*)]$$

$$\therefore e^{-rT}E^Q(S_iI_A) = S_1N_n[-d_1(S_1,K,\sigma_1^2), -d_1(S_1,S_2,\sigma_{12}^2), \cdots,$$
$$-d_1(S_1,S_n,\sigma_{1n}^2), \rho_{1,12}, \rho_{1,13}, \cdots]$$
$$+ S_2N_n[-d_1(S_2,K,\sigma_2^2), -d_1(S_2,S_1,\sigma_{12}^2), \cdots,$$
$$-d_1(S_2,S_n,\sigma_{2n}^2), \rho_{2,12}, \rho_{2,23}, \cdots]$$
$$+ \cdots$$
$$+ S_nN_n[-d_1(S_n,K_1,\sigma_{1n}^2), -d_1(S_n,S_1,\sigma_{2n}^2), \cdots,$$
$$-d_1(S_n,S_{n-1},\sigma_{n,n-1}^2), \rho_{n,1n}, \rho_{n,2n}, \cdots] \quad (12-13)$$

此处：

$$\sigma_{ij}^2 = Var[d\ln(S_i^*/S_j^*)] = Var[d\ln S_i^* - d\ln S_j^*]$$
$$= \sigma_i^2 + \sigma_j^2 - 2\rho_{ij}\sigma_i\sigma_j$$

$$Cov\left[\frac{dS_j^*}{S_j^*}, \frac{d(S_i^*/S_j^*)}{(S_i^*/S_j^*)}\right] = Cov\left(d\ln S_j^*, d\ln\frac{S_i^*}{S_j^*}\right)$$
$$= Cov(d\ln S_j^*, d\ln S_i^* - d\ln S_j^*)$$
$$= -\sigma_j^2 + Cov(d\ln S_i^*, d\ln S_j^*) = -\sigma_j^2 + \rho_{ij}\sigma_i\sigma_j$$

$$\rho_{j,ij} = \frac{Cov[d\ln S_j^*, d\ln(S_i^*/S_j^*)]}{\sigma_j\sigma_{ij}} = \frac{-\sigma_j^2 + \rho_{ij}\sigma_i\sigma_j}{\sigma_j\sigma_{ij}}$$
$$= \frac{\sigma_j - \rho_{ij}\sigma_i}{\sigma_{ij}}$$

$$Cov\left[\frac{d(S_i^*/S_k^*)}{(S_i^*/S_k^*)}, \frac{d(S_j^*/S_k^*)}{(S_j^*/S_k^*)}\right] = Cov\left(d\ln\frac{S_i^*}{S_k^*}, d\ln\frac{S_j^*}{S_k^*}\right)$$
$$= Cov(d\ln S_i^* - d\ln S_k^*, d\ln S_j^* - d\ln S_k^*)$$
$$= Cov(d\ln S_i^*, d\ln S_j^*) - Cov(d\ln S_i^*, d\ln S_k^*)$$
$$- Cov(d\ln S_k^*, d\ln S_j^*) + Cov(d\ln S_k^*, d\ln S_k^*)$$
$$= \sigma_k^2 + \rho_{ij}\sigma_i\sigma_j - \rho_{ki}\sigma_k\sigma_i - \rho_{kj}\sigma_k\sigma_j$$

$$\rho_{i,jk} = \frac{Cov[d\ln(S_i^*/S_k^*), d\ln(S_j^*/S_k^*)]}{\sigma_{ik}\sigma_{ij}}$$
$$= \frac{\sigma_k^2 + \rho_{ij}\sigma_i\sigma_j - \rho_{ki}\sigma_k\sigma_i - \rho_{kj}\sigma_k\sigma_j}{\sigma_{ik}\sigma_{kj}}$$

对照式（12-13）与（12-7）可知，式（12-13）[即式（12-11）的第一项]相似BS公式（12-7）内的第一项延伸至 n 个资产的情况。因此，最大值期权（看涨期权）的定价模型与BS看涨期权的定价模型延伸至 n 个标的资产的模型相似。最后，将式（12-12）及（12-13）加在一起，即是最大值看涨期权的定价模型表示如下：

$$C_{max} = S_1 N_n[-d_1(S_1,K,\sigma_1^2), -d_1(S_1,S_2,\sigma_{12}^2), \cdots,$$
$$-d_1(S_1,S_n,\sigma_{1n}^2), \rho_{1,12}, \rho_{1,13}, \cdots]$$
$$+ S_2 N_n[-d_1(S_2,K,\sigma_2^2), -d_1(S_2,S_1,\sigma_{12}^2), \cdots,$$
$$-d_1(S_2,S_n,\sigma_{2n}^2), \rho_{2,12}, \rho_{2,23}, \cdots]$$
$$+ \cdots$$
$$+ S_n N_n[-d_1(S_n,K,\sigma_{1n}^2), -d_1(S_n,S_1,\sigma_{2n}^2), \cdots,$$
$$-d_1(S_n,S_{n-1},\sigma_{n,n-1}^2), \rho_{n,1n}, \rho_{n,2n}, \cdots]$$
$$- Ke^{-rT} \cdot \{1 - N_n[-d_2(S_1,K,\sigma_1^2), -d_2(S_2,K,\sigma_2^2), \cdots,$$
$$-d_2(S_n,K,\sigma_n^2), \rho_{12}, \rho_{13}, \cdots]\} \quad (12-14)$$

Johnson（1981）及 Stultz（1982）介绍以两个资产为标的物的最大值期权，他们的模型当然是式（12-14）的一种特别情况。将式（12-14）内的 n 设定为 $n=2$，则式（12-10）立刻缩减成如下模型：

$$C_{max(2)} = S_1 N_2[-d_1(S_1,K,\sigma_1^2), -d_1(S_1,S_2,\sigma_{12}^2), \rho_{1,12}]$$
$$+ S_2 N_2[-d_1(S_2,K,\sigma_2^2), -d_1(S_2,S_1,\sigma_{12}^2), \rho_{2,12}]$$
$$- Ke^{-rT}\{1 - N_2[-d_2(S_1,K,\sigma_1^2), -d_2(S_2,K,\sigma_2^2), \rho_{12}]\} \quad (12-15)$$

此处，$N_2(\cdot)$ 代表二元正态分布的累积概率。

三 最小值期权的定价

前文求解最大值期权的方法可应用于求解最小值期权（Options on the Minimum of Several Assets）的定价。最小值期权的到期现金流量 C_{min}^* 为：

$$C_{min}^* = \max[\min(S_1^*, S_2^*, \cdots, S_n^*) - K, 0] \quad (12-16)$$
$$= [(S_i^* - K)I_c]$$

此处：$c = $（最小值资产 i 满足条件 $S_i^* - K > 0$）

在风险中性下，最小值期权的价值为：

$$C_{min} = e^{-rT} E(C_{min}^*)$$
$$= e^{-rT} E[(S_i^* - K)I_c]$$
$$= e^{-rT} E(S_i^* I_c) - Ke^{-rT} E(I_c) \quad (12-17)$$

首先求解式（12-17）内的第一项［与求解式（12-12）相似］：

$e^{-rT}E(S_i^* I_c) = S_i E^R[I_c]$ 运用 Girsanov 定理

$= S_i E^R[I_{|\text{最小值资产 } i \text{ 满足条件 } S_i^* - K > 0|}]$

$= S_1 P_r^R[S_1^* > K, S_2^* > S_1^*, \cdots, S_n^* > S_1^*]$ ［$S_1^* = \min_{j=1,n} S_j^*$（即 S_1^* 是最小）］

$+ S_2 P_r^R[S_2^* > K, S_1^* > S_2^*, \cdots, S_n^* > S_2^*]$ （$S_2^* = \min_{j=1,n} S_j^*$）

$+ \cdots$

$+ S_n P_r^R[S_n^* > K, S_1^* > S_n^*, \cdots, S_{n-1}^* > S_n^*]$ （$S_n^* = \min_{j=1,n} S_j^*$）

$= S_1 P_r^R\left[1 - \dfrac{K}{S_1^*} > 0, 1 - \dfrac{S_2^*}{S_1^*} < 0, \cdots, 1 - \dfrac{S_n^*}{S_1^*} < 0\right]$ （以 S_1^* 作计价单位）

$+ S_2 P_r^R\left[1 - \dfrac{K}{S_2^*} > 0, 1 - \dfrac{S_1^*}{S_2^*} < 0, \cdots, 1 - \dfrac{S_n^*}{S_2^*} < 0\right]$ （以 S_2^* 作计价单位）

$+ \cdots$

$+ S_n P_r^R\left[1 - \dfrac{K}{S_n^*} > 0, 1 - \dfrac{S_1^*}{S_n^*} < 0, \cdots, 1 - \dfrac{S_{n-1}^*}{S_n^*} < 0\right]$ （以 S_n^* 作计价单位）

$= S_1 N_n[-d'_1(x_1, 1, \sigma_1^2), d_1^*\left(\dfrac{S_2}{S_1}, 1, \sigma_{12}^2\right), \cdots,$

$d_1^*\left(\dfrac{S_n}{S_1}, 1, \sigma_{1n}^2\right), -\rho_{1,12}, \rho_{1,13}, \cdots]$

$+ S_2 N_n[-d'_1(x_2, 1, \sigma_2^2), d_1^*\left(\dfrac{S_1}{S_2}, 1, \sigma_{12}^2\right), \cdots,$

$d_1^*\left(\dfrac{S_n}{S_2}, 1, \sigma_{2n}^2\right), -\rho_{2,12}, -\rho_{2,13}, \cdots]$

$+ \cdots$

$+ S_n N_n[-d'_1(x_n, 1, \sigma_n^2), d_1^*\left(\dfrac{S_1}{S_n}, 1, \sigma_{1n}^2\right), \cdots,$

$d_1^*\left(\dfrac{S_{n-1}}{S_n}, 1, \sigma_{n,n-1}^2\right), -\rho_{n,1n}, \rho_{n,2n}, \cdots]$

此处：

$$d'_1(x_i, 1, \sigma_i^2) = \dfrac{\ln(Ke^{-rT}/S_i) + \dfrac{1}{2}\sigma_i^2 T}{\sigma_i \sqrt{T}}$$

$$= -\frac{\ln(S_i/K) + (r - \sigma_i^2/2)T}{\sigma_i \sqrt{T}}, \quad x_i = Ke^{-rT}/S_i$$

$$= -d_1(S_i, K, \sigma_i^2), \quad (\text{令之}), \quad i = 1, 2, \cdots, n^{①}$$

$$d_1^*\left(\frac{S_i}{S_1}, 1, \sigma_{1i}^2\right) = \frac{\ln(S_i/S_1) + (\sigma_{1i}^2/2)T}{\sigma_{1i}\sqrt{T}} = d_1(S_1, S_i, \sigma_{1i}^2)^{②} \quad (\text{令之}) \quad i = 2, 3, \cdots, n$$

$$d_1^*\left(\frac{S_i}{S_2}, 1, \sigma_{2i}^2\right) = \frac{\ln(S_i/S_2) + (\sigma_{2i}^2/2)T}{\sigma_{2i}\sqrt{T}} = d_1(S_2, S_i, \sigma_{2i}^2) \quad (\text{令之}) \quad \text{依次类推}$$

$$\therefore e^{-rT} E(S_i^* I_c) = S_1 N_n[d_1(S_1, K, \sigma_1^2), d_1(S_1, S_2, \sigma_{12}^2), \cdots,$$
$$d_1(S_1, S_n, \sigma_{1n}^2), \rho_{1,12}, \rho_{1,13}, \cdots]$$
$$+ S_2 N_n[d_1(S_2, K, \sigma_2^2), d_1(S_2, S_1, \sigma_{12}^2), \cdots,$$
$$d_1(S_2, S_n, \sigma_{2n}^2), -\rho_{2,12}, -\rho_{2,23}, \cdots]$$
$$+ \cdots$$
$$+ S_n N_n[d_1(S_n, K, \sigma_n^2), d_1(S_n, S_1, \sigma_{n1}^2), \cdots,$$
$$d_1(S_n, S_{n-1}, \sigma_{n,n-1}^2), -\rho_{n,n1}, -\rho_{n,n2}, \cdots] \quad (12-18)$$

完成式（12-17）内第一项的求解后，第二项的求解比较容易，如下：

$$-Ke^{-rT} E(I_c) = -Ke^{-rT} P_r^Q \quad (\text{最小值资产 } i \text{ 满足条件 } S_i - K > 0)$$
$$= -Ke^{-rT} P_r^Q(S_1^* - K > 0, S_2^* - K > 0, \cdots, S_n^* - K > 0)$$
$$= -Ke^{-rT} N_n[d_2(S_1, K, \sigma_1^2), d_2(S_2, K, \sigma_2^2), \cdots,$$
$$d_2(S_n, K, \sigma_n^2), \rho_{12}, \rho_{13}, \cdots] \quad (12-19)$$

$$d_2(S_i, K, \sigma_i^2) = \frac{\ln(S_i/K) + \left(r - \frac{1}{2}\sigma_i^2\right)T^{③}}{\sigma_i \sqrt{T}}, \quad i = 1, 2, \cdots, n$$

最后将式（12-18）及（12-19）加起来，即是最小值期权的定价模型如下：

$$C_{\min} = S_1 N_n[d_1(S_1, K, \sigma_1^2), d_1(S_1, S_2, \sigma_{12}^2), \cdots,$$
$$d_1(S_1, S_n, \sigma_{1n}^2), -\rho_{1,12}, -\rho_{1,13}, \cdots]$$
$$+ S_2 N_n[d_1(S_2, K, \sigma_2^2), d_1(S_2, S_1, \sigma_{12}^2), \cdots,$$
$$d_1(S_2, S_n, \sigma_{2n}^2), -\rho_{2,12}, -\rho_{2,23}, \cdots]$$

---

① 利用式（12-6）在测度 R 之下看跌期权是实值的 $-d_1'$ 定义（以 S_i^* 为计价），详见式（12-6），式（12-8）及注1。

② 相当于式（12-6）第二项 $N(\cdot)$ 内的 $-d_2 = d_1'$。

③ 利用在测度 Q 之下看涨期权是实值的 d_2 定义。

$$+ \cdots$$
$$+ S_n N_n [d_1(S_n, K, \sigma_n^2), d_1(S_n, S_1, \sigma_{n1}^2), \cdots,$$
$$d_1(S_n, S_{n-1}, \sigma_{n,n-1}^2), -\rho_{n,n1}, -\rho_{n,n2}, \cdots]$$
$$- Ke^{-rT} N_n [d_2(S_1, K, \sigma_1^2), d_2(S_2, K, \sigma_2^2), \cdots,$$
$$d_2(S_n, K, \sigma_n^2), \rho_{12}, \rho_{13}, \cdots] \tag{12-20}$$

若令 $n = 2$，则式（12 - 20）变化成为 Stultz（1982）以两种资产为标的物的最小值期权如下：

$$C_{\min(2)} = S_1 N_n [d_1(S_1, K, \sigma_1^2), d_1(S_1, S_2, \sigma_{12}^2), -\rho_{1,12}]$$
$$+ S_2 N_n [d_1(S_2, K, \sigma_2^2), d_1(S_2, S_1, \sigma_{12}^2), -\rho_{2,12}]$$
$$- Ke^{-rT} N_n [d_2(S_1, K, \sigma_1^2), d_2(S_2, K, \sigma_2^2), -\rho_{12}] \tag{12-21}$$

四

特征与对冲风险的方法

1. 线性同质与对冲风险

根据线性同质的定义（参见第 10 章），我们可观察出 $C_{\max}$ 及 $C_{\min}$ 对股价 S_1，$S_2, \cdots, S_n$ 及执行价 K 都具有线性同质的条件。因此，由 Euler 定理（Euler's Equation）可知下列公式成立：

$$C_{\max} = \frac{\partial C_{\max}}{\partial S_1} S_1 + \frac{\partial C_{\max}}{\partial S_2} \cdot S_2 + \cdots + \frac{\partial C_{\max}}{\partial S_n} S_n + \frac{\partial C_{\max}}{\partial K} K \tag{12-22}$$

$$C_{\min} = \frac{\partial C_{\min}}{\partial S_1} S_1 + \frac{\partial C_{\min}}{\partial S_2} S_2 + \cdots + \frac{\partial C_{\min}}{\partial S_n} S_n + \frac{\partial C_{\min}}{\partial K} K \tag{12-23}$$

所以式（12 - 22）和（12 - 23）告诉我们，$C_{\max}$ 和 $C_{\min}$ 期权风险的对冲方法可以根据其所对应的每一个标的 Delta 去对冲风险，或者由 Delta 和标的复制的组合去对冲风险［式（12 - 22）和（12 - 23）右边的组合］。

2. 若所有股价及执行价都相等（$S_i = K$, $i = 1, 2, \cdots, n$），且到期日很长（$T \to \infty$），则 $C_{\max}$ 内的 d_1 趋近 ∞，而 d_2 趋近 ∞，所以 $N_n[d_1 = \infty, \cdots, d_1 = \infty] = 1$ 及 $N_n[-d_2 = -\infty, \cdots, -d_2 = -\infty] = 0$。故由式（12 - 14）可知：

$$C_{\max} = S_1 + S_2 + \cdots + S_n \tag{12-24}$$

3. 在 Johnson（1981）及 Stultz（1982）的论文内已证明，在两个标的物下：

$$C_{\max(2)} + C_{\min(2)} = C(S_1, K, T) + C(S_2, K, T) \qquad (12-25)$$

此处，$C(S_i, K, T)$ 代表一般看涨期权，标的股价为 S_i，执行价为 K，到期日 T。

虽然本章只介绍最大值与最小值看涨期权，同样的求解方法也可用来求解最大值与最小值看跌期权的定价模型。

第 13 章　复合期权：期权的期权

一 复合期权与其收益结构

一般期权是以股票、债券、利率或外汇等作为标的物而衍生的期权。但复合期权（Compound Option）却是以期权作为标的物的期权，共有四种不同的复合期权。

1. 看涨期权的看涨期权（Call on A Call, CC）：以看涨期权为标物的看涨期权，其到期时现金流量 CC_t 为：

$$CC_t = \max\{0, \underbrace{PV_t[\max(0, S^* - k) \mid T]}_{\text{标的看涨期权在 } t \text{ 的价值}} - K\} \tag{13-1}$$

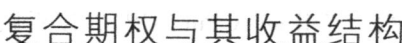
复合看涨期权在到期日 t 的价值

此处：S^* 是到期时标的股价；k 是标的看涨期权的执行价；T 是标的看涨期权的到期日；K 是复合看涨期权的执行价（看涨期权的看涨期权执行价）；t 是标的看涨期权的到期日 $(t<T)$，复合看涨期权的到期日比标的看涨期权的到期日短；$PV_t[\max(0, S^* - k) \mid T]$ 代表标的看涨期权在复合看涨期权到期 t 的价格。若标的看涨期权在 t 的价值大于 K，则复合看涨期权有价值，持有人履约取得标的看涨期权（其到期日 T，执行价 k）。若在复合看涨期权到期日 t，标的看涨期权的价值小于或等于 K，则复合看涨期权无价值，持有人不履约（即不取得标的看涨期权）。

```
     0              t              T
                    |              |
            复合看涨期权的到    标的看涨期权
            期日,其到期价值为   的到期日,其
            max 期价{0, PV_t[max  到期值为 Max(0,
            (0, S*-k)|T]-K}      S*- k)
```

$$\begin{cases} PV_t[\max(0, S^* - k)|T] & \text{(行权取得标的看涨期权),若 } PV_t[\max(0, \\ \qquad S^* - k)|T] > K \\ 0(\text{不行权}),\text{若不是} \end{cases}$$

2. 看涨期权的看跌期权 (Put on A Call, PC),以看涨期权为标的看跌期权,其到期时 (t) 的现金流量为:

$$PC_t = \max\{0, K - \underbrace{PV_t[\max(0, S^* - k)|T]}_{\text{标的看涨期权在 }t\text{ 的价值}}\} \tag{13-2}$$

$\underbrace{\qquad\qquad\qquad\qquad\qquad\qquad\qquad\qquad}_{\text{复合看跌期权在到期日 }t\text{ 的价值,执行价 }K}$

此处,标的看涨期权的到期日为 $T(>t)$,执行价为 k。

3. 看跌期权的看涨期权 (Call on A Put, CP),以看跌期权为标的看涨期权,其到期时 (t) 的现金流量为:

$$CP_t = \max\{0, \underbrace{PV_t[\max(0, k - S^*|T)]}_{\text{标的看跌期权在 }t\text{ 的价值}} - K\} \tag{13-3}$$

$\underbrace{\qquad\qquad\qquad\qquad\qquad\qquad}_{\text{复合看涨期权在到期日 }t\text{ 的价值}}$

4. 看跌期权的看跌期权 (Put on A Put, PP),以看跌期权为标的看跌期权,其到期时 (t) 的现金流量为:

$$PP_t = \max\{0, K - \underbrace{PV_t[\max(0, k - S^*|T)]}_{\text{标的看跌期权在 }t\text{ 的价值}}\} \tag{13-4}$$

$\underbrace{\qquad\qquad\qquad\qquad\qquad\qquad\qquad}_{\text{复合看跌期权在到期日 }t\text{ 的价值}}$

因为看涨期权及看跌期权到期时价值的决定刚好是 S^*、k 及 K 正负符号的对换,所以上面四种不同形式的到期现金流量可以用一个综合公式表示如下:

$$\max\{0, \emptyset PV_t[\max(0, \eta S^* - \eta k|T)] - \emptyset K\} \tag{13-5}$$

此处:(1) 若 $\emptyset = 1$ 及 $\eta = 1$,则式 (13-5) = (13-1),看涨期权的看涨期权。

(2) 若 $\emptyset = 1$ 及 $\eta = -1$,则式 (13-5) = (13-3),看跌期权的看涨期权。

(3) 若 $\emptyset = -1$ 及 $\eta = 1$,则式 (13-5) = (13-2),看涨期权的看跌期权。

(4) 若 $\emptyset = -1$ 及 $\eta = -1$,则式 (13-5) = (13-4),看跌期权的看跌期权。

复合期权的实务应用

复合期权经常被运用于工程招标或产品出售的招标项,得标与否有不确定性和未来产品或工程原料价格上涨的风险。比如,招标项目在6个月后才能够知道是否得标。此外,若预测未来原料价格会上涨,企业就必须运用看涨期权对冲原料价格上涨的风险,但是否得标无法确定。在这种情况下,企业应该首先买入看涨期权的看涨期权来对冲价格风险与得标不确定性的风险。在公告日,若得标而且该期权在当时的现值大于得标的报价(K),则企业得到标的看涨期的保护(其执行价为未来原料可能上涨的水平 k)。但若当时的现值小于得标的报价 k,则企业不需要这个保护。此外,复合期权也可以运用于其他许多类似的情况,比如多年期的商业研究项目需要每两年或每三年评估一次,决定是否要让该项目持续下去。这种决策也是复合期权。

因为得标与否无法事先预知,投资银行或期货公司在出售复合期权给企业上会有很大困难。最好的办法是,由企业支付另外额外的期权费用给期货公司,以取得复合期权。复合期权有时也会嵌入较复杂的场外(或结构式)产品内,读者可参见作者的书《结构式金融产品设计与应用》。

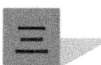

复合期权的定价:看涨期权的看涨期权

在风险中性下,复合期权的价格 CO 是到期日现金流量期望值的现值。以公式表示如下:

$$CO = r^{-t} E(\max\{0, \emptyset PV_t[\max(0, \eta S^* - \eta k | T) - \emptyset K]\}) \qquad (13-6)$$

根据式(13-6)求解出的定价有四种不同的复合期权(即 $\emptyset = \pm 1$ 及 $\eta = \pm 1$)。只要求解出其中之一的定价,即可将 $\emptyset$ 及 η 的 ± 1 符号变动,就可以求解出其他三种复合期权的定价。因此,为简单计算,我们首先求解看涨期权的看涨期权定价模型($\emptyset = 1 = \eta$)。根据式(13-6)看涨期权的看涨期权 CC 定价模型为：

$$CC = r^{-t}E(\max\{0, PV_t[\max(0, S^* - k|T) - K]\}) \quad (13-7)$$

$$= r^{-t}\int_{-\infty}^{\infty} \max\{0, PV_t[\max(0, S^* - k|T) - K]\}f(u)du$$

$$= r^{-t}\int_{\ln(X/S)}^{\infty} [C(Se^u, t) - K]f(u)du \quad (13-8)$$

此处：(1) $f(u) = \dfrac{1}{\sqrt{2\pi}\sigma\sqrt{t}}\exp\left[-\left(\dfrac{u-\mu t}{\sigma\sqrt{t}}\right)^2/2\right]$ $\quad -\infty < u < \infty$

(2) $C(Se^u, t) = PV_t[\max(0, S^* - k|T) - K]$，标的看涨期权在时间 t 的价值。

(3) $S^* = S(S^*/S) = Se^u$，$u = \ln(S^*/S)$

(4) X 是能使 $C(Se^u, t)$ 等于 K 的标的股价 (S_t)。由此对于股价 X 我们可设定式（13-8）的积分下限为 $\ln(X/S)$，因此，只要股价大于 X，则式（13-8）内的 $C(Se^u, t) - K > 0$。积分函数才不致为零，这样看涨期权的看涨期权才会有价值。

(5) $r = 1 +$ 无风险利率

将布莱克—修斯（BS）看涨期权的公式代入式（13-8）内的 $C(Se^u, t)$，则式（13-8）可改写为：

$$CC = r^{-t}\int_{\ln(X/S)}^{\infty} [\underbrace{Se^u d^{-(T-t)}N(Z_t) - kr^{-(T-t)}N(Z_t - \sigma\sqrt{T-t})}_{C(Se^u, t)} - K]f(u)du$$

此处：

$d = 1 +$ 股息率

$$Z_t = \dfrac{\ln(S_t d^{-(T-t)}/kr^{-(T-t)}) + \sigma^2(T-t)/2}{\sigma\sqrt{T-t}}$$

(= BS 公式内的 d_1)

$$Z_t - \sigma\sqrt{T-t} = \dfrac{\ln(S_t d^{-(T-t)}/kr^{-(T-t)}) - \sigma^2(T-t)/2}{\sigma\sqrt{T-t}}$$

(= BS 公式内的 d_2)

$$= Sr^{-t}d^{-(T-t)}\int_{\ln(X/S)}^{\infty} e^u N(Z_t)f(u)du$$

$$- kr^{-T}\int_{\ln(X/S)}^{\infty} N_1(Z_t - \sigma\sqrt{T-t})f(u)du$$

$$- r^{-t}K\int_{\ln(X/S)}^{\infty} f(u)du \quad \text{将积分拆解成三部分} \quad (13-9)$$

我们首先对第一部分积分进行求解，如下：

$$\int_{\ln(X/S)}^{\infty} e^u N_1(Z_t) f(u) \, du = \int_h^{\infty} e^{\mu t + v\sigma\sqrt{t}} \frac{1}{\sqrt{2\pi}} e^{-v^2/2} N_1(Z_t) \, dv$$

此处：$f(u) = \dfrac{1}{\sqrt{2\pi}\sigma\sqrt{t}} e^{-\left(\frac{u-\mu t}{\sigma\sqrt{t}}\right)^2/2} \qquad -\infty < u < \infty$

令 $v = \dfrac{u - \mu t}{\sigma\sqrt{t}} \Rightarrow u = \mu t + v\sigma\sqrt{t} \Rightarrow \dfrac{du}{dv} = \sigma\sqrt{t}$

$\therefore Z_t = \ln(S e^u d^{-(T-t)}/kr^{-(T-t)}) \div \sigma\sqrt{T-t} + \dfrac{1}{2}\sigma\sqrt{T-t}$

$\qquad = (u + \ln(S d^{-(T-t)}/kr^{-(T-t)})) \div \sigma\sqrt{T-t} + \dfrac{1}{2}\sigma\sqrt{T-t}$

$\qquad = (\mu t + v\sigma\sqrt{t}) + \ln(S d^{-(T-t)}/kr^{-(T-t)}) \div \sigma\sqrt{T-t} + \dfrac{1}{2}\sigma\sqrt{T-t}$

同时，当 $u = \ln(X/S)$，$v = \dfrac{\ln(X/S) - \mu t}{\sigma\sqrt{t}} = h$（积分下限）

$$\therefore h < v < \infty$$

$= \int_h^{\infty} \dfrac{N_1(Z_t)}{\sqrt{2\pi}} e^{-\frac{1}{2}(v^2 - 2v\sigma\sqrt{t}) + \mu t} \, dv$

$= \int_h^{\infty} \dfrac{N(Z_t)}{\sqrt{2\pi}} e^{-(v - \sigma\sqrt{t})^2/2} e^{\ln(r/d)^t} \, dv \qquad$ 令 $W = v - \sigma\sqrt{t} \Rightarrow dW = dv$

$= (r/d)^t \int_{W^*}^{\infty} \dfrac{N(Z_t)}{\sqrt{2\pi}} e^{-W^2/2} \, dW \qquad W^* = \dfrac{\ln(X/S) - \mu t}{\sigma\sqrt{t}} - \sigma\sqrt{t}$

$= (r/d)^t \int_{W^*}^{\infty} N(Z_t) f(W) \, dW \qquad f(W) = N(0,1) = \dfrac{1}{\sqrt{2\pi}} e^{-W^2/2}$

此处：

$N_1(Z_t) = N\left\{\dfrac{\mu t + W\sigma\sqrt{t} + \sigma^2 t + \ln[S d^{-(T-t)}/kr^{-(T-t)}] + \sigma^2(T-t)/2}{\sigma\sqrt{T-t}}\right\}$

$\qquad = N\left\{\dfrac{\overbrace{\ln(r/d)^t - \sigma^2 t/2}^{\mu t} + W\sigma\sqrt{t} + \ln[S d^{-(T-t)}/kr^{-(T-t)}] + \sigma^2(T+t)/2}{\sigma\sqrt{T-t}}\right\}$

$\qquad = N\left(\dfrac{W\sigma\sqrt{t} + \ln(S d^{-T}/kr^{-T}) + \sigma^2 T/2}{\sigma\sqrt{T-t}}\right)$

$\qquad = N\left(\dfrac{W\sigma\sqrt{t}/\sigma\sqrt{T} + \dfrac{\ln(S d^{-T}/kr^{-T}) + (\sigma^2 T)/2}{\sigma\sqrt{T}}}{\sigma\sqrt{T-t}/\sigma\sqrt{T}}\right)$

$$= N\left(\frac{W\sqrt{\frac{t}{T}} + \frac{\ln(Sd^{-T}/kr^{-T}) + (\sigma^2 T)/2}{\sigma\sqrt{T}}}{\sqrt{(T-t)/T}}\right)$$

此处：

$$y = \frac{\ln(Sd^{-T}/kr^{-T}) + \sigma^2 T/2}{\sigma\sqrt{T}}$$

$$= N\left[\frac{y + \left(\sqrt{\frac{t}{T}}\right)W}{\sqrt{1-\left(\sqrt{\frac{t}{T}}\right)^2}}\right] = N\left(\frac{y + \rho W}{\sqrt{1-\rho^2}}\right) \quad \rho = \sqrt{\frac{t}{T}}$$

所以：

$$\text{第一部分积分} = Sr^{-t}d^{-(T-t)} \cdot (r/d)^t \int_{W^*}^{\infty} N\left(\frac{y + \rho W}{\sqrt{1-\rho^2}}\right) f(W) dW$$

$$= Sd^{-T} \int_{-\infty}^{-W^*} N\left(\frac{y - \rho W}{\sqrt{1-\rho^2}}\right) f(W) dW \quad (\text{令 } W^* = -W)$$

$$(13-10)$$

此处：

$$-W^* = \frac{\ln(S/X) + \mu t}{\sigma\sqrt{t}} + \sigma\sqrt{t}$$

$$= -\frac{\ln(X/S) - \overbrace{\ln(r/d)^t + \frac{\sigma^2 t}{2}}^{\mu t}}{\sigma\sqrt{t}} + \sigma\sqrt{t}$$

$$= -\frac{\ln(Xr^{-t}/Sd^{-t}) + \sigma^2 t/2}{\sigma\sqrt{t}} + \sigma\sqrt{t}$$

$$= \frac{\ln(Sd^{-t}/Xr^{-t}) - \sigma^2 t/2 + \sigma^2 t}{\sigma\sqrt{t}}$$

$$= \frac{\ln(Sd^{-t}/Xr^{-t}) + \sigma^2 t/2}{\sigma\sqrt{t}}$$

$$= \frac{\ln(Sd^{-t}/Xr^{-t})}{\sigma\sqrt{t}} + \frac{1}{2}\sigma\sqrt{t} = x$$

因此：

$$\text{第一部分积分} = Sd^{-T}\int_{-\infty}^{x} N\left(\frac{y - \rho W}{\sqrt{1-\rho^2}}\right) f(W) dW = Sd^{-T} N_2(x, y; \rho) \quad (13-11)$$

从式（13-10）至（13-11），我们采用二元标准正态分布累积概率公式如下：

$$N_2(h,k;\rho) = \int_{-\infty}^{h} \frac{1}{\sqrt{2\pi}} e^{-X^2/2} \left[\int_{-\infty}^{(k-\rho X)/\sqrt{1-\rho^2}} \frac{1}{\sqrt{2\pi}} e^{-W^2/2} dW \right] dX$$

$$= \int_{-\infty}^{h} N_1\left(\frac{k-\rho X}{\sqrt{1-\rho^2}}\right) f(X) dX \text{①} \qquad (13-12)$$

第二部分的积分，即式（13-9）$= kr^{-T} \int_{\ln(X/S)}^{\infty} N(Z_t - \sigma\sqrt{T-t}) f(u) du$

此处：$f(u) = \frac{1}{\sqrt{2\pi}\sigma\sqrt{t}} e^{-\left(\frac{u-\mu t}{\sigma\sqrt{t}}\right)^2/2}$

首先，令：

$v = \frac{u-\mu t}{\sigma\sqrt{t}}, \quad u = \mu t + v\sigma\sqrt{t} \Rightarrow \frac{du}{dv} = \sigma\sqrt{t}$

当 $u = \ln(X/S)$，$v = \frac{\ln(X/S) - \mu t}{\sigma\sqrt{t}} = v^*$ （积分下限）

当 $u = \infty$，$u = \infty$ （积分上限）

同时：

$$Z_t - \sigma\sqrt{T-t} = \{u + \ln[Sd^{-(T-t)}/kr^{-(T-t)}]\} \div \sigma\sqrt{T-t} + \frac{\sigma\sqrt{T-t}}{2} - \sigma\sqrt{T-t}$$

$$= \frac{\mu t + v\sigma\sqrt{t} + \ln[Sd^{-(T-t)}/kr^{-(T-t)}]}{\sigma\sqrt{T-t}} - \frac{\sigma\sqrt{T-t}}{2}$$

$$= \frac{\overbrace{\ln(r/d)^t}^{\mu t} - \sigma^2 t/2 + v\sigma\sqrt{t} + \ln[Sd^{-(T-t)}/kr^{-(T-t)}] - \sigma^2(T-t)/2}{\sigma\sqrt{T-t}}$$

$$= \frac{v\sigma\sqrt{t} + \ln(Sd^{-T}/kr^{-T}) - \sigma^2 T/2}{\sigma\sqrt{T-t}}$$

$$= \frac{v(\sigma\sqrt{t}/\sigma\sqrt{T}) + \frac{\ln(Sd^{-T}/kr^{-T})}{\sigma\sqrt{T}} - \frac{\sigma^2 T/2}{\sigma\sqrt{T}}}{\sigma\sqrt{T-t}/\sigma\sqrt{T}}$$

$$= \frac{v(\overbrace{\sqrt{\frac{t}{T}}}^{\rho}) + \frac{\ln(Sd^{-T}/kr^{-T})}{\sigma\sqrt{T}} - \sigma\sqrt{T}/2}{\sqrt{1-\rho^2}}$$

---

① 详见 Geske(1976) 的附录（80 页）。

$$= \frac{v(\sqrt{t/T}) + \frac{\ln(Sd^{-T}/kr^{-T})}{\sigma\sqrt{T}} + \frac{\sigma\sqrt{T}}{2} - \sigma\sqrt{T}}{\sqrt{1-\rho^2}}$$

$$= \frac{v\rho + (y - \sigma\sqrt{T})}{\sqrt{1-\rho^2}}$$

$$y = \frac{\ln(Sd^{-T}/kr^{-T})}{\sigma\sqrt{T}} + \sigma\sqrt{T}/2$$

此外：

$$g(v) = f(u)\left|\frac{du}{dv}\right| = \frac{1}{\sqrt{2\pi}\sigma\sqrt{t}} e^{-v^2/2} \cdot \sigma\sqrt{t}$$

$$= \frac{1}{\sqrt{2\pi}} e^{-v^2/2} \sim N(0,1)$$

经过以上变数转换后：

$$\text{第二部分积分} = kr^{-T}\int_{v^*}^{\infty} N\left[\frac{v\rho + (y - \sigma\sqrt{T})}{\sqrt{1-\rho^2}}\right]g(v)dv \quad g(v) = N(0,1)$$

$$= kr^{-T}\int_{-\infty}^{-v^*} N\left[\frac{(y - \sigma\sqrt{T}) - v\rho}{\sqrt{1-\rho^2}}\right]g(v)dv$$

此处：

$$-v^* = -\frac{\ln(X/S) - \mu t}{\sigma\sqrt{t}} = -\frac{\ln(X/S) - \ln(r/d)^t + \frac{\sigma^2 t}{2}}{\sigma\sqrt{t}}$$

$$= -\frac{\ln(Xr^{-t}/Sd^{-t}) + \frac{\sigma^2 t}{2}}{\sigma\sqrt{t}}$$

$$= \frac{\ln(Sd^{-t}/Xr^{-t}) - \frac{\sigma^2 t}{2}}{\sigma\sqrt{t}} = \frac{\ln(Sd^{-t}/Xr^{-t})}{\sigma\sqrt{t}} - \frac{\sigma\sqrt{t}}{2}$$

$$= \underbrace{\frac{\ln(Sd^{-t}/Xr^{-t})}{\sigma\sqrt{t}} + \frac{\sigma\sqrt{t}}{2}}_{x} - \sigma\sqrt{t} = x - \sigma\sqrt{t}$$

$$x = \frac{\ln(Sd^{-t}/Xr^{-t})}{\sigma\sqrt{t}} + \frac{\sigma\sqrt{t}}{2}$$

所以：

$$\text{第二部分积分} = kr^{-T}\int_{-\infty}^{x-\sigma\sqrt{t}} N\left[\frac{(y - \sigma\sqrt{T}) - v\rho}{\sqrt{1-\rho^2}}\right]g(v)dv$$

$$= kr^{-T}N_2(x - \sigma\sqrt{t}, y - \sigma\sqrt{T}; \rho) \tag{13-13}$$

最后：

第三部分积分 $= r^{-t}K\int_{\ln(X/S)}^{\infty} f(u)du$ 再次利用第二部分积分方法获得下一等式

$$= r^{-t}K\int_{v^*}^{\infty} g(v)dv = Kr^{-t}\int_{-\infty}^{-v^*} g(v)dv$$

$$= Kr^{-t}\int_{-\infty}^{x-\sigma\sqrt{t}} g(v)dv = Kr^{-t} \cdot N(x - \sigma\sqrt{t}) \tag{13-14}$$

最后将已经求解出的三个积分部分式（13-11）、（13-13）及（13-14）代入式（13-9），即是看涨期权的看涨期权定价模型：

$$CC = Sd^{-T}N_2(x, y; \rho) - kr^{-T}N_2(x - \sigma\sqrt{t}, y - \sigma\sqrt{T}; \rho) - Kr^{-t}N(x - \sigma\sqrt{t}) \tag{13-15}$$

此处：$x = \dfrac{\ln(Sd^{-t}/Xr^{-t})}{\sigma\sqrt{t}} + \sigma\sqrt{t}/2$，$y = \dfrac{\ln(Sd^{-T}/kr^{-T}) + \sigma^2 T/2}{\sigma\sqrt{T}}$，$\rho = \sqrt{t/T}$

x 内的 X 是标的股价能使标的看涨期权在时间 t 的价值 $C(Se^u, t)$ 等于 K [详见式（13-8）]。因此，X 是由下列等式求解：

$$Xd^{-(T-t)}N(Z_t) - kr^{-(T-t)}N(Z_t - \sigma\sqrt{T-t}) = K \tag{13-16}$$

此处：

$$Z_t = \dfrac{\ln[Sd^{-(T-t)}/kr^{-(r-t)}]}{\sigma\sqrt{T-t}} + \dfrac{1}{2}\sigma\sqrt{T-t}, S = X \tag{13-17}$$

其他三种复合期权可根据到期现金流量的 S^*、k 及 K 正负符号的定义对式（13-15）进行调整即可获得定价模型。

四

看涨期权的看跌期权定价模型（Put on a Call, PC）

在式（13-2）内，K 为负值（$-K$），标的看涨期权的符号为负，即 $-PV_t[\max(0, S^* - k|T)]$，与式（13-1）内的对应项正负符号正好相反。因此，将式（13-15）内的相关项做正负号的对调。同时，$N_2(\cdot)$ 及 $N(\cdot)$ 项内有 X 的部分，其正负号也对调。结果如下：

$$PC = -Sd^{-T}N_2(-x, y, -\rho) + kr^{-T}N_2(-x+\sigma\sqrt{t}, y-\sigma\sqrt{T}, -\rho) + Kr^{-t}N(-x+\sigma\sqrt{t})$$
$$(13-18)$$

此处 x 内的 X 值与求解式（13-16）的 X 值相同。

五

看跌期权的看跌期权定价模型（Put on a Put）

因为都是看跌期权，其到期现金流量式（13-4）内的 S^* 、k 及 K 的正负符号正好与式（13-2）的对应项正负号相反。因此，将式（13-15）内的相关项做正负号的对调。同时 $N_2(\cdot)$ 项内有 y 的部分，正负号也对调。结果如下：

$$PP = Sd^{-T}N_2(x, -y, -\rho) - kr^{-T}N_2(x-\sigma\sqrt{t}, -y+\sigma\sqrt{T}, -\rho) + Kr^{-t}N(x-\sigma\sqrt{t})$$
$$(13-19)$$

此处，x 内的 X 值是由求解式（13-20）而得［与式（13-16）的道理相同］：

$$-Xd^{-(T-t)}N(-Z_t) + kr^{-(T-t)}N(-Z_t+\sigma\sqrt{T-t}) - K = 0 \quad (13-20)$$

六

看跌期权的看涨期权定价模型（Call on A Put，CP）

看跌期权的看涨期权到期现金流量式（13-3）与看跌期权的看跌期权到期现金流量式（13-4）的差别在于，式（13-3）内的 S^*、k、K 正好与式（13-4）内的对应项正负号相反。因此，将式（13-19）内的相关项做正负号的对调，同时 $N_2(\cdot)$ 及 $N(\cdot)$ 项内的 x 及 y 部分的正负号也对调。结果如下：

$$CP = -Sd^{-T}N_2(-x, -y, \rho) + kr^{-T}N_2(-x+\sigma\sqrt{t}, -y+\sigma\sqrt{T}, \rho) - Kr^{-t}N(-x+\sigma\sqrt{t})$$
$$(13-21)$$

此处，x 内的 X 值与求解式（13-20）的 X 值相同。

第14章 外汇期权考量两国利率随机变动

一

利率随机变动常见于国际与场外衍生品市场的交易

在第三章中，我们曾经利用莫顿期权定价转换变成外汇期权，并假设两国的无风险利率为固定不变（Nonstochastic）。虽然在极短期内，两国利率变动也许极小，但也无法完全确定不会变动，而且汇率是会随着两国利率的变动而变动。因此，若能将两国短期利率固定的假设加以松绑，并推导出外汇期权定价模型，其会更切合实际，其与汇率的金融原理一致。据此，Grabbe（1983）首先完成此模型的介绍。最近 Amin 及 Jarrow（1991）根据远期利率的随机变动过程，完成了更复杂、更完善的外汇期权定价模型。

外汇期权的集中市场起始于1982年底在美国宾城股价交易所（Philadelphia Stock Exchange），目前已发展成多种主要外汇看涨期权及看跌期权的交易市场（包括英镑、日币、欧元、法郎、马克、加币及澳币等）。在世界其他各地也有外汇期权的交易市场，诸如伦敦金融期货市场（LIFFE）、新加坡商品交易所（SIMEX）、东京国际期货交易所（TIFFE）、澳洲希尼期货交所等。除了上市交易的外汇期权外，也有由银行替客户量身定制的外汇期权。这些都是属于场外衍生品或柜台式交易的期权，其交易量也庞大。

外汇期权在场外衍生品设计的应用与一般的欧式期权类似，只要把标的改为外汇就可以。第一章的第二部分和第三部分以及第6章都有详细的介绍，在此不再重复。

下文第二部分我们首先介绍外汇看涨期权及看跌期权之间的简单关系。第三部分介绍外汇期权的平价关系和套利策略。第四部分介绍外汇期权的倒数（或反向）关系。第五部分对欧式外汇期权进行定价及求算其避险参数。第六部分求算外汇看涨期权的避险参数。第七部分对美式与欧式外汇期权的相关问题进行了讨论。

外汇看涨与看跌期权的价格关系

1. 我们首先建立欧式及美式期权之间的关系

$$C(X_t, X, T) \geq c(X_t, X, T) \geq X_t B'(t, T) - XB(t, T) \quad (14-1)$$

此处：$C(X_t, X, T)$ = 美式看涨期权在时间 t 的价值

$c(X_t, X, T)$ = 欧式看涨期权在时间 t 的价值

X_t = 两国之间的汇率，以每一单位外币的本国货币价值计价，比如 X_t = Rmb/USD

$B(t, T)$ = 本国（无风险）折价债券在时间 t 的价值；在到期时支付 1 元。$B(T, T) = 1$

$B'(t, T)$ = 外国（无风险）折价债券在时间 t 的价值；在到期时支付 1 元。$B(T, T) = 1$

X = 看涨期权及看跌期权的汇率执行价

证明 式（14-1）左边的关系如一般期权，美式期权因具有提前可行权的条件，故含有提前行权的溢酬（Early Exercise Premium）。

$\therefore C(X_t, X, T) \geq c(X_t, X, T)$

至于式（14-1）右边的关系建立，我们首先建立下列两种策略：

甲：购买一单位的欧式看涨期权 $c(X_t, X, T)$。

乙：放空 X 单位的本国折价债券及买进一单位外国折价债券，以本国货币计价为 $X_t B'(t, T)$。故总投资价值为 $X_t B'(t, T) - XB(t, T)$。

在到期时（T），甲乙两策略的价值分析如下：

到期时汇率情况：

	$X_T \leq X$	$X_T > X$
甲策略：	0	$X_T - X > 0$
乙策略：	$X_T - X \leq 0$	$X_T - X > 0$
	甲 $\geq$ 乙	甲 = 乙

所以，在到期时（T），甲策略的价值大于或等于乙策略的价值，那么在无套利机会下，任何时间 t 时：

$$c(X_t, X, T) \geq X_t B'(t, T) - X B(t, T) \tag{14-2}$$

或者，$c(X_t, X, T) + X B(t, T) \geq X_t B'(t, T)$。这是式（14-1）的右边关系式。

2. $C(X_t, X, T) \geq \max[X_t - X, X_t B'(t, T) - X B(t, T), 0]$ （14-3）

证明 美式外汇看涨期权行权时的执行价值为 $X_t - X$；若不行权，其价值是欧式看涨期权的价值，故：

$$C(X_t, X, T) \geq \max[X_t - X, c(X_t, X, T), 0]$$
$$\geq \max[X_t - X, X_t B'(t, T) - X B(t, T), 0] \quad \text{运用式（14-1）的右边关系式即式（14-2）。}$$

3. 运用利率平价关系（Interest Rate Parity）：

$$\frac{F_{t,T}}{X_t} = \frac{B'(t, T)}{B(t, T)} \tag{14-4}$$

$F_{t,T}$ = 在时间 t 观察的远期汇率，即在未来时间 T 的即期汇率，则式（14-1）可改写为：

$$C(X_t, X, T) \geq c(X_t, X, T) \geq B(t, T)[F_{t,T} - X] \tag{14-5}$$

将式（14-4）内的 $X_t B'(t, T)$ 代入式（14-1）式的右边关系，即是式（14-5）]。式（14-5）将美式看涨期权及欧式看涨期权的价值下限 $B(t, T)[F_{t,T} - X]$ 以远期汇率 $F_{t,T}$ 及汇率执行价 X 的价差表示。

外汇期权的平价关系、套利策略与外汇产品的创新

欧式外汇看涨、看跌期权的平价关系（Foreign Currency Put - Call Parity）：

$$c(X_t, X, T) = p(X_t, X, T) + X_t B'(t,T) - XB(t,T) \qquad (14-6-1)$$

此处，$p(X_t, X, T)$ = 欧式外汇看跌期权，汇率执行价为 X_t，到期日为 T。

证明 建立下列两种策略：

甲策略：买进一单位欧式看涨期权 $c(X_t, X, T)$。

乙策略：（1）买进一单位欧式看跌期权 $p(X_t, X, T)$；

（2）买进一单位外国零息（折价）债券，以本国货币计价为 $X_t B'(t,T)$。

（3）出售 X 单位的本国折价债券 $XB(t,T)$，则总投资价值 = $p(X_t, X, T) + X_t B'(t,T) - XB(t,T)$。

在到期时（T），甲乙两策略的价值比较分析如下：

	到期时汇率情况：	
	$X_T \leq X$	$X_T > X$
甲策略：	0	$X_T - X > 0$
乙策略：	$(X - X_T) + X_T - X = 0$	$X_T - X > 0$
	甲 = 乙	甲 = 乙

故在到期时，甲 = 乙。在无套利机会环境下，在任何时间 t，甲 = 乙，这也就是式（14-6）。

若将利率平价关系内的 $X_t B'(t,T)$ 代入式（14-6），则式（14-6）可以用远期汇 $F_{t,T}$ 的相关式表示：

$$c(X_t, X, T) = p(X_t, X, T) + B(t,T)[F_{t,T} - X] \qquad (14-6-2)$$

套利策略与外汇产品的创新：

当式（14-6）的平价关系不成立时，就会有套利的机会。比如情况一：若式（14-6）的外汇看涨期权价格 c 大于式（14-6）的右边时，套利的机会存在，其套利策略为：出售 c，买入 p，买入 $B'(t,T)$，并出售 $B(t,T)$，后三项交易就是上述的乙策略。这样就可以锁住套利收益。反之，情况二：若式（14-6）左边的看涨期权价格小于式（14-6）的右边，则套利策略是上面交易的反向交易，即将买入改为卖出，而卖出改为买入，这样就可以锁住套利的收益。

外汇套利策略与外汇产品的创新原理和实务应用与一般期权很类似，读者可参阅作者的《期权交易实战一本精》第4章介绍。

四

外汇期权的倒数（或反向）关系

1. 以本国货币计价的外币看涨期权 $c(X_t, X, T)$ 相当于本国货币看跌期权 $p'(1/X_t, 1/X, T)$，但其执行价为看涨期权执行价的倒数 $1/X$。

以公式表示该看涨期权及看跌期权的关系：

$$c(X_t, X, T) = X_t X p'\left(\frac{1}{X_t}, \frac{1}{X}, T\right) \tag{14-7}$$

也就是，外币看涨期权 $c(X_t, X, T)$ 等于本国货币看跌期权 $p'(1/X_t, 1/X, T)$ 乘以 $X_t X$。所以，一旦我们知道美元的看涨期权 c 的价格（以人民币计价）。由式（14-7）就可以计算出人民币看跌期权的价格（以美元计价）；反之亦然。式（14-7）也适用于美式外汇期权。

证明 利用期权对标的汇率 X_t 及执行价 X 的线性同质性质（Linear Homogeneity），可得，在任何时间 t：

$$\frac{1}{X_t X} c(X_t, X, T) = c\left(\frac{X_t}{X_t X}, \frac{X}{X_t X}, T\right) = c\left(\frac{1}{X}, \frac{1}{X_t}, T\right)$$

或

$$c(X_t, X, T) = X_t X c\left(\frac{1}{X}, \frac{1}{X_t}, T\right) = X_t X p'\left(\frac{1}{X_t}, \frac{1}{X}, T\right)$$

解释：$c\left(\frac{1}{X}, \frac{1}{X_t}, T\right)$ 的执行价是 $\frac{1}{X}$，它是以外币计价的每一单位本国货币（USD/Rmb）；$1/X_t$ 是每一单位本国货币的外币汇率价值。

当汇率 X_t 上升（$1/X_t$ 下降），且上升高于执行汇率 X（即 $\frac{1}{X_t}$ 下降低于 $1/X$），则 $c(X_t, X, T)$ 成为实值，同时 $c(\frac{1}{X_t}, \frac{1}{X}, T)$ 也是实值。它是实值是因为汇率 $\frac{1}{X_t}$ 下跌，且低于执行汇率 $1/X$。因此，$c\left(\frac{1}{X_t}, \frac{1}{X}, T\right)$ 其实是外币看跌期权，故可改称为 $p'\left(\frac{1}{X_t}, \frac{1}{X}, T\right)$。

注：线性同质时，λ 为任一常数，则 $c(\lambda X_t, \lambda X, T) = \lambda c(X_t, X, T)$。所以，

以本国货币计价的外币看涨期权 $c(X_t, X, T)$ 其实相当于本国货币看跌期权 $p'\left(\frac{1}{X_t}, \frac{1}{X}, T\right)$，但其执行价为看涨期权执行价的倒数（$1/X$）。这就是式（14-7）代表的意义。

2. 类似式（14-7）的关系：以本国货币计价的外币看跌期权 $p(X_t, X, T)$ 相当于本国货币看涨期权 $c'\left(\frac{1}{X_t}, \frac{1}{X}, T\right)$，其执行汇率为看跌期权执行汇率的倒数（$1/X$）。以如下公式表示此关系：

$$p(X_t, X, T) = X_t X c'\left(\frac{1}{X_t}, \frac{1}{X}, T\right) \tag{14-8}$$

也就是，外币看跌期权 $p(X_t, X, T)$ 等于本国货币看涨期权 $c'\left(\frac{1}{X_t}, \frac{1}{X}, T\right)$ 乘以 $X_t X$。所以，一旦我们知道美元看跌期权的人民币价格中，经由式（14-8）就可以计算出人民币看涨期权的价格（以美元计价）；反之亦然。以上也适用于美式期权。证明与式（14-7）证明相同原理。

$$\frac{1}{X_t X} p(X_t, X, T) = p\left(\frac{X_t}{X_t X}, \frac{X}{X_t X}, T\right) = p\left(\frac{1}{X}, \frac{1}{X_t}, T\right)$$

$$\therefore p(X_t, X, T) = X_t X p\left(\frac{1}{X}, \frac{1}{X_t}, T\right)$$

$$= X_t X c'\left(\frac{1}{X_t}, \frac{1}{X}, T\right)$$

此处 $p\left(\frac{1}{X}, \frac{1}{X_t}, T\right) = c'\left(\frac{1}{X_t}, \frac{1}{X}, T\right)$，是外币看涨期权。

例：

若 X_t = Rmb 6.30/USD，X = 6.2，且 $c(X_t, X, T)$ = 2.83（美元看涨期权的人民币价值），由式（14-7）可得，

$$p'\left(\frac{1}{X_t}, \frac{1}{X}, T\right) = p'\left(\frac{1}{6.3}, \frac{1}{6.2}, T\right)$$

$$= p(0.1587, 0.1613, T) = 0.07245 \text{USD/Rmb}$$

（人民币看跌期权的价值等于 0.07245 美元）

$$\therefore X_t X p'\left(\frac{1}{X_t}, \frac{1}{X}, T\right) = (6.3)(6.2)(0.07245) = 2.83 = c(X_t, X, T)$$

五

欧式外汇看涨和看跌期权的定价

假设外汇（以本国货币计价）变动的随机过程为 $\dfrac{dX_t}{X_t} = \mu_x dt + \sigma_x dW_x$。

$$(14-9-1)$$

此处，$\mu_x =$ 汇率瞬间收益率的期望值，$\sigma_x =$ 汇率瞬间收益率标准差。

外国折价债券价格变动的随机过程为：

$$\dfrac{dB'}{B'} = \mu_{B'} dt + \sigma_{B'} dW_{B'} \qquad (14-9-2)$$

[外国利率的变动已隐含于外国折价债券价格的变动式（14-9）之内]

本国折价债券价格变动的随机过程：

$$\dfrac{dB}{B} = \mu_B dt + \sigma_B dW_B \qquad (14-10)$$

[本国利率的变动已隐含于本国折价债券价格的变动式（14-10）之内]

令 $H_t = X_t B'_t$，代表以本国货币计价的外币折价债券，则利用 Itô 定理（Lemma），H_t 的价格变动随机过程可表示为：

$$dH = \mu_H^* dt + \left(\dfrac{\partial H}{\partial X}\right) X \sigma_x dW_X + \left(\dfrac{\partial H}{\partial B'}\right) B' \sigma_{B'} dW_{B'} \qquad (14-11-1)$$

$$dH = \mu_H^* dt + (B'X) \sigma_x dW_X + (XB') \sigma_{B'} dW_{B'}$$

$$\dfrac{dH}{H} = \mu_H dt + \sigma_X dW_X + \sigma_{B'} dW_{B'} \qquad (14-11-2)$$

$$= \mu_H dt + \sigma_H dW_H \qquad (14-11-3)$$

此处：

$$\mu_H^* = \dfrac{\partial H}{\partial t} + \left(\dfrac{\partial H}{\partial B'}\right) B' \mu_{B'} + \left(\dfrac{\partial H}{\partial X}\right) X \mu_X + \dfrac{1}{2}\left(\dfrac{\partial^2 H}{\partial X^2}\right) X^2 \sigma^2 \cdot \dfrac{1}{2} + \dfrac{\partial^2 H}{\partial B'^2} B'^2 \sigma_{B'}^2 +$$

$$\left(\dfrac{\partial^2 H}{\partial X \partial B'}\right) XB' \rho_{XB'} \sigma_X \sigma_{B'}$$

$$= XB' \mu_{B'} + XB' \mu_X + XB' \rho_{XB'} \sigma_X \sigma_{B'}$$

$$= H(\mu_{B'} + \mu_X + \rho_{XB'} \sigma_X \sigma_{B'}), \quad H = XB'$$

$$= H \mu_H$$

$$\left(\frac{\partial H}{\partial t}=0, \frac{\partial^2 H}{\partial X^2}=0=\frac{\partial^2 H}{\partial B'^2}, \frac{\partial H}{\partial B' \partial X}=1\right)$$

$$\mu_H = \mu_H^*/H = \mu_{B'} + \mu_X + \rho_{XB'}\sigma_X\sigma_{B'}, \quad \rho_{XB'} = Corr\left(\frac{dX}{X}, \frac{dB'}{B'}\right)$$

$$\sigma_H^2 = \sigma_X^2 + \sigma_{B'}^2 + 2\rho_{XB'}\sigma_X\sigma_{B'}$$

（一）求解外币看涨期权的简单方法

首先，我们以比较简单的方法来求解欧式外汇看涨期权的定价。欧式外汇看涨期权的定义为：汇率 X_t 为标的（每一单外币的本国货币价值），其执行价为 X（以本国货币计价的每一单位外币执行价）。故 $c(X_t, X, T)$ 代表以 X_t 为标的、执行价为 X、到期日为 T 的欧式外汇看涨期权。由式（14-1）的关系，美式（及欧式）看涨期权的价值大于或等于 $X_t B'(t,T) - XB(t,T)$。我们可将看涨期权的价值改成一般可适用的程式：

$$c[X_t B'(t,T), B(t,T), X, T] = c[H_t, B(t,T), X, T]$$

因此，在到期时欧式看涨期权的价值 c_T 可表示为：

$$c_T = \max[X_T B'(T,T) - XB(T,T), 0] \tag{14-12-1}$$

利用线性同质关系，式（14-12-1）可改写为：

$$\frac{c_T}{XB(T,T)} = \max\left[\frac{X_T B'(T,T)}{XB(T,T)} - 1, 0\right] \tag{14-12-2}$$

在以 $XB(t,T)$ 或 $XB(T,T)$ 做计价单位（Numeraire）后，看涨期权的标的价格为相对价格 $X_t B'(t,T)/XB(t,T)$，且执行价为 1。此外，在相对价格下，无风险利率为 0。因此，利用 BS（Black-Scholes）的欧式看涨期权定价公式，该欧式外币看涨期权的价值为（以本国货币计价）：

$$\frac{c_t}{XB(t,T)} = \left[\frac{X_t B'(t,T)}{XB(t,T)}\right] N(d_1) - 1 \cdot e^{0\cdot\tau} N(d_2)$$

$$\therefore c_t = X_t B'(t,T) N(d_1) - XB(t,T) N(d_2) \tag{14-13}$$

此处：

$$d_1 = \frac{\ln[X_t B'(t,T)/XB(t,T)] + \sigma^2\tau/2}{\sigma\sqrt{\tau}}, \tau = T - t, \text{看涨期权的存续时间}$$

$$d_2 = d_1 - \sigma\sqrt{\tau}$$

$$\sigma^2 = \frac{1}{\tau}\int_0^\tau Var[d(H/B)/(H/B)]du = \frac{1}{\tau}\int_0^\tau Var[d\ln(H/B)]du$$

$$= \int_0^\tau \frac{1}{\tau}[\sigma_H^2(u) + \sigma_B^2(u) - 2\rho_{HB}(u)\sigma_H(u)\sigma_B(u)]du$$

或者可采用固定不变的参数：

$$\sigma^2 = \sigma_H^2 + \sigma_B^2 - 2\rho_{HB}\sigma_H\sigma_B \quad [\sigma_H^2(u) = \sigma_H^2, \quad \sigma_B(u) = \sigma_B, \quad \rho_{HB}(u) = \rho_{HB} 固定不变]$$

（二）以偏微分方法（pde）求解外币看涨期权价值

我们首先应用 Itô 定理于 $c[H_t, B(t,T), X, T]$ 如下：

$$dc = \frac{\partial c}{\partial H}dH + \frac{\partial c}{\partial B}dB + \frac{\partial c}{\partial t}dt + \frac{1}{2}\left[\frac{\partial^2 c}{\partial H^2}dH^2 + \frac{\partial^2 c}{\partial B^2}dB^2 + 2\frac{\partial^2 c}{\partial H \partial B}(dH)(dB)\right]$$

$$= \frac{\partial c}{\partial H}dH + \frac{\partial c}{\partial B}dB + \frac{\partial c}{\partial t}dt + \frac{1}{2}hdt \qquad (14-14)$$

此处，$h = \frac{\partial^2 c}{\partial H^2}H^2\sigma_H^2 + \frac{\partial^2 c}{\partial B^2}B^2\sigma_B^2 + 2\frac{\partial^2 c}{\partial H \partial B}HB\rho_{HB}\sigma_H\sigma_B$（三个二阶偏微分项）

构建一个避险组合 P 如下：

1. 出售一单位看涨期权 $c[H_t, B(t,T), X, T]$，利用出售看涨期权所得。
2. 买进 $(\partial c/\partial H)$ 单位的外国折价债券，以本国货币计价。
3. 再买进 $(\partial c/\partial B)$ 单位的本国折价债券。

该组合 P 为零投资组合。

以公式表示 P 如下：

$$P = -c + \left(\frac{\partial c}{\partial H}\right)H + \left(\frac{\partial c}{\partial B}\right)B(=0) \qquad (14-15)$$

则：

$$dP = -dc + \left(\frac{\partial c}{\partial H}\right)dH + \left(\frac{\partial c}{\partial B}\right)dB$$

$$= -\left(\frac{\partial c}{\partial H}\right)dH - \left(\frac{\partial c}{\partial B}\right)dB - \left(\frac{\partial c}{\partial t}\right)dt - \frac{1}{2}hdt + \left(\frac{\partial c}{\partial H}\right)dH + \left(\frac{\partial c}{\partial B}\right)dB$$

$$= -\left(\frac{\partial c}{\partial T} - \frac{1}{2}h\right)dT \qquad (令\ dT = -dt) \qquad (14-16)$$

因为组合 P 是零投资组合，故 $dP = 0$（其均衡收益率应为零）。

∴ 式（14-16）还表示为：

$$\frac{\partial c}{\partial T} = \frac{1}{2}h \qquad (14-17-1)$$

因此所要求解的欧式外汇看涨期权除要能满足式（14-15）及（14-17）外，还必须同时满足下列临界条件：

$$c[0, B(t,T), T] = 0 \quad (X_t = 0)$$
$$c[X_T, B(T,T), T] = \max(0, X_T - X) \qquad (14-17-2)$$

若是求解美式看涨期权，除上面条件外还应另加一条件：

$$C[X_t B'(t,T), B(t,T), T] \geq \max\{X_t - X, c[X_t, B(t,T), T]\}$$

能够满足式（14-17-1）及（14-17-2）条件的欧式看涨期权其实是式（14-13）的看涨期权 c_t。可对 c_t 作各项偏微分，而后代入各条件即可得证。

若将利率平价关系 $X_t B'(t,T) = F_{t,T} B(t,T)$ 代入式（14-13），则 c_t 的定价是以远期外汇 $F_{t,T}$ 作标的，其定价公式为：

$$c_t = B(t,T)[F_{t,T} N(d_1) - X N(d_2)] \tag{14-18}$$

此处：

$$d_1 = \frac{\ln(F/X) + \sigma_F^2 \tau/2}{\sigma_F \sqrt{\tau}}, \quad \tau = T - t$$

$$d_2 = d_1 - \sigma_F \sqrt{\tau}$$

$$\sigma_F^2 = \int_0^\tau \frac{1}{\tau} \sigma_F^2(u) du, \quad \sigma_F^2(u) = Var(dF_u/F_u)$$

$$= \sigma_F^2 \quad 若 \sigma_F^2(u) = \sigma_F^2，固定不变$$

同样的理由，欧式外汇看跌期权 p_t 可由看涨期权 c_t 转换而得，即将 c_t 内的相关正负符号互换（正如一般的看涨期权及看跌期权正负符号互换）：

$$p_t = X B(t,T) N(-d_2) - X_t B'(t,T) N(-d_1) \tag{14-19}$$

若以远期外汇 $F_{t,T}$ 为标的，则：

$$p_t = B(t,T)[X N(-d_2) - F_{t,T} N(-d_1)] \tag{14-20}$$

避险参数、风险控管与实务应用

一旦定价公式完成后，避险参数可直接对 c_t 微分即可获得如下结论（很容易可求解）。

1. 外汇看涨期权价格 c_t 相对于本国折价债券价格 $B(t,T)$ 的关系：

$$\frac{\partial c_t}{\partial B_t} = -X N(d_2) \tag{14-21-1}$$

2. c_t 对外国折价债券价格 $B'(t,T)$ 的关系：

$$\frac{\partial c_t}{\partial B'_t} = X_t N(d_1) \tag{14-21-2}$$

3. c_t 对以本国货币计价的外国折价债券价格 $H_t[=X_tB'(t,T)]$ 的关系：

$$\frac{\partial c_t}{\partial H_t} = N(d_1) \qquad (14-21-3)$$

4. c_t 对执行汇率 X 的关系：

$$\frac{\partial c_t}{\partial X} = -B(t,T)N(d_2) \qquad (14-21-4)$$

5. c_t 的 Delta（对即期汇率 X_t 的关系）：

$$\frac{\partial c_t}{\partial X_t} = B'(t,T)N(d_1) \qquad (14-21-5)$$

6. c_t 对远期汇率 $F_{t,T}$：

$$\frac{\partial c_t}{\partial F_{t,T}} = B(t,T)N(d_1) \qquad (14-21-6)$$

7. c_t 的 Vega：先认定 $\sigma = \sqrt{\sigma^2\tau}/\sqrt{\tau}$，再微分。

$$\frac{\partial c_t}{\partial \sigma} = X_t B'(t,T)n(d_1) \qquad (14-21-7)$$

$$n(d_1) = \frac{1}{\sqrt{2\pi}}e^{-d_1^2/2}$$

8. c_t 的 Theta：

$$\frac{\partial c_t}{\partial T} = \frac{XB'n(d_1)}{2\sigma\sqrt{\tau}}\sigma^2 > 0 \qquad (14-21-8)$$

$$\sigma^2 = \sigma_H^2 + \sigma_B^2 - 2\rho_{HB}\sigma_H\sigma_B$$

9. c_t 的 Gamma：

$$\frac{\partial^2 c_t}{\partial x_t^2} = B'(t,T) \cdot \frac{n(d_1)}{X_t\sigma\sqrt{x}} \qquad (14-21-9)$$

式（14-21-8）的解释应是，c_t 的价值会随着有效期（或存续时间）的缩短而下降（是正关系），而不应解释 c_t 随到期日增长而增长；后者的解释不适合此处的金融经济意义。此外，由式（14-14）看：

$$dc = \left(\frac{\partial c}{\partial H}\right)dH + \left(\frac{\partial c}{\partial B}\right)dB + \frac{\partial c}{\partial t}dt + \frac{1}{2}hdt$$

$$= N(d_1)dH - XN(d_2)dB + \left(\underbrace{\frac{\partial c}{\partial T}dT - \frac{1}{2}hdT}_{=0,\ 按(14-17),\ dt\ =\ -dT}\right)$$

$$= N(d_1)dH - XN(d_2)dB \qquad (14-21-10)$$

所以 $dc < 0$，若 $dH/dB < XN(d_2)/N(d_1)$。也就是，若外国零息债券价值的增减 $dH[H_t=X_tB'(t,T)]$ 相对于本国债券价值的增减 dB 小于 $XN(d_2)/N(d_1)$ 时，

则外汇看涨期权 c_t 的价值下降；否则，价值会增加。

风险控管与实务应用

至于外汇期权的 Delta、Gamma、Vega 和 Theta 风险的对冲和实务应用与欧式期权一样［只多出外国零息债券 $B(t,T)$，可当作一个小于 1 的常数］。读者应参阅作者的书《期权交易实战一本精》第 3 章。

美式与欧式外汇期权的价格关系

由第二节内的式（14-1），我们已知道美式外汇看涨期权的价值大于欧式看涨期权价值 c_t 及（提前）执行价值 $(X_t - X)$ 的最大者：

$$C(X_t, X, T) \geq \max[X_t - X, c(X_t, X, T)] \tag{14-22}$$

更详细的说明是：当提前行权价值 $(X_t - X)$ 大于欧式看涨期权 c_t 的价值时，美式（外汇）看涨期权的价值就会大于欧式看涨期权 c_t 的价值。可用更严谨的概率语言表示如下：

$Pr[X_t - X > c_t] > 0$ 当且仅当

$C(X_t, X, T) > c(X_t, X, T)$

此外，由式（14-22）可知，即期汇率 X_t 高于执行汇率 X，而且行权价值 $X' - X$ 高于欧式看涨期权价值 c_t 时，则美式看涨期权会被提前行权，且其价值可表示为：

$$C(X_t, X, T) = X_t - X > c_t \tag{14-23}$$

美式期权并无封闭解的定价公式，可采用二叉树求解或其他数值方法求解。

至于美式外汇看跌期权（即本国货币的看跌期权，以外币计价）也有类似于式（14-23）的关系式：

$$P(X'_T, X', T) = X' - X'_T > p_t \tag{14-24}$$

X'_T 是能使美式看跌期权提前行权的即期汇率（是以外币计价的每一单位本国货币）。

参考文献

Amin, K. I. and B. A. Jarrow, Pricing Foreign Currency Options Under Stochastic

Interest Rete, *Journal of International money and Finance* (1991), 10, 310 – 329.

Garman, M. B. and S. W. Kohlhagen, Foreign Currency Option Values, *Journal of International Money and Finance* (1983), 2, 231 – 237.

Grabbe, J. O., The Pricing of Call and Put Options on Foreign Exchange, *Journal of International Money and Finance* (1983), 2, 239 – 253.

第15章 汇率挂钩远期契约

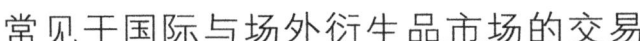

一 常见于国际与场外衍生品市场的交易

从20世纪90年代起至今,已有不少的远期契约及期权是以外国资产为标的物,诸如外国股票、外国股票指数、大宗商品或其他标的物,但是这些远期契约及期权是以标的国的货币计价或是在本国市场交易。比如说,日经指数的认售权证(Nikkei Index Put Warrants)是以日经指数为标的,但认售权证却是在加拿大多伦多市场及美国的美洲股票交易市场(AMEX)挂牌上市。就美国投资者而言,日经指数是外国标的(以日元计价),但其认售权证是在美国市场交易,以美元计价。又如,摩根台股指数期货的标的物是台北股票指数(以台币计价),但期货是在新加坡交易,以美元计算。这些与汇率挂钩的期货(或远期契约)及期权吸引许多国际投资人的兴趣,也因此引发不少大型证券商及商业银行发行此种所谓的交叉外汇远期契约或期权(Cross-Currency Forward Contracts or Cross-Currency Options)。这种交叉外币的衍生品已经有持续增加的现象。

有关于外汇型的衍生品研究过去已有不少的论文,最近比较重要的论文有Dravid、Richardson及Sun(1998)对日经指数认售权证的定价及实证研究,还有Wei(1997)对交叉外币衍生品进行概化性的研究以及Reiner(1992)对汇率挂钩期权的定价及避险的详细的介绍。因此,在本章中,我们首先对汇率挂钩(交叉外币)远期契约的定价进行介绍,并于下一章详细介绍汇率挂钩期权。

在风险中性之下外汇和外国标的价格的随机过程

外国标的价格及汇率变动的随机过程可分别表示如下：

$$\frac{dS}{S} = \mu_S dt + \sigma_S dz \tag{15-1}$$

$$\frac{dX}{X} = \mu_X dt + \sigma_X dW \tag{15-2}$$

此处，S 是外国标的物的价格；X 是两国汇率，是以本国货币计价的每一单位外币（即每一单位外币的本国货币价值）。μ_S 及 μ_X 分别代表标的瞬间期望收益率及汇率瞬间变动率。σ_S 及 σ_X 分别代表标的瞬间收益率标准差及汇率瞬间变动标准差。dz 及 dW 分别是标的价格的布朗运动及汇率的布朗运动。

式（15-1）及（15-2）是相对于原来概率分布下的随机变动过程（即不是在风险中性下的随机过程）。若能将式（15-1）及（15-2）转换成在风险中性下的随机变动过程，则在求算定价公式及避险方法上，将会更简单。我们将利用 Wei（1997）的方法首先推导在风险中性（或无偏好，Preference-free）下的偏微分方程，而后再倒推该偏微分方程所代表的风险中性下标的物及汇率的随机过程。

注：以下的数学推导对一些读者会有相当的困难，可以暂时忽略它。但要了解并熟用式（15-20）到式（15-25）运用于定价的应用（第三部分）。

令 $f = f(S_t, X_t, t)$ 代表任何一种汇率挂钩（或交叉外币）的衍生品价格，利用 Itô 定理求算 f 的如下随机过程：

$$\begin{aligned}df &= \frac{\partial f}{\partial t}dt + \frac{\partial f}{\partial S_t}dS_t + \frac{\partial f}{\partial X_t}dX_t + \frac{1}{2}\frac{\partial^2 f}{\partial S_t^2}(dS_t)^2 + \frac{1}{2}\frac{\partial^2 f}{\partial X_t^2}(dX_t)^2 + \frac{\partial f}{\partial S_t \partial X_t}(dS_t)(dX_t) \\ &= \left[\frac{\partial f}{\partial t} + \left(\frac{\partial f}{\partial S_t}\right)\mu_S S_t + \left(\frac{\partial f}{\partial X_t}\right)(\mu_X X_t) + \frac{1}{2}\left(\frac{\partial^2 f}{\partial S_t^2}\right)(S_t^2 \sigma_S^2) + \frac{1}{2}\left(\frac{\partial^2 f}{\partial X_t^2}\right)(X_t^2 \sigma_X^2) + \right.\\ &\quad \left.\frac{\partial^2 f}{\partial S_t \partial X_t} \cdot X_t S_t \sigma_{SX}\right]dt + \left(\frac{\partial f}{\partial S_t}\right)S_t \sigma_S dz + \left(\frac{\partial f}{\partial X_t}\right)X_t \sigma_X dW \end{aligned} \tag{15-3}$$

此处：$\sigma_{SX} = \rho_{SX}\sigma_X\sigma_S = Cov\left(\dfrac{dS}{S}, \dfrac{dX}{X}\right)$

根据式（15-3），以本国货币计价的外国标的资产价格的随机变动过程可求算：令 $G_t = X_t S_t$ = 以本国货币计价的外国标的资产价格，则：

$$\frac{\partial G}{\partial X_t} = S_t, \ \frac{\partial G}{\partial S_t} = X_t, \ \frac{\partial G^2}{\partial S_t \partial X_t} = 1, \ \frac{\partial^2 G}{\partial S_t^2} = 0 = \frac{\partial^2 G}{\partial X_t^2}, \ \frac{\partial G}{\partial t} = 0$$

将上面的偏微分分别代入式（15-3）获得（以 G 替代 f）：

$$dG_t = (\mu_s X_t S_t + \mu_x X_t S_t + X_t S_t \sigma_{SX}) dt + X_t S_t \sigma_s dz + X_t S_t \sigma_x dW$$

$$\therefore \frac{dG_t}{G_t} = (\mu_s + \mu_x + \sigma_{SX}) dt + \sigma_s dz + \sigma_x dW \tag{15-4}$$

此处：$G_t = X_t S_t$

因此，以本国货币计价的外国标的资产价格随机过程式（15-4）的飘移项（Drift）是外国标的资产及汇率飘移项之和 $(\mu_s + \mu_x)$ 加上汇率及外国标的资产价格变动率的协方差 σ_{SX}，其随机项是标的资产及汇率随机项之和 $(\sigma_s dz + \sigma_x dW)$。所以，$dG/G$ 像是外国标的价格及汇率随机过程之和 $\left[\frac{dG_t}{G_t} = (1) + (2)\right]$。

另外，我们将寻求建立一个无风险组合 H。组合 H 包括 Δ 单位的外国资产 G（$= X_t S_t$，以本国货币计价）以及一单位的汇率挂钩衍生品 f。以公式表示如下：

$$H = f + \Delta G \tag{15-5}$$

$$\therefore dH = df + \Delta dG$$
$$= 式（15-3）+ \Delta 式（15-4）\ [将式（15-3）及（15-4）代入简化]$$
$$= h_t dt + \left(\frac{\partial f}{\partial S} S + \Delta SX\right) \sigma_s dz + \left(\frac{\partial f}{\partial X} X + \Delta SX\right) \sigma_x dW \tag{15-6}$$

h_t = 包含所有 dt 项目

$$= \frac{\partial f}{\partial t} + \frac{\partial f}{\partial S} \mu_s S + \frac{\partial f}{\partial X} \mu_x X + \frac{1}{2} \frac{\partial^2 f}{\partial S^2} S^2 \sigma_2^2$$
$$+ \frac{1}{2} \frac{\partial^2 f}{\partial X^2} X^2 \sigma_x^2 + \frac{\partial^2 f}{\partial S \partial X} XS \sigma_{sx} + \Delta SX(\mu_s + \mu_x + \sigma_{sx}) \ ①$$

式（15-6）代表该组合的价格变动有两项随机项 dz 及 dW。要促使该组合成为无风险组合，第一步骤是将 dz 项系数设定为零，而后求出能使 dz 项消失的条件，也就是：

$$\Delta = -\frac{1}{X}\left(\frac{\partial f}{\partial S}\right) \tag{15-7}$$

在建立组合 H 时，若持有 Δ 单位的外国资产 [以式（15-7）计算 Δ]，则外国资产的价格风险得以消除（即规避外国资产的价格风险），因为如此选择的

---

① 为简单计，S_t 及 X_t 的时间符号 t 予以省略。

Δ,能使 dH 内的 dz 项目消除掉（成为零）。

因 dz 已消除，式（15-6）可改写成如下式子：
$$dH_t = H_t\mu_h dt + H_t\sigma_h dW \tag{15-8}$$

此处：

$$\mu_h = \left(\frac{1}{H_t}\right)h_t = \frac{1}{H_t}\left[\frac{\partial f}{\partial t} + \frac{\partial f}{\partial S}\mu_s S + \frac{\partial f}{\partial X}\mu_x X + \frac{1}{2}\frac{\partial^2 f}{\partial S^2}S^2\sigma_s^2 + \frac{1}{2}\frac{\partial^2 f}{\partial X^2}X^2\sigma_x^2 + \frac{\partial^2 f}{\partial S \partial X}XS\sigma_{sx}\right.$$
$$\left. - \frac{\partial f}{\partial S}\mu_s S - \frac{\partial f}{\partial S}S\mu_x - \frac{\partial f}{\partial S}S\sigma_{sx}\right]$$
$$= \frac{1}{H_t}\left[\frac{\partial f}{\partial t} + \left(\frac{\partial f}{\partial X}X - \frac{\partial f}{\partial S}S\right)\mu_x - \frac{\partial f}{\partial S}S\sigma_{sx} + \frac{1}{2}\frac{\partial^2 f}{\partial S^2}S^2\sigma_s^2 + \frac{1}{2}\frac{\partial^2 f}{\partial X^2}X^2\sigma_x^2 + \frac{\partial^2 f}{\partial S \partial X}XS\sigma_{sx}\right] \tag{15-9}$$

$$\sigma_h = \frac{1}{H_t}\left[\frac{\partial f}{\partial X}X - \frac{\partial f}{\partial S}S\right]\sigma_x \tag{15-10}$$

式（15-8）代表对冲外国资产价格风险后，组合 H 的价格随机变动过程。但组合 H 仍含有汇率变动的风险（以 dW 项代表之）。因此必须再寻找条件加以消除汇率风险。

从金融经济理论，我们已知市场风险溢酬 λ（Market Price of Risk）是：

$$\lambda = \frac{\mu - r_d}{\sigma} \tag{15-11}$$

此处，μ = 资产的期望收益率，r_d = 本国无风险利率，σ = 资产总风险（或标准差）。

运用式（15-11），投资于外币现钞的市场风险溢酬可表示为：

$$\lambda_x = \frac{\mu_f - r_d}{\sigma_x} \tag{15-12}$$

此处，符号 f 代表外国，σ_x = 外币现钞的总风险（汇率风险），μ_f = 外币现钞的期望收益率。

但从本国观点（以本国货币计价），外币现钞的期望收益率 μ_f 等于汇率变动的期望值 μ_x 加上外国无风险利率 r_f，亦即 $\mu_f = \mu_x + r_f$。因此，投资于外币现钞的市场风险溢酬可另表示为：

$$\lambda_x = \frac{\mu_x + r_f - r_d}{\sigma_x} \tag{15-13}$$

此外，就投资组合 H 而言，其市场风险溢酬是：

$$\lambda_h = \frac{\mu_h - r_d}{\sigma_h} \tag{15-14}$$

在市场均衡下，市场风险溢酬必须相等：$\lambda_x = \lambda_h$。

$$\therefore \frac{\mu_x + r_f - r_d}{\sigma_x} = \frac{\mu_h - r_d}{\sigma_h}$$

$$= \frac{\mu_h - r_d}{\frac{1}{H_t}\left(\frac{\partial f}{\partial X}X - \frac{\partial f}{\partial S}S\right)\sigma_x} \quad [利用式（15-10）]$$

$$\therefore (\mu_x - r_d + r_f)\left(\frac{\partial f}{\partial X}X - \frac{\partial f}{\partial S}S\right) = H_t(\mu_h - r_d) \quad [将式（15-9）的 \mu_h 代入]$$

$$= H_t\left\{\frac{1}{H_t}\left[\frac{\partial f}{\partial t} + \left(\frac{\partial f}{\partial X}X - \frac{\partial f}{\partial S}S\right)\mu_x - \frac{\partial f}{\partial S}S\sigma_{sx} + \frac{1}{2}\frac{\partial^2 f}{\partial S^2}S^2\sigma_s^2 + \frac{1}{2}\frac{\partial^2 f}{\partial X^2}X^2\sigma_x^2 + \frac{\partial^2 f}{\partial S\partial X}XS\sigma_{sx}\right] - r_d\right\}$$

抵销左右等式的 $\mu_x\left(\frac{\partial f}{\partial X}X - \frac{\partial f}{\partial S}S\right)$ 项，并整理之，获得：

$$(r_f - r_d)\left(\frac{\partial f}{\partial X}X - \frac{\partial f}{\partial S}S\right) = \frac{\partial f}{\partial t} - \frac{\partial f}{\partial S}S\sigma_{sx} + A - \left(f - \frac{\partial f}{\partial S}S\right)r_d$$

此处：

$$H_t = f + \Delta G = f + \left(\frac{-1}{X}\frac{\partial f}{\partial S}\right)(XS) = f - \frac{\partial f}{\partial S}S$$

$$A = \frac{1}{2}\frac{\partial^2 f}{\partial S^2}S^2\sigma_s^2 + \frac{1}{2}\frac{\partial^2 f}{\partial X^2}X^2\sigma_x^2 + \frac{\partial^2 f}{\partial S\partial X}XS\sigma_{sx}$$

$$= 三项二次偏微分之和$$

$$\therefore r_d f = \frac{\partial f}{\partial t} + \frac{\partial f}{\partial S}S(r_f - r_d + r_d - \sigma_{sx}) + \frac{\partial f}{\partial X}X(r_d - r_f) + A$$

再简化之，我们获得一个偏微分方程（随机变动项已消除）如下：

$$r_d f = \frac{\partial f}{\partial t} + \frac{\partial f}{\partial S}S(r_f - \sigma_{sx}) + \frac{\partial f}{\partial X}X(r_d - r_f) + \frac{1}{2}\frac{\partial^2 f}{\partial S^2}S^2\sigma_s^2 + \frac{1}{2}\frac{\partial^2 f}{\partial X^2}X^2\sigma_x^2 + \frac{\partial^2 f}{\partial S\partial X}XS\sigma_{sx}$$

$$(15-15)$$

式（15-15）说明，任何 S_t 及 X_t 的衍生品 $f(S_t, X_t)$ 一定会满足式（15-15）的偏微分方程。$f(S_t, X_t)$ 可包括交叉外币的远期契约与期权（或称汇率挂钩的远期契约与期权），以及其他 S_t 与 X_t 的衍生品。在式（15-15）的偏微分方程中，μ_s 及 μ_x 已消失，且是由无风险利率 r_d 及 r_f 所取代。因此，式（15-15）是风险中性下的偏微分方程，而且并不受投资者风险嫌恶程度的影响（Preference-free）。此外，在（本国）风险中性下，能够满足式（15-15）的外国资产价格及汇率的变动随机过程应是：

$$\frac{dS}{S} = (r_f - \sigma_{sx})dt + \sigma_s d\tilde{z} \quad (15-16)$$

$$\frac{dX}{X} = (r_d - r_f)dt + \sigma_x d\widetilde{W} \Rightarrow \mu_x^* = r_d - r_f \tag{15-17}$$

若考虑外国资产支付连续股利率 q 的情况下,则(15-16)可改写成:

$$\frac{dS}{S} = (r_f - q - \sigma_{sx})dt + \sigma_s d\tilde{z} \Rightarrow \mu_s^* = r_f - q - \sigma_{sx} \tag{15-18}$$

然后,我们可运用式(15-17)及(15-18)求出,在(本国)风险中性下,以本国货币计价的外国资产随机过程 dG/G。由式(15-4)、式(15-17)与式(15-18),我们立即可获得:

$$\frac{dG}{G} = \frac{d(X_t S_t)}{X_t S_t}$$
$$= [(r_f - q - \sigma_{sx}) + (r_d - r_f) + \sigma_{sx}]dt + \sigma_s d\tilde{z} + \sigma_x d\widetilde{W}$$
$$= (r_d - q)dt + \sigma_s d\tilde{z} + \sigma_x d\widetilde{W} \tag{15-19}$$

此处: $\mu_s^* = r_f - q - \sigma_{sx}$, $\mu_x^* = r_d - r_f$ [在(本国)风险中性下]

因此,在风险中性下,外国资产 S_t、汇率 X_t 与以本国货币计价的外国资产 $G_t(=X_t S_t)$ 都可以用式(15-18)、式(15-17)及式(15-19)分别代表它们的随机过程。同时,任何涉及 S_t、X_t 及 G_t 的衍生品定价分析都是以式(15-18)、式(15-17)及式(15-19)做基础。这些在本章及以后的章节中都会利用到。

此外,根据式(15-18)及(15-19)我们可分别求解外国标的价格,汇率及 $X_t S_t$ 的成长动态过程,及其未来的期望值。以式(15-18)而言,首先以伊藤定理求解:

$$d\ln S_t = (r_f - q - \sigma_{sx} - \sigma_s^2/2)dt + \sigma_s d\tilde{z} \tag{15-20}$$

而后求算出式(15-20)的积分解如下:

$$\int_t^T d\ln S_u = (r_f - q - \sigma_{sx} - \sigma_s^2/2)(T-t) + \sigma_s \int_t^T d\tilde{z}_u$$
$$\therefore \ln(S_T/S_t) = (r_f - q - \sigma_{sx} - \sigma_s^2/2)(T-t) + \sigma_s \Delta \widetilde{Z}_T$$
$$\Delta \widetilde{Z}_T = \widetilde{Z}_T - \widetilde{Z}_t$$
$$\therefore S_T = S_t e^{(r_f - q - \sigma_{sx} - \sigma_s^2/2)(T-t) + \sigma_s \Delta \widetilde{Z}_T} \tag{15-21}$$
$$\therefore E(S_T) = S_t e^{(r_f - q - \sigma_{sx})(T-t)} \tag{15-22}$$

此处: $E(e^{\sigma_s \Delta \widetilde{Z}_T}) = e^{\sigma_s^2(T-t)/2}$

同样的,我们可对 X_t 求解,获得:

$$X_T = X_t e^{(r_d - r_f - \sigma_x^2/2)(T-t) + \sigma_x \Delta \widetilde{W}_T}$$
$$\Delta \widetilde{W}_T = \widetilde{W}_T - \widetilde{W}_t \tag{15-23}$$

$$\therefore E(X_T) = X_t e^{(r_d - r_f)(T-t)} \quad (15-24)^{①}$$

利用（15-19）求解，由 Itô 定理得知：

$$d\ln G_t = (r_d - q - \sigma_G^2/2)dt + \sigma_G d\widetilde{W}_G$$

此处：

$$\sigma_G^2 = Var(dG_t/G_t) = Var(d\ln S_t X_t) = Var(d\ln S_t + d\ln X_t)$$
$$= (\sigma_s^2 + \sigma_x^2 + 2\sigma_{sx})(T-t)$$

以另一方式表示：$\sigma_G d\widetilde{W}_G = \sigma_s d\tilde{z} + \sigma_x d\widetilde{W}$

$$\therefore G_T = X_T S_T = X_t S_t e^{(r_d - q - \sigma_G^2/2)(T-t) + \sigma_G \Delta \widetilde{W}_G} \quad (15-25)$$

$$E(X_T S_T) = X_t S_t e^{(r_d - q)(T-t)} \quad (15-26)^{②}$$

此处：

$$E(e^{\sigma_G \Delta \widetilde{W}_G}) = e^{\sigma_G^2 (T-t)/2}$$

或

$$E(e^{\sigma_s \Delta \widetilde{Z}_T + \sigma_x \Delta \widetilde{W}_T}) = e^{\sigma_s^2(T-t)/2 + \sigma_x^2(T-t)/2 + \rho_{sx}\sigma_x\sigma_s(T-t)} = e^{[\sigma_s^2 + \sigma_x^2 + 2\sigma_{sx}](T-t)/2} = e^{\sigma_G^2(T-t)/2}$$

$$\sigma_G \Delta \widetilde{W}_G = \sigma_s \Delta \widetilde{Z}_T + \sigma_x \Delta \widetilde{W}_T, \sigma_{sx} = \rho_{sx}\sigma_s\sigma_x$$

四种不同的汇率挂钩远期契约与其定价

在本部分中，我们将对下列四种不同类型的汇率挂钩远期契约进行定价：

1. 到期现金流量 f_1^*（或收益）为：

$$f_1^* = X_T(S_T - K) \quad (15-27)$$

此处，f_1^* = 第一类型汇率挂钩远期契约的到期现金流量；X_T = 远期契约到期时的汇率，它代表每一单位外币的本国货币价值；S_T = 到期日外国标的资产的价格；K = 远期契约的执行价，以外币计价。

f_1^* 是到期时外国远期契约交割价格 $(S_T - K)$，以当时的即期汇率 X_T 转换成本国货币价值。

2. 到期现金流量 f_2^* 为：

---

① 要记住式（15-20）和式（15-21）、式（15-23）、式（15-24），定价时一定会用到。

② 要记住式（15-24）和式（15-25），定价时一定会用到。

$$f_2^* = \bar{X}(S_T - K) \tag{15-28}$$

此处，$\bar{X}$ = 期初已约定的汇率（固定）。

f_2^* 是到期时外国远期契约交割价格$(S_T - K)$，以期初已约定的固定汇率$\bar{X}$转换成本国货币价值。例如，f_2^* 是日经225指数期货在芝加哥商品交易所（CME）的交割价值。日经225指数期货的规格是日经225指数价位乘以固定5美元$(= \bar{X})$。第二类型亦即所谓担保型远期契约（Guaranteed - Exchange - Rate Forward Contracts），因为只要远期契约的交割价值$(S_T - K)$大于零，转换成本国货币价值是以固定汇率计算，故无汇率兑换亏损的风险。

3. 到期现金流量f_3^* 为：

$$f_3^* = \bar{X}S_T - X_T K \tag{15-29}$$

第三类型远期契约的交割方式不同于前两类型。

在到期时，外国标的价格S_T是以固定汇率$(\bar{X})$转换成本国货币价值$\bar{X}S_T$，而执行价却以到期时的浮动汇率(X_T)转换成本国货币的执行价$(X_T K)$。因此，此类型远期契约的到期交割价值可能是正值，也可能是负值，$(\bar{X}S_T - X_T K) \gtreqless 0$。

4. 到期现金流量f_4^* 为：

$$f_4^* = X_T S_T - \bar{X}K \tag{15-30}$$

第四类型的远期契约是在到期时以当时的浮动汇率X_T，将外国标的价格S_T转换成本国货币价值$(X_T S_T)$，但执行价却以固定汇率转换成本国货币价值$(\bar{X}K)$。因此，如同第三类型，其到期交割价值可能是正值，也可能是负值，$(X_T S_T - \bar{X}K) \gtreqless 0$。

在风险中性下，任何衍生品的价值是其到期现金流量期望值的折现值。我们将根据风险中性的定价理论来定价上述四种类型的汇率挂钩远期契约。

第一类型：汇率挂钩远期契约定价

$$f_1 = e^{-r_d(T-t)} E[X_T(S_T - K)] = e^{-r_d(T-t)}[E(X_T S_T) - KE(X_T)]$$

此处，由式（15-26）$E(X_T S_T) = X_t S_t e^{(r_d - q)(T-t)}$可知，$X_t S_t$是以本国货币计价，故$X_t S_t$是以$(r_d - q)$成长。

由式（15-24）$E(X_T) = X_t e^{(r_d - r_f)(T-t)}$可知：

$T - t$ = 有效期（存续时间）

$$f_1 = e^{-r_d(T-t)}[X_t S_t e^{(r_d - q)(T-t)} - KX_t e^{(r_d - r_f)(T-t)}]$$

$$\therefore f_1 = X_t[S_t e^{-q(T-t)} - K e^{-r_f(T-t)}] \qquad (15-31)$$

第二类型：汇率挂钩远期契约定价

$$f_2 = e^{-r_d(T-t)} E[\bar{X}(S_T - K)]$$

$$= e^{-r_d(T-t)} \bar{X}[E(S_T) - K]$$

$$= e^{-r_d(T-t)} \bar{X}[S_t e^{(r_f - q - \sigma_{sx})(T-t)} - K]$$

此处，根据式 (15-18)，S_t 是以 $(r_f - q - \sigma_{sx})$ 成长。

$$E(S_T) = S_t e^{(r_f - q - \sigma_{sx})(T-t)}$$

$$\therefore f_2 = \bar{X}[S_t e^{(r_f - q - \sigma_{sx} - r_d)(T-t)} - K e^{-r_d(T-t)}] \qquad (15-32)$$

第三类型：汇率挂钩远期契约定价

$$f_3 = e^{-r_d(T-t)} E[\bar{X} S_T - X_T K]$$

$$= e^{-r_d(T-t)} [\bar{X} E(S_T) - K E(X_T)]$$

$$= e^{-r_d(T-t)} [\bar{X} S_t e^{(r_f - q - \sigma_{sx})(T-t)} - K X_t e^{(r_d - r_f)(T-t)}]$$

$$\therefore f_3 = \bar{X} S_t e^{(r_f - q - \sigma_{sx} - r_d)(T-t)} - K X_t e^{-r_f(T-t)} \qquad (15-33)$$

第四类型：汇率挂钩远期契约定价

$$f_4 = e^{-r_d(T-t)} E(X_T S_T - \bar{X} K)$$

$$= e^{-r_d(T-t)} [X_t S_t e^{(r_d - q)(T-t)} - \bar{X} K]$$

$$= X_t S_t e^{-q(T-t)} - \bar{X} K e^{-r_d(T-t)} \qquad (15-34)$$

四

四种不同类型汇率挂钩远期契约之下的公允执行价格

因为远期契约在期初设定的执行价格等于远期价格，才能使契约的期初价值为零，所以我们可利用以上各类型远期契约的定价公式求解外汇远期价格，它也就是期初合约签订时的公允执行价 K 的设定。我们分别求解如下：

第一类型：远期契约的公允执行价格 F_1（即执行价）

令 $f_1 = X_t[S_t e^{-q(T-t)} - K e^{-r_f(T-t)}] = 0$，设定 $K = F_1$

$$\therefore F_1 = S_t e^{(r_f - q)(T-t)} \qquad [由上式解出 F_1(=K)] \qquad (15-35)$$

第二类型：远期契约的公允执行价格 F_2

$$f_2 = \overline{X}[S_t e^{(r_f - q - \sigma_{sx} - r_d)(T-t)} - K e^{-r_d(T-t)}] = 0, \quad 设定\ K = F_2$$

$$\therefore F_2 = S_t e^{(r_f - q - \sigma_{sx})(T-t)} \quad [由上式解出\ F_2(=K)] \tag{15-36}$$

第三类型：远期契约的公允执行价格 F_3

$$f_3 = \overline{X} S_t e^{(r_f - q - \sigma_{sx} - r_d)(T-t)} - K X_t e^{-r_f(T-t)} = 0, \quad 设定\ F_3 = K$$

$$\therefore F_3 = \left(\frac{\overline{X}}{X_t}\right) S_t e^{(2r_f - q - \sigma_{sx} - r_d)(T-t)} \tag{15-37}$$

第四类型：远期契约的公允执行价格 F_4

$$f_4 = X_t S_t e^{-q(T-t)} - \overline{X} K e^{-r_d(T-t)} = 0$$

$$\therefore F_4 = \left(\frac{\overline{X}'_t}{X_t}\right) S_t e^{(r_d - q)(T-t)} \tag{15-38}$$

在下一章中，我们将会介绍汇率挂钩期权的定价及其相关的问题。正如汇率挂钩的远期契约，汇率挂钩期权也可分为四大类型。我们将对各类型期权（看涨期权及看跌期权）进行求解定价模型及避险参数的求算。

第 16 章 汇率挂钩期权

一 四种汇率挂钩期权与对冲风险的应用范例

汇率挂钩期权（Quanto Options）是由 Reiner（1992）介绍。投资者对外投资于外国标的时，除了关心外国标的价格风险外，也很关切汇率变动的风险。因此，投资者可以同时对外国标的价格风险及汇率风险进行避险，或考虑规避其中之一的风险。此外，还有不少在外国上市交易的本国金融产品，比如在新加坡上市交易的日本 Nikkei 指数期货、在加拿大多伦多（Toronto）交易的日本 Nikkei 指数认购权证（Warrant）、在美洲交易所（AMEX）上市的日本 Nikkei 认购及认售权证、中国台积电及联电在美国上市的 ADR 等。这些金融产品的标的物都是在本国交易，但其衍生品却在外国上交易，以外币计价。因此，这些汇率挂钩期权的定价更为重要。根据到期日的现金流量，汇率挂钩期权可划分下列几种（Quanto 是 Quantify - Adjusted Option 的简称）：

1. $C_1^* = X^* \max(S'^* - K', 0)$，挂钩浮动汇率看涨期权的到期现金流量

此处：C_1^* = 到期时，以国内货币计价（人民币或美元）的外国股票或大宗商品（欧式）看涨期权

X^* = 到期时汇率，以本国货币计价人民币的每一单位外币（如美元），人民币/美元（或欧元/美元）

S'^* = 到期时外国股票价格（以外币计价）

K' = 执行价（以外币计价）

注：符号′代表外国（或以外币计价），而 * 代表到期日。

这种期权是在到期时，以外币计算外国看涨期权的价值，而后再以当时的汇率转换成本国货币价值的看涨期权。因此，投资者主要是想要获取外国股价上涨的收益，但其对汇率风险的判断是持平或者上升。（投资者也许认为在看涨期权有效期内，汇率应是稳定或变动不大的，或许外币会升值）。若外币贬值，投资者会承受外币贬值的风险（即本国货币计价的期权收益会下降）。

2. $C_2^* = \max(S'^* X^* - K, 0)$

第二种看涨期权是外国股价及执行价都是以本国货币计价。$S'^* X^*$ 是到期时外国股票的本国货币价值，K 是以本国货币计价的执行价。因此，投资者希望在外国股价及汇率双重变动下，能从外国看涨期权获得正收益（即 $S'^* X^* > K$），同时获得对冲部分的汇率风险，因为在定价时外国股价与汇率的相关系数会被考虑于定价中。

3. $C_3^* = \bar{X} \max(S'^* - K', 0)$，挂钩固定汇率看涨期权的到期现金流量

$\bar{X}$ = 期初预先约定的汇率（固定）

这种看涨期权与第一种看涨期权的不同之处在于，到期时是以预先约定的汇率 $\bar{X}$ 将外国标的看涨期权价值 $(S'^* - K')$ 以固定汇率转换成以本国货币计价的看涨期权。这种固定汇率挂钩的期权最早是由高盛投行所发行。

4. $C_4^* = S'^* \max(X^* - K, 0)$

这是一种汇率看涨期权 $[\max(X^* - K, 0)]$，并挂钩外国标的的价格 (S'^*)。因此，C_4^* 是外国标的的挂钩的外汇看涨期权（以本国货币计价）。孚信银行（Bankers Trust）曾发行过此种看涨期权。其实，这些都是与外国标的挂钩的汇率看涨期权。投资者获得汇率风险对冲时，也要承受外国标的的价格下跌的风险。

以上四种不同汇率挂钩外国标的的看涨期权可分别满足不同投资者的需求。下文我们将分别介绍这四种看涨期权的定价及避险比率。

若把期权的标的改为其他外国的标的，如外国指数、外国债券、大宗商品等标的，则这四种汇率挂钩期权的应用可按照企业或投资者对未来标的价格和汇率走势的看法，选择其中一种适合他们需求的汇率挂钩期权。比如，若国内某企业经常向澳洲进口铁矿砂，预期其未来价格会上涨，且要锁定现在的汇率，那么该企业可采用第三种汇率挂钩看涨期权，以对冲价格上涨和汇率变动的风险。但若认为澳元会升值，则可采用第一种期权。其他的应用可以类推。

挂钩浮动汇率的期权：第一种汇率挂钩期权

为求解此种看涨期权的定价模型，我们首先介绍国际金融理论的一个基本定理：单一价格定理（Law of One Price，LOP）。LOP 告诉我们，以同一种货币计价的相同产品（或衍生品）在全世界各地的价格一定相等。比如说，以美元计价的宾士车，不管在（自由贸易）世界任一个地方的美元价格一定会相同。就实证结果而言，只有在长期观察下才会成立，但短期内不会成立。此外，在物价及汇率稳定的短时期内，该定理成立的可能性大。在此，我们利用它来求解定价模型比较容易。

（一）看涨期权定价模型及避险比率

从该看涨期权的到期现金流量 $C_1^* = X^* \max(S'^* - K', 0)$ 可知，$\max(S'^* - K', 0)$ 其实是外国标的看涨期权的到期日现金流量。我们可利用莫顿（加股息）的定价模型来定价该看涨期权的价值，再引用 LOP，将莫顿模型乘以现在的汇率 X 必等于以本国计价的看涨期权。因此，该看涨期权的最后定价模型为：

$$C_1 = X[S'e^{-qt}N(d_1) - K'e^{-r_f t}N(d_1 - \sigma_S\sqrt{t})]$$
$$= XS'e^{-qt}N(d_1) - K'Xe^{-r_f t}N(d_1 - \sigma_S\sqrt{t}) \quad (16-1)$$

此处：C_1 = 以本国货币计价该看涨期权的现在价值

t = 看涨期权的存续时间（尚存到期日）

q = 外国股票的连续现金股利率

X = 现在汇率（以本国货币计价的每一元外币）

r_f = 外国无风险利率

$$d_1 = \frac{\ln(S'e^{-qt}/K'e^{-r_f t})}{\sigma_S\sqrt{t}} + \frac{\sigma_S\sqrt{t}}{2} = \frac{\ln(S'/K') + \left(r_f - q + \frac{\sigma_{S'}^2}{2}\right)t}{\sigma_S\sqrt{t}}$$

$$d_2 = d_1 - \sigma_S\sqrt{t} = \frac{\ln(S'/K') + \left(r - q - \frac{\sigma_{S'}^2}{2}\right)t}{\sigma_S\sqrt{t}}$$

式（16-1）的严谨数学求解方法可参见本章附录一。

根据式（16-1），Delta 对冲比率为：

$$\Delta_{S'} = \frac{\partial C_1}{\partial (XS')} = e^{-qt} N(d_1)$$

应持有 $\Delta_{S'}$ 股的外国标的股，以规避发行一单位的看涨期权。同时应借入的本国货币金额为：

$$B = -K'Xe^{-r_f t} N(d_1 - \sigma_{S'=0}\sqrt{t})$$

负值代表借款（或融资）。

设以外币计价的借款 B'，则：

$$B' = X'B = -K'e^{-r_f t} N(d_1 - \sigma_S \sqrt{t})$$

也就是，借入 B 元（或 B' 元外币），用之购进 $\Delta_{S'}$ 股的外国标的股票，以达到避险。

因此，该看涨期权可由 $\Delta_{S'}$ 股加上融资 B（或 B'）复制，也就是式（16-1）的看涨期权：

$$C_1 = (XS')\Delta_{S'} + B \text{（就是复制看涨期权 } C_1 \text{ 的组合）}$$

（二）看跌期权定价模型及避险比率

若是看跌期权，其到期现金流量为 $p_1^* = X^* \max(K' - S'^*, 0)$。其定价模型可将式（16-1）内的 S'、K'、d_1 及 $d_1 - \sigma_S \sqrt{t}$ 转换成负值的 $-S'$、$-K'$、$-d_1$ 及 $-(d_1 - \sigma_S \sqrt{t})$，看跌期权定价模型如下：

$$p_1 = K'Xe^{-r_f t} N(-d_1 + \sigma_S \sqrt{t}) - XS'e^{-qt} N(-d_1) \tag{16-2}$$

此外，$\Delta_{p_1} = \frac{\partial p_1}{\partial (XS')} = -e^{-qt} N(-d_1)$，应放空 Δ_{p_1} 股的外国股票来对冲发行一单位看跌期权的风险，同时应贷放本国现金为 $B = K'Xe^{-r_f t} N(-d_1 + \sigma_S \sqrt{t})$ 或贷放 $B' = Ke^{-r_f t} N(-d_1 + \sigma_S \sqrt{t})$ 的外国现金（$B' = X'B, X'X = 1$）。所以，看跌期权可由 Δ_{p_1} 及 B 复制：$p_1 = B + (XS')\Delta_{p_1}$。

三

第二种汇率挂钩期权：定价与 Delta 对冲比率

（一）看涨期权定价模型及避险比率

我们将以求解互换期权（Exchange Options，第 10 章）的定价方法来求解第二种看涨期权的定价模型（将 C_2^* 乘以 X'^* 改换成 $C_2'^*$ 表示）：

$$C_2'^* = \max(S'^* - KX'^*, 0) \Rightarrow \frac{C_2'^*}{S'^*} = \max\left(1 - \frac{KX'^*}{S'^*}, 0\right) \tag{16-3-1}$$

这正是一个欧式看跌期权的到期现金流量，标的物的到期价格为 KX'^*/S'^*，且执行价为 1。该标的物的现在价格可表示为 $KX'e^{-rt}/S'$（$= Ke^{-rt}/S'X$，以本国货币计价，故以 r 折现）。

根据式（16-3-1）及互换期权的定价理论，该看跌期权的现在价格为：

$$\frac{C_2'}{S'} = 1 \cdot e^{-o(t)} N(-y_1 + \sigma_{S'X}\sqrt{t}) - (KX'e^{-rt}/S') \cdot N(-y_1)$$

$$\therefore C_2' = S'N(-y_1 + \sigma_{S'X}\sqrt{t}) - KX'e^{-rt}N(-y_1) \tag{16-3-2}$$

此处，我们引用互换期权的理论：在完全市场下，若所有资产都转换以股价 S' 作为计价单位（即 $C_2'^*/S'^*$ 及 KX'^*/S'^*），则结果的借贷利率为零。因此，折现因子 $e^{-o(t)} = 1$。

$$y_1 = \frac{\ln(KX'e^{-rt}/S'e^{-qt})}{\sigma_{S'X}\sqrt{t}} + \frac{\sigma_{S'X}\sqrt{t}}{2} \tag{16-4}$$

在考量连续股息 q 之下，式（16-3-1）可改写为：

$$C_2' = S'e^{-qt}N(-y_2 + \sigma_{S'X}\sqrt{t}) - KX'e^{-rt}N(-y_2) \tag{16-5}$$

此处：

$$-y_2 = -\left[\frac{\ln(KX'e^{-rt}/S'e^{-qt})}{\sigma_{S'X}\sqrt{t}} + \frac{\sigma_{S'X}\sqrt{t}}{2}\right]$$

$$= \frac{\ln(S'e^{-qt}/KX'e^{-rt})}{\sigma_{S'X}\sqrt{t}} - \frac{\sigma_{S'X}\sqrt{t}}{2} \tag{16-6}$$

$$-y_2 + \sigma_{S'X}\sqrt{t} = -(y_2 - \sigma_{S'X}\sqrt{t}) = \frac{\ln(S'e^{-qt}/KX'e^{-rt})}{\sigma_{S'X}\sqrt{t}} + \frac{\sigma_{S'X}\sqrt{t}}{2} = X_2 \quad (令)$$
(16-7)

$$\sigma_{S'X'}^2 = Var[d(S'/X')/(S'/X')] = Var[d\ln(S'/X')] = \sigma_{S'}^2 + \sigma_{X'}^2 - 2\rho_{S'X'}\sigma_{S'}\sigma_{X'}$$
(16-8)

$$\sigma_{S'}^2 = Var(dS'/S') = Var(d\ln S')$$

$$\sigma_{X'}^2 = Var(dX'/X') = Var(d\ln X')$$

$$\rho_{S'X'} = Corr(dS'/S', dX'/X')$$

将式（16-5）以本国货币计价（即乘以汇率 X），即以本国货币计价的第二种看涨期权定价模型如下。

$$C_2 = C_2' X$$
$$= S'Xe^{-qt}N(X_2) - Ke^{-rt}N(X_2 - \sigma_{S'X}\sqrt{t}) \tag{16-9}$$

此处：

$$X_2 = \frac{\ln(S'e^{-qt}/KX'e^{-rt})}{\sigma_{S'X}\sqrt{t}} + \frac{\sigma_{S'X}\sqrt{t}}{2} \tag{16-10}$$

$$X_2 - \sigma_{S'X}\sqrt{t} = -y_2 = \frac{\ln(S'e^{-qt}/KX'e^{-rt})}{\sigma_{S'X}\sqrt{t}} - \frac{\sigma_{S'X}\sqrt{t}}{2} \tag{16-11}$$

$$\sigma_{S'X}^2 = \sigma_{S'}^2 + \sigma_X^2 + 2\rho_{S'X}\sigma_{S'}\sigma_X = \sigma_{S'X'}^2$$

$\because Var\left(\dfrac{dX'}{X'}\right) = Var\left[\dfrac{d(1/X')}{(1/X')}\right] = Var\left(\dfrac{dX}{X}\right)$ 及 $Cov\left(\dfrac{dS'}{S'}, \dfrac{dX'}{X'}\right) = -Cov\left(\dfrac{dS'}{S'}, \dfrac{dX}{X}\right), X' = \dfrac{1}{X}$

$\therefore \rho_{S'X'} = -\rho_{S'X}$（容易证明）

根据式（16-9），Delta 对冲比率为：

$$\Delta_{S'} = \frac{\partial C_2}{\partial(S'X)} = e^{-qt}N(X_2)$$

应持有 $\Delta_{S'}$ 股的外国标的股，以对冲发行一单位的（外国）看涨期权的风险。同时应借入的本国现金为：

$B = Ke^{-rt}N(X_2 - \sigma_{S'X}\sqrt{t})$ 借入 B 元，并购进 $\Delta_{S'}$ 股以避险

因此，该看涨期权可由 $\Delta_{S'}$ 股的外国标的股加上融资 B，得以复制，以公式表示为：

$C_2 = (S'X)\Delta_{S'} + B$ 　　就是复制组合

（二）看跌期权定价模型及避险比率

若是看跌期权，其到期现金流量为 $p'^{*}_2 = \max(KX'^* - S'^*, 0)$，其定价模型可将式（16-9）的 S'、K、X_2 及 $X_2 - \sigma_{S'X}\sqrt{t}$ 转换成负值的 $-S'$、$-K$、$-X_2$ 及 $-(X_2 - \sigma_{S'X}\sqrt{t})$，即成为看跌期权的定价公式：

$$p_2 = Ke^{-rt}N(-X_2 + \sigma_{S'X'}\sqrt{t}) - S'Xe^{-qt}N(-X_2) \qquad (16-12)$$

此外，$\Delta_{p_2} = \dfrac{\partial p_2}{\partial(S'X)} = -e^{-qt}N(-X_2)$，应做空 Δ_p 股的外国股票来对冲发行一单位看跌期权的风险，同时应贷放的本国现金：

$$B = Ke^{-rt}N(-X_2 + \sigma_{S'X'}\sqrt{t})$$

或应贷放的外币现金 $(B' = X'B)$ 为

$$B' = X'Ke^{-rt}N(-X_2 + \sigma_{S'X'}\sqrt{t})$$

所以，该看跌期权可由 Δ_{p_2} 及 B 复制：$p_2 = (S'X)\Delta_{p_2} + B$。

四 挂钩固定汇率期权：第三种汇率挂钩期权

（一）看涨期权的定价及 Delta

第三种看涨期权的到期现金流量为：

$$C^*_3 = \bar{X}\max(S'^* - K', 0) \qquad (16-13)$$

将之转化成为外币计价：

$$\begin{aligned}
C'^*_3 &= X'^* C^*_3 = \bar{X}X'^* \max(S'^* - K', 0) & (16-14-1)\\
&= \bar{X}X'\left(\dfrac{X'^*}{X'}\right)\max\left[S'\left(\dfrac{S'^*}{S'}\right) - K', 0\right]\\
&= \bar{X}X'\left(\dfrac{X' + dX'}{X'}\right)\max\left[S'\left(\dfrac{S' + dS'}{S'}\right) - K', 0\right]\\
&= \bar{X}X'\left(1 + \dfrac{dX'}{X'}\right)\max\left[S'\left(1 + \dfrac{dS'}{S'}\right) - K', 0\right]\\
&= \bar{X}X'e^{r}\max(S'e^{u} - K', 0) & (16-14-2)
\end{aligned}$$

此处：$v = \ln\left(1 + \dfrac{dX'}{X'}\right)$，连续复利的汇率变动率

$u = \ln\left(1 + \dfrac{dS'}{S'}\right)$，连续复利的股票收益率

在风险中性环境下，该看涨期权的现在价值是其到期现金流量期望值的折现值（以本国无风险利率 r 折现），表示如下：

$$C'_3 = e^{-rt}\overline{X}X'E[e^v \max(S'e^u - K', 0)] \qquad (16-15)$$

$$= e^{-rt}\overline{X}X' \int_{-\infty}^{\infty} \int_{-\infty}^{\infty} e^v \max(S'e^u - K', 0) f(u,v) du dv$$

$$= e^{-rt}\overline{X}X' \int_{-\infty}^{\infty} \int_{\ln(K'/S')}^{\infty} e^v (S'e^u - K') f(u,v) du dv$$

此处：

$-\infty < v < \infty$，$\ln(K'/S') < u < \infty$

$f(u,v) = u$ 及 v 的二元正态分布（Bivariate Normal Density）

$$= \dfrac{1}{2\pi \sigma_{S'} \sigma_{X'} t \sqrt{1 - \rho_{S'X'}^2}}$$

$$\exp\left\{ \dfrac{-1}{2(1 - \rho_{S'X'}^2)} \left[\left(\dfrac{u - \mu_1 t}{\sigma_{S'}\sqrt{t}}\right)^2 - 2\rho_{S'X'} \left(\dfrac{u - \mu_1 t}{\sigma_{S'}\sqrt{t}}\right) \left(\dfrac{v - \mu_2 t}{\sigma_{X'}\sqrt{t}}\right) + \left(\dfrac{v - \mu_2 t}{\sigma_{X'}\sqrt{t}}\right)^2 \right] \right\}$$

$\mu_1 = r_f - q - \sigma_{S'X'} - \sigma_{S'}^2 / 2$

$\because du = (r_f - q - \sigma_{S'X'} - \sigma_{S'}^2 / 2) dt + \sigma_{S'} dW$

$\mu_2 = r_f - r - \sigma_{X'}^2 / 2$，

$\because dv = (r_f - r - \sigma_{X'}^2 / 2) dt + \sigma_{X'} dZ$

$\rho_{S'X'} = Corr(dS'/S', dX'/X')$

$= -Corr(dS'/S', dX/X) = -\rho_{S'X}$

$\sigma_{S'X} = -\sigma_{S'X'} = -\rho_{S'X'} \sigma_{S'} \sigma_{X'}$

将上面的双重积分分成两部分：

$$C'_3 = e^{-rt}\overline{X}X' \left\{ S' \int_{-\infty}^{\oplus\infty} \int_{\ln(K'/S')}^{\infty} e^{u+v} f(u,v) du dv - K' \int_{-\infty}^{\infty} \int_{\ln(K'/S')}^{\infty} e^v f(u,v) du dv \right\}$$

$$= e^{-rt}\overline{X}X' [S' \cdot e^{(r_f - q)t} \cdot \exp(\rho_{S'X'} \sigma_{S'} \sigma_{X'} t) N(X_3)$$

$$- K' \cdot N(X_3 - \sigma_{S'}\sqrt{t})]$$

$$\therefore C'_3 = \overline{X}X'\left[S'\left(\frac{e^{r_f}}{e^r}\right)^t \cdot e^{-qt} \cdot \exp(-\rho_{S'X}\sigma_{S'}\sigma_X t) N(X_3) \right.$$
$$\left. - K'e^{-r_f t} N(X_3 - \sigma_S\sqrt{t}) \right] \tag{16-16-1}$$
$$= \overline{X}X'\left[S'e^{-(r+q+\sigma_{S'X}-r_f)t} N(X_3) - Ke^{-rt} N(X_3 - \sigma_S\sqrt{t}) \right] \tag{16-16-2}$$
$$\sigma_{S'X} = \rho_{S'X}\sigma_{S'}\sigma_X$$

此处：第一个双重积分 $= e^{(r_f-q)t} \exp(\rho_{S'X}\sigma_{S'}\sigma_X t) \cdot N(X_3)$，详见本章附录二的注解。

第二个双重积分 $= N(X_3 - \sigma_{S'=0}\sqrt{t})$，详见本章附录二的注解。

$$X_3 = \frac{\ln(S'e^{-qt}/K'e^{-r_f t}) - \rho_{S'X}\sigma_{S'}\sigma_X t}{\sigma_S\sqrt{t}} + \frac{\sigma_S\sqrt{t}}{2} \tag{16-16-3}$$

再将式（16-16-1）的 C'_3 转换成以本国货币计价的固定汇率看涨期权：

$$C_3 = XC'_3 = \overline{X}\left[S'e^{-qt}\left(\frac{e^{r_f}}{e^r}\right)^t \exp(-\rho_{S'X}\sigma_{S'}\sigma_X t) N(X_3) \right.$$
$$\left. - K'e^{-r_f t} N(X_3 - \sigma_S\sqrt{t}) \right] \tag{16-17-1}$$
$$= \overline{X}\left[S'e^{-(r+q+\sigma_{S'X}-r_f)t} N(X_3) - K'e^{-r_f t} N(X_3 - \sigma_S\sqrt{t}) \right] \tag{16-17-2}$$

该看涨期权 C_3 的 Delta 为：

$$\Delta_S = \frac{\partial C_3}{\partial(XS')} = \left(\frac{\overline{X}}{X}\right) e^{-qt}\left(\frac{e^{r_f}}{e^r}\right)^t \cdot \exp(-\rho_{S'X}\sigma_{S'}\sigma_X t) N(X_3)$$

应买进 Δ_S 股的外国标的股票，以对冲发行一单位看涨期权的风险。同时，应借入的本国现金：

$$B = -\overline{X}K'e^{-r_f t} N(X_3 - \sigma_S\sqrt{t})$$

所以，该看涨期权 C_3 的复制组合为：

$(XS')\Delta_S + B (= C_3)$

其实，式（16-17）的定价也可利用等价概率平赌（Martingale Pricing）方法更简易，详见附录二的求解。

看涨期权 C_3 的经济意义如下：

在 C_3 的定价中，外国标的股价 S' 已透过两国利率差距加以调整 $[(e^{r_f}/e^r)^t]$，利率差距反映于两国汇率的变动中。因此，在 C_3 的定价中，汇率变动对定价的影响是透过汇率对外国标的股 S' 的调整 $(e^{r_f}/e^r)^t$。此外，汇率变动与股价变动间的关系对定价 C_3 的影响是透过两者的相关系数反映于 $\exp(\rho_{S'X}\sigma_{S'}\sigma_X t)$ 内。

（二）看跌期权的定价及 Delta

由 C_3 的定价式（16-17）可知，看跌期权的定价模型如下：

$$p_3 = \overline{X}[K'e^{-rt}N(-X_3 + \sigma_S\sqrt{t}) - S'e^{-qt}\left(\frac{e^{r_f}}{e^r}\right)^t$$
$$\exp(-\rho_{S'X}\sigma_{S'}\sigma_X t)N(-X_3)] \quad (16-18-1)$$
$$= \overline{X}[K'e^{-rt}N(-X_3 + \sigma_S\sqrt{t}) - S'e^{-(r+q+\sigma_{S'X}-r_f)t}N(-X_3)] \quad (16-18-2)$$

$$\therefore \Delta_{p_3} = \frac{\partial p_3}{\partial (XS')} = -\left(\frac{\overline{X}}{X}\right)e^{-qt}\left(\frac{e^{r_f}}{e^r}\right)^t \cdot \exp(-\rho_{S'X}\sigma_{S'}\sigma_X t)N(-X_3)$$
$$= -\left(\frac{\overline{X}}{X}\right)e^{-(r+q+\sigma_{S'X}-r_f)t}N(-X_3)$$

应放空 Δ_{p_3} 股的外国标的股，以对冲发行一单位看跌期权的风险。同时应贷放的本国现金：

$$B = \overline{X}K'e^{-rt}N(-X_3 + \sigma_S\sqrt{t})$$

所以该看跌期权的复制组合为：

$$(XS')\Delta_{p_3} + B(=p_3)$$

五

第四种汇率挂钩期权

（一）看涨期权的定价及 Delta

第四种看涨期权的到期收益为：

$$C_4^* = S'^* \cdot \max(X^* - K, 0)$$

以等价概率平赌方法求解如下：

$$C_4 = e^{-rt}E^Q[S'^* \cdot (X^* - K) \cdot 1_{(X^* > K)}]$$
$$= e^{-rt} \cdot E^Q[S^* \cdot (X^* - K) \cdot 1_{(X^* > K)}]$$
$$= e^{-rt}\underbrace{E^Q[(S'^* \cdot X^*)1_{(X^* > K)}]}_{(\text{I})} - \underbrace{Ke^{-rt} \cdot E^Q[S'^* \cdot 1_{(X^* > K)}]}_{(\text{II})} \quad (16-19)$$

在本国概率平赌测度 Q 之下，外国股价（S'）及汇率 X 的随机过程如下：

$$\frac{dS'}{S'} = (r_f - q - \sigma_{S'X})dt + \sigma_{S'}dW_{t,S'}^Q$$

$$\frac{dX}{X} = (r - r_f)dt + \sigma_X \cdot dW_{t,X}^Q$$

$$\therefore S'^* = S' \cdot \exp\left[\left(r_f - q - \sigma_{S'X} - \frac{1}{2}\sigma_{S'}^2\right)t + \sigma_{S'} \cdot \Delta W_{t,S'}^Q\right]$$

$$X^* = X \cdot \exp\left[\left(r - r_f - \frac{1}{2}\sigma_X^2\right)t + \sigma_X \Delta W_{t,X}^Q\right]$$

为先求算式（16-19）的第一项期望值（I）：

$$(I) = E^Q[(S'^* X^*) 1_{\{X^* > K\}}]$$

$$= E^Q[S' \cdot e^{(r_f - q - \sigma_{S'X} - \frac{1}{2}\sigma_{S'}^2)t + \sigma_{S'} \cdot \Delta W_{t,S'}^Q} \cdot Xe^{(r - r_f - \frac{1}{2}\sigma_X^2)t + \sigma_X \cdot \Delta W_{t,X}^Q} \cdot 1_{\{X^* > K\}}]$$

$$= (XS')e^{r - q - \sigma_{S'X} - \frac{1}{2}\sigma_{S'}^2 - \frac{1}{2}\sigma_X^2)t} \cdot E^Q[e^{\sigma_{S'} \cdot \Delta W_{t,S'}^Q + \sigma_X \cdot \Delta W_{t,X}^Q} \cdot 1_{\{X^* > K\}}] \quad (16-20)$$

此处：$\dfrac{\Delta W_{t,S'}^Q}{\sqrt{t}} = Z_1 \sim N(0,1)$，$\dfrac{\Delta W_{t,X}^Q}{\sqrt{t}} = Z_2 \sim N(0,1)$

$$\therefore X^* > K \Rightarrow Xe^{(r - r_f - \frac{1}{2}\sigma_X^2)t + \sigma_X \cdot \Delta W_{t,X}^Q} > K$$

$$\Rightarrow \frac{\Delta W_{t,X}^Q}{\sqrt{t}} > \frac{\ln[K/X] - \left(r - r_f - \frac{1}{2}\sigma_X^2\right)t}{\sigma_X \cdot \sqrt{t}}, \Rightarrow Z_2 > k$$

此处：$k = \dfrac{\ln\dfrac{K}{X} - \left(r - r_f - \dfrac{1}{2}\sigma_X^2\right)t}{\sigma_X \cdot \sqrt{t}}$

所以，（I）可以改写成为：

$$E^Q[e^{\sigma_{S'} \cdot \Delta W_{t,S'}^Q + \sigma_X \cdot \Delta W_{t,X}^Q} \cdot 1_{\{X^* > K\}}]$$

$$= E^Q[e^{(\sigma_S \sqrt{t}) \cdot Z_1 + (\sigma_X \sqrt{t}) Z_2} \cdot 1_{\{Z_2 > k\}}]$$

$$= \exp\left[\frac{c^2 + d^2 + 2\rho_{S'X}cd}{2}\right] \cdot N\left[\frac{ac + bd + \rho_{S'X}(ad + bc) - k}{\sqrt{a^2 + b^2 + 2\rho_{S'X}ab}}\right]$$

运用已知的公式，此处：

$$c = \sigma_S \sqrt{t}, \ d = \sigma_X \sqrt{t}, \ a = 0, \ b = 1$$

$$= \exp\left[\frac{(\sigma_S \sqrt{t})^2 + (\sigma_X \sqrt{t})^2 + 2\rho_{S'X}(\sigma_S \sqrt{t})(\sigma_X \sqrt{t})}{2}\right] \cdot N[\sigma_X \sqrt{t} + \rho_{S'X}(\sigma_S \sqrt{t}) - k]$$

$$= e^{\frac{\sigma_{S'}^2 t + \sigma_X^2 t + 2\rho_{S'X}\sigma_{S'}\sigma_X t}{2}} \cdot N(x_4) \quad (16-21)$$

此处：$x_4 = \sigma_X \sqrt{t} + \rho_{S'X}(\sigma_S \sqrt{t}) - k$

$$= \sigma_X \sqrt{t} + \rho_{S'X}(\sigma_S \sqrt{t}) - \frac{\ln\dfrac{K}{X} - \left(r - r_f - \dfrac{1}{2}\sigma_X^2\right)t}{\sigma_X \sqrt{t}}$$

$$= \frac{\sigma_X^2 t + \rho_{S'X}\sigma_{S'}\sigma_X t + \ln\dfrac{X}{K} + \left(r - r_f - \dfrac{1}{2}\sigma_X^2\right)t}{\sigma_X \sqrt{t}}$$

$$= \frac{\ln\left[\dfrac{Xe^{-r_f}}{Ke^{-rt}}\right] + \rho_{S'X}\sigma_{S'}\sigma_x t}{\sigma_x\sqrt{t}} + \frac{1}{2}\sigma_x\sqrt{t}$$

因此式（16-19）的第一项结果为：

$$e^{-rt} \cdot (XS') \cdot e^{(r-q-\sigma_{S'X}-\frac{1}{2}\sigma_{S'}^2-\frac{1}{2}\sigma_x^2)t} \cdot e^{\frac{1}{2}\sigma_{S'}^2 t + \frac{1}{2}\sigma_x^2 t + \rho_{S'X}\sigma_{S'}\sigma_x t} \cdot N(x_4)$$
$$= (XS')e^{-qt} \cdot N(x_4) \tag{16-22}$$

式（16-19）的第二项（II）求算如下：

$$(\text{II}) = Ke^{-rt} \cdot E^Q[S'^* \cdot 1_{(X^*>K)}]$$
$$= Ke^{-rt} \cdot S'e^{(r_f - q - \sigma_{S'X} - \frac{1}{2}\sigma_{S'}^2)t} \cdot E^Q[e^{\sigma_{S'} \cdot \Delta W_{t,S'}} \cdot 1_{(X^*>K)}] \tag{16-23}$$

同样的方法，上式中的期望值可求算如下：

$$E^Q[e^{\sigma_{S'} \cdot \Delta W_{t,S'}^Q} \cdot 1_{(X^*>K)}]$$
$$= E^Q[e^{(\sigma_{S'} \cdot \sqrt{t}Z_1)} \cdot 1_{(Z_2>k)}], \quad Z_2 = \frac{\Delta W_{t,X}^Q}{\sqrt{t}}$$
$$= e^{\frac{1}{2}\sigma_{S'}^2 t} \cdot N[\rho_{S'X}(\sigma_S\sqrt{t}) - k] \quad \text{利用本章附录一式（16-A4）}$$
$$= e^{\frac{1}{2}\sigma_{S'}^2 t} \cdot N(X_4') \tag{16-24}$$

此处：$X_4' = \rho_{S'X}(\sigma_S\sqrt{t}) - k$

$$= \rho_{S'X}(\sigma_S\sqrt{t}) - \frac{\ln\dfrac{K}{X} - \left(r - r_f - \dfrac{1}{2}\sigma_x^2 t\right)}{\sigma_X\sqrt{t}}$$

$$= \frac{\rho_{S'X}\sigma_{S'}\sigma_x t + \ln\dfrac{X}{K} + \left(r - r_f - \dfrac{1}{2}\sigma_X^2\right)t}{\sigma_X\sqrt{t}}$$

$$= \frac{\ln\left[\dfrac{Xe^{-r_f \cdot t}}{Ke^{-r \cdot t}}\right] + \rho_{S'X}\sigma_{S'}\sigma_x t}{\sigma_X\sqrt{t}} - \frac{1}{2}\sigma_X\sqrt{t} = X_4 - \sigma_X\sqrt{t}$$

最后：

$$(\text{II}) = Ke^{-rt} \cdot S'e^{(r_f - q - \sigma_{S'X} - \frac{1}{2}\sigma_x^2)t} e^{\frac{1}{2}\sigma_{S'}^2 t} \cdot N(x_4 - \sigma_X\sqrt{t})$$
$$= KS'e^{-(r - r_f + q + \sigma_{S'X})t} \cdot N(x_4 - \sigma_X\sqrt{t}) \tag{16-25}$$

因此，第四种汇率挂钩看涨期权的定价公式为：

$$C_4 = (XS')e^{-qt} \cdot N(X_4) - KS'e^{-(r - r_f + q + \sigma_{S'X})t} \cdot N(X_4 - \sigma_X\sqrt{t}) \quad \text{（另见附录三利用二元 Girsanov 定理的方法定价）} \tag{16-26}$$

此处：$$X_4 = \frac{\ln\left[\dfrac{Xe^{-r_f \cdot t}}{Ke^{-r \cdot t}}\right] + \rho_{S'X}\sigma_{S'}\sigma_X t}{\sigma_X\sqrt{t}} + \frac{1}{2}\sigma_X\sqrt{t} \tag{16-27-1}$$

$$\therefore \text{Delta}(\Delta_{S'}) = \frac{\partial C_4}{\partial(XS')} = e^{-qt}N(X_4)$$

应买进 $\Delta_{S'}$ 股的外国标的股,同时应借入的本国现金。

$$B = -KS'e^{-qt}\left(\frac{e^{r_f}}{e^r}\right)^t \exp(-\rho_{S'X}\sigma_{S'}\sigma_X t)N(X_4 - \sigma_X\sqrt{t})$$

$$= -KS'e^{-(r+q+\sigma_{S'X}-r_f)t}N(X_4 - \sigma_X\sqrt{t})$$

或以外币计价:

$$B' = BX' = -KX'S'e^{-qt}\left(\frac{e^{r_f}}{e^r}\right)^t \exp(-\rho_{S'X}\sigma_{S'}\sigma_X t)N(X_4 - \sigma_X\sqrt{t})$$

$$= -K'S'e^{-(r+q+\sigma_{S'X}-r_f)t}N(X_4 - \sigma_X\sqrt{t})$$

(二) 看跌期权的定价模型及 Delta

$$\begin{aligned}
p_4 &= KS'e^{-qt}\left(\frac{e^{r_f}}{e^r}\right)^t \exp(-\rho_{S'X}\sigma_{S'}\sigma_X t)N(-X_4 + \sigma_X\sqrt{t}) \\
&\quad - XS'e^{-qt}N(-X_4) \quad\quad\quad\quad\quad\quad\quad\quad\quad (16-27-2) \\
&= KS'e^{-(r+q+\sigma_{S'X}-r_f)t}N(-X_4 + \sigma_X\sqrt{t}) - XS'e^{-qt}N(-X_4) \quad (16-27-3)
\end{aligned}$$

$$\Delta p_4 = \frac{\partial p_4}{\partial(XS')} = -e^{-qt}N(-X_4) \quad\quad (做空)$$

$$\begin{aligned}
B &= KS'e^{-qt}\left(\frac{e^{r_f}}{e^r}\right)^t \exp(-\rho_{S'X}\sigma_{S'}\sigma_X t)N(-X_4 + \sigma_X\sqrt{t}) \quad\quad (贷放) \\
&= KS'e^{-(r+q+\sigma_{S'X}-r_f)t}N(-X_4 + \sigma_X\sqrt{t})
\end{aligned}$$

参考文献

1. Dravid, A., M. Richardson, and T. Sun, "Pricing Foreign Index Contingent Claims: An Application to Nikkei Index Warrants", *The Journal of Derivatives*, Fall 1993, 33-51.

2. Hull, J. and A. White, "Numerical Procedures for Implementing Term Structure Models II: Two-Factor Models", *The Journal of Derivatives*, Winter 1994, 37-48.

本章附录一　第一种汇率挂钩看涨期权的定价

根据第 15 章式（15 – 17）和（15 – 18）：

$$\frac{dS'}{S'} = (r - q - \sigma_{S'X})dt + \sigma dW_S^Q, \quad \sigma_{S'X} = \rho_{S'X}\sigma_{S'}\sigma_X$$

$$\frac{dX}{X} = (r - r_f)dt + \sigma dW_X^Q$$

$$\therefore S'^* = S'\exp\left[\left(r_f - q - \sigma_{S'X} - \frac{1}{2}\sigma_{S'}^2\right)t + \sigma_{S'}W_{S'}^Q\right] \tag{16 – A1}$$

$$X^* = X\exp\left[\left(r - r_f - \frac{1}{2}\sigma_X^2\right)t + \sigma_X W_X^Q\right] \tag{16 – A2}$$

$$C_1 = e^{-rt}E[X^*\max(S'^* - K', 0)] \tag{16 – A3}$$

$$= e^{-rt}E[X^*(S'^* - K')I_{(S'^* > K')}]$$

$$= e^{-rt}\underbrace{E[X^*S'^*I_{(S'^* > K')}]}_{A} - e^{-rt}K'\underbrace{E[X^*I_{(S'^* > K')}]}_{B} \tag{16 – A4}$$

计算第一个期望值如下：

$$A = E^Q[X^*S'^*1_{(S'^* > K')}] = XS'e^{(r-q)t} \cdot E^Q\left[e^{\sigma_X W_X^Q + \sigma_{S'}W_{S'}^Q - \frac{1}{2}(\sigma_X^2 + \sigma_{S'}^2 + 2\rho_{S'X}\sigma_{S'}\sigma_X)}\right]_{1_{(\cdot)}}$$

运用二元 Girsanov 定理（详见附录三）：

$$\therefore \beta_{1u} = \sigma_X, \beta_{2u} = \sigma_{S'} \Rightarrow \begin{cases} dW_X^Q = dW_X^R + (\sigma_X + \rho\sigma_{S'})dt \\ dW_{S'}^Q = dW_{S'}^R + (\sigma_{S'} + \rho\sigma_X)dt \end{cases}$$

$$\Rightarrow \frac{dX}{X} = (r - r_f)dt + \sigma_X[dW_X^R + (\sigma_X + \rho\sigma_{S'})dt]$$

$$= (r - r_f + \sigma_{S'X} + \sigma_X^2)dt + \sigma_X dW_X^R$$

$$\frac{dS'}{S'} = (r_f - q - \sigma_{S'X})dt + \sigma_{S'}[dW_{S'}^R + (\sigma_{S'} + \rho\sigma_X)dt]$$

$$= (r_f - q + \sigma_{S'}^2)dt + \sigma_{S'}dW_{S'}^R$$

$$X^* = X\exp\left[\left(r - r_f + \sigma_{S'X} + \frac{1}{2}\sigma_X^2\right)t + \sigma_X W_X^R\right],$$

$$S'^* = S'\exp\left[\left(r_f - q + \frac{1}{2}\sigma_{S'}^2\right)t + \sigma_{S'}W_{S'}^R\right]$$

$$= XS'e^{(r-q)t} \cdot E^Q(1_{(\cdot)}) = XS'e^{(r-q)t} \cdot \underbrace{P_r^R(S'^* > K')}_{N(d_1)}$$

$$= XS'e^{(r-q)t}N(d_1) \tag{16 – A5}$$

$$d_1 = \frac{\ln(S'/K') + \left(r_f - q + \frac{1}{2}\sigma_{S'}^2\right)t}{\sigma_S \sqrt{t}}$$

计算第二个期望值如下：

$$B = E^Q[X^* 1_{\{S'^* > K'\}}] = Xe^{(r-r_f)t} E^Q[\overbrace{e^{-\frac{1}{2}\sigma_X^2 t + \sigma_X W_X^Q}}^{dR/dQ} \cdot 1_{(\cdot)}]$$

$$= Xe^{(r-r_f)t} \overbrace{P_r^R(S'^* > K')}^{N(d_2)}; \text{以下求算测度转换后，在测度 } R \text{ 之下}$$

S' 的随机过程：

$$\therefore \beta_{1u} = \sigma_X, \beta_{2u} = 0 \Rightarrow dW_X^Q = dW_X^R + \sigma_X dt, \ dW_{S'}^Q = dW_{S'}^R + \rho\sigma_X dt$$

$$\Rightarrow \frac{dS'}{S'} = (r_f - q - \sigma_{S'X})dt + \sigma_{S'}(dW_{S'}^R + \rho\sigma_X dt) = (r_f - q)dt + \sigma_{S'}dW_{S'}^R$$

$$\therefore S'^* = S'\exp\left[\left(r_f - q - \frac{1}{2}\sigma_{S'}^2\right)t + \sigma_{S'}W_{S'}^R\right]$$

$$\therefore P_r^R(S'^* > K') = N(d_2), \ d_2 = \frac{\ln(S'/K) + \left(r_f - q - \frac{1}{2}\sigma_{S'}^2\right)t}{\sigma_S\sqrt{t}} = d_1 - \sigma_S\sqrt{t}$$

$$B = Xe^{(r-r_f)t}N(d_2)$$

最后将 A 及 B 代入（16-A4），即定价公式中。

本章附录二　第三种汇率挂钩期权的定价

以等价概率平赌的方法定价固定汇率挂钩的看涨期权，如下：

外国股价以当地国货币计价的价格变动过程为：

$$\frac{dS'}{S'} = (r_f - q)dt + \sigma_{S'}dW_{S'}^{Q'} \tag{16-B1}$$

汇率变动过程为：

$$\frac{dX}{X} = (r - r_f)dt + \sigma_X dW_X^Q \tag{16-B2}$$

此处：X = 以本国货币计价的每一单位外币，即汇率

Q' = 在（外国）风险中性下的概率测度

根据 Hull 及 White（1994，p. 39）或 Dravid、Richardson 及 Sun [1998，式（16-3）]，以本国投资人观点下的外国股价变动程式（16-B1）可改写为

$$\frac{dS'}{S'} = (r_f - q - \rho\sigma_{S'}\sigma_X)dt + \sigma_{S'}dW_{S'}^Q \tag{16-B3}$$

Q = 本国风险中性概率测度

[或参见第15章汇率挂钩远期契约式（16-18）]。

利用 Itô 定理及式（16-B2）与（16-B3），$\ln S'$ 及 $\ln X$ 的变动过程可表示为：

$$d\ln S' = \left(r_f - q - \rho_{S'X}\sigma_{S'}\sigma_X - \frac{1}{2}\sigma_{S'}^2\right)dt + \sigma_{S'}dW_{S'}^Q \quad (16-B4)$$

$$d\ln X = \left(r - r_f - \frac{1}{2}\sigma_X^2\right)dt + \sigma_X dW_X^Q \quad (16-B5)$$

由积分求解（Integral Solutions）式（16-B4）及（16-B5）获得：

$$S'^* = S'\exp\left[\left(r_f - q - \rho_{S'X}\sigma_{S'}\sigma_X - \frac{1}{2}\sigma_{S'}^2\right)t + \sigma_{S'}\Delta W_{S'}^t\right] \quad (16-B6)$$

$$X^* = X\exp\left[\left(r - r_f - \frac{1}{2}\sigma_X^2\right)t + \sigma_X\Delta W_X^t\right] \quad (16-B7)$$

而且，

$$\ln S'^* \sim N\left[\ln S' + \left(r_f - q - \rho_{S'X}\sigma_{S'}\sigma_X - \frac{1}{2}\sigma_{S'}^2\right)t, \sigma_{S'}^2 t\right] \quad (16-B8)$$

$$\ln X^* \sim N\left[\ln X + \left(r - r_f - \frac{1}{2}\sigma_X^2\right)t, \sigma_X^2 t\right] \quad (16-B9)$$

在风险中性之下

$$\begin{aligned}
C_3 &= e^{-rt}E^Q[\overline{X}\max(S'^* - K', 0)] \\
&= e^{-rt}\overline{X}E^Q[(S'^* - K')I_{\{S'^* > K'\}}] \\
&= e^{-rt}\overline{X}E^Q[S'^* I_{\{S'^* > K'\}}] - e^{-rt}\overline{X}K'E^Q[I_{\{S'^* > K'\}}] \quad (16-B10)
\end{aligned}$$

式（16-B10）内的第二期望值求解如下：

$$\begin{aligned}
E^Q[I_{(S'^* > K')}] &= P_r^Q(\ln S'^* > \ln K') \\
&= P_r^Q\left[-\frac{\Delta W_{S'}^Q}{\sqrt{t}} \leq \underbrace{\frac{\ln(S'e^{-qt}/K'e^{-r_f t}) - \rho_{S'X}\sigma_{S'}\sigma_X t - \frac{1}{2}\sigma_{S'}^2 t}{\sigma_S\sqrt{t}}}_{X_3 - \sigma_S\sqrt{t}}\right] \\
&= N(X_3 - \sigma_S\sqrt{t}) \quad (16-B11)
\end{aligned}$$

此处：

$$-\frac{\Delta W_{S'}^Q}{\sqrt{t}} \sim N(0,1)$$

$$X_3 = \frac{\ln(S'e^{-qt}/K'e^{-r_f t}) - \rho_{S'X}\sigma_{S'}\sigma_X t + \frac{1}{2}\sigma_{S'}^2 t}{\sigma_S\sqrt{t}} \quad (16-B12)$$

式（16-B10）内的第一期望值求算如下：

$$E^Q[S'^* I_{\{S'^*>K'\}}] = S'e^{(r_f-q-\rho_{S'X}\sigma_{S'}\sigma_X)t} E^Q[\zeta_T I_{\{S'^*>K'\}}]$$

$$\text{（此处 } \zeta_T = e^{-\sigma_{S'}^2 t/2 + \sigma_{S'}\Delta W_{S'}^Q}\text{）}$$

$$= S'e^{(r_f-q)t}e^{-\rho_{S'X}\sigma_{S'}\sigma_X t} \cdot E^R[I_{\{S'^*>K'\}}]$$

$$= S'e^{(r_f-q)t}e^{-\rho_{S'X}\sigma_{S'}\sigma_X t} \cdot P_r^R(S'^*>K')$$

$$= S'e^{(r_f-q)t}e^{-\rho_{S'X}\sigma_{S'}\sigma_X t} N(X_3) \quad (16-B13)$$

此处，在 R 测度下，$dW^R = dW^Q - \sigma_{S'}dt$，

$$S'^* = S'\exp\left[\left(r_f - q - \rho_{S'X}\sigma_{S'}\sigma_X + \frac{1}{2}\sigma_{S'}^2\right)t + \sigma_{S'}\Delta W_{S'}^R\right]$$

或

$$d\ln S'^* = \left(r_f - q - \rho_{S'X}\sigma_{S'}\sigma_X + \frac{1}{2}\sigma_{S'}^2\right)dt + \sigma_{S'}dW_{S'}^R$$

将式（16-B11）及（16-B13）代入式（16-B1）简化即是式（16-17）。若再乘以 X' 即成为式（16-16）。

注：式（16-16）内的两个积分其实也是上面等价概率平赌的求解：

$$S'\int_{-\infty}^{\infty}\int_{\ln(K'/S')}^{\infty} e^{u+v}f(u,v)dudv = E^Q[S'^* I_{\{S'^*>K'\}}]$$

$$= S'e^{(r_f-q)t} \cdot \exp(-\rho_{S'X}\sigma_{S'}\sigma_X) \cdot N(X_3)$$

$$\int_{-\infty}^{\infty}\int_{\ln(K'/S')}^{\infty} e^v f(u,v)dudv = E^Q[I_{\{S'^*>K'\}}] = N(X_3 - \sigma_{S'}\sqrt{t})$$

本章附录三　第四种汇率挂钩期权的定价

$$C_4 = e^{-rt}E[S'^*\max(X^*-K,0)]$$

$$= e^{-rt}\underbrace{E^Q[S'^*X^* 1_A]}_{②} - \underbrace{Ke^{-rt}E[S'^* 1_A]}_{①} \text{ where } A = [X^*>K]$$

① $= E^Q[S'^* 1_A]$

$$= E^Q[S'e^{(r_f-q-\rho\sigma_{S'}\sigma_X - \frac{\sigma_{S'}^2}{2})t + \sigma_{S'}W_{S'}^Q} 1_A] = S'e^{(r_f-q-\rho\sigma_{S'}\sigma_X)t} E^Q[\xi_t \cdot 1_A]$$

利用二元 Girsano 定理：

$$\frac{dR}{dQ} = \exp\left\{\int_0^t \beta_{1u}dW_X + \int_0^t \beta_{2u}dW_S - \frac{1}{2}\left[\int_0^t(\beta_{1u}^2 + \beta_{2u}^2 + 2\rho\beta_{1u}\beta_{2u})\right]dt\right\}$$

$$dW_{S'}^Q = dW_{S'}^R + (\rho\beta_{1t} + \beta_{2t})dt, \quad dW_X^Q = dW_X^R + (\beta_{1t} + \rho\beta_{2t})dt$$

$$\therefore \xi_t = e^{-\frac{\sigma_{S'}^2}{2}t + \sigma_{S'}W_{S'}^Q} \Rightarrow \beta_{1t} = 0, \beta_{2t} = \sigma_{S'}$$

$$\therefore dW_{S'}^{Q} = dW_{S'}^{R} + \sigma_{S'} dt$$

$$dW_{X}^{Q} = dW_{X}^{R} + (0 + \rho\sigma_{S'}) dt$$

$$\therefore \text{①} = S'e^{(r_f - q - \rho\sigma_{S'}\sigma_X)t} E^R[1_A]$$

$$= S'e^{(r_f - q - \rho\sigma_{S'}\sigma_X)t} P_r^R(X^* > K) \qquad [X^* = Xe^{(r - r_f + \rho\sigma_{S'}\sigma_X - \frac{1}{2}\sigma_X^2)t + \sigma_X W_X^R}]$$

$$= S'e^{(r_f - q - \rho\sigma_{S'}\sigma_X)t} P_r^R\left[\ln X + \left(r - r_f + \rho\sigma_{S'}\sigma_X - \frac{\sigma_X^2}{2}\right)t + \sigma_X W_X > \ln K\right]$$

$$= S'e^{(r_f - q - \rho\sigma_{S'}\sigma_X)t} N(d_4 - \sigma_X\sqrt{t}) \quad \text{此处 } d_4 = \frac{\ln(X/K) + \left(r - r_f + \rho\sigma_{S'}\sigma_X + \frac{\sigma_X^2}{2}\right)t}{\sigma_X\sqrt{T}}$$

$$\text{②} = E^Q\left[S'e^{(r_f - q - \rho\sigma_{S'}\sigma_X - \frac{\sigma_{S'}^2}{2})t + \sigma_{S'}W'_{S'}} Xe^{(r - r_f - \frac{\sigma_X^2}{2})t + \sigma_X W_X} 1_A\right]$$

$$= S'Xe^{(r-q)t} E^Q\left[e^{-\frac{1}{2}(\sigma_{S'}^2 + \sigma_X^2 + 2\rho\sigma_{S'}\sigma_X)t + \sigma_{S'}W_{S'} + \sigma_X W_X} 1_A\right]$$

$$= S'Xe^{(r-q)t} E^Q[\xi_t 1_A]$$

$$\left[\text{此处 } \xi_t = e^{-\frac{1}{2}(\sigma_{S'}^2 + \sigma_X^2 + 2\rho\sigma_{S'}\sigma_X)t + \sigma_{S'}W_{S'}^Q + \sigma_X W_X^Q} \Rightarrow \begin{cases} dW_{S'}^{Q} = dW_{S'}^{R} + (\sigma_{S'} + \rho\sigma_X) dt \\ dW_{X}^{Q} = dW_{X}^{R} + (\sigma_X + \rho\sigma_{S'}) dt \end{cases} \Rightarrow X^*\right.$$

$$\left. = X_e^{(r - r_f + \rho\sigma_{S'}\sigma_X + \frac{\sigma_X^2}{2})t + \sigma_X W_X^R}\right]$$

$$= S'Xe^{(r-q)t} E^R[1_A]$$

$$= S'Xe^{(r-q)t} P_r^R(X^* > K)$$

$$= S'Xe^{(r-q)t} P_r^R\left[\ln X + \left(r - r_f + \rho\sigma_{S'}\sigma_X + \frac{\sigma_X^2}{2}\right)t + \sigma_X W_X^R > \ln K\right]$$

$$= S'Xe^{(r-q)t} N(d_4)$$

$$\therefore C_4 = e^{-rt} \times \text{②} - Ke^{-rt} \times \text{①}$$

$$= S'Xe^{-qt} N(d_4) - S'Ke^{-(r - r_f + q + \rho\sigma_{S'}\sigma_X)t} N(d_4 - \sigma_X\sqrt{t})$$

$$\text{此处 } d_4 = \frac{\ln(X/K) + \left(r - r_f + \rho\sigma_{S'}\sigma_X + \frac{\sigma_X^2}{2}\right)t}{\sigma_X\sqrt{t}}$$

第17章　美式汇率挂钩期权

在前一章，我们对四种不同类型欧式汇率挂钩期权的定价、避险参数（Delta）及其复制组合已做了很详细的分析。但汇率挂钩期权有的是属于美式，因此提前行权的可能是存在的，我们不能使用前一章欧式汇率挂钩期权的定价模型来定价美式期权。至于美式汇率挂钩期权的实务应用与前一章欧式期权的应用很类似，只是可以提前行权而已，本章不再重复。在本章中，我们将介绍如何利用偏微分方程及二叉树求解美式汇率挂钩期权。

提前行权的可能性

在标的物支付连续股利率（或方便收益率）q下，美式期权都会有被提前行权的可能。我们从期权的理论已知，当美式期权（看涨期权或看跌期权）的内在价值（Intrinsic Value，或称行权价值 Exercise Value）大于其对应的欧式期权（看涨期权或看跌期权）时，则美式期权会被提前行权，以第一类型的美式汇率挂钩期权而言，其提前行权条件可以表示如下：

$$AC_{1t} \geq \max[X_t(S'_t - K'), C_{1t}] \qquad (17-1)$$

此处：AC_{1t} = 美式第一类型汇率挂钩看涨期权

$X_t(S'_t - K')$ = 美式第一类型汇率挂钩看涨期权在时间 t 的内涵价值（行权价值）

C_{1t} = 欧式第一类型汇率挂钩看涨期权在时间 t 的价值

　　　= 前一章的式（17-1）

$$= X_t S'_t e^{-qt} N(d_1) - K' X_t e^{-r_f t} N(d_1 - \sigma_S \sqrt{t}) \quad (17-2)$$

S' = 外国标的价格

X = 以本国货币计价的每一单位外币（汇率）

$X' = 1/X$①

由式（17-1）可知，AC_{1t} 被提前行权的条件是：

$$X_t(S'_t - K') > C_{1t} \quad (17-3)$$

若 $X_t(S'_t - K') = C_{1t}$，则 $AC_{1t} = C_{1t}$ 欧式与美式看涨期权相同，不会被提前行权。

$\therefore X_t(S'_t - K') > X_t S'_t e^{-qt} N(d_1) - K' X_t e^{-r_f t} N(d_1 - \sigma_S \sqrt{t})$ 利用式（17-2）

当 S'_t 是很大时（$S'_t \to \infty$），则 $N(d_1) \to 1$ 及 $N(d_1 - \sigma_S \sqrt{t}) \to 1$

$\therefore S'_t - K' > S'_t e^{-qt} - K' e^{-r_f t}$ （就很大的 S_t 而言）

$S'_t(1 - e^{-qt}) > K(1 - e^{-r_f t})$

或：

$$S'_t > K(1 - e^{-r_f t})/(1 - e^{-qt}) = S'_t \quad (17-4)$$

根据式（17-3）及（17-4），我们可确知会有一个很大的 S_t 能使式（17-4）成立（$S'_t > S'_t$），所以式（17-3）也会成立，以概率表示则为：

$$P_r[X_t(S'_t - K') > C_{1t}] > 0 \quad (17-5)$$

既然其概率大于零，则该美式看涨期权有被提前行权的可能。而式（17-1）是其定价基础。

至于美式第二类型汇率挂钩看涨期权 AC_{2t}，其提前行权条件的条件为：

$$AC_{2t} \geq \max(S'_t - KX'_T, C_{2t}) \quad (17-6)$$

此处： C_{2t} = 前一章的式（17-9）

= 欧式第二类型汇率挂钩看涨期权在时间 t 的价值

$S'_t - KX'_T$ = 美式第二类型汇率挂钩看涨期权在时间 t 的行权价值

正如第一类型，我们可证明式（17-6）存在的概率大于零：

$S'_t - KX'_T > C_{2t} = S'_t e^{-qt} N(X_2) - KX' e^{-rt} N(X_2 - \sigma_{S'X} \sqrt{t})$

$\therefore$ 就很大的 S'_t 而言

$S'_t - KX'_T > S'_t e^{-qt} - KX' e^{-rt}$

$$\therefore S'_t > K(X'_T - X' e^{-rt})/(1 - e^{-qt}) = s''_t \quad (17-7)$$

所以由式（17-7），一定有一个很大的 S'_t，能使式（17-7）成立（$S'_t > s''_t$），

---

① 其他符号与前一章相同。

因此式（17-6）也会成立，也就是

$$P_r[S_t' - KX_T' > C_{2t}] > 0 \tag{17-8}$$

故美式第二类看涨期权有被提前行权的可能。

类似的，我们可证明其他两类型美式看涨期权被提前行权的概率大于零，也就是有被提前行权的可能。在设有支付股息的情况下，美式看涨期权等于欧式看涨期权，但此情况不适用美式看跌期权。在本章中，因为汇率是标的，而且外国利率的角色相当于股息，所以美式汇率看涨期权不会等同于欧式汇率看涨期权。

美式第一类型汇率挂钩看涨或看跌期权

在汇率挂钩远期契约一章中，我们已经推导出在风险中性下，任何汇率及外国标的物的衍生品定会满足下列偏微分方程（pde）：并考量 q 的存在。

$$r_d f = \frac{\partial f}{\partial t} + \frac{\partial f}{\partial S}S(r_f - \sigma_{SX} - q) + \frac{\partial f}{\partial X}X(r_d - r_f)$$
$$+ \frac{1}{2}\frac{\partial^2 f}{\partial S^2}S^2\sigma_S^2 + \frac{1}{2}\frac{\partial^2 f}{\partial X^2}X^2\sigma_X^2 + \frac{\partial^2 f}{\partial S \partial X}XS\sigma_{SX} \tag{17-9}$$

式（17-9）的偏微分方程涉及两个状态变量（State Variables）S_t 及 X_t。在求解时比较困难。若能将式（17-9）式转换成只有一个状态变量，正如布莱克—修斯（BS）的 pde，则求解自然比较容易，而且也可以运用二叉树（Binomial Tree）求解美式期权。

美式第一类型汇率挂钩看涨期权的到期日现金流量为：

$$f(S_T, X_T, T) = X_T \max(S_T - K, 0) \tag{17-10}$$

此处：X_T = 到期日汇率

S_T = 到期时外国标的物的价格

K = 执行价或行权价（以外币计价）

在到期前，任何时间 t 提前行权的条件为：

$$f(S_t, X_t, t) \geq X_t(S_t - K) \tag{17-11}$$

由式（17-10）及（17-11），我们可改写该美式看涨期权的价格：

$$f(S_t, X_t, t) = X_t g(S_t, t) \tag{17-12}$$

此处，根据（17-12）可知 $g(S_t, t)$ 只是 S_t 及 t 的函数，与 X_t 无关。因此，

我们只要求解 $g(S_t,t)$，即可获得最后答案 $f(S_t,X_t,t)$，它是 $g(S_t,t)$ 乘以 X_t。

因此式（17-9）式内的偏微分项为：

$\frac{\partial f}{\partial X} = g$，$\frac{\partial^2 f}{\partial X^2} = 0$，$\frac{\partial^2 f}{\partial S \partial X} = \frac{\partial g}{\partial S}$，$\frac{\partial f}{\partial t} = X_t \frac{\partial g}{\partial t}$，

$\frac{\partial f}{\partial S_t} = X_t \frac{\partial g}{\partial S_t}$，$\frac{\partial^2 f}{\partial S_t^2} = X_t \frac{\partial^2 g}{\partial S_t^2}$

将之代入式（17-9）获得：

$r_f X_t g = X_t \left(\frac{\partial g}{\partial t} \right) + \frac{\partial g}{\partial S_t} X_t S_t (r_f - q) + \frac{1}{2} \frac{\partial^2 g}{\partial S_t^2} X_t S_t^2 \sigma_S^2$ （注意：$f = X_t g$，σ_{SX} 被销掉）

此处因为 $g(S_t,t)$ 代表单纯外国标的物的衍生品，等于左边的无风险利率是外国的无风险利率 r_f。除以 X_t，并简化之：

$r_f g = \frac{\partial g}{\partial t} + \frac{\partial g}{\partial S_t} \cdot S_t (r_f - q) + \frac{1}{2} \frac{\partial^2 g}{\partial S_t^2} (S_t^2 \sigma_S^2)$ （17-13）

式（17-13）是风险中性下单一变数 (S_t) 的偏微分方程，其对应的外国标的价格随机变动过程为：

$\frac{dS_t}{S_t} = (r_f - q) dt + \sigma_S dZ$ （17-14）

故式（17-13）连同下列两个临界条件可用来求解 $g(S_t,t)$，而后再乘以 X_t 即是美式第一类型汇率挂钩看涨期权的定价 $[X_t g(S_t,t) = f(S_t,K,t)]$。

$g(S_T,T) = \max(0, S_T - K)$，到期条件 （17-15）

$g(S_t,t) \geq S_t - K$，提前行权条件 （17-16）

若以二叉树求解时，则计算的参数为：

$u = e^{\sigma_S \sqrt{\Delta t}}$，$d = 1/u$

$p = \frac{e^{r_f \Delta t} - d}{u - d}$，$\Delta t = T/N$，分割成 N 个小时段 Δt

r_f = 无风险（折现）利率

q = 股利率（或方便收益率）

注：可以采用有限差分法的数值分析去求解单一变数的偏微分方程，但在有外国利息（或股息）下，二叉树可以达到很好效果，且更简单[①]。

利用上面的参数就可建立二叉树，而后再求解美式看涨期权[②]，如何在分配

---

① 详见 Whaley（2006, P.3968）。
② 详见 Chriss（1997, pp.251-260）。

现金股利下建立二叉树。

若求解美式第一类型看跌期权时，其临界条件应改为：
$$g(S_T, T) = \max(0, K - S_T)$$
$$g(S_t, t) \geqslant K - S_t$$

美式第二类型汇率挂钩看涨或看跌期权

其到期日现金流量为：
$$f(S_T, X_T, T) = \max(S_T - KX'_T, 0)$$
$$= \left(\frac{1}{X_T}\right)\max(y_T - K, 0) \qquad (17-17)$$

此处：K = 本国货币价计的执行价

S_T = 外国标的到期价格

X'_T = 到期日汇率 = 每单位本国货币的外币价值 = $1/X_T$

$y_T = S_T/X'_T = X_T S_T$

在到期前的提前行权条件为：
$$f(S_t, X_t, t) \geqslant S_t - KX'_t$$
$$= \left(\frac{1}{X_t}\right)(y_t - K)$$
$$y_t = \frac{S_t}{X'_t} = X_t S_t \qquad (17-18)$$

根据式（17-15）及（17-16），我们可改写该美式看涨期权的价格为：
$$f(S_t, X_t, t) = \left(\frac{1}{X_t}\right)g(y_t, t) \qquad (17-19)$$

求解式（17-19）的各项偏微分如下：
$$\frac{\partial f}{\partial t} = \frac{1}{X_t} \cdot \frac{\partial g}{\partial t}, \quad \frac{\partial f}{\partial S} = \frac{\partial f}{\partial y_t} \cdot \frac{\partial y_t}{\partial S} = \frac{1}{X_t} \cdot \frac{\partial g}{\partial y_t} \cdot X_t = \frac{\partial g}{\partial y_t}$$

$$\frac{\partial^2 f}{\partial S_t^2} = \frac{\partial}{\partial S_t}\left(\frac{\partial g}{\partial y_t}\right) = \frac{\partial}{\partial y_t}\left(\frac{\partial g}{\partial y_t}\right) \cdot \frac{\partial y_t}{\partial S_t} = \frac{\partial^2 g}{\partial y_t^2}X_t$$

$$\frac{\partial f}{\partial X_t} = \frac{\partial f}{\partial y_t} \cdot \frac{\partial y_t}{\partial X_t} = \left(\frac{1}{X_t}\right)\frac{\partial g}{\partial y_t} \cdot S_t = \frac{\partial g}{\partial y_t}\left(\frac{S_t}{X_t}\right)$$

$$\frac{\partial^2 f}{\partial X_t^2} = \frac{\partial}{\partial X_t}\left(\frac{\partial g}{\partial y_t} \cdot \frac{S_t}{X_t}\right) = \frac{\partial}{\partial y_t}\left(\frac{\partial g}{\partial y_t} \cdot \frac{S_t}{X_t}\right) \cdot \frac{\partial y_t}{\partial X_t} = \frac{\partial^2 g}{\partial y_t^2} \cdot \frac{S_t^2}{X_t}$$

$$\frac{\partial^2 f}{\partial X_t \partial S_t} = \frac{\partial}{\partial S_t}\left(\frac{\partial g}{\partial y_t} \cdot \frac{S_t}{X_t}\right) = \frac{\partial}{\partial y_t}\left(\frac{\partial g}{\partial y_t} \cdot \frac{S_t}{X_t}\right) \cdot \frac{\partial y_t}{\partial S_t}$$

$$= \left[\frac{\partial}{\partial y_t}\left(\frac{\partial g}{\partial y_t}\right)\left(\frac{S_t}{X_t}\right) + \frac{\partial g}{\partial y_t} \cdot \frac{\partial}{\partial y_t}\left(\frac{S_t}{X_t}\right)\right] \cdot X_t$$

$$= \left[\frac{\partial^2 g}{\partial y_t^2}\left(\frac{S_t}{X_t}\right) + \frac{\partial g}{\partial y_t}\left(\frac{1}{X_t^2}\right)\right] X_t, \quad S_t = y_t / X_t$$

$$= \frac{\partial^2 g}{\partial y_t^2} S_t + \frac{\partial g}{\partial y_t}\left(\frac{1}{X_t}\right)$$

将上面各项偏微分代入式（17-9）：

$$r_d\left(\frac{1}{X_t}\right)g = \left(\frac{1}{X_t}\right)\frac{\partial g}{\partial t} + \frac{\partial g}{\partial y_t}S_t(r_f - \sigma_{SX} - q) + \frac{\partial g}{\partial y_t}\left(\frac{S_t}{X_t}\right) \cdot X_t(r_d - r_f) + \frac{1}{2}\frac{\partial^2 g}{\partial y_t^2} \cdot$$

$$X_t S_t^2 \sigma_S^2 + \frac{1}{2}\frac{\partial^2 g}{\partial y_t^2}\frac{S_t^2}{X_t} \cdot X_t^2 \sigma_X^2 + \frac{\partial^2 g}{\partial y_t^2} X_t S_t^2 \sigma_{SX} + \frac{\partial g}{\partial y_t}S\sigma_{SX}$$

两边乘以 X_t（同时注意 $y_t = X_t S_t$）获得：

$$r_d g = \frac{\partial g}{\partial t} + \frac{\partial g}{\partial y_t}y_t(r_f - \sigma_{SX} - q) + \frac{\partial g}{\partial y_t}y_t(r_d - r_f) + \frac{1}{2}\frac{\partial^2 g}{\partial y_t^2}y_t^2\sigma_S^2 + \frac{1}{2}\frac{\partial^2 g}{\partial y_t^2}y_t^2\sigma_X^2$$

$$+ \frac{\partial^2 g}{\partial y_t^2}y_t^2\sigma_{SX} + \frac{\partial g}{\partial y_t}y_t\sigma_{SX}$$

$$\therefore r_d g = \frac{\partial g}{\partial t} + \frac{\partial g}{\partial y_t}y_t(r_d - q) + \frac{1}{2}\frac{\partial^2 g}{\partial y_t^2}y_t^2(\sigma_S^2 + \sigma_X^2 + 2\sigma_{SX}) \quad (17-20)$$

注：式（17-17）也可以本国货币计价的现金流量表示为 $f(S_T, X_T, T) = \max[X_T S_T - K, 0]$，而后进行各项偏微分，再代入式（17-9）也可获得相同的式（17-20）。

式（17-20）是风险中性下单一变数 y_t 的偏微分方程式，其对应的标的价格随机变动过程为：

$$\frac{dy_t}{y_t} = (r_d - q)dt + (\sigma_S^2 + \sigma_X^2 + 2\sigma_{SX})^{1/2}dW_y \quad (17-21)$$

两个临界条件如下：

$$g(y_T, T) = \max(y_T - K, 0) \quad (17-22)$$

$$g(y_t, t) \geq y_t - K \quad (17-23)$$

除去式（17-20）、式（17-22）、式（17-23），其余不变。只要能求解 $g(y_t, t)$，而后再乘以 $\left(\frac{1}{X_t}\right)$，即是美式第二类型汇率挂钩看涨期权的定

价 $\left[\left(\dfrac{1}{X_t}\right)g(y_t,t) = f(S_t,X_t,t)\right]$。

若要以二叉树定价，则计算 y_t 二叉树的参数为：

$u = e^{\sigma_S^* \sqrt{\Delta t}}$

$\sigma_S^* = (\sigma_S^2 + \sigma_X^2 + 2\sigma_{SX})^{1/2}$

$d = 1/u$

$p = \dfrac{e^{r_d \Delta t} - u}{d}$

股利率为 q，由（17-21）得知。r_d 为无风险（折现）利率，由式（17-20）的左边得知。建立二叉树后，再求解该美式看涨期权[①]。

注：若求解美式第二类型看跌期权时，其临界条件应改为：

$g(y_T, T) = \max(K - y_T, 0)$

$g(y_t, t) \geq K - y_t$

其余不变。

四

美式第三类型汇率挂钩看涨或看跌期权

其到期日现金流量为：

$$f(S_T, K, T) = \overline{X}\max(S_T - K, 0) \tag{17-24}$$

$\overline{X} =$ 期初约定的固定汇率

在到期前任何时间 t 的提前行权条件为：

$$f(S_t, K, t) \geq \overline{X}(S_t - K) \tag{17-25}$$

根据式（17-24）及（17-25），我们可改写该美式看涨期权的价格为

$$f(S_t, K, t) = \overline{X}g(S_t, t) \tag{17-26}$$

只要能求解出 $g(S_t, X)$，而后再乘以 $\overline{X}$ 即可获得该美式看涨期权的价格，而且 $g(S_t, t)$ 与汇率无关。因此，在式（17-9）中，只要涉及 X_t 的项目都以零来处理。此外，其相关的偏微分项计算如下：

[①] 详见 Chriss（1997，pp. 251-260），如何在现金股利下建立二叉树：以 r_d 作为风险利率。

$$\frac{\partial f}{\partial t} = \bar{X}\frac{\partial g}{\partial t}, \quad \frac{\partial f}{\partial S_t} = \bar{X}\frac{\partial g}{\partial S_t}, \quad \frac{\partial^2 f}{\partial S_t^2} = \bar{X}\frac{\partial^2 g}{\partial S^2}$$

将以上之偏微分代入式（17-9）获得：

$$r_d(\bar{X}g) = \bar{X}\frac{\partial g}{\partial t} + \bar{X}\frac{\partial g}{\partial S_t}S_t(r_f - \sigma_{SX} - q) + \frac{1}{2}\bar{X}\frac{\partial^2 g}{\partial S_t^2}S_t^2\sigma_S^2$$

$$\therefore r_d g = \frac{\partial g}{\partial t} + \frac{\partial g}{\partial S_t}S_t(r_f - \sigma_{SX} - q) + \frac{1}{2}\frac{\partial^2 g}{\partial S_t^2}S^2\sigma_s^2 \qquad (17-27)$$

式（17-27）可改写为：

$$r_d g = \frac{\partial g}{\partial t} + \frac{\partial g}{\partial S_t}S_t(r_d - q^*) + \frac{1}{2}\frac{\partial^2 g}{\partial S_t^2}S^2\sigma_S^2 \qquad (17-28)$$

此处：$q^* = r_d - r_f + \sigma_{SX} + q =$ 在单一变数 S_t 环境下调整后的股利率

式（17-28）是风险中性下单一变数 S_t 的偏微分方程，其对应的标的价格随机变动过程为：

$$\frac{dS_t}{S_t} = (r_d - q^*)dt + \sigma_S dZ \qquad (17-30)$$

此处：标的物支付的股利率为 q^*，而不是 q。

因此，式（17-28）连同下列两个临条件可用来求解 $g(S_t,t)$，而后再乘以 $\bar{X}$ 即是美式第三类型汇率挂钩买权的定价 $[\bar{X}g(S_t,t) = f(S_t,K,t)]$。

$$g(S_T,T) = \max(0, S_T - K) \qquad (17-31)$$
$$g(S_t,t) \geq S_t - K \qquad (17-32)$$

若以二叉树求解时，则计算的参数为：

$$u = e^{\sigma_S\sqrt{\Delta t}}, \quad d = 1/u, \quad p = \frac{e^{r_d\Delta t} - d}{u - d}$$

此外，$q^* = r_d - r_f + \sigma_{SX} + q$ 为调整后的标的物连续股利率[①]。

注：若求解美式（第三类型）看跌期权时，其临界条件应改为 $g(S_T,T) = \max(0, K - S_T)$ 和 $g(S_t,t) \geq K - S_t$。

[①] 详见 Chriss（1997, pp. 251-260），如何在分配股利下建立二叉树。

五

美式第四类型汇率挂钩看涨或看跌期权

其到期日现金流量为

$$f(S_T, X_T, T) = S_T \max(X_T - K, 0) \tag{17-33}$$

此处 K = 行权汇率。

到期前，提前行权条件为：

$$f(S_t, X_t, t) \geq S_t(X_t - K) \tag{17-34}$$

根据式（17-33）及（17-34），我们可改写该美式看涨期权的价值为

$$f(S_t, X_t, t) = S_t g(X_t, t) \tag{17-35}$$

故可先求解 $g(X_t, t)$，而后再乘以 S_t 即是该美式看涨期权的价格。相关的偏微分求解如下：

$$\frac{\partial f}{\partial t} = S_t \frac{\partial g}{\partial t}, \quad \frac{\partial f}{\partial X_t} = S_t \frac{\partial g}{\partial X_t}, \quad \frac{\partial^2 f}{\partial X_t^2} = S_t \frac{\partial^2 g}{\partial X_t^2}$$

$$\frac{\partial f}{\partial S_t} = g, \quad \frac{\partial^2 f}{\partial S_t^2} = 0, \quad \frac{\partial^2 f}{\partial S_t \partial X_t} = \frac{\partial}{\partial X_t}(g) = \frac{\partial g}{\partial X_t}$$

将上面的各项偏微分代入式（17-9）获得：

$$r_d(S_t g) = S_t \frac{\partial g}{\partial t} + g S_t(r_f - \sigma_{SX} - q) + S_t \frac{\partial g}{\partial X_t} X_t(r_d - r_f) + \frac{1}{2}(0) + \frac{1}{2} S_t \frac{\partial^2 g}{\partial X_t^2} X_t^2 \sigma_X^2$$

$$+ \frac{\partial g}{\partial X_t} X_t S_t \sigma_{SX}$$

除以 S_t 并整理后获得：

$$(r_d - r_f + \sigma_{SX} + q)g = \frac{\partial g}{\partial t} + \frac{\partial g}{\partial X_t} X_t(r_d - r_f + \sigma_{SX}) + \frac{1}{2}\frac{\partial^2 g}{\partial X_t^2} X_t^2 \sigma_X^2 \tag{17-36}$$

式（17-36）是风险中性下单一变数 X_t 的偏微分方程式，其对应的汇率随机变动过程为：

$$\frac{dX_t}{X_t} = (r_d - r_f + \sigma_{SX})dt + \sigma_X dW_X$$

$$= [(r_d - r_f + \sigma_{SX} + q) - q]dt + \sigma_X dW_X \tag{17-37}$$

此外，由式（17-36）可知，在该单一变数 X_t 环境下的无风险（折现）利率为 $(r_d - r_f + \sigma_{SX} + q)$。因此，式（17-36）连同下列两个临界条件可用来求解

$g(X_t,t)$，而后再乘以 S_t 即得美式第四类型看涨期权的定价 $[S_t g(X_t,t) = f(S_t, K, t)]$。

$$g(X_T, T) = \max(X_T - K, 0)$$
$$g(X_t, t) \geq (X_t - K)$$

若以二叉树求解时，建立汇率二叉树的参数如下：
$$u = e^{\sigma_X \sqrt{\Delta t}}, \quad d = 1/u$$
$$p = \frac{e^{r^* \Delta t} - d}{u - d}$$

$r^* = r_d - r_f + \sigma_{SX} + q = $ 无风险利率（不可单独只用 r_d 或 r_f）

注：求解美式第四类型看跌期权时，其临界条件应改为：
$$g(X_T, T) = \max(K - X_T, 0)$$
$$g(X_t, T) \geq K - X_t$$

第18章 平均式汇率期权

简介与实务应用

在汇率避险方面,有些公司只要能够确保平均汇率在某一个水准之上或之下,即可达到无汇兑的亏损,不影响成本,因此,在汇率避险时,要求以平均汇率计算。以欧式平均式汇率看涨期权(European Average – Rate Call Options)而言,若在到期时,平均汇率高于执行汇率,则避险者(或看涨期权持有人)可获利,并可抵销外汇做空或空仓的亏损。而欧式平均看跌期权则可保护避险者消除汇率下跌低于平均汇率的亏损。因为平均汇率的波动度低于汇率本身的波动度,所以,平均汇率期权的权利金(或期权费用)低于(单一)汇率期权的权利金。因此。采用平均式汇率期权的避险成本较低[①]。

平均式期权也适用于股票、利率、债券、黄金、石油或其他大宗商品价格风险对冲工具。其优点如下:(1)在流动性低的市场可避免人为的价格操纵;(2)可避免在到期时,标的价格突然下跌,造成看涨期权变为虚值,或价格突然上涨造成看跌期权成为虚值。

因为平均汇率的概率分布不是对数正态分布,所以,对平均汇率期权的定价无法诉诸公式解(或封闭解)。一般以近似解替代,简述如下:

1. 蒙迪卡罗(Monte Carlo)模拟测试:很费时,成本高[Boyle(1977),

---

① 注:平均式汇率期权是东京孚信银行(Bankers Trust)于20世纪80年代首先发行。

Kemna and Vorst (1990), Corwin, Boyle and Tan (1996)]。

2. 二叉树解 [Binomial Trees & Lattices, Hull and While (1993), Neave and Turnbull (1993)]。

3. 偏微分方程方法（PDE Approaches）。Dewynne and Wilmott (1995), Alziary, Decamps, and Koehl (1997)。

4. 近似公式解 [Turnbull and Wakeman (1991), Vorst (1992)]。

以上的定价方法中，近似公式解最简单，成本最低。只要近似公式解的准确度合理，则在实务应用方面会比其他方法优异。此外，借由近似公式解，避险参数（Delta、Gamma、Vega）的公式解也可获得，对即时风险控管助益颇高。在近似公式解方法中，Turnbull 及 Wakeman (1991) 利用统计理论的 Edgeworth 数列（Edgeworth Series）将算术平均的概率分配加以展开，而后以对数正态分布加以迫近，求解平均期权的价值。但 Levy (1992) 采用更直接的方法，以对数正态分布来近似算术平均的概率分布（或称 Wilkinson Approximation），而后求解算术平均式期权的近似封闭定价模型。其方法准确，且在实务上计算容易，在本章我们将介绍此种方法。算术平均式期权也称为亚洲式期权（Asian Options）。

算术平均式期权的平价关系

首先令 $t_0 < t_1 < \cdots < t_n = T$ 为 $(n+1)$ 个观察时点，其对应观察汇率（或股价）为 $S(t_0), S(t_1), \cdots, S(t_n)$，在时间 t 已知（或已实现）的平均值为：

$$\overline{S}_t = \frac{1}{m+1} \sum_{i=0}^{m} S(t_i) \qquad (18-1)$$

此处：$t_m \leq t, 0 \leq m \leq n$，若 $t < t_0$，则 $\overline{S}_t = 0$。

根据式（18-1）的定义，在到期时 t_n 的平均值为：

$$\overline{S}_T = \frac{1}{n+1} \sum_{i=0}^{n} S(t_i) \qquad (18-2)$$

在时间 t，平均值 $\overline{S}_T$ 内的汇率 $S(t_0), S(t_1), \cdots, S(t_m)$ 已实现，故我们可将 $\overline{S}_T$ 拆解成两部分：一部分为已知的平均值，另一部分则是未来尚未实现的平均值（仍呈现随机行为），表示如下：

$$\bar{S}_T = \underbrace{\frac{1}{n+1}\sum_{i=0}^{m}S(t_i)}_{\text{已知部分}} + \underbrace{\frac{1}{n+1}\sum_{i=m+1}^{n}S(t_i)}_{\text{未知部分}} \quad (18-3)$$

未实现的平均值可另行表示为：

$$m(t) = \frac{1}{n+1}\sum_{i=m+1}^{n}S(t_i) = \bar{S}_T - \frac{1}{n+1}\sum_{i=0}^{m}S(t_i) \quad (18-4)$$

外汇平均式看涨期权的到期现金流量为：

$$C_T = \max(\bar{S}_T - K, 0) = \max[m(t) - K^*, 0] \quad (18-5)$$

此处：K 为执行汇率，$K^* = K - \frac{1}{n+1}\sum_{i=0}^{m}S(t_i)$

外汇平均式看跌期权的到期现金流量为：

$$P_T = \max(K - \bar{S}_T, 0) = \max[K^* - m(t), 0] \quad (18-6)$$

平均式期权的平价关系证明如下：

假设组合甲包括持有一单位的平均汇率 $\bar{S}_t$ 及一单位的平均汇率看跌期权 P_t，并借款 $e^{-r\tau}K$，$\tau = T - t$；组合乙包括持有一单位的平均汇率看涨期权 C_t，则在到期时 (t_n) 两组合的价值计算如下：

组合	$\bar{S}_T \geq K$	$\bar{S}_T < K$
甲	$\bar{S}_T + \max(K - \bar{S}_T, 0) - K$ $= \bar{S}_T + 0 - K = \bar{S}_T - K$	$\bar{S}_T + (K - \bar{S}_T) - K = 0$
乙	$\max(\bar{S}_T - K, 0) = \bar{S}_T - K$	0
	∴ 甲 = 乙	∴ 甲 = 乙

因此，为避免无风险套利的存在，在任何时刻下平均汇率的看涨与看跌期权平价关系应成立如下：

$$C_t = \bar{S}_t + P_t - K \cdot e^{-r\tau} \quad (18-7)$$

或

$$C_t - P_t = \bar{S}_t - Ke^{-r\tau} \quad (18-8)$$

看涨与看跌期权的价差 $(\bar{S}_t - Ke^{-r\tau})$ 可以另一方式表示如下：

$$C_t - P_t = e^{-r\tau}\left\{\frac{m+1}{n+1}\bar{S}_t + \frac{S_t e^{\lambda(t_m + h - t)}}{n+1} \cdot \frac{1 - e^{\lambda(n-m)h}}{1 - e^{\lambda h}} - K\right\} \quad (18-9)$$

此处：$\lambda = r - r_f$（两国利率的利差）

r_f = 外国无风险利率

$h = t_i - t_{i-1}$ = 分割时段间距

S_t = 在时间 t 的汇率（每单位外币的本国货币价值）

$t_m \leq t < t_{m+1}$，$\tau = t_n - t$

若 $t_0 < t < t_1$，则式（18-9）成为：

$$C_t - P_t = e^{-r\tau}\left\{\frac{S_t e^{\lambda(t_0+h-t)}}{n+1} \cdot \frac{1-e^{\lambda(n-m)h}}{1-e^{\lambda h}} - K\right\} \tag{18-10}$$

$(t_0 = t_m,\ m = 1)$

证明 利用到期日 T，看涨期权及看跌期权的关系如下：

$$C_T - P_T = (\bar{S}_T - K)^+ - (K - \bar{S}_T)^+ = \bar{S}_T - K \tag{18-11}$$

将上式折现到时间点 t

$$\Rightarrow C_t - P_t = e^{-r\tau} E_t^Q[(\bar{S}_T - K)] = e^{-r\tau}[E_t^Q(\bar{S}_T) - K] \tag{18-12}$$

计算平均时点分别为 $0 = t_0 < t_1 < t_2 < \cdots < t_n = T$

且现在时点 t 介于 t_m 和 t_{m+1} 之间，即 $t_m \leq t < t_{m+1}$

$$\begin{array}{c|c|c}
\hline
t_m & t & t_{m+1} \\
\end{array}$$

$$\Rightarrow E^Q(\bar{S}_T \mid F_t) = E^Q\left(\frac{m+1}{n+1}\bar{S}_t + \frac{1}{n+1}\sum_{i=m+1}^{n} S(t_i) \mid F_t\right)$$

$$= \frac{m+1}{n+1}\bar{S}_t + \frac{1}{n+1}\sum_{i=m+1}^{n} E^Q[S(t_i) \mid F_t] \tag{18-13}$$

而 $E^Q[S(t_i) \mid F_t] = E^Q[S(t) e^{(r-r_f-\frac{1}{2}\sigma^2)(t_i-t)+\sigma(Z_{ti}-Z_t)} \mid F_t]$

此处，在风险中性测度 Q 下：

$$\frac{dS_t}{S_t} = (r - r_f)dt + \sigma dZ_t$$

$$= S(t) e^{(r-r_f-\frac{1}{2}\sigma^2)(t_i-t)} E^Q(e^{\sigma(Z_i-Z_t)} \mid F_t)$$

$$= S(t) \cdot e^{(r-r_f-\frac{1}{2}\sigma^2)(t_i-t)} \cdot e^{\frac{1}{2}\sigma^2(t_i-t)}$$

$$= S(t) \cdot e^{(r-r_f)(t_i-t)} \tag{18-14}$$

$$\Rightarrow E^Q(\bar{S}_T \mid F_t) = \frac{m+1}{n+1}\bar{S}_t + \frac{1}{n+1}\sum_{i=m+1}^{n}[S(t) e^{(r-r_f)(t_i-t)}]$$

$$= \frac{m+1}{n+1}\bar{S}_t + \frac{S(t)}{n+1}\sum_{m+1}^{n} e^{(r-r_f)(t_i-t)} \tag{18-15}$$

将式（18-15）代入式（18-12），即在任何一时点 $t(0 < t < t_n)$ 平均式汇率

看涨期权及看跌期权的平价关系如下：

$$C_t - P_t = e^{-r\tau}\left\{\frac{m+1}{n+1}\bar{S}_t + \frac{S(t)}{n+1}\sum_{i=m+1}^{n}e^{(r-r_f)(t_i-t)} - K\right\} = V_t \quad ① \qquad (18-16)$$

其实，式（18-16）的右边代表在时间 t 我们所建立避险组合的价值。我们将以 V_t 代表它。V_t 内的第二项可进一步简化，以利计算。

重写：

$$\sum_{i=m+1}^{t_n} e^{(r-r_f)(t_i-t)} = e^{-\lambda t}\sum_{i=m+1}^{t_n} e^{\lambda t_i}, \quad \lambda = r - r_f \qquad (18-17)$$

令：

$$X = \sum_{i=m+1}^{t_n} e^{\lambda t_i} = \sum_{i=0}^{n-m-1} e^{\lambda(t_{m+1}+ih)} \quad t_i = t_{m+1} + ih \qquad (18-18-1)$$

$$\therefore e^{\lambda h}X = \sum_{i=1}^{n-m} e^{\lambda(t_{m+1}+ih)} \qquad (18-18-2)$$

$$X - e^{\lambda h}X = e^{\lambda t_{m+1}} - e^{\lambda[t_{m+1}+(n-m)h]}$$

[＝式（18-18-1）的第一项减式（18-2）的最后一项]

$$X(1 - e^{\lambda h}) = e^{\lambda(t_m+h)} - e^{\lambda[(t_m+h)+(n-m)h]}$$
$$= e^{\lambda(t_m+h)}[1 - e^{\lambda(n-m)h}]$$

$$\sum_{i=m+1}^{t_n} e^{\lambda t_i} = X = \frac{e^{\lambda(t_m+h)}[1 - e^{\lambda(n-m)h}]}{1 - e^{\lambda h}} \quad t_{m+1} = t_m + h \qquad (18-19)$$

将式（18-19）代入式（18-18-1），而后再代入式（18-17）即是式（18-9）的平均式期权平价关系。若 $t < t_0$，则 $t_m = t_0$，式（18-9）变成式（18-10）。

三

定价模型：动差匹配方法

我们首先求解欧式平均式汇率看涨期权的定价模型。令汇率的变动随机过程是几何布朗过程（Geometric Brownian Motion）：

$$\frac{dS}{S} = \alpha dt + \sigma dW, \quad \alpha = r - r_f \qquad (18-20)$$

---

① 利用式（18-1）及 $\tau = t_n - t$。

此处，S 代表每一外币单位的本国货币价值（即期汇率）。由式（18-20）可知，汇率本身的变动过程为：

$$S_t = S\exp[(r - r_f - \sigma^2/2)t + \sigma W_t]$$
$$W_0 = 0 \tag{18-21}$$

$\ln S_t$ 是正态分布，其期望值为 $\ln S + (r - r_f - \sigma^2/2)t$，方差为 $\sigma^2 t$。

在风险中性下，看涨期权的价值是未来期望现金流量的现值，以公式表示如下：

$$\begin{aligned} C &= e^{-rT}E[\max(\bar{S}_T - K, 0)] \\ &= e^{-rT}E\{\max[m(t) - K^*, 0]\} \end{aligned} \tag{18-22}$$

此处：

$$K^* = K - \frac{1}{n+1}\sum_{i=0}^{m} S(t_i) = K - \frac{\bar{S}_t(m+1)}{n+1} \tag{18-23}$$

$m(t)=$ 尚未实现的平均值，是随机变数。

要求解式（18-22）内的期望值，我们必须首先知道 $m(t)$ 的真正概率分布。$m(t)$ 是 $(n-m+1)$ 个相关的（Correlated）股价之平均值，其概率分布是 $(n-m+1)$ 个对数常态变数之和（或平均数）。对数正态变数之和并无公式解（或封闭解）的概率分布。因此，我们无法由式（18-22）直接求解期望值，但可以近似概率分布的方法求解。由统计学的理论及实证得知，对数正态变数之和的概率分布可寻找另一个已知的对数正态分布的第一及第二动差（m_1^* 及 m_2^*）来分别替代（或迫近）$m(t)$ 的第一及第二动差 m_1 及 m_2，并可获得合理的近似值。因此，我们可令 $\ln m(t)$ 的概率分布为正态分布，其期望值为 $\mu(t)$，且方差为 $v(t)^2$，然后根据对数正态分布的性质求解 $\mu(t)$ 及 $v(t)$。由数理统计得知，若 $m(t)$ 是对数正态分布，则其动差 m_i 可表示为：

$$m_i = E[m(t)^i] = e^{i\mu(t) + i^2 v(t)^2/2}, \quad i = 1, 2, \cdots$$

令 $i=1$ 及 2，则第一动差：$m_1 = e^{\mu(t) + v(t)^2/2}\{=E[m(t)]\} \cong m_1^*$（已知）

$$\tag{18-24}$$

第二动差：$m_2 = e^{2\mu(t) + 2v(t)^2}\{=E[m(t)^2]\} \cong m_2^*$（已知） $\tag{18-25}$

由式（18-24）及（18-25）求解 $\mu(t)$ 及 $v(t)$：

$$\mu(t) = 2\ln\overbrace{E[m(t)]}^{m_1^*} - \frac{1}{2}\ln\overbrace{E[m(t)^2]}^{m_2^*} \tag{18-26}$$

$$v(t)^2 = \ln E[m(t)^2] - 2\ln E[m(t)] \tag{18-27}$$

此处：$\mu(t) = E[d\ln m(t)]$ 及 $v(t)^2 = Var[d\ln m(t)]$，$E[m(t)] = m_1^*$，

$E[m(t)^2] = m_2^*$。

一旦 $\mu(t)$ 及 $v(t)^2$ 求解后,我们可回到式(18-22)求解平均汇率看涨期权的定价,并利用布莱克—修斯模型求解之,如下:

$$C = e^{-rT} E\{\max[m(t) - K^*, 0]\}$$
$$= m_0(t) N(d_1) - K^* e^{-rT} N(d_2) \quad [m_0(t)\text{代表在时间 0 时 } m(t) \text{的价值(现值)}]$$
$$= e^{-rT}[e^{rT} m_0(t) N(d_1) - K^* N(d_2)]$$
$$\therefore C = e^{-rT}\{E[m(t)] \cdot N(d_1) - K^* N(d_2)\} \tag{18-28}$$

此处:

$$E[m(t)] = e^{rT} m_0(t) = e^{\mu(t) + v^2(t)/2} = \text{式}(18-24)$$

$$d_1 = \frac{\ln\{E[m(t)]/K^*\} + v^2(t)/2}{v(t)} \tag{18-29}$$

$$= \frac{\mu(t) + v^2(t) - \ln K^*}{v(t)}$$

$$= \frac{1}{v(t)}\{-\ln K^* + 2\ln E[m(t)] - \frac{1}{2}\ln E[m(t)^2] + \ln E[m(t)^2] - 2\ln E[m(t)]\}$$

$$= \frac{1}{v(t)}\{\frac{1}{2}\ln E[m(t)^2] - \ln K^*\} \tag{18-30}$$

$$d_2 = d_1 - v(t) \tag{18-31}$$

平均式汇率看跌期权可根据看涨期权及看跌期权平价关系式(18-8)求解如下:

$$P_t = e^{-rT} E[\max(K - \bar{S}_T, 0)]$$
$$= e^{-rT} E\{\max[K^* - m(t), 0]\}$$

根据平价关系式(18-8):

$$P_t = C_t - m_0(t) + e^{-rT} K^*$$
$$= e^{-rT}\{E[m(t)] N(d_1) - K^* N(d_2)\} - m_0(t) + e^{-rT} K^*$$
$$= e^{-rT}\{E[m(t)] N(d_1) - K^* N(d_2) - e^{rT} m_0(t) + K^*\}$$
$$\therefore P_t = e^{-rT}\{E[m(t)][N(d_1) - 1] - K^*[N(d_2) - 1]\} \tag{18-32}$$

另一方式求解 P_t 可根据式(18-26),将式(18-28)内 $E[m(t)]$、K^*、d_1 及 d_2 的正负符号对调亦可获得式(18-32)如下:

$$P_t = e^{-rT}\{-E[m(t)] N(-d_1) + K^* N(-d_2)\}$$
$$= e^{-rT}\{E[m(t)][N(d_1) - 1] - K^*[N(d_2) - 1]\} \tag{18-32}$$

此处:$N(-d_1) = 1 - N(d_1)$

第19章 亚洲式期权：倒数 γ 概率分布及封闭解模型

亚洲式期权的标的价格是标的物的算术平均价格，而不是标的物到期时的单一价格。在布莱克—修斯（BS）环境下，标的物的价格是假设对数正态分布（或 Geometric Brownian Motion）。但标的物的算术平均价格是对数常态变数（相等权值）之和。因此对数常态变数之和的概率分布并不呈现对数正态分布。所以，我们无法利用 BS 的方法来定价亚洲式期权，而且定价也很困难，无法获得确切封闭解。过去已有许多文献提出定价亚洲式期权的数值分析方法，比如运用蒙地卡罗模拟、二叉树模型、偏微分方程等。这些数值方法都是很复杂且费时。同时，避险参数（Delta、Gamma、Vega）根本无公式解，在风险控管方面很不适合。有鉴于此，有些学者诸如 Turnbull and Wakeman (1991)，Levy (1992)，Vorst (1992, 1996) 都试图推导出近似封闭解的定价模型，其定价准确性也不差，且给避险参数也提供了方便的公式解。

最近，Milesky 及 Posner (1998a) 提供另一种较准确的封闭解模型。他们首先证明对数常态变数（相等权值）之和的极限概率分布是倒数 γ（Gamma）概率分布（Reciprocal Gamma Distribution）。在有限时间下（Finite Time Period），该相等权值之和的概率分布可以倒数 γ 概率分布来代表，而后亚洲式期权价值是未来到期时现金流量期望值的现值（在风险中性下）。期望值是以倒数 γ 概率分布来计算。因此，亚洲式期权的定价可以封闭解公式来代表，而且期权的 Delta 及 Gamma 也可以简易的公式来计算，很方便。Milesky 及 Posner (1999) 的实证结果证明他们的方式在计算方面更快，且其准确性至少不比以前已发表的方法低，在许多的情况下都显示比较准确。在本章中我们将详细介绍该定价模型[①]。

股价算术平均值的定义及性质

首先我们假设，在风险中性下，股价的变动过程是几何布朗运动（Geometric Brownian Motion）：

$$\frac{dS_t}{S_t} = (r-q)dt + \sigma dW_t \quad (19-1)$$

此处：S_t 代表在时间 t 的股价

σ = 标的股收益率的波动率

q = 连续股利率

W_t = 代表推动股价变动的随机因子（或称布朗运动）

r = 无风险利率

股价的动态变动过程也可以（19-1）的积分解（Integral Solution）来表示如下：

$$S_t = S_0 \exp\left[\left(r - q - \frac{\sigma^2}{2}\right)t + \sigma W_t\right] \quad (19-2)$$

此处：S_0 = 期初股价，$W_0 = 0$ 期初布朗运动值，设定为零。

假设亚洲式期权的到期日为 T，在有效期 T 内，股价的算术价格总和可根据预先固定时点 $0 < \tau_1 < \tau_2 < \cdots < \tau_n (\leq T)$ 的股价计算，表示如下：

$$a_{[t,\tau_j,T]} = \frac{1}{S_t}\sum_{i=j}^{n} S_{\tau_i} \quad (19-3)$$

此处，$a_{[t,\tau_j,T]}$ = 股价的算术总和是从大于现在时点 t 的第一个时点 τ_j 开始计算至到期日 T。t 也可能是第一个观察的时点 τ_j（即 $t = \tau_j$）。

式（19-3）内的股价算术总和 $[$有$(n-j+1)$个价格$]$ 是以现在股价 S_t 作为衡量单位（或以 S_t 作为计价单位）。

在连续观察股价之下，连续计算股价的算术总和可表示如下：

---

① 注：本章定价所用的数学已超过金融本科学生和实务界人士的数学基础，建议读者可以阅读定理 2 的定价模型和避险参数就可以。

$$a_{[t,T]} = \frac{1}{S_t}\int_t^T S_u du = \frac{1}{S_t}\int_t^T S_t \exp\left[\left(r-q-\frac{\sigma^2}{2}\right)(u-t)+\sigma W_u\right]du$$

$$= \int_t^T \exp\left[\left(r-q-\frac{\sigma^2}{2}\right)(u-t)+\sigma W_u\right]du \tag{19-4}$$

此处，在连续股价下，式（19-3）内的和（$\sum$）变成为积分符号。

根据式（19-3）及（19-4），我们可分别计算股价算术平均，在离散观察时点下，股价平均值为：

$$A_{[t,\tau_j,T]} = \frac{1}{n-j+1}\sum_{i=j}^n S_{\tau_i}$$

$$= \frac{S_t}{n-j+1}a_{[t,\tau_j,T]} \quad \text{运用式（19-3）} \tag{19-5}$$

在连续时间下，股价算术平均值为：

$$A_{[t,T]} = \frac{1}{T-t}\int_t^T S_u du$$

$$= \frac{S_t}{T-t}\int_t^T \exp\left[\left(r-q-\frac{\sigma^2}{2}\right)(u-t)+\sigma W_u\right]du$$

$$= \frac{S_t}{T-t}a_{[t,T]} \tag{19-6}$$

在现在时点 t 之前的股价算术平均是已知（已实现），但在 t 之后的平均值尚未实现，因此是未知。故股价算术总和可分解成两部分，可表示如下：

$$a_{[0,\tau_{j-1},T]} = \frac{t}{T}a_{[0,\tau_{j-1},t]} + \frac{T-t}{T}a_{[0,\tau_j,T]} \tag{19-7}$$

此处，0 代表算术平均计算的起点为零点，现在时点 t 介于 τ_{j-1} 及 τ_j 之间（即 $t_{j-1} < t < \tau_j$）。因此时点 t 以前的算术（平均）总和已实现，以 $a_{[0,\tau_{j-1},T]}$ 表示，但 t 以后的算术（平均）总和从 τ_j 起尚未实现，以 $a_{[0,\tau_j,T]}$ 表示。

在连续时间下，股价算术平均数的期望值（或称第一动差）可经由式（19-6）求解如下：

$$E[A_{(t,T)}] = \int_\Omega A_{(t,T)} dQ, \quad Q \text{ 代表布朗运动式（19-1）的概率测度}$$

$$= \int_\Omega \frac{S_t}{T-t}\int_t^T \exp\left[\left(r-q-\frac{\sigma^2}{2}\right)(u-t)+\sigma\Delta W_u du dQ\right] \quad \text{利用式}$$

（19-5）及（19-4），再利用 Fubini 定理的积分顺序可互换性，获得下等式[①]

---

① 详见 Arnold（1974, P.15）。

$$= \frac{S_t}{T-t}\int_t^T e^{(r-q-\sigma^2/2)(u-t)}\left(\int_\Omega e^{\sigma\Delta W_u}dQ\right)du \quad \Delta W_u = W_u - W_t$$

$$= \frac{S_t}{T-t}\int_t^T e^{(r-q-\sigma^2/2)(u-t)}e^{\sigma^2(u-t)/2}du \quad \text{因}\ \Delta W_u \sim N[0,(u-t)]\Rightarrow$$

$$\int_\Omega e^{\sigma W_u}dQ = e^{\sigma^2(u-t)/2}$$

$$= \frac{S_t}{T-t}\int_t^T e^{(r-q)(u-t)}du = \frac{S_t}{T-t}\left[\frac{e^{(r-q)(u-t)}}{r-q}\right]_t^T$$

$$= \frac{S_t}{(T-t)(r-q)}[e^{(r-q)(T-t)} - 1]$$

$$\therefore E(A_{(t,T)}) = \begin{cases} \dfrac{S_t[e^{(r-q)(T-t)} - 1]}{(T-t)(r-q)}, & r \neq q \quad (19-8) \\ S_t, & r = q\ (\text{见以下证明}) \quad (19-9) \end{cases}$$

式 (19-8) 的算术平均值的期望值成立条件为 $r \neq q$。但若 $r = q$ 时，则其期望值应以微分法则 L'Hopitol 规则求解如下：

令 $r - q = b$，则式 (19-8) 的右边 (RHS) 为

$$RHS = \frac{S_t[e^{b(T-t)} - 1]}{(T-t)b} \quad \text{当}\ r = q,\ \text{即是}\ b\to 0,\ \text{上下分子及分母接近零，则}$$

先对分子及分母的 b 微分

$$= \frac{S_t[e^{b(T-t)} \cdot (T-t)]}{(T-t) \cdot 1} = \frac{S_t(T-t)}{T-t}$$

$$= S_t \quad (\text{当}\ b\to 0)$$

故当 $r = q$，$E(A_{(t,T)}) = S_t$。

至于股价算术平均值的第二动差，可用上面类似的方法求解，但因在本书中，并不用到，故省略之①。

γ 与倒数 γ 概率分布的关系

γ（Gamma）概率分布函数的定义如下：

---

① 可参见 Milesky 及 Posner (1999) 的式 (19-8)。

$$f(x|\alpha,\beta) = \begin{cases} \dfrac{1}{\Gamma(\alpha)\beta^\alpha} x^{\alpha-1} e^{-x/\beta}, & x > 0 \\ 0, & x \leq 0 \end{cases} \tag{19-10}$$

此处：$x = \gamma$ 随机变数，$\alpha > 0$，$\beta > 0$

$$\Gamma(\alpha) = \gamma \text{ 函数} = \int_0^\infty y^{\alpha-1} e^{-y} dy$$

$$\begin{aligned}\Gamma(\alpha) &= (\alpha-1)\Gamma(\alpha-1) \qquad \text{当 } \alpha > 1 \\ &= (\alpha-1)(\alpha-2)\Gamma(\alpha-2) = (\alpha-1)!\end{aligned}$$

累积 γ（概率）分布 $F(x|\alpha,\beta)$ 是：

$$F(x|\alpha,\beta) = \int_0^x f(u|\alpha,\beta) du \qquad x \text{ 是一常数}(x>0) \tag{19-11}$$

该累积概率式（19-11）可经由 IMSL（International Mathematical and Statistical Library）或其他统计电脑软体计算。

γ 及倒数 γ 概率分布的对等关系证明如下：

$$F(x|\alpha,\beta) = F(x/\beta|\alpha,1) \tag{19-12}$$

$$f(x|\alpha,\beta) = \frac{1}{\beta} f(x/\beta|\alpha,1) \tag{19-13}$$

$$f(x|\alpha,\beta) = \frac{x}{\beta(\alpha-1)} f(x|\alpha-1,\beta), \quad \forall \alpha > 1 \tag{19-14}$$

证明式（19-12）如下：

$$\begin{aligned}F(x|\alpha,\beta) &= \int_0^x \frac{1}{\Gamma(\alpha)\beta^\alpha} X^{\alpha-1} e^{-X/\beta} dX \\ &= \int_0^{x/\beta} \frac{1}{\Gamma(\alpha)\beta^\alpha} (y\beta)^{\alpha-1} e^{-y} \cdot \beta dy \qquad \text{令 } y = X/\beta \\ &= \int_0^{x/\beta} \frac{1}{\Gamma(\alpha) 1^\alpha} y^{\alpha-1} e^{-y} dy \\ &= F(y|\alpha,1) \\ &= F(x/\beta|\alpha,1)\end{aligned}$$

证明式（19-13）如下：

$$\begin{aligned}f(x|\alpha,\beta) &= \frac{1}{\Gamma(\alpha)\beta^\alpha} x^{\alpha-1} e^{-x/\beta} = \frac{1}{\beta} \frac{1}{\Gamma(\alpha) 1^\alpha} (x/\beta)^{\alpha-1} e^{-(x/\beta)/1} \qquad y = x/\beta \\ &= \frac{1}{\beta \Gamma(\alpha) 1^\alpha} y^{\alpha-1} e^{-y/1} = \frac{1}{\beta} f(x/\beta|\alpha,1)\end{aligned}$$

此处：$f(x/\beta|\alpha,1) = \dfrac{1}{\Gamma(\alpha) 1^\alpha} y^{\alpha-1} e^{-y} \qquad y = x/\beta$

证明式（19-14）如下：

$$f(x|\alpha,\beta) = \frac{1}{\Gamma(\alpha)\beta^{\alpha}} x^{\alpha-1} e^{-x/\beta}$$

$$= \frac{1}{(\alpha-1)\Gamma(\alpha-1) \cdot \beta\beta^{\alpha-1}} x^{(\alpha-1)-1} x e^{-x/\beta}$$

$$= \frac{x}{\beta(\alpha-1)} \cdot \frac{1}{\Gamma(\alpha-1)\beta^{\alpha-1}} x^{(\alpha-1)-1} e^{-x/\beta} \quad \alpha > 1$$

$$= \frac{x}{\beta(\alpha-1)} \cdot f(x|\alpha-1,\beta)$$

此处：$f(x|\alpha-1,\beta) = \frac{1}{\Gamma(\alpha-1)\beta^{\alpha-1}} x^{(\alpha-1)-1} e^{-x/\beta}$

以上三种对等关系式（19-12）、（19-13）及（19-14）证明后，累积倒数 γ 概率分布 $F_\gamma(y|\alpha,\beta)$ 可表示如下：

$$\begin{aligned} F_\gamma(y|\alpha,\beta) &= P_r(Y \leq y) \quad (Y=1/X, y=1/x, \text{即 } \gamma \text{ 变数 } x \text{ 的倒数}) \\ &= P_r(1/Y \geq 1/y) = P_r(X \geq x) = 1 - P_r(X \leq x) \\ &= 1 - F(x|\alpha,\beta) \quad [=1-\text{式}(19-11)] \end{aligned} \quad (19-15)$$

倒数 γ 概率分布的求解可对式（19-15）微分（对 y 微分）：

$$f_r(y|\alpha,\beta) = \frac{\partial}{\partial y} F_r(y|\alpha,\beta) = -\frac{\partial}{\partial y} F(x|\alpha,\beta)$$

$$= -\frac{\partial}{\partial y} \int_0^x f(x|\alpha,\beta) dx = -\frac{\partial}{\partial y} \int_0^{1/y} f(x|\alpha,\beta) dx$$

$$= -\left[f(1/y|\alpha,\beta) \cdot \frac{\partial}{\partial y}\left(\frac{1}{y}\right) \right] = \frac{f(1/y|\alpha,\beta)}{y^2}$$

$$\therefore f_r(y|\alpha,\beta) = \frac{f(1/y|\alpha,\beta)}{y^2} \quad (19-16)$$

故倒数 γ 概率分布是 γ 概率分布 $f(1/y|\alpha,\beta)$ 除以 y^2，y 是倒数 γ 变数（$y=1/x$）。注：式（19-16）也可由式（19-10）以转换变数法求解如下：

令 $y=1/x$，则 $dy=(-1/x^2)dx \Rightarrow |\frac{dx}{dy}| = x^2 = 1/y^2$

$$\therefore f_r(y|\alpha,\beta) = f(x|\alpha,\beta)|\frac{dx}{dy}| = f(1/y|\alpha,\beta)|1/y^2| = \frac{f(1/y|\alpha,\beta)}{y^2}$$

一旦倒数 γ 概率分布求解后，倒数 γ 变数 $Y=(1/X)$ 的第 i 个动差 m_i 就可借由 γ 概率分布式（19-10）求解如下：

$$m_i = E(Y^i) = \frac{1}{\beta^i(\alpha-1)(\alpha-2)\cdots(\alpha-i)}, \quad \alpha > i, i=1,2,\cdots \quad (19-17)$$

证明

$$m_i = E(Y^i) = E(1/x^i) = \int_0^\infty \frac{1}{\Gamma(\alpha)\beta^\alpha} x^{(\alpha-i)-1} e^{-x/\beta} dx$$

$$= \frac{\Gamma(\alpha-i)}{\Gamma(\alpha)\beta^i} \cdot \underbrace{\int_0^\infty \frac{1}{\Gamma(\alpha-i)\beta^{\alpha-i}} x^{(\alpha-i)-1} e^{-x/\beta} dx}_{\text{等于}1}$$

$$= \frac{\Gamma(\alpha-i)}{\beta^i \cdot (\alpha-1)(\alpha-2)\cdots(\alpha-i)\Gamma(\alpha-i)}$$

$$= \frac{1}{\beta^i (\alpha-1)(\alpha-2)\cdots(\alpha-i)}$$

第一及第二动差(m_1 及 m_2)可用来求解参数 α 及 β 如下:

$$\alpha = \frac{2m_2 - m_1^2}{m_2 - m_1^2}, \quad \beta = \frac{m_2 - m_1^2}{m_1 m_2} \tag{19-18}$$

证明由式(19-17):

$$m_1 = \frac{1}{\beta(\alpha-1)}, \quad i=1$$

$$m_2 = \frac{1}{\beta^2(\alpha-1)(\alpha-2)}, \quad i=2$$

对上面两式求解 α 及 β 即是式(19-18)。

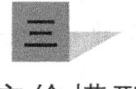

定价模型

Milesky 及 Posner(1998a)首先证明:具有相关的(Correlated)对数常态变数(股价)的无限总和 $a_{[0,T]}$ 的极限概率分布是倒数 γ 概率分布 $f_r(\cdot|\alpha,\beta)$。以公式表示如下:

定理 1

若公式(19-2)内,$r - q - \sigma^2/2 < 0$,则:

$$a_\infty = \lim_{T\to\infty} a_{[0,T]} = \lim_{T\to\infty}\left[\frac{1}{S_0}\int_0^T S_u du\right] \quad \text{利用式}(19-4)$$

$$\sim f_r(\cdot|\alpha,\beta) \tag{19-19}$$

此处，符号 ~ 代表无限总和 a_∞ 的极限概率分布是倒数 γ 概率分布 $f_r(\cdot | \alpha, \beta)$，而且：

$$\alpha = \frac{2(q-r)}{\sigma^2} + 1, \ \beta = \sigma^2/2 \tag{19-20}$$

定理 1 的结果也可以单纯地概率表示如下：

$$\begin{aligned}
P_r(a_\infty \geq c) &= \lim_{T \to \infty} P_r(a_{[0,T]} \geq c) \quad c \text{ 是一常数 } c > 0 \\
&= \lim_{T \to \infty} P_r\left(\frac{1}{a_{[0,T]}} \leq \frac{1}{c}\right) \quad \text{此处 } 1/a_{[0,T]} \text{ 是 } \gamma \text{ 变数} \\
&= F(1/c | \alpha, \beta) \\
&= \int_0^{1/c} \frac{1}{\Gamma(\alpha)\beta^\alpha} x^{\alpha-1} e^{-x/\beta} dx \quad \alpha \text{ 及 } \beta \text{ 的定义是式 (19-20)}
\end{aligned} \tag{19-21}$$

就是说，无限总和 a_∞ 大于某一常数 c 的概率刚好等于累积 γ 概率分布 [即式 (19-21) 的右边]。

定理 1 的证明冗长，且复杂困难，已超出本书预定的水准，故略之。有兴趣的读者可参阅 Milesky 及 Posner (1998a, 418~420 页)。

定理 1 告诉我们可利用倒数 γ （Gamma）概率分布来定价亚洲式期权。也就是，亚洲式期权到期时的期望现金流量可根据倒数 γ 概率分布来求算，而后折现求解亚洲式期权的价值。但亚洲式期权的到期日 T 是有限期（不是无限期）的，而且该期权算术平均值的观察股价个数 n 也是有限（而不是无限）的。因此，在有限期的到期日及观察股价的有限个数下，利用倒数 γ 概率分布来代表亚洲式期权算术平均值的概率分布是一种近似概率分布。虽是近似概率分布，Milesky 及 Posner (1998b, 60 页) 的另一论文已证明：采用倒数 γ 概率分布来代表算术平均的概率分布更优于对数正态分布，即更接近算术平均的真正概率分布。Milesky 及 Posner (1998a、b) 的实证研究已证明他们的定价模型准确度不比其他方法差。在许多情况下，他们的模型显示更准确，特别是到期日较长的亚洲式期权。

我们一旦已知倒数 γ 概率分布可用来代表算平均的概率分布，亚洲式期权的定价模型就可顺利完成（见定理 2）。

定理 2

在风险中性及无套利机会下，亚洲式看涨期权的定价模型为：

1. 当 $A_{[0,\tau_{j-1},t]} < (T/t)K$ 时（即 $K' > 0$ 时，见以下公式）

$$C = e^{-r(T-t)} E\{\max[A_{(0,\tau_j,T)} - K, 0]\}$$

$$= e^{-r(T-t)} \left(\frac{T-t}{T}\right) \left[\frac{1}{\beta(\alpha-1)} \cdot F(1/K'|\alpha-1,\beta) - K'F(1/K'|\alpha,\beta)\right]$$

$$(19-22)$$

此处：

$$K' = \frac{TK - tA_{[0,\tau_{j-1},t]}}{T-t} > 0, \quad A_{(0,\tau_{j-1},t)} \text{在时间 } t\text{，已知的平均值}$$

$$= \frac{S_t}{n-j+1} \sum_{i=j}^{n} S_{\tau_i} \quad [\text{式}(19-5)]$$

2. 当 $A_{[0,\tau_{j-1},t]} \geq (T/t)K$ 时

$$C = e^{-r(T-t)} \left(\frac{T-t}{T}\right) \left[\frac{1}{\beta(\alpha-1)} - K'\right] \quad (19-23-1)$$

$$= e^{-r(T-t)} \left(\frac{T-t}{T}\right) \frac{1}{\beta(\alpha-1)} - e^{-r(T-t)} \left[K - \frac{t}{T} A_{[0,\tau_{j-1},t]}\right] \quad (19-23-2)$$

证明如下：

首先，我们利用倒数 γ 概率分布求解算术平均的期望值。

$$E[A_{(t,\tau_j,T)}] = \int_0^\infty y f_r(y|\alpha,\beta) dy, \quad y = A_{(t,\tau_j,T)} \quad \text{令 } x = 1/y \Rightarrow x \text{ 是 } \gamma \text{ 变数，且 } dx$$

$$= (-1/y^2) dy \Rightarrow \left|\frac{dy}{dx}\right| = \frac{1}{x^2}$$

$$= \int_0^\infty \left(\frac{1}{x}\right) f_r(y|\alpha,\beta) \cdot \left|\frac{dy}{dx}\right| dx$$

$$= \int_0^\infty \left(\frac{1}{x}\right) f(x|\alpha,\beta) dx \quad \text{因为 } f(x|\alpha,\beta) = f_r(y|\alpha,\beta) \cdot \left|\frac{dy}{dx}\right|$$

$$= \int_0^\infty \frac{1}{\Gamma(\alpha)\beta^\alpha} x^{(\alpha-1)-1} e^{-x/\beta} dx$$

$$= \frac{1}{\beta(\alpha-1)} \underbrace{\int_0^\infty \frac{1}{\Gamma(\alpha-1)\beta^{\alpha-1}} x^{(\alpha-1)-1} e^{-x/\beta} dx}_{\text{等于1}}$$

$$= \frac{1}{\beta(\alpha-1)} \quad (19-24)$$

当 $A_{(0,\tau_{j-1},t)} < (T/t)K$ 时，

$$C = e^{-r(T-t)} E\{\max[A_{(0,\tau_j,T)} - K, 0]\}$$

$$= e^{-r(T-t)} E\left\{\max\left[\underbrace{\frac{T-t}{T} A_{(t,\tau_j,T)}}_{\text{尚未知部分}} + \underbrace{\frac{t}{T} A_{(0,\tau_{j-1},t)}}_{\text{已知部分}} - K, 0\right]\right\} \quad (\text{将 } A_{(0,\tau_1,T)} \text{ 拆解成已}$$

知及尚未知两部分）

$$= e^{-r(T-t)} \left(\frac{T-t}{T}\right) E\{\max[A_{(t,\tau_j,T)} - K', 0]\} \quad (19-25)$$

此处：

$$K' = \frac{T}{T-t}\left[K - \frac{t}{T}A_{(0,\tau_{j-1},t)}\right]$$

$$= \frac{TK - tA_{(0,\tau_{j-1},t)}}{T-t} > 0$$

$$= e^{-r(T-t)} \cdot \left(\frac{T-t}{T}\right) \int_{K'}^{\infty} (y - K') f_r(y \mid \alpha, \beta) dy$$

此处，$y = A_{(t,\tau_j,T)}$，它的概率分布以倒数 γ 概率分布 $f_r(y|\alpha,\beta)$ 代表。

令 $x = 1/y \Rightarrow dx = |-1/y^2| dy$

$\therefore dy = y^2 dx$

$$\therefore C = e^{-r(T-t)} \left(\frac{T-t}{T}\right) \int_0^{1/K'} \left(\frac{1}{x} - K'\right) \cdot f_r(y \mid \alpha, \beta)(y^2) dx$$

$$= e^{-r(T-t)} \left(\frac{T-t}{T}\right) \int_0^{1/K'} \left(\frac{1}{x} - K'\right) f(x \mid \alpha, \beta) dx$$

此处：

$f(x|\alpha,\beta) = f_r(y|\alpha,\beta) \cdot y^2$

  $= \gamma$ 概率分布 ［见式（19-16）］

$$= e^{-r(T-t)}\left(\frac{T-t}{T}\right)\left\{\int_{(\frac{1}{x})}^{1/K'} f(x \mid \alpha, \beta) dx - K' \int_0^{1/K'} f(x \mid \alpha, \beta) dx\right\}$$

$$(19-26)$$

式（19-26）内的第一部分积求解如下：

$$\int_0^{1/K'} \left(\frac{1}{x}\right) f(x \mid \alpha, \beta) dx = \int_0^{1/K'} \frac{1}{\Gamma(\alpha)\beta^\alpha} x^{(\alpha-1)-1} e^{-x/\beta} dx$$

$$= \frac{1}{\beta(\alpha-1)} \int_0^{1/K'} \frac{1}{\Gamma(\alpha-1)\beta^{\alpha-1}} x^{(\alpha-1)-1} e^{-x/\beta} dx$$

$$= \frac{1}{\beta(\alpha-1)} \cdot F(1/K' \mid \alpha-1, \beta) \quad (19-27)$$

此处：

$$F(1/K' \mid \alpha-1, \beta) = \int_0^{1/K'} \frac{1}{\Gamma(\alpha-1)\beta^{\alpha-1}} x^{(\alpha-1)-1} e^{-x/\beta} dx$$

$= \gamma$ 变数 x 的概率分布（参数为 $\alpha-1$ 及 β）

第二部分积分其实是累积 γ 概率分布：

$$\int_0^{1/K'} f(x \mid \alpha, \beta) dx = F(1/K' \mid \alpha, \beta) \tag{19-28}$$

故将式（19-27）及式（19-28）代入式（19-26）即是亚洲式看涨期权的定价公式如下：

$$C = e^{-r(T-t)} \left(\frac{T-t}{T}\right) \left[\frac{1}{\beta(\alpha-1)} F(1/K' \mid \alpha-1, \beta) - K' F(1/K' \mid \alpha, \beta)\right]$$

此处 $\dfrac{1}{\beta(\alpha-1)} = E[A_{(t,\tau_j,T)}]$，见式（19-24）

这就是式（19-22）的定价公式。

至于定理 2 的第二部分 [即式（19-23）] 证明如下：若 $K' \leq 0$ 时，即 $A_{(0,\tau_{j-1},t)} \geq (T/t)K$。

根据上面证明过程中的式（19-25）：

$$C = e^{-r(T-t)} \left(\frac{T-t}{T}\right) \cdot E\{\max[A_{(t,\tau_j,T)} - K', 0]\} \quad \text{因 } K' \leq 0, A_{(t,\tau_j,T)} - K' > 0$$

$$= e^{-r(T-t)} \left(\frac{T-t}{T}\right) \{E[A_{(t,\tau_j,T)}] - K'\}$$

$$= e^{-r(T-t)} \left(\frac{T-t}{T}\right) \left\{\frac{1}{\beta(\alpha-1)} - K'\right\} \quad \text{利用式（19-24），这是式（19-23-1）}$$

$$= e^{-r(T-t)} \left(\frac{T-t}{T}\right) \frac{1}{\beta(\alpha-1)} - e^{-r(T-t)} \left[K - \frac{t}{T} A_{(0,\tau_{j-1},t)}\right] \quad \text{这是式（19-23-2）}$$

定价公式（19-22）内的 $F(1/K' \mid \alpha-1, \beta)$ 的角色其实相当于 Black-Scholes 公式内的 $N(d_1)$，而 $F(1/K' \mid \alpha, \beta)$ 相当于 Black-Scholes 的 $N(d_2)$。

定理 2 的算术平均是以离散时点来观察股价，并计算平均值。若算术平均是以连续时点观察股价并计算连续平均值（Continuous Average），则亚洲式看涨期权的定价会不同于式（19-22）及（19-23）（见定理 3）。

定理 3

在连续时点连续计算算术平均值的情况下，亚洲式看涨期权的定价模型如下：

1. 当 $A_{(0,t)} < (T/t)K$ 时

$$C^* = e^{-r(T-t)} \left(\frac{T-t}{T}\right) \left\{\frac{S_t [e^{(r-q)(T-t)} - 1]}{(r-q)(T-t)} \cdot F(1/K^* \mid \alpha-1, \beta) - K^* F(1/K^* \mid \alpha, \beta)\right\} \quad K^* = \frac{TK - tA_{(0,t)}}{T-t} \tag{19-29-1}$$

$$= S_t \frac{e^{-q(T-t)} - e^{-r(T-t)}}{T(r-q)} \cdot F(1/K^* | \alpha-1, \beta) - e^{-r(T-t)} \left(K - \frac{tA_{[0,t]}}{T} \right) F(1/K^* | \alpha, \beta)$$
(19-29-2)

2. 当 $A_{(0,t)} \geq (T/t)K$ 时，亚洲式看涨期权的定价为：

$$C^* = e^{-r(T-t)} \left(\frac{T-t}{T} \right) \{ E[A_{(t,T)}] - K^* \} \qquad (19-30)$$

此处：

$$E[A_{(t,T)}] = \frac{S_t [e^{(r-q)(T-t)} - 1]}{(r-q)(T-t)} = 式(19-8)$$

3. 若原时点 t 设定为零 ($t=0$)，则式 (19-29-2) 变成：

$$C^* = e^{-rT} \left\{ \frac{S_0 [e^{(r-q)T} - 1]}{(r-q)T} \cdot F(1/K | \alpha-1, \beta) - KF(1/K | \alpha, \beta) \right\} \quad (\text{当 } t=0,\ K^*=K)$$

$$= S_0 \frac{e^{-qT} - e^{-rT}}{(r-q)T} \cdot F(1/K | \alpha-1, \beta) - e^{-rT} KF(1/K | \alpha, \beta) \qquad (19-31)$$

式 (19-29)，证明如下：

在连续平均下，$A_{(0,\tau_{j-1},t)}$ 变成 $A_{(0,t)}$，$A_{(0,\tau_j,T)}$ 变成 $A_{(0,T)}$，而 $A_{(t,\tau_j,T)}$ 变成 $A_{(t,T)}$，则 $K' = \frac{TK - tA_{[0,t]}}{T-t} = K^*$ [另新设定它为 K^*，以区别式 (19-22) 内的 K']。

故当 $A_{(0,t)} < (T/t)K$ 时，亚洲式看涨期权的定价成为 [由式 (19-22) 推演]：

$$C^* = e^{-r(T-t)} \left(\frac{T-t}{T} \right) \{ E[A_{(t,T)}] F(1/K^* | \alpha-1, \beta) - K^* F(1/K^* | \alpha, \beta) \}$$

$$= e^{-r(T-t)} \left(\frac{T-t}{T} \right) \left\{ \frac{S_t [e^{(r-q)(T-t)} - 1]}{(r-q)(T-t)} \cdot F(1/K^* | \alpha-1, \beta) - K^* F(1/K^* | \alpha, \beta) \right\}$$

这就是式 (19-29-1)，再简化就是式 (19-29-2) 当 $A_{[0,t]} \geq (T/t)K$ 时，从式 (19-23) 的证明很容易看出定价公式即是式 (19-30)。在式 (19-29-2) 内，令 $t=0$，则变成式 (19-31)。

定理 1 告诉我们，到期日 T 愈长（或 $T \to \infty$）及计算平均值的股价个数 n 愈多（或 $n \to \infty$），则算术平均值的概率分布愈接近倒数 γ 概率分布。因此，以定理 2 及定理 3 的定价公式也会愈接近亚洲式期权（看涨期权）的真正定价模型。特别当 $r - q - \sigma^2/2 < 0$ 或对到期日长的亚洲式期权，定理 2 及定理 3 的定价公式更是准确。

四 避险参数

1. 在连续算术平均下,我们可根据式(19-29)及式(19-30)分别求解 Delta。

(1) 当 $A_{(0,t)} < (T/t)K$ 时。

$$\frac{\partial C^*}{\partial S_t} = \frac{\partial}{\partial S_t}(29) = e^{-r(T-t)} \left(\frac{T-t}{T}\right) \left[\frac{(e^{(r-q)(T-t)}-1)}{(r-q)(T-t)} \cdot F(1/K^* | \alpha-1, \beta)\right]$$

$$= \left(\frac{e^{-q(T-t)} - e^{-r(T-t)}}{(r-q)T}\right) F(1/K^* | \alpha-1, \beta) \quad (19-32)$$

(2) 当 $A_{(0,t)} \geq (T/t)K$ 时。

$$\frac{\partial C^*}{\partial S_t} = \frac{\partial}{\partial S_t}(30) = e^{-r(T-t)} \left(\frac{T-t}{T}\right) \cdot \frac{[e^{(r-q)(T-t)}-1]}{(r-q)(T-t)}$$

$$= \frac{e^{-q(T-t)} - e^{-r(T-t)}}{(r-q)T} \quad (19-33)$$

2. 对 Gamma。

(1) 当 $A_{(0,t)} < (T/t)K$ 时。

$$\frac{\partial^2 C^*}{\partial S_t^2} = \frac{\partial}{\partial S_t}(32) = \frac{e^{-r(T-t)}(T-t)}{TS_t^2} \cdot f(1/K^* | \alpha-1, \beta) \quad (19-34)$$

(2) 当 $A_{(0,t)} \geq (T/t)K$ 时。

$$\frac{\partial^2 C^*}{\partial S_t^2} = \frac{\partial}{\partial S_t}(33) = 0 \quad (19-35)$$

参考文献

1. Arnold, L., Stochastic Differential Eqnations: Theory and Applications, John-Wiley & Sons (1974).

2. Hull. J, and A White. "Efficient Procedures for Valuing European and American Path Dependent Options." *Journal of Derivatives*, 1 (Fall 1993), 21-31.

3. Kemna, A., and A. Vorst. "A Pricing Method for Options Based on Average Values." *Journal of Banking and Finance*, 14 (1990), 113-129.

4. Levy, E. "Pricing European Average Rate Currency Options." *Journal of International Money and Finance*, 11 (1992), 474 – 491.

5. Levy, E., and S. Turnbull. "Average Intelligence." {\it RISK}, 5 (Feb. 1992), 53 – 59.

6. Milesky, M. A. and S. E. Posner, "Asian Options, the Sum of Lognormals, and the Reciprocal Gamma Distribution", *Journal of Financial and Quantitative Analysis*, Vol. 33, No. 3, September 1998a, 409 – 422.

7. "A Closed – Form Approximation For Valuing Basket Options, *Journal of Derivatives*, Summer 1998b, 54 – 61.

8. "Another Moment for the Average Option", Derivatives Quarterly, Summer 1999, 47 – 53.

9. Turnbull, S., and L. Wakeman. "A Quick Algorithm for Pricing European Average Options." *Journal of Financial and Quantitative Analysis*, 26 (1991), 377 – 389.

10. Vorst, T. "Prices and Hedge Ratios of Average Exchange Rate Options." *International Review of Financial Analysis*, 1 (3, 1992), 179 – 193.

第 20 章　远期生效亚洲式期权

一　作为对冲风险的实务范例

一般亚洲式期权（Asian Options, or Average Options，或称平均式期权）执行价的计算是以契约生效日起至到期日之间标的价格的算术平均作为执行价。但远期生效亚洲式期权的执行价是契约生效后某一时点开始至到期日的平均标的价格（或到期前某一时段的平均价格为执行价）。亚洲式期权的实务应用很广泛，举例如下：

1. 在大宗产品市场，为防止某些大宗商品受人为操纵或其他原因而产生不合理的价格。在避险时，采用平均价格作为执行价和交割计算的基础，可降低受人为操纵的不良效应。

2. 在石油市场，使用石油厂商（或公司），只要石油（或原料）价格能够平均稳定在某价位，则其营利将会稳定，不受原油价格的起伏而有异常的波动。因此，在避险石油（或原料）成本时，喜欢以平均价格作为执行价。此外，在外汇避险时，采用平均汇率作为执行汇率也是基于相同的理由，它可以控制成本。

3. 对外汇收入的避险，采用平均汇率为执行价可控制外汇收入不会低于某一水平。

4. 为防止不友善的并购，公司可大量发行认股权证（Warrant）给友善的投资者。执行价为平均股价。若对方并购公司，则友善的投资者可以平均执行价认购（被并购）公司的股票，认购价格低，且可冲淡股权稀释的效应。但对方（不友善的并购者）则会有高度的股权稀释效应（同时，并购价格高）。如此，可打消对方并购的意图。这是防范被并购的一种策略，称为并购毒丸（Poison Pills）。

亚洲式期权及远期生效期权大部分是欧式期权，不准提前行权。其到期日可长至两年以上至七八年不等。亚洲式期权其实并无完全的封闭解定价模型，但可以获得极合理且误差极小的近似封闭解。Bouaziz、Briys 及 Crouhy（1994）提供求解远期生效亚洲式期权的近似封闭解定价模型。在本章中，我们将会详细介绍推导此定价模型。

定价模型与避险参数

我们仍采用布莱克—修斯（BS）的经济环境。标的价格的变动过程为 Itô 过程如下：

$$\frac{dS}{S} = rdt + \sigma dZ^Q \qquad (20-1)$$

此处：Z 是风险中性概率测度 Q 下的布朗运动，$r =$ 无风险利率。

令 (Ω, F^*, F, P) 代表具有讯息资料的概率空间（Filtered Probability Space），其中 F^* 代表所有 σ – fields 的集合。建立在概率空间 Ω 上所有 σ – fields 的集合称为讯息集合 F（Filtration）。以 F_t 代表集合至今所有的讯息资料。讯息集合 F_t 是随时间而累积增加，因此 $F_s \subset F_t$，$0 \leq s \leq t$，也就是 $F_n \subset F_{n+1}$ 就所有的 n 而言。布朗运动 Z_t 的变动历史过程也是包括于讯息集合内的。因此，股价的现在及过去历史也是讯息集合的一部分。

设定远期生效亚洲式看涨期权执行价的计算是从未来时点 $(T-h)$ 的标的价格 S_{T-h} 起至到期日标的价格 S_T 之间所有价格的平均价作为执行价 K[①]，因此执行价 K 可表示为：

$$K = \frac{1}{h} \int_{T-h}^{T} S_u du, \quad h > 0 \qquad (20-2)$$

---

① 注：最简单的远期生效期权是以未来某一个时点 T_1 的标的价格 S_{T_1} 作为执行价，即 $K = S_{T_1}$。

我们将会求解在时点$(T-h)$以前及以后的两种不同的定价模型。也就是,若以t代表现在,则我们分别求解在$0 \leq t < T-h$及$t > T-h$两种情况下的定价模型。

情况一:当$0 \leq t < T-h$时的定价和避险参数。

在风险中性下,远期生效亚洲式看涨期权的价值为:

$$C = e^{-r(T-t)}E^Q[(S_T - K)^+ | F_t] \tag{20-3}$$

采用 Duffie (1988) 的重复条件期望定律 (Law of Iterated Conditional Expectation),重写式 (20-3) 如下:

$$C = e^{-r(T-t)}E^Q\{E^Q[(S_T - K)^+ | F_{T-h}] | F_t\} \tag{20-4}$$

因标的价格呈现对数正态分布,所以:

$$S_T = S_{T-h}e^{(r-\sigma^2/2)h + \sigma(Z_T - Z_{T-h})} \tag{20-5}$$

若考虑连续股利率q时,可用$(r-q)$取代原来的r。

将式 (20-5) 代入式 (20-4) 得:

$$C = e^{-r(T-t)}E^Q\left\{E^Q\left[\left(S_T - \frac{1}{h}\int_{T-h}^T S_u du\right)^+ | F_{T-h}\right] | F_t\right\} \tag{20-6-1}$$

$$= e^{-r(T-t)}E^Q\left\{S_{T-h}E^Q\left[e^{r'h+\sigma(Z_T-Z_{T-h})} - \frac{1}{h}\int_{T-h}^T e^{r'[u-(T-h)]+\sigma(Z_u-Z_{T-h})}du | F_{T-h}\right]^+ | F_t\right\}$$

$$r' = r - \sigma^2/2 \tag{20-6-2}$$

为求封闭解,我们对式 (20-6-2) 内的指数函数以泰勒展开式表示如下:

$$e^{r'h + \sigma(Z_T - Z_{T-h})} \cong 1 + r'h + \sigma(Z_T - Z_{T-h}) \tag{20-7}$$

$$e^{r'[u-(T-h)]+\sigma(Z_u-Z_{T-h})} \cong 1 + r'[u-(T-h)] + \sigma(Z_u - Z_{T-h}) \tag{20-8}$$

式 (20-6-2) 内中括号内的指数函数及积分项之相差以X代表之,再将式 (20-7) 及 (20-8) 代入X获得:

$$X \cong \underbrace{1 + r'h + \sigma(Z_T - Z_{T-h})}_{(20-7)}$$

$$- \frac{1}{h}\int_{T-h}^T \underbrace{\{1 + r'[u-(T-h)] + \sigma(Z_u - Z_{T-h})\}}_{(20-8)} du \tag{20-9-1}$$

$$= 1 + r'h + \sigma(Z_T - Z_{T-h})$$

$$- \frac{1}{h}\left[h + r'\int_{T-h}^T u du - r'(T-h)\int_{T-h}^T du + \int_{T-h}^T \sigma(Z_u - Z_{T-h})du\right]$$

$$= 1 + r'h + \sigma(Z_T - Z_{T-h}) - 1 - \frac{r'}{h}\left[\frac{T^2 - (T-h)^2}{2}\right] + r'(T-h) - \frac{1}{h}\int_{T-h}^T \sigma(Z_u - Z_{T-h})du$$

$$= \frac{r'h}{2} + \sigma(Z_T - Z_{T-h}) - \frac{1}{h}\int_{T-h}^T \sigma(Z_u - Z_{T-h})du \tag{20-9-2}$$

再次对式（20-9-2）求解 X 的期望值及方差如下：

$$E(X|F_{T-h}) = \frac{r'h}{2} = m \quad (\diamondsuit \gtrless) \tag{20-10}$$

$\because E^Q(Z_T - Z_{T-h}|F_{T-h}) = 0$

$\therefore E^Q\left[\int_{T-h}^{T}\sigma(Z_u - Z_{T-h})du \mid F_{T-h}\right] = \sigma E^Q\left[\lim_{\delta_n \to 0}\sum_{i=1}^{n}(Z_{u_i} - Z_{T-h})\Delta u_i \mid F_{T-h}\right],$

$\delta_n = \max_i(u_i - u_{i-1}), \Delta u_i = u_i - u_{i-1} = 0,$

$\because E(Z_{ui} - Z_{T-h}) = 0$

$Var(X|F_{T-h}) = Var[\sigma(Z_T - Z_{T-h})|F_{T-h}] + \frac{\sigma^2}{h^2}Var\left[\int_{T-h}^{T}(Z_u - Z_{T-h})du | F_{T-h}\right]$

$-2Cov(\cdot), Cov(\cdot)$ 代表前两项随机变量的协方差

$= \sigma^2 h/3 = v \quad (\text{详见附录一的推导}) \tag{20-11}$

一旦 X 的期望值及方差求解完成后，我们可开始推导远期生效亚洲式看涨期权的定价模型如下：回到式（20-6-2）式内的第二个期望值：

$E^Q\left[\left(S_T - \frac{1}{h}\int_{T-h}^{T}S_u du\right)^+ \mid F_{T-h}\right] = E^Q[X^+ | F_{T-h}]$

$= E^Q(X > 0 | F_{T-h}) \tag{20-12-1}$

$= \int_0^{\infty} \frac{X}{\sqrt{2\pi v}}\exp\left[-\frac{(X-m)^2}{2v}\right]dX \quad X \sim N(m,v)$

$= E(X) - \int_{-\infty}^{0} \frac{X}{\sqrt{2\pi v}}\exp\left[-\frac{(X-m)^2}{2v}\right]dX$

令 $Z = \frac{X-m}{\sqrt{v}} \Rightarrow X = m + \sqrt{v}Z$

$\therefore dZ = \frac{1}{\sqrt{v}}dX \Rightarrow dX = \sqrt{v}dZ$

当 $X = -\infty, Z = -\infty$

当 $X = 0, Z = -m/\sqrt{v}$

$= E(X) - \int_{-\infty}^{-m/\sqrt{v}} \frac{m + Z\sqrt{v}}{\sqrt{2\pi v}}\exp(-Z^2/2) \cdot \sqrt{v}dz$

$= m - m\int_{-\infty}^{-m/\sqrt{v}} \frac{1}{\sqrt{2\pi}}e^{-Z^2/2}dZ - \sqrt{v}\int_{-\infty}^{-m/\sqrt{v}}\frac{Z}{\sqrt{2\pi}}e^{-Z^2/2}dZ$

$= m[1 - N(-m/\sqrt{v})] - \frac{-\sqrt{v}}{\sqrt{2\pi}}\int_{-\infty}^{-m/\sqrt{v}}e^{-Z^2/2}d(-Z^2/2)$

$$= m \cdot N(m/\sqrt{v}) + \sqrt{\frac{v}{2\pi}} (e^{-Z^2/2})_{-\infty}^{-m/\sqrt{v}}$$

$$= m \cdot N(m/\sqrt{v}) + \sqrt{\frac{v}{2\pi}} (e^{-m^2/2v}) \tag{20-12-2}$$

完成式（20-6-2）内第二个期望值的求解后，远期生效亚洲式看涨期权式（20-6）可改写为：

$$C = e^{-r(T-t)} E^Q [S_{T-h} E^Q (X^+ | F_{T-h}) | F_t] \tag{20-13-1}$$

$$= e^{-r(T-t)} E^Q (S_{T-h} | F_t) \cdot E^Q (X^+ | F_{T-h})$$

$$= e^{-r(T-t)} \cdot S_t e^{r\tau} \cdot \left[mN(m/\sqrt{v}) + \sqrt{\frac{v}{2\pi}} \cdot e^{-m^2/2v} \right] \tag{20-13-2}$$

此处：$E^Q(S_{T-h} | F_t) = S_t e^{r\tau}$，$\tau = (T-h) - t$

$$= S_t e^{-rh} \left[\left(\frac{r'h}{2} \right) N \left(\frac{r'\sqrt{3h}}{2\sigma} \right) + \sqrt{\frac{\sigma^2 h}{6\pi}} \cdot e^{-3r'^2 h/8\sigma^2} \right] \tag{20-13-3}$$

$r' = r - \sigma^2/2$

将式（20-10）及（20-11）的 m 及 v 代入简化即得式（20-13）。

注：若式（20-2）的执行价为 $K = S_{T_1}$，则上面定价公式内的 h 应改为 $T - T_1$。

远期生效亚洲式看涨期权定价模型式（20-13）的避险参数和其意义如下：

1. Delta

$$\Delta = \frac{\partial c}{\partial S} = e^{-rh} \left[\left(\frac{r'h}{2} \right) N \left(\frac{r'\sqrt{3h}}{2\sigma} \right) + \sqrt{\frac{\sigma^2 h}{6\pi}} \cdot e^{-3r'^2 h/8\sigma^2} \right] \tag{20-14-1}$$

该看涨期权的 Delta 是一常数，不随标的价格变动。只要持有固定单位（Δ 单位）的标的物即可避险，而不必动态修正调整 Delta（这与一般期权的 Delta 不同）。原因是执行价自 $(T-h)$ 时点起即开始计算，累积平均至到期日 T，这已如同逐日结算（Marking to Market）的性质。

2. Gamma

$$\Gamma = \frac{\partial^2 c}{\partial S^2} = 0 \tag{20-14-2}$$

因以 Delta 是固定，所以 Gamma = 0。此外，因该看涨期权价值是标的价格 S 的线性关系（不是非线性），因此 Gamma 是零。

3. Theta

$$\frac{\partial c}{\partial t} = 0 \tag{20-14-3}$$

该看涨期权价值不是时间的函数，故其价值不像一般看涨期权会随时间的过去而消失其价值（No Time Decay）（当 $0 \leq t \leq T-h$ 时的定价）。

情况二：当 $t > T-h$ 时的定价。

当 $t > T-h$，执行价的平均值已累积一部分，故可将执行价拆成两部分如下：

$$\frac{1}{h}\int_{T-h}^{T} S_u du = \frac{1}{h}\int_{T-h}^{t} S_u du + \frac{1}{h}\int_{t}^{T} S_u du$$

$$= M_t + \frac{1}{h}\int_{t}^{T} S_u du \qquad (20-15)$$

此处，$M_t = \frac{1}{h}\int_{T-h}^{t} S_u du$（已知部分）。

根据式（20-6-1）及（20-15），远期生效亚洲式看涨期权的定价模型可改写如下：

$$C = e^{-r(T-t)} E^Q \left\{ E^Q \left[\left(S_T - M_t - \frac{1}{h}\int_t^T S_u du \right)^+ \mid F_t \right] \mid F_t \right\} \qquad (20-16-1)$$

[类似式（20-6-1），将 $T-h$ 换成 T]

$= e^{-r(T-t)} \cdot E^Q [S_t E^Q(X^+ \mid F_t) \mid F_t]$ 类似式（20-13-2）

$= e^{-r(T-t)} S_t \cdot E^Q [X^+ \mid F_t] \qquad (20-16-2)$

此处：

$$S_T - M_t - \frac{1}{h}\int_t^T S_u du$$

$$= S_t \exp[r'(T-t) + \sigma(Z_T - Z_t)] - M_t - \frac{1}{h}\int_t^T S_t \exp[r'(u-t) + \sigma(Z_u - Z_t)] du$$

$$= S_t X$$

$$X = \exp[r'(T-t) + \sigma(Z_T - Z_t)] - M_t/S_t - \frac{1}{h}\int_t^T \exp[r'(u-t) + \sigma(Z_u - Z_t)] du$$

$$\cong 1 + r'(T-t) + \sigma(Z_T - Z_t) - M_t/S_t - \frac{1}{h}\int_t^T [1 + r'(u-t) + \sigma(Z_u - Z_t)] du$$

利用泰勒展开式 $(20-16-3)$

$$= 1 + r'(T-t) + \sigma(Z_T - Z_t) - M_t/S_t - \frac{T-t}{h} - \frac{r'(T-t)^2}{2h} - \frac{\sigma}{h}\int_t^T (Z_u - Z_t) du$$

$$(20-16-4)$$

为求算定价公式，我们首先求算 X 的期望值及方差，正如求算式（20-10）及（20-11）如下：

$$m^* = E(X) = 1 + r'(T-h) - \left(\frac{T-t}{h}\right) - \frac{r'(T-t)^2}{2h} - M_t/S_t \qquad (20-17)$$

$$v^* = Var(X) = \sigma^2\tau + \frac{\sigma^2}{h^2}\left(\frac{\tau^3}{3}\right) - 2\left(\frac{\sigma^2\tau}{2}\right)$$

与式（20-11）的推导相似（见附录一），$\tau = T - t$。

$\therefore X \sim N(m^*, v^*)$

$\therefore C = S_t e^{-r(T-t)} \cdot E^Q(X^+ | F_t)$

$$= S_t e^{-r(T-t)}\left[m^* N(m^*/\sqrt{v^*}) + \sqrt{\frac{v^*}{2\pi}} e^{-m^{*2}/2v^*}\right] \quad (20-18)$$

此处，$E^Q(X^+ | F_t) = $ 式（20-12-2），将式（20-12-2）内的 m 以 m^* 取代。若 $t = T - h$，则 $m^* = m$，$v^* = v$，$M_t = 0$，故式（20-18）= 式（20-13-2）。

远期生效亚洲式期权的平价关系

正如一般欧式期权，远期生效亚洲式期权也存有一个平价关系（Put-Call Parity）。首先，重写下列到期时现金流量：

$$(K - S_T) + (S_T - K)^+ = \begin{cases} K - S_T, & \text{若 } K > S_T \\ (K - S_T) + (S_T - K) = 0, & \text{若 } K \leq S_T \end{cases}$$
$$= (K - S_T)^+ \quad (20-19)$$

情况一：$t < T - h$

在风险中性下，式（20-19）的现值为：

$e^{-r(T-t)} E[(K - S_T) + (S_T - K)^+ | F_t] = \underbrace{e^{-r(T-t)} E[(K - S_T)^+ | F_t]}_{P}$

$e^{-r(T-t)} E[K - S_T | F_t] + \underbrace{e^{-r(T-t)} E[(S_T - K)^+ | F_t]}_{C} = P$

$\therefore P = C + e^{-r(T-t)} E(K | F_t) - e^{-r(T-t)} E(S_T | F_t) \quad (20-20)$

此处：$P = e^{-r(T-t)} E[(K - S_T)^+ | F_t] = $ 远期生效亚洲式看跌期权

$C = e^{-r(T-t)} E[(S_T - K)^+ | F_t] = $ 远期生效亚洲式看涨期权

$E(S_T | F_t) = e^{r(T-t)} S_t$

在附录二，我们求算出：

$$E(K | F_t) = E\left[\frac{1}{h} \int_{T-h}^{T} S_u du\right] = \frac{e^{rh} - 1}{rh} S_t e^{r(T-h-t)} \quad (20-21)$$

将式（20-21）代入式（20-20）即是远期生效亚洲式期权的平价关系：就 $t < T - h$ 而言：

$$P = C + e^{-r(T-t)} \frac{e^{rh} - 1}{rh} S_t e^{r(T-h-t)} - e^{-r(T-t)} \cdot S_t e^{r(T-t)}$$

$$= C + \left(\frac{1 - e^{-rh}}{rh} - 1 \right) S_t \qquad (20-22)$$

情况二：$t > T - h$

在 $t > T - h$ 情形下，式（20-20）式改写为：

$$P = C + e^{-r(T-t)} E\left[M_t + \frac{1}{h} \int_t^T S_u du \mid F_t \right] - S_t$$

根据附录二的求算原理可求算出：

$$E\left[\frac{1}{h} \int_t^T S_u du \mid F_t \right] = \frac{e^{r(T-t)} - 1}{rh} S_t$$

式（20-21）内的 $T - h$ 改由 t 取代。

$$\therefore P = C + M_t e^{-r(T-t)} + e^{-r(T-t)} \left[\frac{e^{r(T-t)} - 1}{rh} S_t \right] - S_t$$

或

$$P = C + M_t e^{-r(T-t)} + \left[\frac{1 - e^{-r(T-t)}}{rh} \right] S_t \qquad (20-23)$$

四 定价模型的准确度

前文推导出的远期生效看涨期权是近似封闭解，因在求解时，我们以泰勒展开式来替代两个指数函数［见式（20-7）、（20-8）及（20-16-1）］。因此，我们会质疑定价式（20-13-3）及（20-18）的准确度。根据 Bouaziz、Briys 及 Crouchy（1994）的实证研究，他们将定价式（20-13-3）计算的结果与 10 000 次蒙迪卡罗（Monte Carlo）模拟的结果做比较，报告如下：

---

① 由式（20-23）的推导可知，若 $T - h = t$，则式（20-23）=式（20-22）。

波动率 σ	Monte Carlo 10 000 次	MC 标准差	近似定价公式
0.1	0.650	0.009	0.676
0.25	1.400	0.021	1.436
0.5	2.637	0.048	2.647

观察以上的实证结果可知，近似定价公式的答案非常接近 Monte Carlo 的值（代表真正答案），因此近似定价模型的准确度很高，令人满足。他们也求算出定价误差的上限，可由下列公式表示：

$$|C^* - C| \leq S_0 \left(\frac{2r^2h^2}{3} + \frac{3}{4}\sigma^2 h e^{-rh} \right) \quad (20-24)$$

此处：C^* = 真正值 = $e^{-rT} E(S_T - K)^+$
C = 近似定价式（20-13-3）
S_0 = 在期初（$t=0$）的标的价格

本章附录一

求解 $Var(X|F_{T-h})$：由 (20-11)

$$Var(X|F_{T-h}) = Var[\sigma(Z_T - Z_{T-h})] + \frac{\sigma^2}{h^2} \cdot Var\left(\int_0^h (Z_u - Z_0)du\right) - 2Cov(\cdot)$$

此处，$Cov(\cdot)$ 代表 X 内两个随机变数的协方差。积分上下限改为从 0 至 h（不会改变答案）。

首先：
$$Var[\sigma(Z_T - Z_{T-h})] = \sigma^2 Var(Z_T - Z_{T-h}) = \sigma^2 E(Z_T - Z_{T-h})^2 \quad \because E(Z_T - Z_{T-h}) = 0$$

$$= \sigma^2[T - (T-h)] = \sigma^2 h$$

$$Var\left[\int_0^h (Z_u - Z_0)du\right] = E\left[\int_0^h (Z_u - Z_0)du\right]^2$$

Let $\Delta u_i = \frac{h}{n} = \Delta X$

$$E\left[\sum_{i=1}^n (Z_{u_i} - Z_0)(\Delta u_i)\right]^2 = \left(\frac{h}{n}\right)^2 E\left[\sum_{i=1}^n (Z_{u_i} - Z_0)\right]^2$$

$$= \left(\frac{h}{n}\right)^2 E\left[(Z_{u_1} - Z_0) + (Z_{u_2} - Z_0) + (Z_{u_3} - u_0) + \cdots + (Z_{u_n} - Z_0)\right]^2$$

$$= \left(\frac{h}{n}\right)^2 E\left[(Z_{u_1} - Z_0) + 2(Z_{u_2} - Z_{u_1}) + 3(Z_{u_3} - Z_{u_2}) + \cdots + n(Z_{u_n} - Z_{u_{n-1}})\right]^2$$

$$= \left(\frac{h}{n}\right)^2 \left[\frac{h}{n} + 2^2\left(\frac{h}{n}\right) + 3^2\left(\frac{h}{n}\right) + \cdots + n^2\left(\frac{h}{n}\right)\right]$$

$$= \left(\frac{h}{n}\right)^3 [1 + 2^2 + 3^2 + \cdots + n^2] = \left(\frac{h^3}{n^3}\right)\left[\frac{n(n+1)(2n+1)}{6}\right]$$

$$= \frac{h^3}{6}\left[1 \cdot \left(1 + \frac{1}{n}\right)\left(2 + \frac{1}{n}\right)\right]$$

$$= \frac{h^3}{6}[2] = h^3/3, \text{ as } n \to \infty$$

$$\therefore \lim_{\substack{\delta n \to 0 \\ n \to \infty}} E\left[\sum_{i=1}^{n}(Z_{n_i} - Z_0)\Delta u_i\right]^2 = \frac{h^3}{3}$$

同时：

$$Cov(\cdot) = Cov\left[\sigma(Z_T - Z_{T-h}), \frac{\sigma}{h}\int_0^h (Z_u - Z_0)du\right]$$

$$= \frac{\sigma^2}{h}E\left[(Z_T - Z_{T-h}) \cdot \int_0^h (Z_u - Z_0)du\right] \qquad Cov(x, y) = E(xy)$$

$$\underbrace{- E(x) \cdot E(y)}_{=0}$$

$$= \frac{\sigma^2}{h}E\left[(Z_T - Z_{T-h})\lim_{\delta_n \to 0}\sum_{i=1}^{n}(Z_{u_i} - Z_0)\Delta u_i\right]$$

$$= \frac{\sigma^2}{h}E\left[\lim_{\delta_n \to 0}\sum_{i=1}^{n}(Z_T - Z_{T-h})(Z_{u_i} - Z_0)\Delta u_i\right]$$

$$= \frac{\sigma^2}{h}\left[\lim_{\delta_n \to 0}\sum_{i=1}^{n}\underbrace{E(Z_{u_i} - Z_0)^2}_{u_i}\Delta u_i\right] = \frac{\sigma^2}{h}\left[\lim_{\delta_n \to 0}\sum_{i=1}^{n}(u_i)\Delta u_i\right]$$

$$= \frac{\sigma^2}{h}\int_0^h u\, du$$

$$= \frac{\sigma^2}{h} \cdot \frac{u^2}{2}\Big|_0^h = \frac{\sigma^2}{h} \cdot \frac{h^2}{2} = \frac{\sigma^2 h}{2}$$

$$\therefore Var(X \mid F_{T-h}^*) = \sigma^2 h + \frac{\sigma^2}{h^2}\left(\frac{h^3}{3}\right) - 2\left(\frac{\sigma^2 h}{2}\right) = \frac{\sigma^2 h}{3}$$

本章附录二

$$E(K \mid F_t) = \frac{S_t}{h} \cdot e^{-(r-\frac{\sigma^2}{2})t} \underbrace{E\left[\int_{T-h}^{T} e^{(r-\frac{\sigma^2}{2})u} \cdot e^{\sigma(Z_u - Z_t)} du \mid F_t\right]}_{A}$$

$$A = E\left[\lim_{\delta_n \to 0} \sum_{i=1}^{n} e^{(r-\frac{\sigma^2}{2})u_i} \cdot e^{\sigma(Z_{u_i} - Z_t)} \cdot \Delta u_i \mid F_t\right] \quad \delta_n = \max_i(u_i - u_{i-1}), \Delta u_i = u_i - u_{i-1}$$

$$= \lim_{\delta_n \to 0}\left[\sum_{i=1}^{n} e^{(r-\frac{\sigma^2}{2})u_i} \cdot E(e^{\sigma(Z_{u_i} - Z_t)}) \cdot \Delta u_i \mid F_t\right]$$

$$= \lim_{\delta_n \to 0}\left[\sum_{i=1}^{n} e^{(r-\frac{\sigma^2}{2})u_i} \cdot e^{\sigma^2(u_i - t)/2} \cdot \Delta u_i \mid F_t\right]$$

$$= \lim_{\delta_n \to 0}\left[\sum_{i=1}^{n} e^{ru_i - \sigma^2 t/2} \Delta u_i \mid F_t\right]$$

$$= \int_{T-h}^{T} e^{ru - \sigma^2 t/2} du = e^{-\sigma^2 t/2} \int_{T-h}^{T} e^{ru} du$$

$$= e^{-\sigma^2 t/2} \left[\frac{e^{ru}}{r}\right]_{T-h}^{T} = e^{-\sigma^2 t/2} \left[\frac{e^{rT} - e^{r(T-h)}}{r}\right]$$

$$\therefore E(K \mid F_t^*) = \frac{S_t}{h} e^{-(r-\frac{\sigma^2}{2})t} \cdot e^{-\sigma^2 t/2} \left[\frac{e^{rT} - e^{r(T-h)}}{r}\right]$$

$$= \frac{S_t}{rh}\left[e^{-rt+rT} - e^{-rt+r(T-h)}\right]$$

$$= \frac{S_t}{rh}\left[e^{r(T-t)} - e^{r(T-h-t)}\right]$$

$$= \frac{S_t e^{r(T-h-t)}}{rh}\left[e^{r(T-t) - r(T-h-t)} - 1\right]$$

$$= \frac{(e^{rh} - 1)}{rh} \cdot S_t e^{r(T-h-t)}$$

第21章 重设型看跌期权

一

简介与实务应用范例：保护投资者与保值担保品

重设型看跌期权（Reset Puts）具有一般看跌期权的基本特征，当标的股价低于原来的执行价时，看跌期权成为实质，且在到期时的结算交割是执行价减掉当时的标的股价。但重设型看跌期权则可在重设时点重设执行价。在重设时点，若标的股价上涨高于原执行价时，则执行价重设等于当时的股价。重设型的看跌期权已于世界多处的证券市场有买卖交易，也有依附于结构型产品（Structured Products）之内在场外市场交易（OTC Markets）。举例如下：

1. 1996年纽约证券交易所（NYSE）及芝加哥期权交易所（CBOE）已有熊市重设型认售权证（Bear Market Reset Warrants）的交易。它是由国际金融公司（International Finance Corporations）发行的。

2. 在澳洲，由马圭尔银行（Macquarie Bank）提供搭配股票投资的产品（Geared Equity Investment，简称GEI）。它是一种以股票作抵押的放款，提供投资人融资购买股票，并以股票作担保品。为保护股票担保品不会因股价下跌而失去其原有的担保品质，股票投资产品（GEI）内含一个重设型看跌期权。也就是，当该银行放款给投资者购买股票时，连带出售可重设型看跌期权给投资者（融资者）。因此，投资者获得保护，不受日后股价下跌而遭受追缴保证金甚或斩仓的风险。虽然银行发行重设型看跌期权必须进行避险，但也可获得权利金的收入。因此，重设型看跌期权对投资者融资购买股票提供了担保品的保护，也给股市稳定提供一些正面的效益，而不会导致斩仓卖压的出现。

单点重设型看跌期权是由 Gray 及 Whaley（1999）介绍的。在本章中，我们将以等价概率平赌新数学定价方法更详细地介绍重设型看跌期权的定价模型，并探讨其风险特征。

重设型看跌期权的定义

重设型看跌期权的到期现金流量 RP_T（或到期价值）以公式表示如下：

$$RP_T = \begin{cases} S_t - S_T, & \text{若 } S_t > K(\text{有重设}) \text{ 及 } S_T < S_t \\ K - S_T, & \text{若 } S_t \leq K(\text{无重设}) \text{ 及 } S_T < K \\ 0, & \text{若 } S_t \leq K \text{ 及 } S_T \geq K \text{ 或 } S_t > K \text{ 及 } S_T \geq S_t \end{cases}$$

解释如下：

1. 在预先设定的重设时点 t，若当时的股价 S_t 高于原来执行价 K 时，执行价重新设定为当时的股价 S_t。到期（T）时，若股价 S_T 下跌低于重设执行价 S_t，则该看跌期权的现金流量（或到期价值）为$(S_t - S_T)$。

2. 在重设时点 t，若当时的股价 S_t 低于或等于原执行价 K，则无重设执行价，仍是原执行价 K。但在到期（T）时，若股价 S_T 下跌低于原执行价 K，则该看跌期权的到期价值为$(K - S_T)$。

3. 在重设时点 t，无重设执行价$(S_t \leq K)$，且到期时股价高于或等于执行价$(S_T \geq K)$，则该看跌期权的到期价值为零。另一种情况是，在 t 点重设执行价为 S_t（即 $S_t > K$），但在到期时股价高于或等于重设的执行价$(S_T \geq S_t)$，则该看跌期权的到期价值也是零。

一旦重设型看跌期权的到期现金流量决定后，其定价模型可根据等价概率平赌的方法求解：在风险中性下，其价值是到期现金流量期望值的现值，并以无风险利率折现。

欧式重设型看跌期权的定价

根据重设型看跌期权的定义，在风险中性下，重设型看跌期权的定价可表示如下：

$$RP = e^{-rT}E^Q(S_t - S_T | S_t > K, S_T < S_t) \cdot P_r(S_t > K, S_T < S_t)$$
$$+ e^{-rT}E^Q(K - S_T | S_t \leq K, S_T < K) \cdot P_r(S_t \leq K, S_T < K) \quad (21-2-1)$$
$$= P_1 + P_2 \quad (21-2-2)$$

此处：$P_1 =$ 式（21-1）的第一大项，$P_2 =$ 式（21-1）的第二大项，$E^Q(\cdot)$ 代表在风险中性概率测度 Q 下的期望值。

因为要求解式（21-2），正如布莱克—修斯（BS）（1973）的假设，股价变动的随机过程为几何布朗运动，表示如下：

$$\frac{dS}{S} = (r-d)dt + \sigma dW \quad (21-3)$$

此处：$d =$ 连续股利率，W 代表布朗运动，$r =$ 无风险利率。

根据式（21-3），我们已知股价随机过程为：

$$S_t = S\exp[(r - d - \sigma^2/2)t + \sigma\Delta W_t] \quad (21-4)$$

此处：$\Delta W_t = W_t - W_0$，$\Delta W_t \sim N(0,t)$

$S =$ 期初股价

式（21-2）内的第一大项 P_1 推导改写 P_1 如下：

$$P_1 = e^{-rT}E^Q(S_t | S_t > K, S_T < S_t) \cdot P_r(S_t > K, S_T < S_t)$$
$$- e^{-rT}E^Q(S_T | S_t > K, S_T < S_t) \cdot P_r(S_t > K, S_T < S_t) \quad (21-5)$$

根据式（21-3），股价的随机过程呈现马可夫性质（Markov Property），即股价在前后期的行为是独立的。因此，在时点 t 股价 S_t 大于 K 的事件与在到期时股价 S_T 大于 S_t 的事件是独立不相干。因此，式（21-5）内的第一期望值及概率项可改写成：

$$E^Q(S_t | S_t > K, S_T < S_t) = E^Q(S_t | S_t > K)$$
$$P_r(S_t > K, S_T < S_t) = P_r(S_t > K) \cdot P_r(S_T < S_t)$$

将以上两式代入式（21-5）

$$P_1 = e^{-rT}E^Q(S_t | S_t > K) \cdot P_r(S_t > K)P_r(S_T < S_t)$$

$$-e^{-rT}E^Q(S_T|S_t>K,S_T<S_t)\cdot P_r(S_t>K)P_r(S_T<S_t) \qquad (21-6)$$

令式（21-6）内的第一大项为 A，并求解如下：

$$A = e^{-rT}E^Q(S_t|S_t>K)\cdot P_r(S_t>K)P_r(S_T<S_t) \qquad (21-7)$$

首先求解 A 内的前两项：

$$E^Q[S_t|S_t>K]\cdot P_r(S_t>K)$$

$$= E^Q[S_t I_{(S_t>K)}] = E^Q\left\{S\exp\left[\left(r-d-\frac{\sigma^2}{2}\right)t+\sigma(W_t^Q-W_0^Q)\right]\cdot I_{(S_t>K)}\right\}$$

$$= Se^{(r-d)t}E^Q[e^{-\frac{\sigma^2}{2}t+\sigma\Delta W^Q}\cdot I_{(S_t>K)}] = Se^{(r-d)t}\cdot E^R[I_{(S_t>K)}]\quad（利用 Girsanov 定理）$$

在 Q 测度下：

$$\frac{dS}{S} = (r-d)dt+\sigma dW^Q$$

$$\Rightarrow d\ln S_t = \left(r-d-\frac{\sigma^2}{2}\right)dt+\sigma dW^Q$$

$$\therefore S_T = S\exp\left[\left(r-d-\frac{\sigma^2}{2}\right)T+\sigma(W_T^Q-W_0^Q)\right]$$

在 R 测度下：

$$\frac{dS}{S} = (r-d+\sigma^2)dt+\sigma dW^R$$

$$dW^Q = dW^R+\sigma dt$$

$$\therefore d\ln S_t = \left(r-d+\frac{\sigma^2}{2}\right)dt+\sigma dW^R$$

$$\Rightarrow S_t = S\exp\left[\left(r-d+\frac{\sigma^2}{2}\right)t+\sigma(W_t^R-W_0^R)\right]$$

$\therefore$ A 内的前两项为

$$= Se^{(r-d)t}P_r^R(S_t>K) = Se^{(r-d)t}P_r^R[\ln S_t>\ln K]$$

$$= Se^{(r-d)t}P_r^R\left[\frac{\Delta W^R}{\sqrt{t}}\geq\frac{\ln(K/S)-\left(r-d+\frac{\sigma^2}{2}\right)t}{\sigma\sqrt{t}}\right]$$

$$= Se^{(r-d)t}\cdot P_r^R[\underbrace{-\frac{\Delta W^R}{\sqrt{t}}}_{N(0,1)}\leq\underbrace{\frac{\ln(S/K)+(r-d+\sigma^2/2)t}{\sigma\sqrt{t}}}_{d_1}]$$

$$= Se^{(r-d)t}\cdot N(d_1)$$

此处：$d_1 = \dfrac{\ln(S/K)+(r-d+\sigma^2/2)t}{\sigma\sqrt{t}}$

A 内的第三项求解如下：

$$P_r^Q(S_T \le S_t) = P_r^Q[\ln S_T \le \ln S_t] = P_r^Q[\ln S_t + (r-d-\sigma^2/2)(T-t)$$
$$+ \sigma(W_T^Q - W_t^Q) \le \ln S_t]$$
$$= P_r^Q[\underbrace{\frac{\Delta W^Q}{\sqrt{T-t}}}_{N(0,1)} \le \underbrace{-\frac{(r-d-\sigma^2/2)(T-t)}{\sigma\sqrt{T-t}}}_{b_2}] = N(-b_2)$$

此处：$b_2 = \dfrac{(r-d-\sigma^2/2)(T-t)}{\sigma\sqrt{T-t}}$

将 A 的三项求解代入式（21-7）即得：

$$\therefore A = Se^{(r-d)t}N(d_1) \cdot N(-b_2)e^{-rT} = Se^{-dt}N(d_1) \cdot N(-b_2)e^{-r(T-t)} \quad (21-8)$$

再次求解式（21-6）内的第二大项，并令之为 B：

$$B = e^{-rT}E^Q(S_T|S_t>K, S_T<S_t) \cdot P_r^Q(S_t>K)P_r^Q(S_T<S_t)$$
$$= e^{-rT}E^Q(S_T|S_t>K, S_T<S_t) \cdot P_r^Q(S_t>K, S_T<S_t)$$
$$= e^{-rT}E^Q[S_T I_{(S_t>K, S_T<S_t)}]$$
$$= e^{-rT} \cdot Se^{(r-d)T}E^Q[\underbrace{e^{-\frac{\sigma^2}{2}T+\sigma\Delta W^Q}}_{\zeta_T} \cdot I_{(S_t>K, S_T<S_t)}]$$
$$= Se^{-dT}E^R[I_{(S_t>K, S_T<S_t)}] \quad \text{利用 Girsanov 定理}$$
$$= Se^{-dT}E^R[I_{(S_t>K)}] \cdot E^R[I_{(S_T<S_t)}] \quad \text{因}(S_t>K)\text{及}(S_T<S_t)\text{两事件是独立}$$
的（见下面注解）
$$= Se^{-dT} \cdot P_r^R(S_t>K) \cdot P_r^R(S_T<S_t) = Se^{-dT}P_r^R(\ln S_t>\ln K) \cdot P_r^R(\ln S_T<\ln S_t)$$
$$= Se^{-dT} \cdot P_r^R\left[\ln S + \left(r-d+\frac{\sigma^2}{2}\right)t + \sigma\Delta W_t^R > \ln K\right] \cdot$$
$$P_r^R\left[\ln S_t + \left(r-d+\frac{\sigma^2}{2}\right)(T-t) + \sigma\Delta W_{T-t}^R < \ln S_t\right]$$
$$= Se^{-dT} \cdot P_r^R\left[\frac{\Delta W_t^R}{\sqrt{t}} > \frac{\ln(K/S)-(r-d+\sigma^2/2)t}{\sigma\sqrt{t}}\right] \cdot$$
$$P_r^R\left[\frac{\Delta W_{T-t}^R}{\sqrt{T-t}} \le \underbrace{-\frac{(r-d+\sigma^2/2)(T-t)}{\sigma\sqrt{T-t}}}_{b_1}\right]$$
$$= Se^{-dT} \cdot P_r^R\left[-\frac{\Delta W_t^R}{\sqrt{t}} \le \underbrace{\frac{\ln(S/K)+(r-d+\sigma^2/2)t}{\sigma\sqrt{t}}}_{d_1}\right] \cdot N(-b_1)$$
$$= Se^{-dT}N(d_1) \cdot N(-b_1) \quad (21-9)$$

注：$E^R[I_{(S_t<X, S_T<S_t)}]$ 代表二元正态概率，且可分开成为两项独立的概率。

因为：

$$Cov\left(\frac{-\Delta W_t}{\sqrt{t}}, \frac{\Delta W_{T-t}}{\sqrt{T-t}}\right) = \frac{1}{\sqrt{t(T-t)}}Cov[-\Delta W_t, \Delta W_{T-t}]$$

$$= \frac{1}{\sqrt{t(T-t)}}Cov[-(W_t - W_0), (W_T - W_t)]$$

$$= 0 \quad -\Delta W_t \text{ 及 } \Delta W_{T-t} \text{ 是两个时间不重叠布朗运动的增量}$$

将式（21-8）的 A 及式（21-9）的 B 代回式（21-6）即是 P_1：

$$P_1 = Se^{-dt}N(d_1)N(-b_2)e^{-r(T-t)} - Se^{-dT}N(d_1)N(-b_1) \tag{21-10}$$

最后，我们推导重设型看跌期权定价式（21-2）式内的第二项 P_2 如下：

$$P_2 = e^{-rT}E^Q(K - S_T | S_t \leq K, S_T < K)P_r(S_t \leq K, S_T < K)$$

$$= e^{-rT}\underbrace{E^Q(K | S_t \leq K, S_T < K)}_{K}P_r(S_t \leq K, S_T < K)$$

$$- e^{-rT}E^Q(S_T | S_t \leq K, S_T < K) \cdot P_r(S_t \leq K, S_T < K)$$

$$= e^{-rT}KP_r^Q(S_t \leq K, S_T < K)$$

$$- e^{-rT}E^Q(S_T | S_t \leq K, S_T < K)P_r(S_t \leq K, S_T < K) \tag{21-11}$$

式（21-11）内的第一项概率计算如下：

$$P_r(S_t \leq K, S_T < K)$$

$$= P_r^Q[\ln S_t \leq \ln K, \ln S_T < \ln K]$$

$$= P_r^Q[\ln S + (r - d - 0.5\sigma^2)t + \sigma\Delta W_t^Q \leq \ln K \quad \ln S + (r - d - 0.5\sigma^2)T + \sigma\Delta W_T^Q \leq \ln K]$$

$$= P_r^Q\left[\frac{\Delta W_t^Q}{\sqrt{t}} \leq \frac{\ln(K/S) - (r - d - 0.5\sigma^2)t}{\sigma\sqrt{t}}, \quad \frac{\Delta W_T^Q}{\sqrt{T}}\right.$$

$$\left.\leq \frac{\ln(K/S) - (r - d - 0.5\sigma^2)T}{\sigma\sqrt{T}}\right]$$

$$= P_r^Q\left[-\frac{\Delta W_t^Q}{\sqrt{t}} \leq \underbrace{-\frac{\ln(S/K) + (r - d - 0.5\sigma^2)t}{\sigma\sqrt{t}}}_{d_2} \quad \frac{\Delta W_T^Q}{\sqrt{T}} \leq \underbrace{-\frac{\ln(S/K) + (r - d - 0.5\sigma^2)T}{\sigma\sqrt{T}}}_{b_2}\right]$$

$$= N_2(-d_2, -b_2, -\sqrt{t/T}) \tag{21-12}$$

此处：$\sqrt{t/T} = Corr\left(\frac{\Delta W_t}{\sqrt{t}}, \frac{\Delta W_T}{\sqrt{T}}\right)$。令 $X_1 = \frac{\Delta W_t}{\sqrt{t}}$，$X_2 = \frac{\Delta W_T}{\sqrt{T}}$

$$\because Cov(X_1, X_2) = E(X_1 X_2) - \underbrace{E(X_1)E(X_2)}_{0} = \frac{1}{\sqrt{tT}}E(\Delta W_t \Delta W_T)$$

$$= \frac{1}{\sqrt{tT}}E[\Delta W_t(\Delta W_t + \Delta W_{T-t})]$$

$$= \frac{1}{\sqrt{tT}}E[\Delta W_t^2 + \underbrace{E(\Delta W_t \Delta W_{T-t})}_{\text{零,不重叠增量}}]$$

$$= \frac{1}{\sqrt{tT}} \cdot t = \sqrt{t/T}$$

$$\therefore \sigma(X_1) = 1 = \sigma(X_2) \Rightarrow \rho = \sqrt{t/T}$$

式（21-11）内的第二项计算如下：

$$E^Q[S_T | S_t \leq K, S_T < K] \cdot P_r[S_t \leq K, S_T < K] \cdot e^{-rT}$$

此处：$S_T = S\exp\left[\left(r - d - \frac{\sigma^2}{2}\right)T + \sigma \Delta W_T^Q\right]$

$$= E^Q[S_T I_{(S_t \leq K, S_T < K)}]e^{-rT}$$

$$= S e^{(r-d)T} E^Q[e^{-\sigma^2 T/2 + \sigma \Delta W_T^Q} \cdot I_{(S_t < K, S_T < K)}]e^{-rT}$$

$$= S e^{-dT} E^R[I_{(S_t \leq K, S_T < K)}] = S e^{-dT} P_r^R[S_t \leq K, S_T < K]$$

$$= S e^{-dT} P_r^R[\ln S_t \leq \ln K, \ln S_T < \ln K]$$

$$= S e^{-dT} P_r^R[\ln S + (r - d + 0.5\sigma^2)t + \sigma \Delta W_t^R \leq \ln K, \quad \ln S + (r - d + 0.5\sigma^2)T + \sigma \Delta W_T^R < \ln K]$$

$$= S e^{-dT} P_r^R \left[\frac{\Delta W_t^R}{\sqrt{t}} \leq \frac{\ln(K/S) - (r - d + 0.5\sigma^2)t}{\sigma \sqrt{t}}, \frac{\Delta W_T^R}{\sqrt{T}} < \frac{\ln(K/S) - (r - d + 0.5\sigma^2)T}{\sigma \sqrt{T}} \right]$$

$$= S e^{-dT} P_r^R \left[-\frac{\Delta W_t^R}{\sqrt{t}} \leq -\underbrace{\frac{\ln(S/K) + (r - d + 0.5\sigma^2)t}{\sigma \sqrt{t}}}_{d_1}, -\frac{\Delta W_T^R}{\sqrt{T}} < -\underbrace{\frac{\ln(S/K) + (r - d + 0.5\sigma^2)T}{\sigma \sqrt{T}}}_{b_1'} \right]$$

$$= S e^{-dT} N_2(-d_1, -b_1', \sqrt{t/T}) \tag{21-13}$$

此处：$\sqrt{t/T}$ = 相关系数

将式（21-12）及（21-13）代回式（21-11）的 P_2：

$$P_2 = e^{-rT} K N_2(-d_2, -b_2; -\sqrt{t/T}) - S e^{-dT} N_2(-d_1, -b_1'; \sqrt{t/T}) \tag{21-14}$$

最后再将式（21-10）的 P_1 及式（21-14）的 P_2 代回式（21-2）即是重设型看跌期权的定价模型：

$$RP = P_1 + P_2$$
$$= S e^{-dt} N(d_1) N(-b_2) e^{-r(T-t)} - S e^{-dT} N(d_1) N(-b_1)$$
$$+ e^{-rT} K N_2(-d_2, -b_2; \sqrt{t/T}) - S e^{-dT} N_2(-d_1, -b_1'; \sqrt{t/T}) \tag{21-15}$$

此处：$d_1 = \dfrac{\ln(S/K) + (r - d + 0.5\sigma^2)t}{\sigma \sqrt{t}}$，$d_2 = d_1 - \sigma \sqrt{t}$

$$b_1' = \frac{\ln(S/K) + (r - d + 0.5\sigma^2)T}{\sigma\sqrt{T}}, \quad b_2' = b_1' - \sigma\sqrt{T}$$

$$b_1 = \frac{(r - d + 0.5\sigma^2)(T - t)}{\sigma\sqrt{T-t}}, \quad b_2 = b_1 - \sigma\sqrt{T-t}$$

四 重设型与一般看跌期权价格的比较

因重设型看跌期权的定价模型式（21-15）比一般看跌期权定价公式复杂，比较困难了解其与标的股价的关系。根据一些假设资料，诸如 $r=5.5\%$、$d=2.5\%$、$t=175$ 天$/365$、$T=1$ 年、$\sigma=35\%$、$K=1$，利用式（21-15）将重设型看跌期权与股价的关系描述于图 21-1，表示如下：

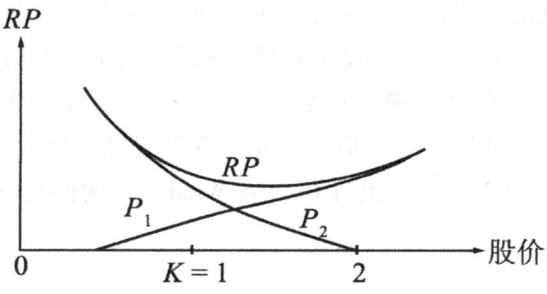

图 21-1 重设型看跌期权

重设型看跌期权 RP 的第一项 P_1 是随着标的股价上涨而增加。但第二项 P_2 却随着股价上涨而下降，这正是看跌期权的特征，但因 RP 具有重设的特征，故当股价上涨，重设概率增加，P_1 代表重设价值或重设溢酬，它随着股价上涨而增加，抵销 P_2 的下降。因此，在股价下跌的初期阶段，重设型看跌期权（RP）的价值会因股价上涨而下降。但股价持续上涨，增加重设的概率，致使 P_1 上升抵销 P_2 的下降。直至 P_1 及 P_2 完全抵销后（P_1 及 P_2 相交点），重设价值 P_1 超过 P_2 的递减，以致 RP 缓慢上升。因此，它与一般看跌期权价值随股价上涨而下降的行为不同。这可由图 21-2 清楚表示如下：

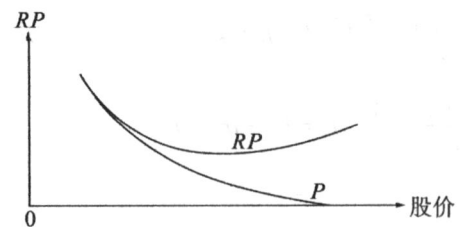

图 21-2　重设型 RP 与一般看跌期权价值 P 比较

注：一般看跌期权的定价公式为：$P = Ke^{-rT}N(-b_2) - Se^{-dT}N(-b_1)$。

重设型与一般看跌期权 Vega 的比较

论点：一般期权的价值是随着标的标准差(σ)的上升而增加。也就是，Vega($=\partial P/\partial\sigma$)是波动率的正函数。重设型看跌期权的 Vega 也不例外，且因重设型看跌期权的重设价值（重设溢酬）也是波动率(σ)的函数，重设型看跌期权的价值大于或等于一般看跌期权的价值，因此，重设型看跌期权的 Vega 会大于一般看跌期权的 Vega。以上的论点也与 Gray 及 Whaley 的图例吻合，以图 21-3 表示如下：

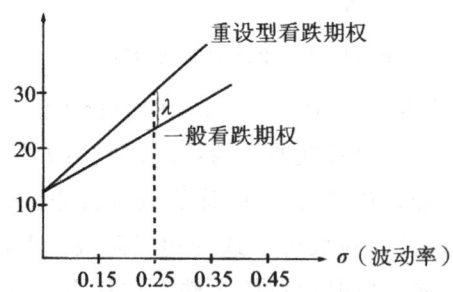

图 21-3　重设型及一般看跌期权 Vega 的比较

注：λ 代表当 $\sigma = 0.25$ 时的重设溢酬，它随着波动度增加而增加。一般看跌期权 Vega $= \dfrac{\partial P}{\partial \sigma} = Se^{-dT}n(b_1)\sqrt{T}$（重设型看跌期权的 Vega 不易求解）。

六 重设型与一般看跌期权 Delta 的比较

论点：一般看跌期权的 Delta 为 $-e^{-dT}N(-b_1)$。当标的股价持续上涨，$-b_1$ 愈小（即负数愈大），$N(-b_1)$ 愈接近零 [即当 $S\to\infty$，$N(-b_1)\to 0$]。因此，当股价持续上涨，看跌期权 Delta 的负值幅度愈小，且接近零。换言之，当股价上涨促使看跌期权变成深度虚值时，其 Delta 变成零。正如图 21-4 所示。但重设型看跌期权的 Delta 则有不同之处。当股价持续上涨，重设的概率增加，看跌期权价值也逐渐由实值变成虚值。直至重设发生时，虚值的看跌期权立即变成平值，因此其价值因重设而增加。也许是这种原因，促使重设型看跌期权的 Delta 不因股价的持续上涨而变成零，却由负值变成正值，正如图 21-4 所示。Gray 及 Whaley 的范例验证了此事实。

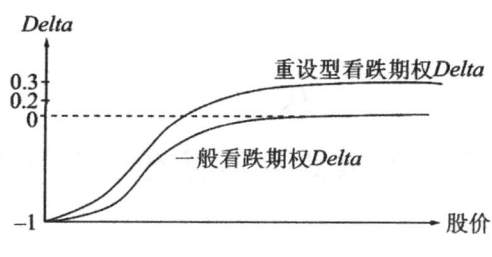

图 21-4　重设型及一般看跌期权 Delta 比较

七 重设型看跌期权价值与最佳重设点（t）的设定

论点：重设时点的设定会影响重设型看跌期权的价值。从两个极端时点先考虑：

1. 若重设时点太短（即太靠近原时点），则标的股价上涨超越原执行价的机会很小，重设价值低。

2. 若重设时点太长且接近到期日，则不管是否有重设执行价。因为太接近到期日，股价上涨高于执行价的可能性低，所以重设价值也低。

根据以上两论点，重设型看跌期权应存有最佳的重设时点，能极大重设价值，因此重设型看跌期权的整体价值达到最大。这可由重设型看跌期权定价模型式（21-15）对重设时点 t 微分，而后证明 $\partial RP/\partial t > 0$。数学证明很复杂，且很困难判断 $\partial RP/\partial t$ 是否大于零。因此，可借由数值分析的范例帮助我们了解 $\partial RP/\partial t$ 的行为。Gray 及 Whaley（1999）的范例证明可找出最佳重设时点是 t^*，正如图 21-5 所示。

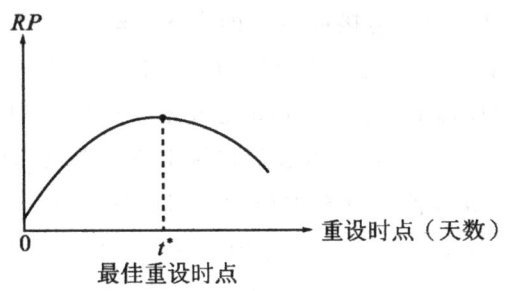

图 21-5　重设型看跌期权价值与重设时点

八

美式重设型看跌期权定价：二叉树

美式重设型看跌期权没有封闭解的定价公式，必须采用 CRR 的二叉树法求解。一般教科书都会详细介绍如何采用二叉树法求解美式期权。因有重设特征，二叉树法的求解必须经过修正调整后，才能进行求解一般美式期权的倒推演算（Backward Computation Through Time）。在此我们介绍 Gray 及 Whaley（1999）所采用的二叉树求解美式重设型看跌期权价值。其求解步骤如下：

1. 首先构建一般的二叉树（如图 21-6）所示。

$u = e^{\sigma\sqrt{\Delta t}}$ 股价上涨率，$d = 1/u$ 　　　　　　　　　　　　　　（21-16）

$p = \dfrac{e^{r\Delta t} - d}{u - d}$，股价往上移动（$u$）的概率　　　　　　　（20-17）

令 $S_0 = 100$，$K = 105$，重设时点为 t_3。

2. 在重设时点 t_3，股价 $S_{3,3}$ 及 $S_{3,2}$ 都超过原执行价 $K(=105)$。

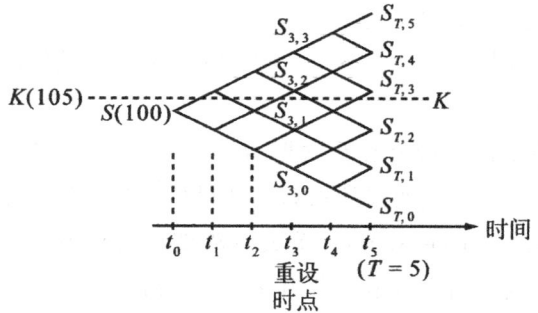

图 21-6 五期二叉树股价

（1）若在 t_3，股价是 $S_{3,3}$，则执行价重设为 $S_{3,3}$。在到期时看跌期权的价值为：$\max(K-S_{T,i}, 0)$，$i=0,1,2,3,4,5$。

$$\left. \begin{array}{l} K-S_{T,5} = S_{3,3} - S_{T,5} \\ \therefore K-S_{T,4} = S_{3,3} - S_{T,4} \\ K-S_{T,3} = S_{3,3} - S_{T,3} \end{array} \right\} \text{重设 } K \text{ 为 } S_{3,3}$$

$$\left. \begin{array}{l} K-S_{T,2} = 105 - S_{T,2} \\ K-S_{T,1} = 105 - S_{T,1} \\ K-S_{T,0} = 105 - S_{T,0} \end{array} \right\} \text{无重设}$$

（2）若在 t_3，股价是 $S_{3,2}$，则重设 K 为 $S_{3,2}$。故在到期时，看跌期权的价值为（暂时省略符号 max）：

$K-S_{T,5} = S_{3,3} - S_{T,5}$，重设 K 为 $S_{3,3}$

$$\left. \begin{array}{l} -S_{T,4} = S_{3,2} - S_{T,4} \\ K-S_{T,3} = S_{3,2} - S_{T,3} \\ K-S_{T,2} = S_{3,2} - S_{T,2} \end{array} \right\} \text{重设 } K \text{ 为 } S_{3,2}（\text{从 } S_{3,2} \text{ 可到达 } S_{T,4}、S_{T,3} \text{ 及 } S_{T,2}）$$

$$\left. \begin{array}{l} K-S_{T,1} = 105 - S_{T,1} \\ K-S_{T,0} = 105 - S_{T,0} \end{array} \right\} \text{无重设（因 } S_{3,2} \text{ 并不能到达 } S_{T,1} \text{ 及 } S_{T,0}）$$

（3）若在 t_3，股价是 $S_{3,1}$，则从 $S_{3,1}$ 可到达 $S_{T,3}$、$S_{T,2}$ 及 $S_{T,1}$。因 $S_{3,1}$ 低于 K，故无重设执行价。看跌期权的到期价值为：

$K-S_{T,5} = S_{3,3} - S_{T,5}$，重设 K 为 $S_{3,3}$

$K-S_{T,4} = S_{3,2} - S_{T,4}$，重设 K 为 $S_{3,2}$

$$\left. \begin{array}{l} K-S_{T,3} = 105 - S_{T,3} \\ K-S_{T,2} = 105 - S_{T,2} \\ K-S_{T,1} = 105 - S_{T,1} \end{array} \right\} \text{无重设 } K$$

$K - S_{T,0} = 105 - S_{T,0}$ 无重设 K

（4）若在 t_3，股价是最低价位 $S_{3,0}$，则无重设执行价发生，看跌期权的到期价值与情况（3）相同。

（5）一旦上面各重设执行价及看跌期权的到期价值认定后，重设型看跌期权价值的求算如一般美式看跌期权的求算，从最后一期起以倒推折现演算的方法计算每一期及每一树结（Tree Nodes）美式看跌期权的价值，并与其提前行权价值（Exercise Value，或称内含价值）做比较。若所计算的（美式）看跌期权价值低于提前行权价值（执行价减当时树结上的股价），则提前行权有利，应以提前行权价值取代原所计算的看跌期权价值。每一期的每一树结都必须做此种提前行权的比较。完成一期的计算及比较后，再往回倒推折现一期［从 t 期折现回（$t-1$）期］，计算每一树结看跌期权的价值，并与当时树结的提前行权价值做比较。决定是否有提前行权的利益。如此重复折现并做比较，直到 $t=0$，即可获得美式重设型看跌期权的价值。读者应首先阅读求算一般美式看跌期权的二叉树法，才能真正了解如何求解美式重设型看跌期权。

第 22 章　重设型熊市认售权证的创新

作为投资组合的保险策略

　　重设型熊市认售权证（Bear Market Warrants，BMW）是由国际金融公司（International Finance Corporation，IFC）于 1996 年创新发行的，并在纽约证券交易所（NYSE）及芝加哥期权交易所（CBOE）两地交易。它是以 S&P 500 指数作为标的，但它可于发行后 3 个月重设执行价。也就是说，从原发行日后满 3 个月的交易日，若当天 S&P 500 指数的收盘价格高于原执行价，则该权证的执行价重设为当日指数的收盘价格。这与一般不可重设执行价的指数认售权证（Index Put Warrants）不同。因含有重设执行价的特征，熊市认售权证的价值高于一般的指数认权证。熊市认售权证可应用于组合避险，保护投资组合（或共同基金）的价值不因股价下跌遭受损失。但若股价指数不跌反而上涨时，保险的面额可随着指数价位上涨而重设成为当时指数价位所代表的价值。这种重设特征提供投资组合更有价值的保护，是一般认售权证所不及的。

　　重设型熊市认售权证是由 Gray 及 Whaley（1997）介绍的。在本章中，我们将以等价概率平赌的定价方法详细地介绍熊市认售权证的定价，并探讨它的风险特征。

二 重设型熊市认售权证的定义

重设型熊市认售权证的到期现流量 BMW_p 可以公式表示如下：令 K = 原执行价，t = 三个月后的重设日（重设时点）

$$BMW_T = \begin{cases} \dfrac{S_t - S_T}{S_t}, & \text{若 } S_t > K \text{（有重设）及 } S_T < S_t \quad (22-1) \\ \dfrac{K - S_T}{K}, & \text{若 } S_t \leq K \text{（无重设）及 } S_T < K \quad (22-2) \\ 0, & \text{若 } S_t > K \text{ 及 } S_T \geq S_t \text{ 或 } S_t \leq K \text{ 及 } S_T \geq K \quad (22-3) \end{cases}$$

解释如下：

情况（1）：自发行日后满3个月的交易日（t），若当天 S&P 500 指数收盘价格 S_t 高于原执行价 K，则执行价重设为当日的收盘价格 S_t。又在到期时（T），若指数价位（S_T）低于已重设的执行价 S_t（即 $S_T < S_t$），则熊市认售权证的到期现金流量 BMW_T 等于重设执行价 S_t 减掉当时价位 S_T，并与 S_t 做比较计算，即 $(S_t - S_T)/S_t$。

情况（2）：在重设日（t），若当天 S&P 500 指数收盘价格低于或等于原执行价（$S_t \leq K$），则无重设执行价（仍是原来的 K）。但在到期时，若指数收盘价格低于原执行价（$S_T < K$），则 BMW_T 的价值（或现金流量）以 $(K - S_T)/K$ 计算。

情况（3）：在重设日（t），有重设执行价（∵ $S_t > K$）。但在到期时，指数收盘价格却上涨高于（或等于）重设的执行价（即 $S_T \geq S_t$），则 BMW_T 无价值（$BMW_T = 0$）。另一种情况是在重设日无重设履约价（因为 $S_t \leq K$），而且在到期时指数价格却上涨高于（或等于）执行价（$S_T \geq K$），则 $BMW_T = 0$（无现金流量）。

BMW_T 的到期现金流是式（22-1）及式（22-2）是以百分比例来计算，在到期日的实际交割结算是50美元乘以该比例，亦即以 $50 \times (S_t - S_T)/S_t$ 或 $50 \times (K - S_T)/K$ 来计算交割价值。因50美元是一常数倍数，在下文定价时，为简单计算，我们将以1美元作为单位。再将推导的最后结果乘以50美元即是最后的答案，也可以设定任一常数倍数（α），而后再乘以 α 即是。

定价模型

我们将用布莱克—修斯（BS）的假设。在风险中性下，指数价格 (S_t) 的随机变动过程为：

$$\frac{dS}{S} = (r-d)dt + \sigma dW^Q \tag{22-4}$$

此处：r = 无风险利率

d = 指数连续股利率

σ = 指数收益率瞬间标准差

W = 布朗运动

Q = 风险中性概率测度

我们已知，在 Q 测度下，股价本身的随机过程为：

$$S_T = S\exp[(r-d-\sigma^2/2)T + \sigma\Delta W_T^Q] \tag{22-5}$$

此处：$\Delta W_T^Q = W_T - W_0$

此外，将 Q 测度转换成 R 测度：$dW^Q = dW^R + \sigma dt$，则：

$d\ln(S_t/S) = (r-d+\sigma^2/2)dt + \sigma dW^R$,

$$\therefore S_t = S\exp[(r-d+\sigma^2/2)t + \sigma\Delta W_t^R] \tag{22-6}$$

此处：$\Delta W_t^R = W_t^R - W_0^R$

上面式（22-4），式（22-5）及式（22-6）将在以下的定价中使用。根据前文熊市认售权证 BMW 的到期现金流量，BMW 的定价公式可表示为：

$$BMW = e^{-rT}E^Q\left(\frac{S_t - S_T}{S_t} | S_t > K, S_T < S_t\right) \cdot P_r^Q(S_t > K, S_T < S_t)$$

$$+ e^{-rT}E^Q\left(\frac{K - S_T}{K} | S_t \leq K, S_T < K\right) \cdot P_r^Q(S_t \leq K, S_T < K)$$

$$= BMW_1 + BMW_2 \tag{22-7}$$

此处，BMW_1 代表式（22-7）内的第一大项，BMW_2 代表第二大项。求解第一大项 BMW_1 如下：

$$BMW_1 = e^{-rT}E^Q\left(\frac{S_t - S_T}{S_t} | S_t > K, S_T < S_t\right) \cdot P_r^Q(S_t > K, S_T > S_t)$$

$$= e^{-rT} E^Q(1 \mid S_t > K, S_T < S_t) P_r^Q(S_t > K, S_T > S_t)$$

$$- e^{-rT} E^Q\left(\frac{S_T}{S_t} \mid S_t > K, S_T < S_t\right) \cdot P_r^Q(S_t > K, S_T > S_t)$$

$$= e^{-rT} P_r^Q(S_t > K, S_T < S_t) - e^{-rT} E^Q\left(\frac{S_T}{S_t} \cdot 1_{(S_T < S_t)}\right) \cdot E^Q(1_{(S_t > K)})$$

此处，在期望值内，S_T/S_t 是从 t 至 T 的价格比例，它与事件 $(S_t > K)$ 是独立无关。因此，在第二期望期内，$I_{(S_T > K, S_T > S_t)} = I_{(S_T > S_t)} \cdot I_{(S_t > K)}$，且利用 $E(yz) = E(y) \cdot E(z)$，因为 y 及 z 是独立。

$$\therefore BMW_1 = e^{-rT} P_r^Q(S_t > K) \cdot P_r^Q(S_T < S_t) - e^{-rT} E^Q(X1_{(X < 1)})$$
$$\cdot E^Q(1_{(S_t > K)}) \tag{22-8}$$

此处，在概率项内事件 $(S_t > K)$ 及 $(S_T > S_t)$ 是独立，故拆成两项概率乘积。又令 $S_T/S_t = X$，改写期望值内的符号为 X。

在式（22-8）内，我们从以前的等价概率平赌得知：

$$P_r^Q(S_t > K) = N(d_2) \tag{22-9}$$

此处：$d_2 = \dfrac{\ln(S/K) + (r - d - \sigma^2/2)t}{\sigma\sqrt{t}}$

$$P_r^Q(S_T < S_t) = P_r^Q(X \leq 1), \quad X = S_T/S_t$$

$$= P_r^Q(\ln X \leq 0) = P_r^Q\left(\frac{\ln X - \mu_x}{\sigma_x} \leq \frac{-\mu_x}{\sigma_x}\right)$$

此处：$\ln X \sim N(\mu_x, \sigma_x^2) = N((r - d - \sigma^2/2)(T - t), \sigma^2(T - t))$

$\therefore$ 在 Q 测度下，从式（22-5）我们知道 $\ln(S_T/S_t) = (r - d - \sigma^2/2)(T - t) + \sigma \Delta W_{T-t}$

$\therefore \ln X \sim N(\mu_x, \sigma_x^2)$

$$\therefore P_r^Q(S_T < S_t) = N\left(-\frac{\mu_x}{\sigma_x}\right) = N(-d_2^*) \tag{22-10}$$

此处：$d_2^* = \dfrac{\mu_x}{\sigma_x} = \dfrac{(r - d - \sigma^2/2)(T - t)}{\sigma\sqrt{T - t}}$

又有：$E^Q(X1_{\{x<1\}}) = E^Q\left[\dfrac{S\exp(r - d - \sigma^2/2)T + \sigma\Delta W_T}{S\exp(r - d - \sigma^2/2)t + \sigma\Delta W_t} \cdot 1_{(x<1)}\right]$

$$= E^Q\{\exp[(r - d - \sigma^2/2)(T - t) + \sigma\Delta W_{T-t}] \cdot 1_{(x<1)}\}$$

$$= e^{(r-d)(T-t)} \cdot E^Q[e^{-\sigma^2(T-t)/2 + \sigma W_{T-t}} \cdot 1_{(x<1)}]$$

$$= e^{(r-d)(T-t)} E^R[1_{(x<1)}] \qquad \text{由 } Q \text{ 转换为 } R \text{ 测度}$$

$$= e^{(r-d)(T-t)} P_r^R(X < 1)$$

$$= e^{(r-d)(T-t)} P_r^R (\ln X < 0)$$

$$= e^{(r-d)(T-t)} P_r^R \left(\frac{\ln X - \mu'_x}{\sigma_x} < \frac{-\mu'_x}{\sigma_x} \right)$$

$$\mu'_x = \frac{(r - d + \sigma^2/2)(T-t)}{\sigma \sqrt{T-t}}$$

$$= e^{(r-d)(T-t)} N\left(\frac{-\mu'_x}{\sigma_x} \right) = e^{(r-d)(T-t)} N(-d_2') \quad (22-11)$$

$$d_2' = \frac{(r - d + \sigma^2/2)(T-t)}{\sigma \sqrt{T-t}}$$

BMW_1 的最后一项是:

$$E^Q(1_{(S_t > K)}) = Pr(S_t > K) = N(d_2) \quad (22-12)$$

最后将式（22-9）、式（22-10）、式（22-11）及式（22-12）代回式（22-8）即是 BMW 的第一大项:

$$\begin{aligned} BMW_1 &= e^{-rT} N(d_2) N(-d_2^*) - e^{-rT} \cdot e^{(r-d)(T-t)} N(-d_2') N(d_2) \\ &= e^{-rT} N(d_2) N(-d_2^*) [1 - e^{(r-d)(T-t)}] \end{aligned} \quad (22-13)$$

再次求解式（22-7）BMW_2 项:

$$\begin{aligned} BMW_2 &= e^{-rT} E^Q\left(\frac{K - S_T}{K} | S_t \leq K, S_T < K \right) \cdot P_r^Q(S_t \leq K, S_T < K) \\ &= e^{-rT} E^Q(1 | S_t \leq K, S_T < K) \cdot P_r^Q(S_t \leq K, S_T < K) \\ &\quad - \frac{1}{K} e^{-rT} E^Q(S_T | S_t \leq K, S_T < K) \cdot P_r^Q(S_t \leq K, S_T < K) \\ &= e^{-rT} \cdot P_r(S_t \leq K, S_T < K) \\ &\quad - \frac{e^{-rT}}{K} E^Q(S_T | S_t \leq K, S_T < K) \cdot P_r^Q(S_t \leq K, S_T < K) \end{aligned} \quad (22-14)$$

式（22-14）内的概率求算如下:

$$\begin{aligned} &Pr(S_t \leq K, S_T < K) \\ &= Pr[\ln(S_t/S) \leq \ln(K/S), \ln(S_T/S) < \ln(K/S)] \\ &= Pr\left[\left(r - d - \frac{\sigma^2}{2} \right) t + \sigma \Delta W_t \leq \ln(K/S), \left(r - d - \frac{\sigma^2}{2} \right) T + \sigma \Delta W_T < \ln(K/S) \right] \\ &= Pr\left[\frac{\Delta W_t}{\sqrt{t}} \leq \frac{\ln(K/S) - \left(r - d - \frac{\sigma^2}{2} \right) t}{\sigma \sqrt{t}}, \frac{\Delta W_T}{\sqrt{T}} < \frac{\ln(K/S) - \left(r - d - \frac{\sigma^2}{2} \right) T}{\sigma \sqrt{T}} \right] \\ &= Pr\left[\frac{\Delta W_t}{\sqrt{t}} \leq -\underbrace{\frac{\ln(S/K) + \left(r - d - \frac{\sigma^2}{2} \right) t}{\sigma \sqrt{t}}}_{d_2}, \frac{\Delta W_T}{\sqrt{T}} < -\underbrace{\frac{\ln(S/K) + \left(r - d - \frac{\sigma^2}{2} \right) T}{\sigma \sqrt{T}}}_{b_2} \right] \end{aligned}$$

金融工程学：金融创新科技

$$= Pr\left[\frac{\Delta W_t}{\sqrt{t}} \leq -d_2, \frac{\Delta W_T}{\sqrt{T}} \leq -b_2\right] = N_2(-d_2, -b_2; \sqrt{t/T}) \quad (22-15)$$

此处：$\dfrac{\Delta W_t}{\sqrt{t}} = N(0,1) = \dfrac{\Delta W_T}{\sqrt{T}}$，$\Delta W_t \sim N(0,t)$，$\Delta W_T \sim N(0,T)$

且：
$$Cov\left(\frac{\Delta W_t}{\sqrt{t}}, \frac{\Delta W_T}{\sqrt{T}}\right) = \frac{1}{\sqrt{Tt}} Cov(\Delta W_t, \Delta W_T)$$

$$= \frac{1}{\sqrt{Tt}} Cov[\Delta W_t, \overbrace{\Delta W_t + (W_{t+dt} - W_T)}^{\Delta W_T}]$$

$$= \frac{1}{\sqrt{Tt}}[\overbrace{Cov(\Delta W_t, \Delta W_t)}^{Var(\Delta W_t)} + \underbrace{Cov(\Delta W_t, W_{t+dt} - W_T)}_{0}]$$

$$= \frac{1}{\sqrt{Tt}} \cdot t = \sqrt{\frac{t}{T}}$$

$$\therefore Corr\left(\frac{\Delta W_t}{\sqrt{t}}, \frac{\Delta W_T}{\sqrt{T}}\right) = \frac{\sqrt{t/T}}{1 \cdot 1} = \sqrt{t/T}$$

式（22-14）内的第二项：

$E^Q(S_T | S_t \leq K, S_T < K) P_r^Q(S_t \leq K, S_T < K)$

$= E^Q(S_T 1_{\{S_t \leq K, S_T < K\}})$

$= E^Q[Se^{(r-d-\sigma^2/2)T + \sigma(W_T - W_0)} \cdot 1_{\{S_t \leq K, S_T < K\}}]$

$= e^{(r-d)T} S \cdot E^Q[e^{-\sigma^2 T/2 + \sigma(W_T - W_0)} \cdot 1_{(S_t \leq K, S_T < K)}]$

$= e^{(r-d)T} S E^R[1_{(S_t \leq K, S_T < K)}]$ ①

$S_t = e^{(r-d)T} S P_r^R[S_t \leq K, S_T < K]$

$\quad = e^{(r-d)T} S P_r^R[\ln(S_t/S) \leq \ln(K/S), \ln(S_T/S) < \ln(K/S)]$

$\quad = e^{(r-d)T} S P_r^R[(r-d+\sigma^2/2)t + \sigma \Delta W_t \leq \ln(K/S), (r-d+\sigma^2/2)T + \sigma \Delta W_T < \ln(K/S)]$

$\quad = e^{(r-d)T} S P_r^R\left[\dfrac{\Delta W_t}{\sqrt{t}} \leq \dfrac{\ln(K/S) - (r-d+\sigma^2/2)t}{\sigma\sqrt{t}}, \dfrac{\Delta W_T}{\sqrt{T}}\right.$

$\quad \left. < \dfrac{\ln(K/S) - (r-d+\sigma^2/2)T}{\sigma\sqrt{T}}\right]$

---

① 此处，利用 Girsanvo 定理：$e^{\zeta T} = e^{-\sigma^2 T/2 + \sigma(W_T - W_0)} = e^{\int_0^T \sigma dw_s - \frac{1}{2}\int_0^T \sigma^2 ds} \Rightarrow \beta = \sigma$。

∴ 由 Q 转换成 R 测度为：$dW^Q = dW^R + \beta dt = dW^R + \sigma dt$，则 S_t 的随机过程正如式（22-6）所示。

$$= e^{(r-d)T} SP_r^R \left[\underbrace{\frac{\Delta W_t}{\sqrt{t}} \leqslant -\frac{\ln(S/K)+(r-d+\sigma^2/2)t}{\sigma\sqrt{t}}}_{d_1}, \frac{\Delta W_T}{\sqrt{T}} \right.$$

$$\left. < \underbrace{-\frac{\ln(S/K)+(r-d+\sigma^2/2)T}{\sigma\sqrt{T}}}_{b_1} \right]$$

$$= e^{(r-d)T} S \cdot N_2(-d_1, -b_1; \sqrt{t/T})$$

$$\rho = \sqrt{t/T} \qquad (22-16)$$

将式（22-15）及式（22-16）代回式（22-14）：

$$BMW_2 = e^{-rT} N_2(-d_2, -b_2; \sqrt{t/T})$$
$$-\frac{e^{-rT}}{K} e^{(r-d)T} S N_2(-d_1, -b_1; \sqrt{t/T}) \qquad (22-17)$$

最后将式（22-13）的 BMW_1 及式（22-17）的 BMW_2 代回式（22-7），即可获得重设型熊市认售权证的定价模型如下：

$$BMW = BMW_1 + BMW_2$$
$$= e^{-rT} N(d_2) [N(-d_2^*) - e^{(r-d)(T-t)} N(-d_2')] + e^{-rT} N_2(-d_2, -b_2;$$
$$\sqrt{t/T}) - e^{-dT}(S/K) N_2(-d_1, -b_1; \sqrt{t/T}) \qquad (22-18)$$

此处：$d_1 = \dfrac{\ln(S/K)+(r-d+\sigma^2/2)t}{\sigma\sqrt{t}}, \quad d_2 = d_1 - \sigma\sqrt{t}$

$d_2^* = \dfrac{(r-d-\sigma^2/2)(T-t)}{\sigma\sqrt{T-t}}$

$b_1 = \dfrac{\ln(S/K)+(r-d+\sigma^2/2)T}{\sigma\sqrt{T}}, \quad b_2 = b_1 - \sigma\sqrt{T}$

四 风险特征与避险参数

1. 重设型熊市认售权证与一般指数认售权证（Index Put Warrants）的比较

Gray 及 Whaley（1997）的假设资料：$r=5\%, d=2\%, \sigma=20\%$（指数收益率标准差），$t=90$ 天（重设日），$K=1, S=1$。他们将 BMW 及一般指数认售权证的价值做比较，并以图 22-1 表示。

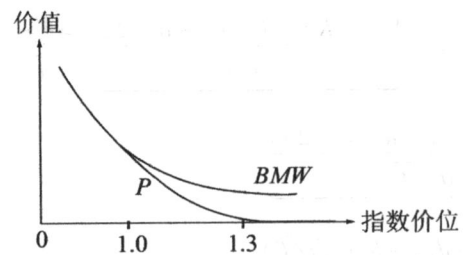

图 22-1 重设型熊市认售权证及一般指数认售权证

解释：

（1）当指数价位 S 上涨，重设执行价的概率上升，因此 BMW 的价值大于一般指数认售权证的价值 P。虽然 BMW 价值也随指数价位上升而下降，但其下降速度比 P 值下降速度慢，且 BMW 的价值却有呈现稳定水平的现象，不再因指数价位上升而再度下降。

（2）但当 S 下降低于原执行价（$K=1$）时，BMW 的重设概率降低，因此 BMW 上升趋近 P 的价值。

2. 重设型熊市认售权证 BMW 与一般认售权证 $Vega_p$ 的比较

正如前一章重设型看跌期权（图 22-3），BMW 的 $Vega$ 大于一般认售权证的 $Vega_p$。也就是说，在同一指数波动率（σ）下，$Vega_{BMC} > Vega_p$，其结果与第 21 章的图 21-3 相似。再次，重复以图 22-2 表示如下：

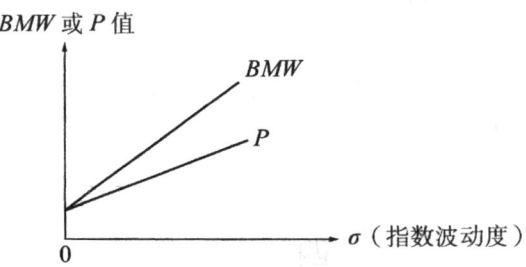

图 22-2 $Vega_{BMG}$ 及 $Vega_p$

3. 重设型熊市认售权证与一般认售权证 Delta 的比较

Gray 及 Whaley（1997）的范例用图 22-3 表示如下[①]：

---

① 因 BMW 是基于现在价位（S_t）及期初价位（S_0）的比率（S_t/S_0）。图 22-3 的 Delta 也以比率计算。因此要将 BMG 及 P 的 Delta 转换成指数的单位时，应将 Delta(Δ)乘以期初价位（S_0），表示如下：

$\Delta_{BMW}(S_0)$ = 指数单位（BMW 的避险部位）

$\Delta_p(S_0)$ = 指数单位（P 的避险部位）

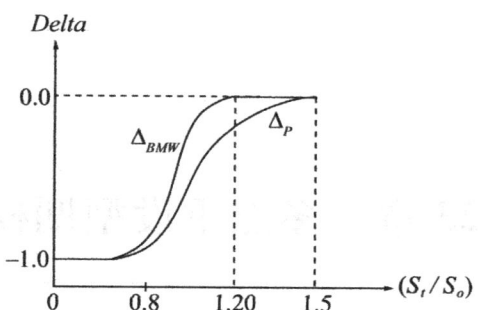

图 22-3　MMW 及 Put 的 Delta

解释：当指数价位（比例价位 S_t/S_0）上升时，BMW 的 Delta（Δ_{BMW}）比一般认售权证的 Delta（Δ_P）上升快，且当（S_t/S_0）接近 1.2 时，Δ_{BMW} 接近零，但 Δ_p 尚未接近零。在 1.2 以上时，$\Delta_{BMW}=0$，但不超过零，而 Δ_p 必须在价位 1.5 时才会接近零。

4. 重设溢酬

正如第 21 章的重设型看跌期权，BMW 的重设溢酬会随着指数波动率增加而增加，这是因为波动率增加，提高重设的概率，因此重设价值增加。此外，在固定波动率下，BMW 的重设概率也随着指数价位上升而增加，因此 BMW 的重设溢酬也增加。

五

美式重设型熊市认售权证

因为国际金融公司（IFC）所发行的 BMW 是属于美式权证，所以其定价必须以数值分析方法求解。在第 21 章中，我们已介绍了如何以二叉树方法求解美式重设型看跌期权，其方法仍适用于定价美式 BMW，故在此不再重述。

第 23 章 多点重设型期权

一

作为担保品保值的保险策略

在前两章中我们已介绍（单点）重设型看跌期权（Reset Put Options）及重设型熊市认售权证（Bear Market Put Warrants）。这些重设型的期权已在澳洲、纽约（NYSE）、芝加哥（CBOE）、中国香港、新加坡及日本等金融市场相继出现。在澳洲是由银行发行（单点）重设型看跌期权，提供投资人融资时对股票抵押品的保险（规避股价下跌的风险）。在纽约的 NYSE 及芝加哥的 CBOE 有重设型熊市认售权证的上市交易（是由国际金融公司所发行）。在中国台湾有宝来、建弘、元大等多家证券公司发行的回顾型多层重设认购权证。在中国香港，莫根史旦尼（Morgan Stanley）1997 年 6 月发行了可重设型公司债（Resettable Convertible Bonds）。这些可重设型的期权不但定价困难，且在对冲风险时也有 Delta 跳跃（Delta Jumps）的现象，因此避险难度高，容易产生亏损。在 1997 年，UBS（瑞士联合银行）因在日本重设型可转换公司债的套利失败，产生了巨大的亏损（约 1.9 亿美元）。

多点重设型期权的定价及避险参数是相当复杂，求解也很困难。Cheng 及 Zhang（2000）采用更复杂的方法对多点重设的期权进行定价及避险参数的研究。在本章中，我们将另外加入股息因素的考量，以期促使模型更形概化（Generalization），并以等价概率平赌的简易定价方法详细介绍多点重设型期权的定价及避险参数。

重设程序及到期现金流量

在风险中性下，有风险资产的价格变动随机过程可表示为：

$$\frac{dS}{S} = (r-q)dt + \sigma dW \tag{23-1}$$

此处，q = 标的资产的连续股利率（或收益率）

W = 标准布朗运动 = $N(0, dt)$

令重设型期权的有效期间为 T（即从 0 至 T），可重设的时点有 n 个时点，分别为 $0 < t_1 < t_2 < \cdots < t_n < T$。$t_0 = 0$，$t_{n+1} = T$。$K$ 为原执行价（在 t_0 时的执行价）。重设型看涨期权执行价的重设程序可表示如下：

$$K(t_i) = \begin{cases} S(t_i), \text{若 } S(t_i) < K(t_{i-1}), \text{重设} & (23-2-1) \\ K(t_{i-1}), \text{若 } S(t_i) \geq K(t_{i-1}), \text{无重设} & (23-2-2) \end{cases}$$

此处，$K(t_i)$ 是在时间 t_i 的执行价，$i = 1, 2, \cdots, n$。

式（23-2-1）的解释：在任何重设点 t_i，若当时股价 $S(t_i)$ 低于前期的执行价 $K(t_{i-1})$，则执行价重设为当时的股价 $S(t_i)$。故 $K(t_i) = S(t_i)$。

式（23-2-2）的解释：在任何重设点 t_i，若当时股价 $S(t_i)$ 高于或等于前期的执行价，则执行价不重设，仍是前期的执行价。故 $K(t_i) = K(t_{i-1})$。

式（23-2）的定义可改写为：

$$\begin{aligned} K(t_i) &= \min[K(t_{i-1}), S(t_i)] \\ &= \min\{\min[K(t_{i-2}), S(t_{i-1})], S(t_i)\} \quad \text{重复利用第一等式的定义} \\ &= \min[K(t_{i-2}), S(t_{i-1}), S(t_i)] \\ &= \min[K(t_{i-3}), S(t_{i-2}), S(t_{i-1}), S(t_i)] \\ &= \min[K, S(t_1), S(t_2), \cdots, S(t_i)] \quad \text{重复利用第一等式的定义 } i \text{ 次} \end{aligned}$$

$$(23-3)$$

同样，重设型看跌期权执行价的重设过程为：

$$K(t_i) = \begin{cases} S(t_i), \text{若 } S(t_i) > K(t_{i-1}) & \text{重设} & (23-4-1) \\ K(t_{i-1}), \text{若 } S(t_i) \leq K(t_{i-1}) & \text{无重设} & (23-4-2) \end{cases}$$

$$\therefore K(t_i) = \max[K(t_{i-1}), S(t_i)]$$
$$= \max\{\max[K(t_{i-2}), S(t_{i-1})], S(t_i)\}$$
$$= \max[K(t_{i-2}), S(t_{i-1}), S(t_i)]$$
$$= \max[K, S(t_1), S(t_2), \cdots, S(t_i)] \quad \text{重复利用第一等式的定义 } i \text{ 次}$$
$$(23-5)$$

多点重设型看涨期权的定价及避险参数

根据该类型看涨期权的到期现金流量（Final Payoff）及重设执行价式（23-3）的定义，在风险中性下，该看涨期权的价值可表示为：

$$c = e^{-rT} E[S(T) - K(t_n)]^+ \quad (23-6)$$
$$= e^{-rT} E\{S(T) - \min[K, S(t_1), \cdots, S(t_n)]\}^+$$
$$= e^{-rT} \sum_{i=1}^{n} E\{[S(T) - S(t_i)]^+ I_{\{S(t_i) = \min[K, S(t_1), \cdots, S(t_n)]\}}\}$$
$$+ e^{-rT} E\{[S(T) - K]^+ I_{\{K = \min[K, S(t_1), \cdots, S(t_n)]\}}\} \quad (23-7)$$

此处，式（23-7）的第一指标函数（Indicator Function）代表，在重设时点 t_i 的当时股价 $S(t_i)$ 可能会是 $(0, T)$ 期间内的最低价格，因此是交割的最后执行价。因有 n 个重设时点，会有 n 个可能是最低的重设执行价 $S(t_i)$。

式（23-7）的第二指标函数代表另一种执行价重设情况，即无重设发生，K 仍是原来的执行价。这是因为在重设点若股价都是高于或等于原执行价 K，则无重设发生。

我们将此部分的证明收录于附录一，它是以等价概率平赌的简易方法证明的。其定价模型在此表示如下：

$$C = e^{-rT} E[E(S_T) - K(t_n)]^+$$
$$= \sum_{i=1}^{n} \{S_0 e^{-qt_i} N(c_0, \cdots, c_{i-1}, \sum_i)[N(c_{i+1}, \cdots, c_{n+1}, \overline{\sum}_i)$$
$$- e^{-q(T-t_i)} N(\hat{c}_{i+1}, \cdots, \hat{c}_{n+1}, \widetilde{\sum}_i)]\} + S_0 e^{-qT} N(d_1, \cdots, d_{n+1}, \widetilde{\sum}_i)$$
$$- K e^{-rT} N(\hat{d}_1, \cdots, \hat{d}_{n+1}, \sum_i) \quad (23-8-1)$$

$$= \sum_{i=1}^{n} \{S_0 e^{-qt_i} N(c) [\overline{N}(c) - e^{-q(T-t_i)} N(\hat{c})]\} + S_0 e^{-qT} N(d) - Ke^{-rT} N(\hat{d})$$

$$(23-8-2)$$

此处，为方便计，以下列简单符号表示：

$$N(c) = N(c_0, \cdots, c_{i-1}, \Sigma_i), \quad \overline{N}(c) = N(c_{i+1}, \cdots, c_{n+1}, \widetilde{\Sigma}_i)$$

$$N(\hat{c}) = N(\hat{c}_{i+1}, \cdots, \hat{c}_{n+1}, \overline{\Sigma}_i), \quad N(\hat{d}) = N(\hat{d}_1, \cdots, \hat{d}_{n+1}, \widetilde{\Sigma}_i)$$

$$N(d) = N(d_1, d_2, \cdots, d_{n+1}, \widetilde{\Sigma})$$

$N(\cdot, \Sigma)$ 代表多变量正态分布的累积概率，其期望值向量为零向量，其协方差矩阵为 Σ。

$$c_0 = \frac{\ln(S_0/K) + (r - q + \sigma^2/2) t_i}{\sigma \sqrt{t_i}}$$

$$c_k = -\frac{(r - q + \sigma^2/2)(t_i - t_k)}{\sigma \sqrt{t_i - t_k}} \qquad 1 \leq k \leq i-1$$

$$c_k = \frac{(r - q + \sigma^2/2)(t_k - t_i)}{\sigma \sqrt{t_k - t_i}} \qquad i+1 \leq k \leq n+1$$

$$\hat{c}_k = \frac{(r - q - \sigma^2/2)(t_k - t_i)}{\sigma \sqrt{t_k - t_i}} \qquad i+1 \leq k \leq n+1$$

协方差矩阵为：

$$\Sigma_i = (\Sigma_{jk}^i)_{1 \leq j, k \leq i} \quad \text{及} \quad \overline{\Sigma}_i = (\overline{\Sigma}_{jk}^i)_{1 \leq j, k \leq i}$$

协方差矩阵的代表元素为：

$$\Sigma_{jk}^i = \frac{\sqrt{t_i - t_{k-1}}}{\sqrt{t_i - t_{j-1}}} \qquad 1 \leq j, k \leq i$$

$$\overline{\Sigma}_{jk}^i = \frac{\sqrt{t_{i+j} - t_i}}{\sqrt{t_{i+k} - t_i}} \qquad 1 \leq j, k \leq n+i-1$$

注：若 $i = 2$，则 $1 \leq j, k \leq 2$。

$$\sum_{jk}^{i} = \left(\sum_{jk}^{2}\right)_{1 \leq j,k \leq 2} = \begin{pmatrix} \dfrac{\sqrt{t_2-t_0}}{\sqrt{t_2-t_0}} & \dfrac{\sqrt{t_2-t_1}}{\sqrt{t_2-t_0}} \\ \dfrac{\sqrt{t_2-t_0}}{\sqrt{t_2-t_1}} & \dfrac{\sqrt{t_2-t_1}}{\sqrt{t_2-t_1}} \end{pmatrix} \begin{matrix} \leftarrow j=1 \\ \leftarrow J=2 \end{matrix}$$

$$\phantom{\sum_{jk}^{i} = }\uparrow\uparrow$$
$$\phantom{\sum_{jk}^{i} = }k=1k=2$$

$$= \begin{pmatrix} 1 & \dfrac{\sqrt{t_2-t_1}}{\sqrt{t_2-t_0}} \\ \dfrac{\sqrt{t_2-t_0}}{\sqrt{t_2-t_1}} & 1 \end{pmatrix}$$

$$d_k = \frac{\ln(S_0/K) + (r-q+\sigma^2/2)t_k}{\sigma\sqrt{t_k}} \qquad 1 \leq k \leq n+1$$

$$\hat{d}_k = \frac{\ln(S_0/K) + (r-q-\sigma^2/2)t_k}{\sigma\sqrt{t_k}} \qquad 1 \leq k \leq n+1$$

$$\bar{\sum} = \sum_{0}$$

四

多点重设型看涨期权的内涵和意义

1. 因该类型看涨期权含有多时点重设执行价的特征，其价值高于一般（无重设执行价）看涨期权的价值。在任何波动率（σ）及利率水平 r 下，不管期初股价 S_0 的高低，单点、两点及三点均可重设执行价的看涨期权价值都高于一般（对应无重设）看涨期权的价值。此外，可重设时点愈多，其价值愈大，这是因为每一个重设点代表一个期权，共有 n 个重设期权包含于该类型期权内。

2. 该类型看涨期权的价值可视为一系列远期生效看涨期权（Contingent Forward-Start Call Options）价值加上一个（有条件）看涨期权（Conditional Call）价值之和。原因是若将式（23-7）内的指标函数暂时忽略，则该类型看涨期权的价值可表示为：

$$C = e^{-rT}\sum_{i=1}^{n} E[S(T) - S(t_i)]^+ + e^{-rT}E[(S_T - K)]^+ \qquad (23-9)$$

式（23-9）内：

$$e^{-rT}E[S(T)-S(t_i)]^+ = 在未来（远期）t_i 生效的远期看涨期权价值$$

$$= S_0 e^{rt_i}[N(d^*) - e^{-r(T-t_i)}N(d^* - \sigma\sqrt{T-t_i})] \text{①} \quad (23-10)$$

此处：$d^* = \dfrac{(r-q+\sigma^2/2)(T-t_i)}{\sigma\sqrt{T-t_i}}$

$d^* - \sigma\sqrt{T-t_i} = \dfrac{(r-q-\sigma^2/2)(T-t_i)}{\sigma\sqrt{T-t_i}}$

$\therefore \sum_{i=1}^{n} e^{-rT}E[S(T)-S(t_i)]^+ = n$ 个远期生效看涨期权价值之和

每一个远期看涨期权是在 t_i 生效，执行价为当时生效的股价 $S(t_i)$。

若将指标函数 $I_{\{S(t_i)=\min[K,S(t_1),\cdots,S(t_n)]\}}$ 放回，则上面 n 项之和代表 n 个有条件远期生效看涨期权价值之和，每一个条件是，在重设时点的股价 $S(t_i)$ 是最低价，才能构成重设执行价。

此外，式（23-9）的第二项代表以 K 为执行价的看涨期权价值。将指标函数 $I_{\{K=\min[K,S(t_1),\cdots,S(t_n)]\}}$ 放回，则它代表有条件的看涨期权价值，其条件为 K 是最低的重设执行价。因此，多点重设型看涨期权的价值可视为一系列有条件的远期生效看涨期权价值加上一个有条件的看涨期权价值之和。

五

多点重设型看涨期权的 Delta 和 Gamma 参数

1. Delta

$$\Delta_c = \frac{\partial c}{\partial S_0} = \sum_{i=1}^{n}\left\{[\bar{N}(c) - e^{r(T-t_i)}N(\hat{c})]\left[N(c) - \frac{1}{\sigma\sqrt{t_i}}\frac{\partial N(c)}{\partial c_0}\right]\right\} + N(d)$$

$$+ \sum_{k=1}^{n+1}\frac{1}{\sigma\sqrt{t_k}}\frac{\partial N(d)}{\partial d_k} + e^{-rT}\left(\frac{K}{S_0}\right)\sum_{k=1}^{n+1}\frac{1}{\sigma\sqrt{t_k}}\frac{\partial N(\hat{d})}{\partial d_k} \quad 为方便计，令 q=0$$

$$(23-11)$$

2. Gamma

---

① 参见 Zhang（1997），186 页。

$$\Gamma_c = \frac{\partial^2 c}{\partial S_0^2} = \frac{1}{S_0} \sum_{k=1}^{n+1} \frac{1}{\sigma \sqrt{t_k}} \frac{\partial N(d)}{\partial d_k} + \frac{1}{S_0} \sum_{\substack{k=1 \\ l=1}}^{n+1} \frac{1}{\sigma^2 \sqrt{t_k} \sqrt{t_l}} \frac{\partial^2 N(d)}{\partial d_k \partial d_l} + e^{rT} \left(\frac{K}{S_0^2}\right) \sum_{k=0}^{n+1} \frac{1}{\sigma \sqrt{t_k}}$$

$$\frac{\partial N(\hat{d})}{\partial d_k} - e^{rT} \left(\frac{K}{S_0^2}\right) \sum_{\substack{k=1 \\ l=1}}^{n+1} \frac{1}{\sigma^2 \sqrt{t_k} \sqrt{t_l}} \frac{\partial^2 N(\hat{d})}{\partial d_k \partial d_l} + \sum_{k=1}^{n} \left[\overline{N}(c) - e^{r(T-t_k)} N(\hat{c}) \right] \left(\frac{1}{S_0}\right) \cdot$$

$$\left[\frac{-1}{\sigma \sqrt{t_k}} \frac{\partial N(c)}{\partial d_0} + \frac{1}{\sigma^2 t_k} \frac{\partial^2 N(c)}{\partial c_0^2} \right] \qquad (23-12)$$

在此，我们对 Δ_c 进行详细的推导如下：

微分式（23-8-2）的最后一项 $Ke^{-rT} \cdot \frac{\partial N(\hat{d})}{\partial S_0} = Ke^{-rT} \sum_{k=1}^{n+1} \frac{\partial N(\hat{d})}{\partial d_k} \frac{\partial d_k}{\partial S_0}$

$$= Ke^{-rT} \sum_{k=1}^{n+1} \frac{\partial N(\hat{d})}{\partial d_k} \left(\frac{1}{S_0 \sigma \sqrt{t_k}}\right)$$

$$= e^{-rT} \left(\frac{K}{S_0}\right) \sum_{k=1}^{n+1} \frac{1}{\sigma \sqrt{t_k}} \frac{\partial N(\hat{d})}{\partial d_k}$$

$$N(\hat{d}) = N(\hat{d}_1, \hat{d}_2, \cdots, \hat{d}_{n+1}, \widetilde{\sum}) \qquad (23-13)$$

微分式（23-8-2）的第二项：

$$\frac{\partial}{\partial S_0} [S(t_0) N(d)] = N(d) + S_0 \frac{\partial N(d)}{\partial S_0}, \quad N(d) = N[d_1, d_2, \cdots, d_{n+1}, \hat{\sum}]$$

$$= N(d) + S_0 \sum_{k=1}^{n+1} \frac{\partial N(d)}{\partial d_k} \frac{\partial d_k}{\partial S_0}$$

$$= N(d) + S_0 \sum_{k=1}^{n+1} \frac{\partial N(d)}{\partial d_k} \left(\frac{1}{S_0 \sigma \sqrt{t_k}}\right)$$

$$= N(d) + \sum_{k=1}^{n+1} \frac{1}{\sigma \sqrt{t_k}} \frac{\partial N(d)}{\partial d_k} \qquad (23-14)$$

微分式（23-8-2）的第一大项 $\sum_{i=1}^{n} \frac{\partial}{\partial S_0} \{ S_0 N(c) \cdot [\overline{N}(c) - e^{-r(T-t_i)}] N(\hat{c}) \}$,

$$\left(\begin{array}{l} \text{此处，} \\ N(c) = N(c_0, c_1, \cdots, c_{i-1}, \sum_i), \quad \overline{N}(c) = N(c_{i+1}, \cdots, c_{n+1}, \overline{\sum}_i) \\ N(\hat{c}) = N(\hat{c}_{i+1}, \cdots, \hat{c}_{n+1}, \overline{\sum}_i) \end{array} \right)$$

$$= \sum_{i=1}^{n} \{ \frac{\partial}{\partial S_0} [S_0 N(c)] \cdot [\overline{N}(c) - e^{-r(T-t_i)} N(\hat{c})]$$

$$+ S_0 \tilde{N}(c) \cdot \frac{\partial}{\partial S_0}[\bar{N}(c) - e^{-r(T-t)}N(\hat{c})]\}$$

$$= \sum_{i=1}^{n}\{[N(c) + S_0 \frac{\partial N(c)}{\partial S_0}][\bar{N}(c) - e^{-r(T-t_i)}N(\hat{c})]$$

$$+ S_0 N(c)[\sum_{k=i+1}^{n+1} \frac{\partial \bar{N}(c)}{\partial c_k} \cdot \underbrace{\frac{\partial c_k}{\partial S_0}}_{0} - e^{-r(T-t_i)}\sum_{k=i+1}^{n+1} \frac{\partial N(\hat{c})}{\partial \hat{c}_k} \underbrace{\frac{\partial \hat{c}_k}{\partial S_0}}_{0}]\}$$

$$= \sum_{i=1}^{n}\{[N(c) + S_0 \sum_{k=1}^{n+1} \frac{\partial N(c)}{\partial c_k} \cdot \frac{\partial c_k}{\partial S_0}][\bar{N}(c) - e^{-r(T-t_i)}N(\hat{c})]\},$$

$$\left[\frac{\partial c_k}{\partial S_0} = 0 = \frac{\partial \hat{c}_k}{\partial S_0} (c_k 及 \hat{c}_k 不是 S_0 的函数)\right]$$

$$= \sum_{i=1}^{n}\left\{\left[N(c) + S_0 \cdot \frac{\partial N(c)}{\partial c_0} \frac{-1}{S_0 \sigma \sqrt{t_i}}\right][\bar{N}(c) - e^{-r(T-t_i)}N(\hat{c})]\right\},$$

$$\left(\frac{\partial c_0}{\partial S_0} = \frac{-1}{S_0 \sigma \sqrt{t_i}}; \frac{\partial c_k}{\partial S_0} = 0, 1 \leq k \leq n\right)$$

$$= \sum_{i=1}^{n}\left\{[\bar{N}(c) - e^{-r(T-t_i)}N(\hat{c})]\left[N(c) - \frac{1}{\sigma \sqrt{t_i}} \frac{\partial N(c)}{\partial c_0}\right]\right\} \quad (23-15)$$

将以上三项微分加总起来就是看涨期权的 Delta 式（23-11）[= 式(23-13) + 式(23-14) + 式(23-15)]。对 Δ_c 的 S_0 再度微分一次，并整理即可得 Γ_c。在此不再重述。

多点重设型看涨期权避险的困难

在每一重设时点 t_i，看涨期权的执行价可能会重设。若在 t_i 时点的股价 $S(t_i)$ 低于前一期的执行价 $K(t_{i-1})$，则执行价重设等于当时的股价，即 $K(t_i) = S(t_i)$。在重设期 t_i 的前后，Delta(Δ_c) 一定会有突然的跳跃（Delta Jumps）或断层（Delta Breaks）。这是因为在 t_i 之前的 $\Delta_c(t_i^-)$ 根据的是执行价 $K(t_{i-1})$，t_i^- 代表在 t_i 之前的时间。但在 t_i，当 $S(t_i) < K(t_{i-1})$ 时，看涨期权因执行价的重设成为平值，而新的 $\Delta_c(t_i)$ 是以新执行价 $S(t_i)$ 来计算。因此，看涨期权的 Delta 突然间由较低的 $\Delta_c(t_i^-)$ 往上蹿升至较高的 $\Delta_c(t_i)$（因为由虚值的 Delta 突然上升变成平值的 Delta），产生了跳跃（或断层）的现象。这在实务避险时会发生很大的

困难。在 t_i 时,当股价接近前执行价 $K(t_{i-1})$ 可往上升越过而发生重设执行价,也可能股价不超越 $K(t_{i-1})$ 而无重设。此时对看涨期权 Delta 的选择是很难的。

多点重设型与一般看涨期权 Delta 的比较

1. 当股价 S_0 趋近零时($S_0 \to 0$),一般期权(Call)的 Delta 趋近零 [∵ 当 $S_0 \to 0$,则 $d_1 \to -\infty$ 及 $d_2 = d_1 - \sigma\sqrt{T} \to -\infty$,∴ $N(d_1) \to 0$ 及 $N(d_2) \to 0$]。但多点重设型看涨期权的 Delta 仍会大于零,即使 $S_0 \to 0$。原因如下:当 $S_0 \to 0$,式(23-8)内的 $N(d) \to 0$ 及 $N(\hat{d}) \to 0$(∵ $d \to -\infty$ 及 $\hat{d} \to -\infty$,$c_0 \to \infty$)。因此当 $S_0 \to 0$ 时,式(23-11)可改写成:

$$\Delta_c = \sum_{i=1}^{n} N(\bar{c})[\bar{N}(c) - e^{-r(T-t_i)}N(\hat{c})] > 0$$

∵ $\bar{c} > \hat{c} \Rightarrow \bar{N}(c) > N(\hat{c})$

因此,即使标的股价 S_0 大幅下跌至很低点,其 Delta 仍不会是零,且仍必须保持避险部位。这是因为即使股价低,所以含有多点重设的特征,股价可能日后回升,产生重设执行价,故 $\Delta_c > 0$。

2. Cheng 及 Zhang(2000)的范例是比较一般看涨期权 Delta、单点及两点重设型看涨期权 Delta。在此重复他们的图解(见图 23-1):

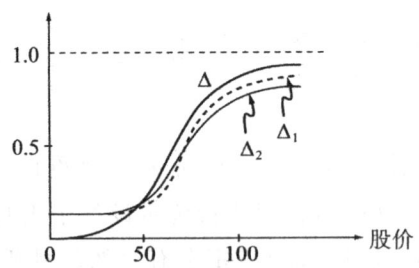

图 23-1　一般看涨期权、单点及两点重设型看涨期权 Delta 的比较

注:Δ = 一般看涨期权 Delta;Δ_1 = 单点重设型看涨期权 Delta(以虚线表示);Δ_2 = 两点重设型看涨期权 Delta(以粗实线表示)。

八

多点重设型看跌期权的定价和避险参数

根据该类型看跌期权的到期现金流量式（23-4-1）及（23-4-2）以及重设执行价式（23-5）的定义，在风险中性下，该看跌期权的价值可表示为：

$$P = e^{-rT} E[K(t_i) - S(T)]^+ \quad (23-16)$$

$$= e^{-rT} E\{\max[K, S(t_1), \cdots, S(t_n)] - S(T)\}^+ \quad \text{利用式（23-5）}$$

$$= e^{-rT} \sum_{i=1}^{n} \{E[S(t_i) - S(T)] I_{S(t_i) = \max[K, S(t_1), \cdots, S(t_{n+1})]}\}$$

$$+ e^{-rT} E[K - S(T)] I_{K = \max[K, S(t_1), S(t_2), \cdots, S(t_{n+1})]} \quad (23-17)$$

$$= \sum_{i=1}^{n} S_0 e^{-qt_i} N(h) [e^{-r(T-t_i)} \overline{N}(h) - N(\hat{h})] + Ke^{-rT} N(g) - S_0 e^{-qT} N(\hat{g}) \quad (23-18)$$

此处：$N(h) = N(h_0, \cdots, h_{i-1}, \sum_i)$

$\overline{N}(h) = N(h_{i+1}, \cdots, h_{n+1}, \overline{\sum}_i), N(\hat{h}) = N(\hat{h}_{i+1}, \cdots, \hat{h}_{n+1}, \overline{\sum}_i)$

$N(g) = N(g_0, \cdots, g_{n+1}, \sum_0), N(\hat{g}) = N(\hat{g}_0, \cdots, \hat{g}_{n+1}, \overline{\sum}_0)$

$$h_0 = \frac{\ln(S_0/K) + (r - q + \sigma^2/2)t_i}{\sigma \sqrt{t_i}}, \forall i$$

$$h_k = \frac{(r - q + \sigma^2/2)(t_i - t_k)}{\sigma \sqrt{t_i - t_k}}, 1 \leq k \leq i - 1$$

$$h_k = \frac{(r - q - \sigma^2/2)(t_k - t_i)}{\sigma \sqrt{t_k - t_i}}, i + 1 \leq k \leq n + 1$$

$$\hat{h}_k = \frac{(r - q + \sigma^2/2)(t_k - t_i)}{\sigma \sqrt{t_k - t_i}}, i + 1 \leq k \leq n + 1$$

$$g_k = -\frac{\ln(S_0/K) + (r - q - \sigma^2/2)t_k}{\sigma \sqrt{t_k}}, 1 \leq k \leq n + 1$$

$$\hat{g}_k = -\frac{\ln(S_0/K) + (r - q + \sigma^2/2)t_k}{\sigma \sqrt{t_k}}, 1 \leq k \leq n + 1$$

$\sum_i$ 及 $\overline{\sum}_i$ 的定义与重设型看涨期权定价式（23-7）内的定义相同。多点重设型看跌期权定价公式的推导与本章第三部分多点重设型看涨期权定价公式的推导相似，读者可参阅附录一的推导。

正如重设型看涨期权，重设型看跌期权的价值高于一般（无重设执行价）看跌期权的价值，而且重设点愈多，其价值也愈高。此外，其价值也可视为一系列有条件的远期生效看跌期权价值加上一个有条件的看跌期权价值之和。其分析与式（23-9）及（23-10）的分析相似。

九

多点重设型看跌期权的 Delta 和 Gamma 参数

$$\Delta_P = \frac{\partial c}{\partial S_0} = \sum_{i=1}^{n} \left\{ \left[N(h) + \frac{\partial N(h)}{\partial h_0} \frac{1}{\sigma\sqrt{t_i}} \right] \left[e^{-r(T-t_i)} \overline{N}(h) - N(\hat{h}) \right] \right\}$$

$$- Ke^{-rT} \left(\frac{K}{S_0}\right) \sum_{k=0}^{n+1} \frac{1}{\sigma\sqrt{t_k}} \frac{\partial N(g)}{\partial g_k} + N(\hat{g}) - \sum_{k=i+1}^{n+1} \frac{1}{\sigma\sqrt{t_k}} \frac{\partial N(\hat{g})}{\partial \hat{g}} \quad (\text{为方}$$

便计，令 $q=0$） \hfill (23-19)

$\Gamma_P = \dfrac{\partial^2 c}{\partial S_0^2}$，因其公式极度复杂，读者可参阅 Cheng 及 Zhang（2000）的推导。

在此，我们提供看跌期权 Δ 的推导如下：

微分式（23-19）的第一大项：

$$\frac{\partial}{\partial S_0} \sum_{i=1}^{n} \left\{ S_0 N(h) \left[e^{-r(T-t_i)} \overline{N}(h) - N(\hat{h}) \right] \right\}$$

$$\left[\begin{array}{l} N(h) = N(h_0, \cdots, h_{i-1}, \sum_i), \overline{N}(h) = N(h_{i+1}, \cdots, h_{n+1}, \overline{\sum}_i) \\ N(\hat{h}) = N(\hat{h}_{i+1}, \cdots, \hat{h}_{n+1}, \overline{\sum}_i) \end{array} \right],$$

$$= \sum_{i=1}^{n} \left\{ \frac{\partial}{\partial S_0} [S_0 N(h)] \left[e^{-r(T-t_i)} \partial \overline{N}(h) - N(\hat{h}) \right] + S_0 N(h) \left[e^{-r(T-t_i)} \frac{\partial \overline{N}(h)}{\partial S_0} - \frac{\partial N(\hat{h})}{\partial S_0} \right] \right\}$$

$$= \sum_{i=1}^{n} \left\{ \left[N(h) + S_0 \frac{\partial N(h)}{\partial S_0} \right] \left[e^{-r(T-t_i)} \overline{N}(h) - N(\hat{h}) \right]$$

$$+ S_0 N(h) \left[e^{-r(T-t_i)} \sum_{k=i+1}^{n+1} \frac{\partial \overline{N}(h)}{\partial h_k} \cdot \underbrace{\frac{\partial h_k}{\partial S_0}}_{0} - \sum_{k=i+1}^{n+1} \frac{\partial N(\hat{h})}{\partial \hat{h}_k} \underbrace{\frac{\partial \hat{h}_k}{\partial S_0}}_{0} \right] \}$$

$$= \sum_{i=1}^{n} \left\{ \left[N(h) + S_0 \sum_{k=1}^{n} \frac{\partial N(h)}{\partial h_k} \frac{\partial h_k}{\partial S_0} \right] \left[e^{-r(T-t_i)} \overline{N}(h) - N(\hat{h}) \right] \right\},$$

$$\left(\frac{\partial h_k}{\partial S_0} = 0 = \frac{\partial \hat{h}_k}{\partial S_0}, \ i+1 \leq k \leq n+1 \right)$$

$$= \sum_{i=1}^{n} \left\{ \left[N(h) + \frac{\partial N(h)}{\partial h_0} \frac{1}{\sigma \sqrt{t_i}} \right] \left[e^{-r(T-t_i)} \overline{N}(h) - N(\hat{h}) \right] \right\} \quad (23-20)$$

此处：$\frac{\partial h_0}{\partial S_0} = \frac{1}{S_0 \sigma \sqrt{t_i}}$；$\frac{\partial h_k}{\partial S_0} = 0 \text{ for } 1 \leq k \leq i-1$

微分式（23-19）的第二项是 $\frac{\partial}{\partial S_0}[Ke^{-rT} N(g)]$

$$N(g) = N(g_0, \cdots, g_{n+1}, \overline{\Sigma}_0)$$

$$= Ke^{-rT} \sum_{k=0}^{n+1} \frac{\partial N(g)}{\partial g_k} \cdot \frac{\partial g_k}{\partial S_0} = Ke^{-rT} \sum_{k=0}^{n+1} \frac{\partial N(g)}{\partial g_k} \frac{-1}{S_0 \sigma \sqrt{t_k}}$$

$$= -e^{-rT} \left(\frac{K}{S_0} \right) \sum_{k=0}^{n+1} \frac{1}{\sigma \sqrt{t_k}} \frac{\partial N(g)}{\partial g_k} \quad (23-21)$$

微分式（23-18）的第三项：

$$\frac{\partial}{\partial S_0}[S_0 N(\hat{g})] = N(\hat{g}) + S_0 \frac{\partial N(\hat{g})}{\partial S_0} = N(\hat{g}) + S_0 \sum_{k=i+1}^{n+1} \frac{\partial N(\hat{g})}{\partial \hat{g}_k} \frac{\partial \hat{g}_k}{\partial S_0}$$

$$= N(\hat{g}) + S_0 \sum_{k=i+1}^{n+1} \frac{\partial N(\hat{g})}{\partial \hat{g}_k} \frac{-1}{S_0 \sigma \sqrt{t_k}}$$

$$= N(\hat{g}) - \sum_{k=i+1}^{n+1} \frac{1}{\sigma \sqrt{t_k}} \frac{\partial N(\hat{g})}{\partial \hat{g}_k} \quad (23-22)$$

将以上三项微分相加即是看跌期权的 Delta 式（23-19）[=（23-20）+（23-21）+（23-22）]。

多点重设型看跌期权的 Delta 小于零（$\Delta_P < 0$）

当股价 S_0 上升且接近 $+\infty$ 时，一般看跌期权的 Delta 从负值接近零（∵当

则 $S_0 \to \infty$，则 $-d_1 \to -\infty$ 及 $-N(-d_1) \to 0$。但重设型看跌期权则不同，由式（23 -19）Δ_P 可知，当 $S_0 \to \infty$，则 $g_k \to -\infty$，$\hat{g}_k \to -\infty$，$N(\hat{g}) \to 0$ 及 $N(g) \to 0$，又 $h_0 \to \infty$，$N(h) \to 1$。故式（23 - 19）可改写为

$$\Delta_P = \sum_{i=1}^{n} N(h)[e^{-r(T-t_i)}N(h) - N(\hat{h})] < 0$$

因此，重设型看跌期权的 Delta(Δ_P) 不会因标的股票上升而变成零，仍是负值，也就是仍需持有做空的避险仓位。这当然是因为含有重设执行价的特征。当股价持续上升时，会产生重设执行价，原来是虚值看跌期权，重设后又回归平值看跌期权，其 Delta 仍是负值。

多点重设型看跌期权的避险与多点重设型看涨期权的避险同样遇到 Delta 跳跃的困难，其情况与重设看涨期权相似，在此不再重述。

本章附录

一、等价概率平赌的简易定价方法

$$C = e^{-rT} \sum_{i=1}^{n} E(B_i) + e^{-rT} E(B) \quad (23 - A1)$$

此处：$B_i = [S(T) - S(t_i)]^+ I_{S(t_i) = \min[K, S(t_1), \cdots, S(t_n)]}$ （23 - A2）

$$= [S(T) - S(t_i)] I_{S(t_i) = K(t_{n+1})}$$

此处：$K(t_{n+1}) = \min[K, S(t_1), \cdots, S(t_n), S(t_{n+1}) = S(T)]$

$$B = [S(T) - K]^+ I_{\{K = \min[K, S(t_1), \cdots, S(t_n)]\}}$$

首先整理 $E(B_i)$ 的第一项如下：

$$E[S(T) I_{S(t_i) = K(t_{n+1})}] = E\left[S(t_i) \frac{S(T)}{S(t_i)} I_{S(t_i) = K(t_i)} \cdot I_{S(t_i) = K(t_{i+1}, t_{n+1})}\right]$$

利用布朗运动的独立性质，在不重叠的时间下的布朗运动是相互独立的。

$$K(t_{i+1}, t_{n+1}) = \min[S(t_{i+1}), \cdots, S(t_{n+1})]$$

$$= E[S(t_i) I_{S(t_i) = K(t_i)}] \cdot E\left[\frac{S(T)}{S(t_i)} I_{S(t_i) = K(t_{i+1}, t_{n+1})}\right]$$

同样，利用独立性质，改写 $E(B_i)$ 内的第二项如下：

$$E[S(t_i) I_{S(t_i) = K(t_{n+1})}] = E[S(t_i) I_{S(t_i) = K(t_i)}] \cdot E[I_{S(t_i) = K(t_{i+1}, t_{n+1})}]$$

∴ $E(B_i)$ 可改写为：

$$E(B_i) = E[S(t_i) I_{S(t_i) = K(t_i)}] \cdot E\left[\left(\frac{S(T)}{S(t_i)} - 1\right) I_{S(t_i) = K(t_{i+1}, t_{n+1})}\right] \quad (23 - A3)$$

$$\therefore E(B_i) = \underbrace{E[S(t_i) I_{S(t_i)=K(t_i)}]}_{A_1} \cdot \Big[\underbrace{E\Big(\frac{S(T)}{S(t_i)}\Big) I_{S(t_i)=K(t_{i+1},t_{n+1})}}_{A_2} - \underbrace{E(I_{|S(t_i)=K(t_{i+1},t_{n+1})})}_{A_3} \Big]$$

$$(23-A4)$$

以等价概率平赌方法求算上面各项期望值如下：

$$A_1 = Se^{(r-q)t_i} E^Q [\underbrace{e^{-\frac{1}{2}\sigma^2 t_i + \sigma W_{t_i}}}_{\xi_{t_i}=dR/dQ} \cdot I_{S(t_i)=K(t_i)}]$$

$$= Se^{(r-q)t_i} E^R [I_{S(t_i)=K(t_i)}]$$

$$= Se^{(r-q)t_i} P_r^R [S(t_i) \leq K, S(t_i) \leq S(t_1), \cdots, S(t_i) \leq S(t_{i-1})]$$

此处：$S(t_i) \leq K \Rightarrow S_0 e^{(r-q+\sigma^2/2)t_i + \sigma W_{t_i}^R} \leq K$, $t_i - t_0 = t_i, t_0 = 0$

$$\underbrace{\frac{W_{t_i}^R}{\sqrt{t_i}}}_{Z_i} \leq -\underbrace{\frac{\ln(S/K) + (r-q+\sigma^2/2)t_i}{\sigma\sqrt{t_i}}}_{d_1(t_i)} = -d_1(t_i) \ (= C_0)$$

同样的，就 $k = 1, 2, \cdots, i-1$ 而言，$S(t_i) \leq S(t_k) \Rightarrow Se^{(r-q+\sigma^2/2)t_i + \sigma W_{t_i}^R}$

$\leq S_0 e^{(r-q+\sigma^2/2)t_k + \sigma W_{t_k}^R}$

$$\Rightarrow \underbrace{\frac{W_{t_i}^R - W_{t_k}^R}{\sqrt{t_i - t_k}}}_{Z_k} \leq -\underbrace{\frac{\Big(r-q+\frac{\sigma^2}{2}\Big)(t_i - t_k)}{\sigma\sqrt{t_i - t_k}}}_{d_1(t_i - t_k)} = -d_1(t_i - t_k) \ (= C_k)$$

$$\therefore A_1 = Se^{(r-q)t_i} P_r^R (Z_i \leq C_0, Z_1 \leq C_1, \cdots, Z_{i-1} \leq C_{i-1})$$

$$= Se^{(r-q)t_i} N(C_0, C_1, \cdots, C_{i-1}; \sum_i) = Se^{(r-q)t_i} N(C)$$

还有：$A_2 = E^Q \Big[\frac{S(T)}{S(t_i)} \underbrace{I_{S(t_i)=K(t_{i+1},t_{n+1})}}_{H} \Big]$

$$= e^{(r-q)(T-t_i)} E^Q [e^{-\sigma^2(T-t_i)/2 + \sigma W_{T-t_i}} I_H]$$

$$= e^{(r-q)(T-t_i)} E^R (I_H)$$

$$= e^{(r-q)(T-t_i)} P_r^R [S(t_i) \leq S(t_{i+1}), S(t_i) \leq S(t_{i+2}), \cdots, S(t_i) \leq S(t_{n+1})]$$

就 $k = i+1, i+2, \cdots, n+1$ 而言，

$$S(t_i) \leq S(t_k) \Rightarrow \underbrace{\frac{W_{t_k} - W_{t_i}}{\sqrt{t_k - t_i}}}_{Z_k} \leq \frac{(r-q+\sigma^2/2)(t_k - t_i)}{\sigma\sqrt{t_k - t_i}}$$

$$= \hat{d}_1(t_k - t_i) \ (= C_k)$$

$$= e^{(r-q)(T-t_i)} P_r^R (Z_{i+1} \leq C_{i+1}, Z_{i+2} \leq C_{i+2}, \cdots, Z_{n+1} \leq C_{n+1})$$

$$= e^{(r-q)(T-t_i)} [\overline{N}(C_{i+1}, C_{i+2}, \cdots, C_{n+1}; \overline{\sum}_i)]$$

$$= e^{(r-q)(T-t_i)} \overline{N}(C)$$

同样：

$$A_3 = P_r^Q[S(t_i) \leq S(t_{i+1}), \cdots, S(t_i) \leq S(t_{n+1})]$$

$$= N(\hat{C}_{i+1}, \hat{C}_{i+2}, \cdots, \hat{C}_{n+1}; \hat{\sum_i})$$

$$\hat{C}_k = \frac{(r - q - \sigma^2/2)(t_k - t_i)}{\sigma \sqrt{t_k - t_i}}, \quad k = i+1, \cdots, n+1$$

我们可同理求算 $e^{-rT}E(B)$，其结果就是式（23-8-2）的第二项。将上面的求算结果代入式（23-A-3）即是定价式（23-8-1）或式（23-8-2）。

$$Cov(Z_l, Z_m) = \frac{1}{\sqrt{(t_i - t_l)}\sqrt{t_i - t_m}} \cdot$$

$$\underbrace{Cov(W_{t_m} - W_{t_i}, W_{t_l} - W_{t_i})}_{t_m - t_i} = \frac{\sqrt{t_m - t_i}}{\sqrt{t_l - t_i}}, \quad i < m < l。其他 Cov(\cdot) 可类推求算。$$

第24章 回顾型期权

一、四个不同类型的回顾型期权与实务应用

回顾型期权提供投给资者或企业许多好处,比如说,回顾型看涨期权(Lookback Call)提供投资者(或企业)可以最低价格买进标的物。回顾型看跌期权提供投资者(或企业)可以最高价格出售。因此,投资者不必为买进或卖出标的物的适当时点而烦恼。投资者总可以在回顾型期权的到期日,以有效期内最低的标的价格买进,或以最高的价格卖出。

回顾型期权依执行价的设定可划分为浮动执行价(Floating Strikes)的回顾期权及固定执行价的回顾期权。其到期日现金流量可表示为:

1. 浮动执行价

(1) 回顾型看涨期权:$C_T = \max(S_T - m_0^T, 0)$ (24-1-1)

此处:$m_0^T = \min_{T_0 \leq u \leq T} S_u$(以最低价格为执行价) (24-1-2)

所以,投资者(或企业)可以最低的执行价交割(M_0^T),其收益比一般看涨期权的收益更高或者可获得价格上涨风险的最大保护。

(2) 回顾型看跌期权:$P_T = \max(M_0^T - S_T, 0)$ (24-2-1)

$M_0^T = \max_{T_0 \leq u \leq T} S_u$(以最高价格为执行价)   (24-2-2)

所以,投资者(或企业)可以最高的标的价格(M_0^T)作为执行价,其收益比一般的看跌期权收益更高,或者可获得价格下跌风险的最大保护。

2. 固定执行价

（1）回顾型看涨期权：$C_T = \max[\max_{T_0 \leq u \leq T} S_u - K, 0]$ (24-3)

所以，投资者（或企业）可以有效期内最高的标的价格作为到期日的交割标的价格，但执行价 K 固定不变。投资者（或企业）可以获得此种看涨期权的最高收益，或者获得价格上涨风险的最大保护。

（2）回顾型看跌期权：$P_T = \max[K - \min_{T_0 \leq u \leq T} S_u, 0]$ 以有效期内最低的标的价格作为到期日的交割标的价格，但执行价 K 固定不变。所以，投资者（或企业）可获得此种看跌期权的最高收益或者获得价格下跌风险的最大保护。

(24-4)

在本章中，我们将对回顾型期权的定价进行详细探讨①。

最高及最低标的价格的概率分布

正如布莱克—修斯（Black-scholes）的资本市场，我们假设标的价格的变动过程为几何布朗运动（Geometric Brownian Motion）如下：

$$dS_t = rS_t dt + \sigma S_t dW_t \tag{24-5}$$

此处，r = 无风险利率，W_t = 标准布朗运动，呈现 $N(0, t)$，其概率测度是风险中性概率测度。

从式（24-5），我们已知：

$$S_t = S_0 \exp[(r - \sigma^2/2)t + \sigma W_t] \tag{24-6}$$

$W_0 = 0$，S_0 = 期初股价

若考量连续股利率 q，则以 $r - q$ 取代 r。为方便计，将以 μ 替代 $(r - \sigma^2/2)$，即令 $\mu = r - \sigma^2/2$。

令 $X_t = \ln(S_t/S_0) = \mu t + \sigma W_t$ (24-7-1)

$y_t = \ln(m_0^t/S_0) = \min_{0 \leq u \leq t} X_u (\leq 0)$ (24-7-2)

$Y_t = \ln(M_0^t/S_0) = \max_{0 \leq u \leq t} X_u (\geq 0)$ (24-7-3)

根据第30章或 Harrison（1985, P.13），X_t、y_t 及 Y_t 的概率分布可表示为：

---

① 本章的数学难度已超出实务界人士和金融本科学生所应掌握的程度，不妨忽略数学的推导，只要了解回顾型期权的种类和实务应用就可以了，但要了解每一种回顾型期权的风险对冲方法的介绍。

1. X_t 及 Y_t 的共同概率分布为：

$$P_r(X_t \leq x, Y_t \leq y) = N\left(\frac{x - \mu t}{\sigma\sqrt{t}}\right) - e^{2\mu y/\sigma^2} N\left(\frac{x - 2y - \mu t}{\sigma\sqrt{t}}\right) \qquad (24-8)$$

此处：$x \geq 0, y \geq x, N(x) = $ 标准正态分布的累积概率 $= \int_{-\infty}^{x} \frac{1}{\sqrt{2\pi}} e^{-u^2/2} du$。

2. X_t 及 y_t 的概率分布为：

$$P_r(X_t \geq x, y_t \geq y) = N\left(\frac{-x + \mu t}{\sigma\sqrt{t}}\right) - e^{2\mu y/\sigma^2} N\left(\frac{-x + 2y + \mu t}{\sigma\sqrt{t}}\right) \qquad (24-9)$$

此处：$y \leq 0$ 及 $y \leq x$。

3. Y_t 的累积概率分布是：

$$P_r(Y_t \leq y) = N\left(\frac{y - \mu t}{\sigma\sqrt{t}}\right) - e^{2\mu y/\sigma^2} \cdot N\left(\frac{-y - \mu t}{\sigma\sqrt{t}}\right), y \geq 0 \qquad (24-10)$$

4. y_t 的概率分布是：

$$P_r(y_t \geq y) = N\left(\frac{-y + \mu t}{\sigma\sqrt{t}}\right) - e^{2\mu y/\sigma^2} \cdot N\left(\frac{y + \mu t}{\sigma\sqrt{t}}\right), y \leq 0 \qquad (24-11)$$

以上四种不同的概率分布将在定价回顾型期权扮演很重要的角色。

回顾型看涨期权的定价和对冲风险的方法：浮动执行价

在风险中性下，回顾型看涨期权的价格为：

$$C = e^{-r\tau} E[\max(S_T - m_0^T, 0)] = e^{-r\tau} E(S_T - m_0^T) \qquad S_T > m_0^T \qquad (24-12-1)$$

$$= e^{-r\tau} E[S_T - \min(m_{T_0}^t, m_t^T)] \qquad (24-12-2)$$

此处，$\tau = T - t$，t 是现在定价的时点。

$m_{T_0}^t = \min_{T_0 \leq u < t} S_u = $ 时间 (T_0, t) 内的最低价格（已知）

$m_t^T = \min_{t \leq u \leq T} S_u = $ 在时间 (t, T) 内的最低价格（未知，尚未实现）

$$\therefore C = S_0 - e^{-r\tau} E[\min(m_{T_0}^t, m_t^T)] \qquad (24-12-3)$$

此处：$S_0 = e^{-r\tau} E(S_T)$

为求算式（24-12-3）的期望值，我们重写该期望值为：

$$E[\min(m_{T_0}^t, m_t^T)] = E[m_{T_0}^t \mid m_{T_0}^t \leq m_t^T] + E[m_t^T \mid m_t^T < m_{T_0}^t]$$

$$= m_{T_0}^t E[1 \mid m_{T_0}^t \leq m_t^T] + E[m_t^T \mid m_t^T < m_{T_0}^t]$$

$$= m_{T_0}^t Pr(m_t^T \geqslant m_{T_0}^t) + E[m_t^T | m_t^T < m_{T_0}^t] \qquad (24-13)$$

式（24-13）的第一项可根据 y_τ 的累积概率分布式（24-11）求解如下：

$$m_{T_0}^t P_r(m_t^T \geqslant m_{T_0}^t)$$

$$= m_{T_0}^t P_r[\ln(m_t^T/S_0) \geqslant \ln(m_{T_0}^t/S_0)]$$

$$= m_{T_0}^t P_r(y_\tau \geqslant y) \qquad y_\tau = \ln(m_t^T/S_0), \ y = \ln(m_{T_0}^t/S_0)$$

$$= m_{T_0}^t \left[N\left(\frac{-\ln(m_{T_0}^t/S_0) + \mu\tau}{\sigma\sqrt{\tau}} \right) - e^{2\mu y/\sigma^2} \cdot N\left(\frac{\ln(m_{T_0}^t/S_0) + \mu\tau}{\sigma\sqrt{\tau}} \right) \right]$$

$$= m_{T_0}^t \left[N(d_1 - \sigma\sqrt{\tau}) - \left(\frac{S}{m_{T_0}^t} \right)^{1 - \frac{2r}{\sigma^2}} \cdot N\left(-d_1 + \frac{2r\sqrt{\tau}}{\sigma} \right) \right] \qquad (24-14)$$

此处：$d_1 = \dfrac{\ln(S_0/m_{T_0}^t) + (r + \sigma^2/2)\tau}{\sigma\sqrt{\tau}}$

$$-d_1 + \frac{2r\sqrt{\tau}}{\sigma} = \frac{\ln(m_{T_0}^t/S_0) + (r - \sigma^2/2)\tau}{\sigma\sqrt{\tau}}$$

再次求解式（24-13）内的第二项期望值。我们必须求算 m_t^T 或 y_t 的概率分布，该概率分布可从 y_τ 累积概率式（24-11）式对 y 微分获得：

$$f(y) = \frac{d}{dy} P_r(y_\tau \leqslant y)$$

$$= \frac{d}{dy} [1 - P_r(y_\tau \geqslant y)]$$

$$= \frac{-d}{dy} \cdot N\left(\frac{-y + \mu\tau}{\sigma\sqrt{\tau}} \right)$$

$$\quad + \frac{d}{dy} e^{2\mu y/\sigma^2} \cdot N\left(\frac{y + \mu\tau}{\sigma\sqrt{\tau}} \right) + e^{2\mu y/\sigma^2} \cdot \frac{d}{dy} N\left(\frac{y + \mu\tau}{\sigma\sqrt{\tau}} \right)$$

$$= \frac{1}{\sigma\sqrt{\tau}} \cdot n\left(\frac{-y + \mu\tau}{\sigma\sqrt{\tau}} \right) + \frac{2\mu}{\sigma^2} e^{2\mu y/\sigma^2} N\left(\frac{y + \mu\tau}{\sigma\sqrt{\tau}} \right)$$

$$\quad + e^{2\mu y/\sigma^2} \cdot \frac{1}{\sigma\sqrt{\tau}} n\left(\frac{y + \mu\tau}{\sigma\sqrt{\tau}} \right) \qquad (24-15)$$

此处：$\dfrac{d}{dx} N(x) = \dfrac{1}{\sqrt{2\pi}} e^{-x^2/2} = n(x)$

$x = \dfrac{y + \mu\tau}{\sigma\sqrt{\tau}}$ 或 $\dfrac{-y + \mu\tau}{\sigma\sqrt{\tau}}$

所以，式（24-13）内第二项期望值求算如下：

$$E[m_t^T | m_t^T < m_{T_0}^t] = E[Se^{y_\tau} | \ln(m_t^T/S) < \ln(m_{T_0}^t/S)] \qquad S = S_0, \ m_t^T = Se^{y_\tau}$$

$$= E[\,Se^{y_\tau}\,|\,y_\tau < \ln(m_{T_0}^t/S)\,]$$

$$= \int_{-\infty}^{\ln(m_{T_0}^t/S)} Se^y f(y)\,dy \qquad (\tau\text{ 暂时省略}) \qquad (24-16-1)$$

$$= \int_{-\infty}^{\ln(m_{T_0}^t/S)} \frac{Se^y}{\sigma\sqrt{\tau}} n\!\left(\frac{-y+\mu\tau}{\sigma\sqrt{\tau}}\right) dy + \frac{2\mu}{\sigma^2}\int_{-\infty}^{\ln(m_{T_0}^t/S)} Se^y e^{2\mu y/\sigma^2} N\!\left(\frac{y+\mu\tau}{\sigma\sqrt{\tau}}\right) dy$$

$$+ \int_{-\infty}^{\ln(m_{T_0}^t/S)} \frac{se^y}{\sigma\sqrt{\tau}} \cdot e^{2\mu y/\sigma^2} n\!\left(\frac{-y+\mu\tau}{\sigma\sqrt{\tau}}\right) dy \qquad (24-6-2)$$

将式（24-15）代入式（24-16-1），并分成三个积分部分。（24-16-2）

式（24-16-2）内的第一及第三积分部分完全相等，故求解第一积分部分即可。首先证明两者相等，第三积分部分如下：

$$\int_{-\infty}^{\ln(m_{T_0}^t/S)} \frac{se^y}{\sigma\sqrt{\tau}} e^{2\mu y/\sigma^2} n\!\left(\frac{y+\mu\tau}{\sigma\sqrt{\tau}}\right) dy$$

$$= \int_{-\infty}^{A} \frac{se^y}{\sigma\sqrt{\tau}} e^{2\mu y/\sigma^2} \cdot \frac{1}{\sqrt{2\pi}} e^{-\left(\frac{y+\mu\tau}{\sigma\sqrt{\tau}}\right)^2/2} dy \qquad A = \ln(m_{T_0}^t/S)$$

$$= \int_{-\infty}^{A} \frac{se^y}{\sigma\sqrt{\tau}} \frac{1}{\sqrt{2\pi}} e^{2\mu y/\sigma^2 - \left(\frac{y+\mu\tau}{\sigma\sqrt{\tau}}\right)^2/2} dy$$

此处指数函数部分可加以简化：

$$\exp\!\left[2\mu y/\sigma^2 - \left(\frac{-y+\mu\tau}{\sigma\sqrt{\tau}}\right)^2/2\right] = \exp\!\left[\frac{-y^2+2\mu\tau y-\mu^2\tau^2}{2\sigma^2\tau}\right]$$

$$= \exp\!\left[-\left(\frac{-y+\mu\tau}{\sigma\sqrt{\tau}}\right)^2/2\right]$$

$$= \int_{-\infty}^{A} \frac{se^y}{\sigma\sqrt{\tau}} \frac{1}{\sqrt{2\pi}} e^{-\left(\frac{-y+\mu\tau}{\sigma\sqrt{\tau}}\right)^2/2} dy$$

$$= \int_{0}^{A} \frac{se^y}{\sigma\sqrt{\tau}} n\!\left(\frac{-y+\mu\tau}{\sigma\sqrt{\tau}}\right) dy \qquad \text{也就是等于第一积分部分}$$

式（24-16-2）第一积分部分求解如下：

$$\int_{-\infty}^{A} \frac{se^y}{\sigma\sqrt{\tau}} n\!\left(\frac{-y+\mu\tau}{\sigma\sqrt{\tau}}\right) dy = \int_{-\infty}^{A} \frac{S}{\sigma\sqrt{\tau}} \cdot \frac{1}{\sqrt{2\pi}} e^{y-\left(\frac{-y+\mu\tau}{\sigma\sqrt{\tau}}\right)^2/2} dy$$

此处我们对指数部分完成平方得：

$$y - \left(\frac{-y+\mu\tau}{\sigma\sqrt{\tau}}\right)^2/2 = \frac{1}{2\sigma^2\tau}[2\sigma^2\tau y - y^2 + 2y\mu\tau - \mu^2\tau^2]$$

$$= \frac{-1}{2\sigma^2\tau}[y^2 - 2(\sigma^2\tau+\mu\tau)y + \mu^2\tau^2]$$

$$= \frac{-1}{2\sigma^2\tau}\{[y-(\sigma^2\tau+\mu\tau)]^2 - (\sigma^2\tau+\mu\tau)^2 + \mu^2\tau^2\}$$

$$= \frac{-1}{2\sigma^2\tau}[y-(\sigma^2+\mu)\tau]^2 + (\sigma^2/2+\mu)\tau$$

$$\therefore 第一积分部分 = se^{(\mu+\sigma^2/2)\tau}\int_{-\infty}^{A}\frac{1}{\sqrt{2\pi\tau}\sigma}e^{-[y-(\mu+\sigma^2)\tau]^2/2\sigma^2\tau}dy \quad \left(\mu+\frac{\sigma^2}{2}\right)\tau = r\tau$$

$$= se^{r\tau}N(-d_1) \qquad (24-17-1)$$

此处：$-d_1 = \dfrac{A-(\mu+\sigma^2)\tau}{\sigma\sqrt{\tau}} = -\dfrac{\ln(S/m'_{T_0})+(r+\sigma^2/2)\tau}{\sigma\sqrt{\tau}}$ $\qquad (24-17-2)$

式（24-16-2）第二积分部分比较麻烦，求解如下：

$$\frac{2\mu}{\sigma^2}\int_{-\infty}^{A}Se^y e^{2\mu y/\sigma^2}N\left(\frac{y+\mu\tau}{\sigma\sqrt{\tau}}\right)dy$$

$$= \frac{2\mu S}{\sigma^2}\int_{-\infty}^{A}e^{\frac{\sigma^2+2\mu}{\sigma^2}\cdot y}N\left(\frac{y+\mu\tau}{\sigma\sqrt{\tau}}\right)dy$$

$$= \frac{2\mu S}{\sigma^2}\cdot\left(\frac{\sigma^2}{\sigma^2+2\mu}\right)\int_{-\infty}^{A}N\left(\frac{y+\mu\tau}{\sigma\sqrt{\tau}}\right)de^{(\frac{\sigma^2+2\mu}{\sigma^2})y}$$

$$= \frac{2\mu S}{\sigma^2+2\mu}\left[e^{(\frac{\sigma^2+2\mu}{\sigma^2})y}N\left(\frac{y+\mu\tau}{\sigma\sqrt{\tau}}\right)\bigg|_{-\infty}^{A} - \int_{-\infty}^{A}e^{(\frac{\sigma^2+2\mu}{\sigma^2})y}dN\left(\frac{y+\mu\tau}{\sigma\sqrt{\tau}}\right)\right]$$

利用部分积分法则：

$$\int udv = uv - \int vdu = \frac{2\mu S}{\sigma^2+2\mu}\left[e^{(\frac{\sigma^2+2\mu}{\sigma^2})A}N\left(\frac{A+\mu\tau}{\sigma\sqrt{\tau}}\right)\right.$$

$$\left. -\int_{-\infty}^{A}e^{(\frac{\sigma^2+2\mu}{\sigma^2})y}\cdot\frac{1}{\sqrt{2\pi\tau}\sigma}e^{-(\frac{y+\mu\tau}{\sigma\sqrt{\tau}})^2/2}dy\right] \qquad (24-18)$$

此处：$\dfrac{2\mu S}{\sigma^2+2\mu} = \dfrac{2(r-\sigma^2/2)S}{\sigma^2+2(r-\sigma^2/2)} = \dfrac{2r-\sigma^2}{2r} = \left(1-\dfrac{\sigma^2}{2r}\right)S$

$$e^{(\frac{\sigma^2+2\mu}{\sigma^2})A} = \exp\left[\frac{\sigma^2+2(r-\sigma^2/2)}{\sigma^2}\ln(m'_{T_0}/S)\right]$$

$$= \exp\left[\left(\frac{2r}{\sigma^2}\right)\ln(m'_{T_0}/S)\right] = (m'_{T_0}/S)^{2r/\sigma^2}$$

$$N\left(\frac{A+\mu\tau}{\sigma\sqrt{\tau}}\right) = N\left[\frac{\ln(m'_{T_0}/S)+(r-\sigma^2/2)\tau}{\sigma\sqrt{\tau}}\right]$$

$$= N\left[\frac{\ln(m'_{T_0}/S)-(r+\sigma^2/2)\tau}{\sigma\sqrt{\tau}}+\frac{2r}{\sigma}\sqrt{\tau}\right]$$

$$= N\left[-d_1+\frac{2r}{\sigma}\sqrt{\tau}\right]$$

$$dN\left(\frac{A+\mu\tau}{\sigma\sqrt{\tau}}\right) = \frac{1}{\sqrt{2\pi}}e^{-(\frac{A+\mu\tau}{\sigma^2})^2/2}\cdot\frac{1}{\sigma\sqrt{\tau}}$$

式（24-18）内的指数函数可用完全平方法加以简化：

$$e^{(\frac{\sigma^2+2\mu}{\sigma^2})y} \cdot e^{-(\frac{y+\mu\tau}{\sigma\sqrt{\tau}})^2/2} = \exp\left[\frac{(4\mu\tau+2\sigma^2\tau)y - y^2 - 2\mu\tau y - \mu^2\tau^2}{2\sigma^2\tau}\right]$$

$$= \exp\left\{\frac{-[y^2 - 2(\mu+\sigma^2)\tau y] - \mu^2\tau^2}{2\sigma^2\tau}\right\}$$

$$= \exp\left\{\frac{-[y-(\mu+\sigma^2)\tau]^2 + (\mu+\sigma^2)^2\tau^2 - \mu^2\tau^2}{2\sigma^2\tau}\right\}$$

$$= \exp\left\{-\frac{[y-(\mu+\sigma^2)\tau]^2}{2\sigma^2\tau}\right\}\exp\left[\left(\mu+\frac{\sigma^2}{2}\right)\tau\right]$$

$$= \exp\left\{-\frac{[y-(\mu+\sigma^2)\tau]^2}{2\sigma^2\tau}\right\} \cdot e^{r\tau} \qquad \left(\mu+\frac{\sigma^2}{2}\right)\tau = r\tau$$

将以上的简化结果代入式（24-18）得

$$\text{式（24-18）} = \left(1-\frac{\sigma^2}{2r}\right)S\left\{(m^t_{T_0}/S)^{2r/\sigma^2} \cdot N\left(-d_1+\frac{2r\sqrt{\tau}}{\sigma}\right)\right.$$

$$\left. - e^{r\tau}\int_{-\infty}^{A}\frac{1}{\sqrt{2\pi}\sigma\sqrt{\tau}}e^{-[\frac{y-(\mu+\sigma^2)\tau}{\sigma\sqrt{\tau}}]^2/2}dy\right\}$$

$$= \left(1-\frac{\sigma^2}{2r}\right)S\left\{(m^t_{T_0}/S)^{2r/\sigma^2} \cdot N\left(-d_1+\frac{2r\sqrt{\tau}}{\sigma}\right)\right.$$

$$\left. - e^{r\tau}N\left[\frac{\ln(m^t_{T_0}/S)-(\mu+\sigma^2)\tau}{\sigma\sqrt{\tau}}\right]\right\}$$

$$= \left(1-\frac{\sigma^2}{2r}\right)S\left[(m^t_{T_0}/S)^{2r/\sigma^2} \cdot N\left(-d_1+\frac{2r\sqrt{\tau}}{\sigma}\right) - e^{r\tau}N(-d_1)\right]$$

再将式（24-14），式（24-17-1）及（24-18）的结果代入式（24-13）获得：

$$E[\min(m^t_{T_0}, m^T_t)] = \underbrace{m^t_{T_0}P_r(m^t_{T_0} \le m^T_t)}_{(14)} + \underbrace{E(m^T_t | m^t_{T_0} > m^T_t)}_{(16-1)=2(17-1)+(18)}$$

$$= \underbrace{m^t_{T_0}\left[N(d_1-\sigma\sqrt{\tau}) - \left(\frac{S}{m^t_{T_0}}\right)^{1-\frac{2r}{\sigma^2}} \cdot N\left(-d_1+\frac{2r\sqrt{\tau}}{\sigma}\right)\right]}_{(14)}$$

$$+ \underbrace{2Se^{r\tau}N(-d_1)}_{2(17-1)}$$

$$+ \underbrace{\left(1-\frac{\sigma^2}{2r}\right)S\left[\left(\frac{m^t_{T_0}}{S}\right)^{\frac{2r}{\sigma^2}}N\left(-d_1+\frac{2r\sqrt{\tau}}{\sigma}\right) - e^{r\tau}N(-d_1)\right]}_{(18)}$$

（24-19）

再将式（24-19）代入式（24-12-2）及式（24-12b），即可获得回顾型看涨期权的定价公式：

$$C = e^{-r\tau} E[S_T - \min(m_{T_0}^t, m_t^T)]$$

$$= e^{-r\tau} E[S_T] - e^{-r\tau} E[\min(m_{T_0}^t, m_t^T)]$$

$$= S - e^{-r\tau} m_{T_0}^t N(d_1 - \sigma\sqrt{\tau}) + e^{-r\tau} \cdot m_{T_0}^t \left(\frac{S}{m_{T_0}^t}\right)^{1-\frac{2r}{\sigma^2}} \cdot N\left(-d_1 + \frac{2r\sqrt{\tau}}{\sigma}\right)$$

$$- 2SN(-d_1) - e^{-r\tau}\left(1 - \frac{\sigma^2}{2r}\right) S\left[\left(\frac{m_{T_0}^t}{S}\right)^{\frac{2r}{\sigma^2}} N\left(-d_1 + \frac{2r\sqrt{\tau}}{\sigma}\right) - e^{r\tau} N(-d_1)\right]$$

$$= S - 2SN(-d_1) - e^{-r\tau} m_{T_0}^t N(d_1 - \sigma\sqrt{\tau})$$

$$+ e^{-r\tau} m_{T_0}^t \left(\frac{S}{m_{T_0}^t}\right) \left(\frac{S}{m_{T_0}^t}\right)^{-\frac{2r}{\sigma^2}} \cdot N\left(-d_1 + \frac{2r\sqrt{\tau}}{\sigma}\right)$$

$$- e^{-r\tau} S\left[\left(\frac{m_{T_0}^t}{S}\right)^{\frac{2r}{\sigma^2}} N\left(-d_1 + \frac{2r\sqrt{\tau}}{\sigma}\right) - e^{r\tau} N(-d_1)\right]$$

$$+ e^{-r\tau} \left(\frac{\sigma^2}{2r}\right) S\left[\left(\frac{m_{T_0}^t}{S}\right)^{\frac{2r}{\sigma^2}} N\left(-d_1 + \frac{2r\sqrt{\tau}}{\sigma}\right) - e^{r\tau} N(-d_1)\right]$$

$$= S - 2SN(-d_1) - e^{-r\tau} m_{T_0}^t N(d_1 - \sigma\sqrt{\tau}) + SN(-d_1)$$

$$- e^{-r\tau} \left(\frac{\sigma^2}{2r}\right) S\left[\left(\frac{S}{m_{T_0}^t}\right)^{-2r/\sigma^2} N\left(-d_1 + \frac{2r\sqrt{\tau}}{\sigma}\right) - e^{r\tau} N(-d_1)\right]$$

$$\therefore C = SN(d_1) - e^{-r\tau} m_{T_0}^t N(d_1 - \sigma\sqrt{\tau}) + e^{-r\tau} \left(\frac{\sigma^2}{2r}\right) S\left[\left(\frac{S}{m_{T_0}^t}\right)^{-2r/\sigma^2}\right.$$

$$\left. N\left(-d_1 + \frac{2r\sqrt{\tau}}{\sigma}\right) - e^{r\tau} N(-d_1)\right] \quad (24-20)$$

此处：

$$S[1 - N(-d_1)] = SN(d_1)$$

$$d_1 = \frac{\ln(S/m_{T_0}^t) + (r + \sigma^2/2)\tau}{\sigma\sqrt{\tau}}$$

若要考虑连续股利率 q 的存在，则在式（24-20）内以 $Se^{-q\tau}$ 及 $(r-q)$ 分别取代原来的 S 及 r。

重写回顾型看涨期权的定价模型式（24-20）：

$$C = C_{BS} + SBO \quad (24-21-1)$$

此处：$C_{BS} = SN(d_1) - e^{-r\tau} m_{T_0}^t N(d_1 - \sigma\sqrt{\tau}) \quad (24-21-2)$

$$SBO = e^{-r\tau}\left(\frac{\sigma^2}{2r}\right) S\left[\left(\frac{S}{m_{T_0}^t}\right)^{-2r/\sigma^2} N\left(-d_1 + \frac{2r\sqrt{\tau}}{\sigma}\right) - e^{r\tau} N(-d_1)\right] \quad (24-21-3)$$

对冲风险的方法和其经济含义：根据式（24-21-1），回顾型看涨期权的定价是由两个定价公式组合而成：

1. 布莱克—修斯（BS）模型式（24-21-2），将已知最低价格 m'_{T_0} 作为执行价。

2. Garman（1989）所称的 SBO（Strike Bonus Option 或可称为执行保险金期权），以式（24-21-3）代表。其所代表的对冲风险的方法如下：发行机构必须对所发行的回顾型看涨期权进行避险。在期初发行时，避险操作首先买进一单位普通看涨期权，执行价格为当时的标的股价（S）。持有该看涨期权一直到标的股价低于 S 的另一价位（S'）出现时，立即进行修正调整（Rollover）：出售原来的看涨期权，并买进另一个新的看涨期权，执行价格为当时的新低价（S'）。此一修正调整交易定会产生现金流出，因为原来的看涨期权成为价外，原来买入是平值看涨期权，但出售已成为虚值看涨期权，当然产生亏损（或现金流出），加上另买入新平值看涨期权（执行价格为 S'）的现金流出。此后，若标的股价又创另一新低 S''（比 S' 还低），则重复上述的修正调整交易，即出售（第二个）看涨期权，并买入另一个新平值看涨期权（执行价格为 S''），此修正调整交易再度产生现金流出。若标的股价持续有新低，则持续修正调整，一直到到期日为止。最后一次买入的看涨期权的执行价就是最低价的 m'_{T_0}，也就是定价公式内的 BS 看涨期权 C_{BS}。因此，在有效期间内，复制策略的重复修正调整会产生一系列的现金流量（流出）。此一系列的现金流量可视为一种证券化的证券。换言之，持有此种权证的投资人将享有此一系列现金流量的求偿权，因此，投资人也必须支付享有求偿权的代价（即支付权利金）。Garman（1989）称此种证券化期权（或其所支付的权利金）为 SBO。因此，回顾型看涨期权其实是由一个普通看涨期权加上一个 SBO 组合而成的看涨期权。其定价含有可加性及可分隔性（Additive-Separation Property），正如式（24-21-1）所示。

四

回顾型看跌期权的定价和对冲风险的方法：浮动执行价

在第三节中，我们已求解出回顾型看涨期权的定价。对回顾型看跌期权的定价也可以类似方法求解。根据式（24-2-1）及（24-2-2）的定义，回顾型看跌期权的现今价格为：

$$P = e^{-r\tau}E[\max(M_0^T - S_T, 0)] = e^{-r\tau}E[M_0^T - S_T] \qquad M_0^T > S_T$$

$$= e^{-r\tau}E[\max(M_0^t, M_t^T)] - S \qquad 此处\ M_0^t = \max_{T_0 \leq u \leq t}S_u,\ M_t^T = \max_{t \leq u \leq T}S_u,$$

$$S = e^{-r\tau}E(S_T)$$

$$= e^{-r\tau}E[M_0^t | M_0^t \geq M_t^T] + e^{-r\tau}E[M_t^T | M_t^T > M_0^t] - S$$

$$= e^{-r\tau}M_0^t P_r(M_t^T \leq M_0^t) + e^{-r\tau}E[M_t^T | M_t^T > M_0^t] - S \qquad (24-22)$$

式（24-22）内的第一概率求算如下：

$$P_r(M_t^T \leq M_0^t) = P_r[\ln(M_t^T/S) \leq \ln(M_0^t/S)] = P_r(Y_\tau \leq y) \qquad 此处,\ y = \ln(M_0^t/S)$$

$$= N\left[\frac{\ln(M_0^t/S) - \mu\tau}{\sigma\sqrt{\tau}}\right] - e^{2\mu \cdot \ln(M_0^t/S)/\sigma^2}N\left[\frac{-\ln(M_0^t/S) - \mu\tau}{\sigma\sqrt{\tau}}\right] 利用式\ (24-10)$$

$$= N(-d_1^* + \sigma\sqrt{\tau}) - \left(\frac{S}{M_0^t}\right)^{1-2r/\sigma^2} \cdot N\left(d_1^* - \frac{2r\sqrt{\tau}}{\sigma}\right) \qquad (24-23)$$

此处：

$$d_1^* = \frac{\ln(S/M_0^t) + (r + \sigma^2/2)\tau}{\sigma\sqrt{\tau}} \qquad (24-24)$$

$$-d_1^* + \sigma\sqrt{\tau} = \frac{-\ln(S/M_0^t) - (r + \sigma^2/2)\tau}{\sigma\sqrt{\tau}} + \sigma\sqrt{\tau}$$

$$= \frac{\ln(M_0^t/S) - (r - \sigma^2/2)\tau}{\sigma\sqrt{\tau}}$$

$$e^{2\mu\ln(M_0^t/S)/\sigma^2} = (M_0^t/S)^{-2\mu/\sigma^2}$$

$$= (S/M_0^t)^{1-2r/\sigma^2}\frac{-\ln(m_0^t/S) - \mu\tau}{\sigma\sqrt{\tau}} = \frac{\ln(S/m_0^t) - (r - \sigma^2/2)\tau}{\sigma\sqrt{\tau}}$$

$$= \frac{\ln(S/M_0^t) + (r + \sigma^2/2)\tau - 2r\tau}{\sigma\sqrt{\tau}}$$

$$= d_1^* - \frac{2r\sqrt{\tau}}{\sigma}$$

为求解式（24-22）的第二项期望值，我们必须先求解 $Y_\tau = \ln(M_t^T/S)$ 的概率分布如下：

$$h(y) = \frac{\partial}{\partial y}P_r(Y_\tau \leq y) \qquad 利用式\ (24-10)$$

$$= \frac{\partial}{\partial y}\left[N\left(\frac{y - \mu\tau}{\sigma\sqrt{\tau}}\right)\right] - \frac{\partial}{\partial y}e^{2\mu y/\sigma^2} \cdot N\left(\frac{-y - \mu\tau}{\sigma\sqrt{\tau}}\right)$$

$$- e^{2\mu y/\sigma^2} \cdot \frac{\partial}{\partial y}\left[N\left(\frac{-y - \mu\tau}{\sigma\sqrt{\tau}}\right)\right]$$

$$= \frac{1}{\sigma\sqrt{\tau}} n\left(\frac{y-\mu\tau}{\sigma\sqrt{\tau}}\right) - \frac{2\mu}{\sigma^2} e^{2\mu y/\sigma^2} \cdot N\left(\frac{-y-\mu\tau}{\sigma\sqrt{\tau}}\right)$$

$$+ e^{2\mu y/\sigma^2} \cdot \frac{1}{\sigma\sqrt{\tau}} n\left(\frac{-y-\mu\tau}{\sigma\sqrt{\tau}}\right) \tag{24-26}$$

所以，式（24-22）内的第二项可改写如下：

$$e^{-r\tau} E[M_t^T | M_t^T > M_0^t] = e^{-r\tau} E[Se^{y_\tau} | y_\tau > \ln(M_0^t/S)] \qquad y_\tau = \ln(M_t^T/S)$$

$$= e^{-r\tau} \int_{\ln(M_0^t/S)}^{\infty} S e^y h(y) dy$$

$$= e^{-r\tau} \left\{ \int_B^{\infty} Se^y \frac{1}{\sigma\sqrt{\tau}} n\left(\frac{y-\mu\tau}{\sigma\sqrt{\tau}}\right) dy - \frac{2\mu S}{\sigma^2} \int_B^{\infty} e^y e^{2\mu y/\sigma^2} N\left(\frac{-y-\mu\tau}{\sigma\sqrt{\tau}}\right) dy \right.$$

$$\left. + \int_B^{\infty} Se^y e^{2\mu y/\sigma^2} \frac{1}{\sigma\sqrt{\tau}} n\left(\frac{-y-\mu\tau}{\sigma\sqrt{\tau}}\right) dy \right\}, B = \ln(M_0^t/S) \tag{24-27}$$

正如式（24-16-2），式（24-27）内的第一项及第三项积分可证明是相等。第一部分积分的求解方法与式（24-17-1）的求解方法相似，因此我们可从式（24-17-1）的结果写下式（24-27）第一部分积分的结果为：

$$\int_B^{\infty} Se^y \frac{1}{\sigma\sqrt{\tau}} n\left(\frac{y-\mu\tau}{\sigma\sqrt{\tau}}\right) dy = Se^{r\tau} N(d_1^*) \tag{24-28}$$

式（24-27）的第二部分积分也可以式（24-16-2）的第二部分积分方法即式（24-18）的求解如下：

$$-\frac{2\mu S}{\sigma^2} \int_B^{\infty} e^y e^{2\mu y/\sigma^2} N\left(\frac{-y-\mu\tau}{\sigma\sqrt{\tau}}\right) dy \qquad \text{也是利用部分积分法则}$$

$$= \left(1 - \frac{\sigma^2}{2r}\right) S\left[\left(\frac{M_0^t}{S}\right)^{2r/\sigma^2} \cdot N\left(d_1^* - \frac{2r\sqrt{\tau}}{\sigma}\right) - e^{r\tau} N(d_1^*)\right] \tag{24-29}$$

注：相当于对式（24-18）内的 $N(\cdot)$ 内的正负符号对换，然后将式（24-28）及（24-29）代入式（24-27）：

$$e^{-r\tau} E[M_t^T | M_t^T > M_0^t]$$

$$= 2SN(d_1^*) + e^{-r\tau}\left(1 - \frac{\sigma^2}{2r}\right) S\left[\left(\frac{M_0^t}{S}\right)^{2r/\sigma^2} \cdot N\left(d_1^* - \frac{2r\sqrt{\tau}}{\sigma}\right) - e^{r\tau} N(d_1^*)\right]$$

$$\tag{24-30}$$

最后将式（24-23）及（24-30）代入式（24-22），即是回顾型看跌期权的定价模型：

$$P = e^{-r\tau} M_0^t N(-d_1^* + \sigma\sqrt{\tau}) - e^{-r\tau} M_0^t \left(\frac{S}{M_0^t}\right)^{1-2r/\sigma^2} \cdot N\left(d_1^* - \frac{2r\sqrt{\tau}}{\sigma}\right) + 2SN(d_1^*) +$$

$$e^{-r\tau}\left(1 - \frac{\sigma^2}{2r}\right) S \left[\left(\frac{M_0^t}{S}\right)^{2r/\sigma^2} N\left(d_1^* - \frac{2r\sqrt{\tau}}{\sigma}\right) - e^{r\tau} N(d_1^*)\right] - S$$

$$= e^{-r\tau} M_0^t N(-d_1^* + \sigma\sqrt{\tau}) - e^{-r\tau} M_0^t \left(\frac{S}{M_0^t}\right)\left(\frac{S}{M_0^t}\right)^{-2r/\sigma^2} \cdot$$

$$N\left(d_1^* - \frac{2r\sqrt{\tau}}{\sigma}\right) + 2SN(d_1^*) + e^{-r\tau}\left(1 - \frac{\sigma^2}{2r}\right) S \left[\left(\frac{S}{M_0^t}\right)^{-2r/\sigma^2} \cdot\right.$$

$$N\left(d_1^* - \frac{2r\sqrt{\tau}}{\sigma}\right) - e^{r\tau} N(d_1^*)\right] - S$$

$$= e^{-r\tau} M_0^t N(-d_1^* + \sigma\sqrt{\tau}) + 2SN(d_1^*) - SN(d_1^*) +$$

$$e^{-r\tau}\left(\frac{-\sigma^2}{2r}\right) S \left[\left(\frac{S}{M_0^t}\right)^{-2r/\sigma^2} N\left(d_1^* - \frac{2r\sqrt{\tau}}{\sigma}\right) - e^{r\tau} N(d_1^*)\right] - S$$

$$= -SN(-d_1^*) + e^{-r\tau} M_0^t N(-d_1^* + \sigma\sqrt{\tau}) -$$

$$e^{-r\tau}\left(\frac{\sigma^2}{2r}\right) S \left[\left(\frac{S}{M_0^t}\right)^{-2r/\sigma^2} \cdot N\left(d_1^* - \frac{2r\sqrt{\tau}}{\sigma}\right) - e^{r\tau} N(d_1^*)\right] \quad (24-31-1)$$

或

$$P = P_{BS} + SBO_p \quad (24-31-2)$$

此处：$P_{BS} = -SN(-d_1^*) + e^{-r\tau} M_0^t(-d_1^* + \sigma\sqrt{\tau}) \quad (24-31-3)$

= 一般看跌期权的定价公式，执行价为最高价格 M_0^t

SBO_p = 在看跌期权下的执行保险金期权（SBO）

$$= e^{-r\tau}\left(\frac{\sigma^2}{2r}\right) S \left[-\left(\frac{S}{M_0^t}\right)^{-2r/\sigma^2} \cdot N\left(d_1^* - \frac{2r\sqrt{\tau}}{\sigma}\right) + e^{r\tau} N(d_1^*)\right] \quad (24-31-4)$$

对冲风险的方法和其经济含义：其经济意义与看涨期权的 SBO [式 (24-21)] 类似。在期初避险时买进平值看跌期权（执行价等于当时的股价或标的价格）。之后，每当股价上涨至一新高点，必须调整，将原来的看跌期权出售，再买入另一个平值的新看跌期权（执行价等于新高点）。每一次调整都会产生现金流出。将一系列的现金流出加以证券化，其价值即是 SBO_p。此外，最后一次买入看跌期权的执行价就是最高价的 M_0^T，也就是定价公式内的 BS 看跌期权 P_{BS}。

五

固定执行价格的回顾型看涨期权的定价与对冲风险的方法

根据式 (24-3) 的定义，回顾型看涨期权（固定执行价）的现在价值为：

$$C^* = e^{-rr}E[\max(\max_{0 \leq u \leq T} S_u - K, 0)]$$
$$= e^{-rr}E[\max(M_0^T - K, 0)]$$
$$= e^{-rr}E[\max(M_0^t - K, 0) | M_0^t \geq M_t^T] +$$
$$e^{-rr}E[\max(M_t^T - K, 0) | M_t^T > M_0^t] \quad (24-32)$$

式（24-32）的第一期望值求算如下：

$E[\max(M_0^t - K, 0) | M_0^t \geq M_t^T]$

$= E[\max(M_0^t - K, 0) | y_\tau \leq y] \quad y = \ln(M_0^t/S), y_\tau = \ln(M_t^T/S)$

$= \begin{cases} (M_0^t - K) P_r(Y_\tau \leq y), & \text{若 } M_0^t > k \\ 0, & \text{若 } M_0^t \leq k \end{cases}$

$= \begin{cases} (M_0^t - K)\left[N(-d_1^* + \sigma\sqrt{\tau}) - \left(\dfrac{S}{M_0^t}\right)^{1-2r/\sigma^2} \cdot N\left(d_1^* - \dfrac{2r\sqrt{\tau}}{\sigma}\right)\right], M_0^t > K \\ \\ & (24-33-1) \\ 0, M_0^t \leq K & (24-33-2) \end{cases}$

式（24-32）的第二期望值求算如下：

$E[\max(M_t^T - K, 0) | M_t^T > M_0^t]$

$= E[\max(Se^{y_\tau} - K, 0) | y_\tau > y] \quad y = \ln(M_0^t/S), y_\tau = \ln(M_t^T/S)$

$= \begin{cases} \int_{\ln(K/S)}^\infty (Se^y - K)h(y)dy, M_t^T > M_0^t \text{ 及 } M_t^T > K, M_0^t \leq K & (24-34-1) \\ \int_{\ln(M_0^t/S)}^\infty (Se^y - K)h(y)dy, M_t^T > M_0^t > K & (24-34-2) \end{cases}$

此处：概率分布 $h(y)$ 已在式（24-26）中求出。式（24-34）的两个积分可分别求解如下：

当 $M_0^t \leq K$ 时：

式 $(24-34-1) = \int_{\ln(K/S)}^\infty (Se^y - K)h(y)dy$

$= \underbrace{\int_{\ln(K/S)}^\infty Se^y h(y)dy}_{\text{利用式}(24-27)、(24-28)\text{及}(24-29)} - K\underbrace{\int_{\ln(K/S)}^\infty h(y)dy}_{\text{利用}(24-10)}$

$= 2Se^{rr}N(d) + \left(1 - \dfrac{\sigma^2}{2r}\right)S \cdot \left[\left(\dfrac{M_0^t}{S}\right)^{2r/\sigma^2} N\left(d - \dfrac{2r\sqrt{\tau}}{\sigma}\right) - e^{rr}N(d)\right]$

$\quad - K\left\{1 - N\underbrace{\left(\dfrac{\ln(K/S) - \mu\tau}{\sigma\sqrt{\tau}}\right)}_{-d + \sigma\sqrt{\tau}}\right.$

$\quad + e^{2\mu\ln(K/S)/\sigma^2} N\underbrace{\left[\dfrac{-\ln(K/S) - \mu\tau}{\sigma\sqrt{\tau}}\right]}_{d - \frac{2r\sqrt{\tau}}{\sigma}}\Big\} \quad (24-35)$

此处：$d = \dfrac{\ln(S/K) + (r + \sigma^2/2)\tau}{\sigma\sqrt{\tau}}$ (24-36)

$$e^{2\mu\ln(K/S)/\sigma^2} = \left(\dfrac{K}{S}\right)^{2\mu/\sigma^2} = \left(\dfrac{S}{K}\right)^{-2\mu/\sigma^2} = (S/K)^{1-2r/\sigma^2}$$

$$\dfrac{\ln(K/S) - \mu\tau}{\sigma\sqrt{\tau}} = -\dfrac{\ln(S/K) + (r - \sigma^2/2)\tau}{\sigma\sqrt{\tau}}$$

$$= -\dfrac{\ln(S/K) + (r + \sigma^2/2)\tau}{\sigma\sqrt{\tau}} + \sigma\sqrt{\tau}$$

$$= -d + \sigma\sqrt{\tau} \dfrac{-\ln(K/S) - \mu\tau}{\sigma\sqrt{\tau}}$$

$$= \dfrac{\ln(S/K) - (r - \sigma^2/2)\tau}{\sigma\sqrt{\tau}}$$

$$= \dfrac{\ln(S/K) + (r + \sigma^2/2)\tau}{\sigma\sqrt{\tau}} - \dfrac{2r\sqrt{\tau}}{\sigma}$$

$$= d - \dfrac{2r\sqrt{\tau}}{\sigma}$$

所以，当 $M_0^t \leq K$，固定执行价的回顾型看涨期权的定价公式为：

$$C^* = e^{-r\tau} \times 式(24-35)$$

$$= 2SN(d) + e^{-r\tau}\left(1 - \dfrac{\sigma^2}{2r}\right) \cdot S\left[\left(\dfrac{M_0^t}{S}\right)^{2r/\sigma^2} N\left(d - \dfrac{2r\sqrt{\tau}}{\sigma}\right) - N(d)\right]$$

$$- e^{-r\tau}K\left[1 - N(-d + \sigma\sqrt{\tau}) + \left(\dfrac{S}{K}\right)^{1-2r/\sigma^2} \cdot N\left(d - \dfrac{2r\sqrt{\tau}}{\sigma}\right)\right] \quad (24-37)$$

当 $M_0^t > K$ 时：

$$式(24-34-2) = \int_{\ln(M_0^t/S)}^{\infty} (Se^y - K)h(y)dy$$

$$= \underbrace{\int_{\ln(M_0^t/S)}^{\infty} Se^y h(y)dy}_{\text{利用式}(24-27)、(24-28)及(24-29)} - K\underbrace{\int_{\ln(M_0^t/S)}^{\infty} h(y)dy}_{\text{利用式}(24-10)}$$

$$= \left\{2Se^{r\tau}N(d_1^*) + \left(1 - \dfrac{\sigma^2}{2r}\right) \cdot \right.$$

$$S\left(\dfrac{M_0^t}{S}\right)^{2r/\sigma^2} N\left(d_1^* - \dfrac{2r\sqrt{\tau}}{\sigma}\right) - e^{r\tau}N(d_1^*)$$

$$-K\left[1 - N(-d_1 + \sigma\sqrt{\tau}) + \left(\dfrac{S}{M_0^t}\right)^{1-2r/\sigma^2} N\left(d_1 - \dfrac{2r\sqrt{\tau}}{\sigma}\right)\right] \quad (24-38)$$

故当 $M_0^t > k$ 时，固定执行价的回顾型看涨期权的定价公式为：

$$C^* = e^{-r\tau} \times 式(24-33-1) + e^{-r\tau} \times 式(24-38)$$

$$= e^{-r\tau}(M_0^t - K)\left[N(-d_1^* + \sigma\sqrt{\tau}) - \left(\frac{S}{M_0^t}\right)^{1-2r/\sigma^2} \cdot N\left(d_1^* - \frac{2r\sqrt{\tau}}{\sigma}\right) \right]$$

$$+ 2SN(d_1^*) + e^{-r\tau}\left(1 - \frac{\sigma^2}{2r}\right)S \cdot \left[\left(\frac{M_0^t}{S}\right)^{2r/\sigma^2} N\left(d_1^* - \frac{2r\sqrt{\tau}}{\sigma}\right) - N(d_1^*)\right]$$

$$- e^{-r\tau}K\left[1 - N(-d_1 + \sigma\sqrt{\tau}) + \left(\frac{S}{M_0^t}\right)^{1-2r/\sigma^2} N\left(d_1 - \frac{2r\sqrt{\tau}}{\sigma}\right)\right] \quad (24-39)$$

对冲风险的方法

这种固定执行价的回顾型看涨期权的对冲风险方法与上述的方法类似。在期初，买入平值的看涨期权，之后，一旦标的有一个新高点，立即修正调整，即出售原来的期权，并买入同类型的回顾看涨期权，因此产生现金流出。如此重复修正调整，直到到期日，会产生一系列的现金流出，而且最后一次买入同类型回顾期权刚好可以对冲掉原来所出售的回顾型看涨期权。但在有效期内，在重复修正调整时要买入或出售同类型的回顾看涨期数，可能会困难（注：最后一次买入期权的有效期会短于原来期权的有效期，其成本相对的低）。

对于固定执行价的回顾型看跌期权定价公式的求解，可按照上面的方法求解。

第 25 章 连续执行价（或限界）期权

可降低避险困难度的期权

一般期权的执行价是单点执行价（诸如 100、80、120 等）。限界（或障碍）期权（Barrier Option）的限界（Barriers）也是单一价格。在平值时，单一执行价的期权不容易避险，因为 Gamma 在平值时最大。此外，在接近到期时也不容易避险。限界期权（往上、往下敲出或往上、往下敲入期权）因其限界是单一价格点，在避险时也同样困难。因此，若能将单点执行价改成连续执行价（Continuous Strike），或将单点限界改成连续限界（Continuous Barrier），则比较容易避险。在本章中，我们特别介绍下列几种连续执行价及连续限界期权。

1. 连续执行价期权（Continuous Strike Options，CSO）。
2. 连续执行价界限期权（Continuous Strike Range Options，CSRO）。
3. 连续限界期权（Continuous Barrier Options）或称软性限界期权（Soft Barrier Options）。

以上这些期权是由 Hart 及 Ross（1994）介绍的。

连续执行价的期权与对冲风险的方法

连续执行价看涨期权，是指执行价从某一单点价格 K 起始以上的价格都是执行价。比如说，若 $K=50$，则连续执行价是从 50 开始以上的价格都是执行价。在到期时再根据到期标的股价计算交割现金流量（或盈亏）。为方便说明，我们以离散价格（50、51、52……）作为范例。因 $K=50$，连续执行价为 50、51、52、53……该连续执行价看涨期权可由一系列的单一执行价的看涨期权组合而成。每一执行价看涨期权的执行价可表示为 $K+i\Delta K$，$i=0,1,2,\cdots\cdots$ 也就是，第一个看涨期权的执行价为 $K=50$，第二个看涨期权的执行价为 $K+\Delta K=50+1=51$，第三个看涨期权为 $K+2\Delta K=50+2=52\cdots\cdots$ 在到期时，该连续执行价看涨期权的交割盈亏（或现金流量）可经由下列表格计算。

看涨期权组合	到期标的股价（S_T）									
	48	49	50	51	52	53	54	55	56	……
看涨期权 1（$K=50$）	0	0	0	1	2	3	4	5	6	……
看涨期权 2（$K=51$）	0	0	0	0	1	2	3	4	5	……
看涨期权 3（$K=52$）	0	0	0	0	0	1	2	3	4	……
看涨期权 4（$K=53$）	0	0	0	0	0	0	1	2	3	……
看涨期权 5（$K=54$）	0	0	0	0	0	0	0	1	2	……
看涨期权 6（$K=55$）	0	0	0	0	0	0	0	0	1	……
看涨期权 7（$K=56$）	0	0	0	0	0	0	0	0	0	……
⋮	⋮	⋮	⋮	⋮	⋮	⋮	⋮	⋮	⋮	
看涨期权组合的现金流量	0	0	0	1	3	6	10	15	16	……

注：组合内每一个看涨期权的到期现金流量为 $C_i=\max(S_T-(K+i\Delta K),0)$，$i=0,1,2,\cdots\cdots$。

观察以上连续执行价看涨期权的到期现金流量可获得下列结论：

1. 连续执行价看涨期权可由看涨期权的组合复制，每一个看涨期权的执行价可表示为 $K_i=K+i\Delta K$，$i=0,1,2,\cdots\cdots$

2. 该看涨期权组合（或连续执行价看涨期权）的到期现金流量结构不是线性的，而是呈非线性的，即现金流量随着标的股价的上涨，以二次方程（Quadratic Equations）的轨迹增加（详见上面表格最后一行，看涨期权组合现金流量是：1、3、6、10、15、16……）。

3. 观察连续执行价看涨期权（Continuous Strike Call, CSC）的到期现金流量结构可知，其现金流量结构呈现一个正三角形的结构（Triangular Payoff）。因此，在连续执行价下，CSC 的到期现金流量结构可以正三角形的面积表示如下：

$$CSC_T = \frac{1}{2}(S_T - K)^2 \tag{25-1}$$

此处：正三角形的底边及高度都是 $(S_T - K)$。S_T 是到期股价。式（25-1）也表示其现金流量随着到期标的股价的上涨，以二次方程轨迹增加，正如第二点的结论。

根据以上分析结论，连续执行价看涨期权（CSC）可由一系列的看涨期权复制，而且其到期现金流量呈现二次方程形式，正如式（25-1）所示。在风险中性下，CSC 的定价可表示为：

$$CSC = e^{-r\tau} E^Q \left[\frac{1}{2} (S_T - K)^2 1_{(S_T > K)} \right] \quad (25-2)$$

此处：$E^Q(\cdot)$ 代表在风险中性概率测度 Q 下的期望值，$\tau = T - t =$ 尚存到期日。我们可以等价概率平赌方法求解 CSC 的评价如下：

$$CSC = \frac{1}{2} e^{-rT} E^Q \left[(S_T - K)^2 I_{(S_T > K)} \right],$$

$$= \frac{1}{2} e^{-rT} E^Q \left[(S_T^2 - 2 S_T K + K^2) I_A \right] \quad A = \{S_T | S_T > K\}$$

$$= \frac{1}{2} e^{-rT} \left[E^Q(S_T^2 I_A) - 2K \underbrace{E^Q(S_T I_A)}_{Se^{(r-q)T} N(d_1)} + K^2 \underbrace{E^Q(I_A)}_{N(d_2)} \right]$$

此处：在布莱克—修斯（BS）模型下，$E^Q(S_T I_A) = S e^{(r-q)T} N(d_1)$，$E^Q(I_A) = N(d_2)$。

$$d_1 = \frac{\ln(S/K) + \left(r - q + \frac{\sigma^2}{2}\right) T}{\sigma \sqrt{T}} = x \qquad q = \text{连续股利率}$$

$$d_2 = d_1 - \sigma \sqrt{T} = x - \sigma \sqrt{T}$$

另外，我们计算 $E(S_T^2 I_A)$：

$$S_T^2 = \left\{ S \exp\left[\left(r - q - \frac{\sigma^2}{2}\right) T + \sigma \Delta W_T \right] \right\}^2$$

$$= S^2 \exp\left[2\left(r - q - \frac{\sigma^2}{2}\right) T + 2\sigma \Delta W_T \right]$$

$$= S^2 e^{2(r-q) - \frac{\sigma^2 T}{2}} \cdot e^{-\sigma^2 T/2 + \sigma(2\Delta W_T)}$$

$$\therefore E^Q(S_T^2 I_A) = S^2 e^{2(r-q) - \frac{\sigma^2 T}{2}} \cdot E^Q \left[e^{-\sigma^2 T/2 + (2\sigma)\Delta W_T} \cdot I_{(S_T > K)} \right]$$

$$= S^2 e^{2(r-q) - \frac{\sigma^2 T}{2}} E^Q \left[e^{+3\sigma^2 T/2} \cdot e^{-\frac{(2\sigma)^2 T}{2} + (2\sigma)\Delta W_T} \cdot I_{(S_T > K)} \right]$$

$$= S^2 e^{2(r-q) + \sigma^2 T} \cdot E^Q \left[e^{-\frac{(2\sigma)^2 T}{2} + (2\sigma)\Delta W_T} \cdot I_{(S_T > K)} \right]$$

$$\therefore \zeta_T = e^{-\frac{(2\sigma)^2 T}{2} + (2\sigma)\Delta W_T} = e^{-\frac{1}{2} \int_0^T \beta_t^2 dt + \int_0^T \beta_t dW_t^Q}, \quad \beta_t = 2\sigma$$

$\therefore$ 利用 Girsanov 定理的概率测度转换成 R 测度：

$$dW^Q = dW^R + \beta_t dt = dW^R + (2\sigma) dt$$

$$\frac{dS}{S} = (r-q)dt + \sigma dW^Q$$

$$= (r-q)dt + \sigma(dW^R + 2\sigma dt)$$

$$= (r-q+2\sigma^2)dt + \sigma dW^R$$

$$\therefore d\ln S = \left(r - q + 2\sigma^2 - \frac{\sigma^2}{2}\right)dt + \sigma dW^R$$

$$= \left(r - q + \frac{3\sigma^2}{2}\right)dt + \sigma dW^R$$

$$S_T = S \cdot \exp\left[\left(r - q + \frac{3\sigma^2}{2}\right)T + \sigma \Delta W_T^R\right]$$

$$\Delta W_T^R = W_T^R - W_0^R$$

$$\therefore E^Q[S_T^2 I_A] = S^2 e^{2(r-q)+\sigma^2 T} \cdot E[\zeta_T I_{(S_T>K)}] = S^2 e^{2(r-q)+\sigma^2 T} \cdot E^R[I_{S_T>K}]$$

同时：$E^R[I_{(S_T>K)}] = P_r^R(S_T > K) = P_r^R[\ln S_T > \ln K]$

$$= P_r^R\left[\ln S + \left(r - q + \frac{3\sigma^2}{2}\right)T + \sigma \Delta W_T > \ln K\right]$$

$$= P_r^R\left[\frac{\Delta W_T}{\sqrt{T}} \leq \frac{\ln(S/K) + \left(r - q + \frac{3\sigma^2}{2}\right)T}{\sigma\sqrt{T}}\right] = N(X + \sigma\sqrt{T})$$

此处：

$$\frac{\ln(S/K) + \left(r - q + \frac{3\sigma^2}{2}\right)T}{\sigma\sqrt{T}} = \underbrace{\frac{\ln(S/K) + \left(r - q + \frac{\sigma^2}{2}\right)T}{\sigma\sqrt{T}}}_{X} + \frac{\sigma^2 T}{\sigma\sqrt{T}} = X + \sigma\sqrt{T}$$

$\therefore CSC$ 的定价公式为：

$$CSC = \frac{1}{2}e^{-rT}\left[S^2 e^{2(r-q)+\sigma^2 T} \cdot N(X + \sigma\sqrt{T}) - 2KSe^{(r-q)T}N(X) + K^2 N(X - \sigma\sqrt{T})\right]$$

$$= \frac{1}{2}\left[S^2 e^{(r-2q+\sigma^2)T} \cdot N(X + \sigma\sqrt{T}) - 2KSe^{-qT}N(X) + K^2 N(X - \sigma\sqrt{T})\right]$$

$$(25-3-1)$$

此处：

$$X = \frac{\ln(S/K) + (r - q + \sigma^2/2)T}{\sigma\sqrt{T}}$$

连续执行价看涨期权 CSC 的 Delta 可求解如下：

首先改写式（25-3-1），再求解 Delta 是比较容易的。

$$CSC = \frac{1}{2}[S^2 e^{(r-2q+\sigma^2)T} N(X + \sigma\sqrt{T}) - KSe^{-qT}N(X) - KC_{BS}] \qquad (25-3-2)$$

此处：

$C_{BS} = Se^{-qT}N(X) - Ke^{-rT}(X - \sigma\sqrt{T})$ = BS 欧式看涨期权定价公式

避险参数的求算如下：

$$\Delta_{BS} = \frac{\partial C_{BS}}{\partial S} = e^{-qT}N(X)$$

$$\text{Delta} = \frac{\partial CSC}{\partial S} = \frac{1}{2}\Big[2Se^{(r-2q+\sigma^2)T}N(X+\sigma\sqrt{T}) + S^2 e^{(r-2q+\sigma^2)T} \cdot \frac{\partial N(X+\sigma\sqrt{T})}{\partial S} -$$

$$Ke^{-qT}N(X) - KSe^{-qT} \cdot \frac{\partial N(X)}{\partial S} - K \cdot e^{-qT}N(X)\Big]$$

此处：第二项简化如下：

$$S^2 e^{(r-2q+\sigma^2)T}\frac{\partial N(X+\sigma\sqrt{T})}{\partial S} = S^2 e^{(r-2q+\sigma^2)T} \cdot \frac{1}{\sigma S\sqrt{T}} \cdot \frac{1}{\sqrt{2\pi}} e^{-(X+\sigma\sqrt{T})^2/2}$$

$$= \frac{Se^{(r-2q+\sigma^2)T}}{\sigma\sqrt{T}\sqrt{2\pi}} e^{-(X^2+2X\sigma\sqrt{T}+\sigma^2 T)/2}$$

$$= \frac{Se^{(r-2q+\sigma^2)T}}{\sigma\sqrt{T}\sqrt{2\pi}} \cdot e^{-X^2/2} \cdot e^{-\ln(S/K)-(r-q+\sigma^2/2)T-\sigma^2 T/2}$$

$$\sigma\sqrt{T}X = \ln(S/K) + (r-q+\sigma^2/2)T$$

$$= \frac{Se^{-qT}}{\sigma\sqrt{T}\sqrt{2\pi}}\Big(\frac{K}{S}\Big)e^{-X^2/2}$$

$$= \frac{Ke^{-qT}}{\sigma\sqrt{T}} \cdot n(X)$$

$$n(X) = \frac{1}{\sqrt{2\pi}}e^{-X^2/2}$$

另外，第四项简化如下：

$$-KSe^{-qT}\frac{\partial N(X)}{\partial S} = -KSe^{-qT} \cdot \frac{1}{\sigma S\sqrt{T}}n(X) = \frac{-Ke^{-qT}}{\sigma\sqrt{T}} \cdot n(X)$$

∴ 第二项及第四项刚好正负抵消。

$$\therefore \Delta = \frac{\partial CSC}{\partial S} = Se^{(r-2q+\sigma^2)T}N(X+\sigma\sqrt{T}) - Ke^{-qT}N(X) \quad (25-4)$$

$$\Gamma = \frac{\partial^2 CSC}{\partial S^2} = e^{(r-2q+\sigma^2)T}N(X+\sigma\sqrt{T}) + e^{(r-2q+\sigma^2)T} \cdot$$

$$\frac{1}{\sigma\sqrt{T}}n(X+\sigma\sqrt{T}) + \frac{Ke^{-qT}}{\sigma\sqrt{T}}n(X)$$

$$= e^{(r-2q+\sigma^2)T}\Big[N(X+\sigma\sqrt{T}) + \frac{1}{\sigma\sqrt{T}}n(X+\sigma\sqrt{T})\Big] + \frac{Ke^{-qT}}{\sigma\sqrt{T}}n(X) \quad (25-5)$$

此处：

$$n(X + \sigma\sqrt{T}) = \frac{1}{\sqrt{2\pi}}e^{-(X+\sigma\sqrt{T})^2/2}$$

对冲风险的方法

根据以上避险比率的求解后，对连续执行价看涨期权的避险可采用下列两种方法。

1. 根据式（25-4）的 Delta 持有 Δ 股（或单位）的标的股，并连续动态修正调整避险比率 Δ。动态避险是不切实际的，必须加以调整修正。

2. 或在期初构建看涨期权组合，复制连续执行价看涨期权。复制看涨期权组合的构建方法是静态避险。

连续执行价的限界期权与对冲风险的方法

连续执行价看涨期权的执行价是从 K 起一直增加，并无上限的限制。但可修正调整为执行价限制于某一范围以内，比如 $80 \leq K \leq 100$ 或 $45 \leq K \leq 55$ 等。执行价局限于某一范围的看涨期权称为连续执行价限界看涨期权（Continuous-Strike Range Call，CSRC）。CSRC 的定价可经由两个连续执行价看涨期权 CSC 相减而成，分析如下：

1. CSRC 的履约范围设定为 $K_1 \leq K \leq K_2$。
2. 第一个 CSC_1 的连续执行价从 K_1 起至 ∞。
3. 第二个 CSC_2 的连续执行价从 K_2 起至 ∞。

CSRC 的定价是 $CSC_1 - CSC_2$，表示如下：

$$\begin{aligned}CSRC &= e^{-rT}E^Q\left[\frac{1}{2}(S_T - K_1)^2 1_{(S_T > K_1)}\right] - e^{-rT}E\left[\frac{1}{2}(S_T - K_2)^2 1_{(S_T > K_2)}\right] \\ &= CSC_1 - CSC_2 \end{aligned} \quad (25-6-1)$$

此处：

$$CSC_1 = \frac{1}{2}\left[S^2 e^{(r-2q+\sigma^2)T} N(X_1 + \sigma\sqrt{T}) - 2K_1 S e^{-qT} N(X_1) + K_1^2 e^{-rT} N(X_1 - \sigma\sqrt{T})\right]$$

$$(25-6-2)$$

$$CSC_2 = \frac{1}{2}\left[S^2 e^{(r-2q+\sigma^2)T} N(X_2 + \sigma\sqrt{T}) - 2K_2 S e^{-qT} N(X_2) + K_2^2 e^{-rT} N(X_2 - \sigma\sqrt{T})\right]$$

$$(25-6-3)$$

$$X_1 = \frac{\ln(S/K_1) + (r - q + \sigma^2/2)T}{\sigma\sqrt{T}}$$

$$X_2 = \frac{\ln(S/K_2) + (r - q + \sigma^2/2)T}{\sigma\sqrt{T}}$$

∴ CSRC 的 Delta 为:

$$\Delta_{CSRC} = Se^{(r-2q+\sigma^2)T}[N(X_1 + \sigma\sqrt{T}) - N(X_2 + \sigma\sqrt{T})] - K_1 e^{-qT} N(X_1) + K_2 e^{-qT} N(X_2)$$
(25 - 7)

$$\Gamma_{CSRC} = \frac{\partial^2 CSC_1}{\partial S^2} - \frac{\partial^2 CSC_2}{\partial S^2}, 将式(25-5) 的 X 分别以 X_1 及 X_2 取代即是。$$
(25 - 8)

对冲风险的方法

对于连续执行价限界看涨期权 CSRC 的避险可采取下列任一种方法:

1. 动态调整,并持有 Δ_{CSRC} 单位的标的股[它是 CSC_2 及 CSC_1 Delta 之差,正如式(25 - 7) 所示]。

2. 在期初构建看涨期权组合,复制 CSRC。第一个看涨期权的执行价自 K_1 开始,而后增加 ΔK (即是 $K_1 + \Delta K$),至 K_2 为止。即每一个看涨期权执行价可表示为 $K_i^* = K_1 + (i-1)\Delta K$, $i = 1, 2 \cdots, N+1$; $\Delta K = (K_2 - K_1)/N$; N 必须足够大(即 ΔK 足够小),才能使看涨期权复制组合几乎是 CSRC 的完整替代产品。

3. 可持有多仓的 CSC_1 (即买进一单位的 CSC_1)及一单位的空仓 CSC_2 (即出售一单位的 CSC_2)。

在到期时,连续执行价看涨期权(CSC)及连续执行价限界看涨期权(CSRC)与标的股价的关系,可以图 25 - 1 表示。

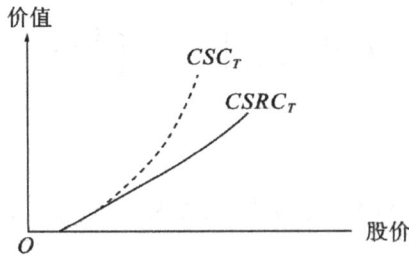

图 25 - 1　CSC 及 CSRC 与标的股价的关系

因 CSC_T 价值具有平方的性质，其价格会随着股价的上涨而以二次方程的形式上涨。但因 $CRSC_T$ 是由两个 CSC 的价差（$CSC_1 - CSC_2$）形成的，故当股价大于 K_2 时，其二次方程的形式消失（因价差相减而消失），$CSRC$ 的价值以线性增加。当 $K_1 \leq S \leq K_2$，$CRSC_T$ 的现金流量随着股价 S_T 的变动与 CSC_T 一致（见图 25-1 两线吻合）。以下列公式表示：

当 $K_1 \leq S_T \leq K_2$，$CSRC_T$ 的斜率 $= (S_T - K_1)$，斜率随着股价 S 上涨而更陡。

当 $S_T \geq K_2$，$CSRC_T$ 的斜率 $= \frac{1}{2}(S_T - K_1)^2/(K_2 - K_1)$ 设 $S_T = K_2$

$= (K_2 - K_1)/2$ 固定斜率

四 平方期权

平方期权（Power Options）的到期现金流量为：

$$C_T^* = \begin{cases} S_T^2 - K, & 若\ S_T > K \\ 0, & 若\ S_T \leq K \end{cases}$$

其定价可由前一部分的结果求解：

$$\begin{aligned} C^* &= e^{-rT} E^Q[(S_T^2 - K)I_{(S_T > K)}] \\ &= e^{-rT}[E(S_T^2 I_{(S_T > K)}) - KE(I_{(S_T > K)})] \\ &= e^{-rT}[S^2 e^{2(r-q+2\sigma^2)T} \cdot N(X + \sigma\sqrt{T}) - KN(X - \sigma\sqrt{T})] \end{aligned} \quad (25-9)$$

至于其 Delta 及 Gamma 可根据式（25-9）以及式（25-4）与（25-5）的结果求解。

五 软性限界期权：避险者不会立即失去保护

一般敲入型期权（Knock - In Options）或敲出型期权（Knock - Out Options）的合约时效是，当股价触及限界（Barriers）时，合约开始生效（敲入）或结束（敲出）。这对避险者可能会产极大的亏损。比如，避险者认为美元（$）/人民币（RMB）在三个月内将低于 6.8。因此，为节省避险成本，避险者买入往上敲出看涨期权（Up-and-Out Calls），限界为 6.8，执行价为 6.3。但若在三个月到期前，汇率突然上涨触及 6.8，而后很快又回跌至 6.8 以下，那么该往上敲出看涨期权已失效（被敲出），避险者无法获得日后应有的避险保护，从而遭受亏损。因此，为改进及避免标的价格突然上涨或下跌触及限界而道致避险合约的失效，我们可采用软性限界期权（Soft Barrier Options）。以上例为说明，限界（H）的设定不是单点 6.8，而是有一定范围，比如说限界范围介于 6.8 及 7.1 之间（$6.8 \leq H \leq 7.1$）。若汇率上涨至 6.9，则该选择权的价值消失 1/3（即 $\frac{6.9-6.8}{7.1-6.8} = \frac{0.1}{0.3}$），还剩余 2/3 的价值。之后，汇率下跌，但不久汇率又再上涨至 7.0，则其价值再消失 2/3（即 $\frac{7.0-6.8}{0.3} = \frac{0.2}{0.3}$），剩余 2/9 的剩余价值（即 $\frac{2}{3} \cdot \frac{1}{3} = \frac{2}{9}$）。避险者（或投资者）不会因标的价格短暂触及限界而失去避险的全部保护（或失去投资期权的全部价值）。

软性限界期权的定价可先利用已有的往上敲入、往上敲出、往下敲入及往下敲出期权的定价公式，而后对定价公式内的限界积分（从下限界积分至上限）。以软性限界往下敲入看涨期权（Soft-Barrier Down-and-in Call）为范例。根据 Rubinstein 及 Reiner（1991），往下敲入看涨期权 DIC 的定价模型为：

$$DIC = Se^{-qT}(H/S)^{2\lambda}N(y) - Ke^{-rT}(H/S)^{2(\lambda-1)}N(y-\sigma\sqrt{T}) \quad (25-10)$$

此处：

$$y = \frac{\ln(H^2/SK)}{\sigma\sqrt{T}} + \lambda\sigma\sqrt{T} \quad (25-11)$$

K = 执行价，$\lambda = \frac{(r-q)}{\sigma^2} + \frac{1}{2}$

设定限界的范围介于 L 及 U 之间，即 $L \leq H \leq U$。

根据往下敲入看涨期权 DIC [式（25-10）]，Hart 及 Ross（1994）对式（25-9）的 H 从 L 积分至 U 而获得软性限界往下敲入看涨期权（SBDIC）的定价公式如下：

$$SBDIC = \frac{1}{U-L}\int_L^U DIC\, dH$$

$$= \frac{1}{U-L}Se^{-qT}S^{-2\lambda}[(SK)^{(\lambda+0.5)}/2(\lambda+0.5)]$$

$$(U^2/SK)^{(\lambda+0.5)}N\{y_1(U) - A_sN[y_2(U)]\}$$

$$-(L^2/SK)^{(\lambda+0.5)}N[y_1(L)]+A_sN[y_2(L)]$$
$$-Ke^{-rT}S^{-2(\lambda-1)}[(SK)^{(\lambda-0.5)}/2(\lambda-0.5)]$$
$$(U^2/SK)^{(\lambda-0.5)}N[y_3(U)]-A_KN[y_4(U)]$$
$$-(L^2/SK)^{(\lambda-0.5)}N[y_3(L)]+A_KN[y_4(L)] \qquad (25-12)$$

此处：

$$y_1(H)=[\ln(H^2/SK)]/\sigma\sqrt{T}+\lambda\sigma\sqrt{T}$$

$$y_2(H)=y_1(H)-(\lambda+0.5)\sigma\sqrt{T}$$

$$y_3(H)=[\ln(H^2/SK)]/\sigma\sqrt{T}+(\lambda-1)\sigma\sqrt{T}$$

$$y_4(H)=y_3(H)-(\lambda-0.5)\sigma\sqrt{T}$$

$$A_s=e^{-1/2[\sigma^2T(\lambda+0.5)(\lambda-0.5)]}$$

$$A_K=e^{-1/2[\sigma^2T(\lambda-0.5)(\lambda-1.5)]}$$

其他类型软性限界期权的定价模型可依据原来敲入或敲出的定价公式对限界积分（从 L 至 U），之后可获得软性限界期权的定价模型。

第26章　美式期权效率定价法

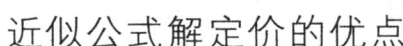

近似公式解定价的优点

我们已知道，标的物不支付现金股利的美式看涨期权其实是欧式看涨期权，因此可以欧式看涨期权模型定价此种美式看涨期权。但对支付现金股利的标的，美式期权无法以封闭解的模型加以定价，而必须借用二叉树（Binomial Tree）或有限差法（Finite-Difference Methods）定价美式期权，因此定价无法以公式解（或封闭解）的方式表示。若能以近似公式解的方式来定价美式期权，则更具有经济意义。比如说，若美式看涨期权（或看跌期权）价值等于欧式看涨期权（或看跌期权）加上提前行权溢酬（Early-Exercise Premium），则此定价方式当然比二叉树及有限差分法更具有经济意义。此外，若近似公式解方式的速度快，且在某些情况下其准确度不逊于二叉树及有限差法，则此种近似公式解方式可被广泛接受。因此，在本章中我们将介绍Barone-Adesi及Whaley（1987）的美式期权近似公式解定价模型。

欧式期权定价的回顾

我们首先假设标的物价格 S 的随机过程为几何布朗运动：

$$\frac{dS}{S} = \mu dt + \sigma dW \qquad (26-1-1)$$

此处：σ = 收益率的瞬间标准差 $\sqrt{Var(dS/S)}$

μ = 瞬间期望收益率（或变动百分比）

S = 标的物的价格（标的物可能是股票、债券、ETF、外汇、金、银、铜、锌、石油等）。

在风险中性下不同产品的持有成本可详细表示如下：

1. 股票的持有成本：$b = r - q$，r = 本国无风险利率，q = 连续股利率（利息或方便收益率）。

2. 外汇的持有成本：$b = r - r_f$（即改 q 为外国无风险利率 r_f）

3. 金、银或其他大宗商品的持有成本：$b = r +$（仓储费用 + 保险费 + 产品过时或腐坏成本等）。因此，持有成本比无风险利率 r 高（因实质产品存有仓储费、保险费等）。

在风险中性下，若标的物支付股息，则式（26-1-1）可改写为：

$$\frac{dS}{S} = (r-q)dt + \sigma dW = bdt + \sigma dW, \quad b = r-q \qquad (26-1-2)$$

若标的是外汇，则式（26-1-2）可写为：

$$\frac{dS}{S} = (r-r_f)dt + \sigma dW = bdt + \sigma dW, \quad b = r-r_f \qquad (26-1-3)$$

若标的是大宗商品，也可用式（26-1-2）和式（26-1-3）的类似公式表示。

在无套利条件下，由期货理论可知，期货价格 F 是现货价格 S 以持有成本 b 成长的价格，以公式表示如下：

$$F = Se^{bT}, \quad T = \text{期货到期日} \qquad (26-2)$$

根据伊藤定理，期货价格的随机过程可表示为：

$$\frac{dF}{F} = (a+b)dt + \sigma dW^{①} \qquad (26-3)$$

按照布莱克—修斯（1973）或莫顿（Merton，1973），若 $f = f(S,t)$ 代表标的物的条件求偿证券（Contingent Claims）或期权，则我们可根据 f 及标的物建立一个避险组合：$H = -f + \left(\frac{\partial f}{\partial S}\right)S$。根据此避险组合，我们已知该期权可由下列偏微分方程求解：

---

① $\frac{\partial F}{\partial t} = bSe^{bt}$，$\frac{DF}{\partial S} = e^{bt}$，$\frac{\partial^2 F}{\partial S^2} = 0$，将偏微分代入 Ito 定理即是式（26-3）。

$$\frac{\partial f}{\partial t} + \frac{\partial f}{\partial S}(r-b)S + \frac{1}{2}\frac{\partial^2 f}{\partial S^2}\sigma^2 S^2 = rf \text{①} \quad (26-4)$$

由式（26-4）及欧式看涨期权的临界条件 $\max(S_T - K, 0)$ 可知，欧式看涨期权的定价公式为：

$$C = Se^{-(r-b)}N(d_1) - Ke^{-rT}N(d_2) \quad (26-5)$$

此处：$K =$ 执行价

$$d_1 = \frac{\ln(S/K) + (b + \sigma^2/2)T}{\sigma\sqrt{T}}, \quad d_2 = d_1 - \sigma\sqrt{T}$$

根据式（26-4）及欧式看跌期权的临界条件 $\max(K - S_T, 0)$，欧式看跌期权的定价公式为：

$$P = Ke^{-rT}N(-d_2) + Se^{-(r-b)}N(-d_1) \quad (26-6)$$

若利用期货及现货间的持有成本关系式（26-2），将 $S = Fe^{-bt}$ 代入式（26-5）及式（26-6），我们即可获得 Black（1976）的期货期权定价模型。

期货看涨期权：

$$C = e^{-rT}[FN(d_1) - KN(d_2)] \quad (26-7)$$

$$d_1 = \frac{\ln(Fe^{-bT}/K) + (b + \sigma^2/2)T}{\sigma\sqrt{T}} = \frac{\ln(F/X) + \sigma^2 T/2}{\sigma\sqrt{T}}$$

$$d_2 = d_1 - \sigma\sqrt{T}$$

期货看跌期权：

$$P = e^{-rT}[KN(-d_2) - FN(-d_1)] \quad (26-8)$$

美式期权定价：近似定价方法

由欧式看涨期权定价公式（26-5）可知，当 $S \to \infty$，$N(d_1) \to 1$ 及 $N(d_2) \to 1$

---

① 式（26-4）的证明简单描述如下：

$$dH = -df + \left(\frac{\partial f}{\partial S}\right)S = -\left(\frac{\partial f}{\partial t} + \frac{1}{2}\frac{\partial^2 f}{\partial S^2}\sigma^2 S^2\right)dt$$

在 dt 瞬间，H 的净收益率（扣除持有成本后）$= rHdt - b\left(\frac{\partial f}{\partial S}\right)Sdt$

$\therefore -\left(\frac{\partial f}{\partial t} + \frac{1}{2}\frac{\partial^2 f}{\partial S^2}\sigma^2 S^2\right)dt = rHdt - b\left(\frac{\partial f}{\partial S}\right)Sdt = r\left(-f + \frac{\partial f}{\partial S}S\right) - b\left(\frac{\partial f}{\partial S}\right)Sdt$

移项并简化即是式（26-4）。

($\because d_1$ 及 d_2 趋近 $+\infty$),因此 $C = Se^{-(r-b)T} - Ke^{-rT}$。这是欧式看涨期权价值的最大极限值。若是美式看涨期权,那么当提前行权时,其执行价值为 $S_t - K$。若 $(r-b) > 0$(或 $b < r$),当美式看涨期权提前行权价值$(S_t - K)$可能大于欧式看涨期权的(极限)价值时:

$$S_t - K \geqslant Se^{-(b-r)T} - Ke^{-rT} \qquad (26-9)$$

则美式看涨期权可能会被提前行权。

若 $(r-b) < 0$ 或 $b > r$ 时,$Se^{-(r-b)T} - Ke^{-rT} > S - Ke^{-rT} > S - K$,则不可能发生提前行权。在可能被提前行权的情况下[式(26-9)],美式看涨期权(或看跌期权)可表示为:

$$C^A = C^E + \lambda \qquad (26-10)$$

此处:$C^A =$ 美式看涨期权,$C^E =$ 欧式看涨期权

$\lambda =$ 提前行权溢酬(Early Exercise Premium)

或:

$$P^A = P^E + \gamma \quad [如式(26-10),进行类似解释] \qquad (26-11)$$

观察式(26-10)及(26-11),只要能求解提前行权溢酬,即可借用欧式期权求解美式期权的价值。

(一)美式期权的近似定价模型:美式看涨期权

由式(26-10),美式看涨期权的提前行权溢酬为:

$$\lambda = C^A - C^E \qquad (26-12)$$

将偏微分方程式(26-4)分别应用于欧式及美式看涨期权(C^E 及 C^A),并且两者相减即可获得美式看涨期权提前行权溢酬 λ 的偏微分方程式如下:

$$\frac{\partial \lambda}{\partial t} + \frac{\partial \lambda}{\partial S} bS + \frac{1}{2} \frac{\partial^2 \lambda}{\partial S^2} \sigma^2 S^2 - r\lambda = 0$$

$$\lambda_t + \lambda_S (bS) + \frac{1}{2} \lambda_{ss} (\sigma^2 S^2) - r\lambda = 0 \qquad (26-13)$$

此处:

$$\lambda_t = \frac{\partial \lambda}{\partial t} = \frac{\partial C^A}{\partial t} - \frac{\partial C^E}{\partial t}$$

$$\lambda_S = \frac{\partial \lambda}{\partial S} = \frac{\partial C^A}{\partial S} - \frac{\partial C^E}{\partial S}$$

$$\lambda_{ss} = \frac{\partial^2 \lambda}{\partial S^2} = \frac{\partial^2 C^A}{\partial S^2} - \frac{\partial^2 C^E}{\partial S^2}$$

将式(26-13)乘以 $2/\sigma^2$,并令 $m = 2r/\sigma^2$ 及 $n = 2b/\sigma^2$,则式(26-13)

可改写成为：

$$S^2 \lambda_{SS} - m\lambda + nS\lambda_S - (m/r)\lambda_T = 0 \qquad (26-14)$$

此处：$\lambda_T = \dfrac{\partial \lambda}{\partial T} = -\dfrac{\partial \lambda}{\partial t} = -\lambda_t$

因为在此设定 t^* 为到期日，t 为现在，所以 $T = t^* - t$ 代表存续时间，因此 $dT = -dt$。

因提前行权溢酬 λ 是时间 T 及标的价格的函数，故令：

$$\lambda = k(T)g(S,k) \qquad (26-15)$$

$\therefore \lambda_S = kg_S, \quad g_S = \dfrac{\partial g(S,k)}{\partial S} \quad k = k(T)$

$\lambda_{SS} = kg_{SS}, \quad g_{SS} = \dfrac{\partial^2 g(S,k)}{\partial S^2} \qquad$ 下标代表微分

$\lambda_T = k_T g + k\dfrac{\partial g}{\partial T} = k_T g + k\dfrac{\partial g}{\partial K}\cdot\dfrac{\partial K}{\partial T}$

$\quad = k_T g + kg_k K_T$

将以上 λ 的偏微分代入式（26-15）并简化即得：

$$S^2 g_{SS} + nSg_S - mg\left[1 + \left(\dfrac{k_T}{rk}\right)\left(1 + \dfrac{kg_k}{g}\right)\right] = 0 \qquad (26-16)$$

提前行权溢酬应会随着时间过去（即 T 缩小）而逐渐降低，因此我们可令

$$k(T) = 1 - e^{-rT} \quad 当\ T\to 0,\ k(T)\to 0 \Rightarrow \lambda \to 0 \qquad (26-17)$$

$\therefore k_T = \dfrac{\partial k}{\partial T} = re^{-rt}$

将 k 及 k_T 代入式（26-16），并简化：

$S^2 g_{SS} + ng_S S - mg\left[1 + \left(\dfrac{re^{-rT}}{rk}\right)\left(1 + \dfrac{kg_k}{g}\right)\right] = 0$

$S^2 g_{SS} + ng_S S - mg - mg\left(\dfrac{e^{-rT}}{k}\right) - me^{-rT}g_k = 0$

$S^2 g_{SS} + ng_S S - mg\left(1 + \dfrac{1-k}{k}\right) - (1-k)mg_k = 0 \qquad e^{-rT} = 1 - k$

$\therefore S^2 g_{SS} + ng_S S - (m/k)g - (1-k)mg_k = 0 \qquad (26-18)$

到此为止，式（26-18）仍代表 λ 的确实偏微分方程，而不是近似偏微分方程。但我们可以合理设定式（26-8）的最后一项 $(1-k)mg_k$ 为零，理由如下：就很短期或很长期的期权而言，其 k 值接近零 [$\because$ 当 $T\to\infty$，$k(T)\to 1 \Rightarrow (1-k)\to 0$。又当 $T\to\infty$，$k(T)\to 0 \Rightarrow g$ 不是 k 的函数 $\Rightarrow g_k = 0$，故 $(1-k)mg_k \to 0$]。

所以，λ 的偏微分方程式改写为：

$$S^2 g_{SS} + nS g_S - (m/k)g = 0 \quad (26-19)$$

式（26-19）代表一个二阶普通偏微分方程（Second-Order Differential Equations），其解答已经确知是 aS^q 的形式。因此，我们可令 $g = aS^q$。

$$\therefore g_S = \frac{\partial g}{\partial S} = aq S^{q-1}, \quad g_{SS} = \frac{\partial^2 g}{\partial S^2} = aq(q-1)S^{q-2}$$

将 g、g_S 及 g_{SS} 代入式（26-19）简化并消除 S 即变成二次方程如下：

$$q^2 + (n-1)q - (m/k) = 0 \quad (26-20)$$

它有两个独立解答：

$$q_1 = \frac{-(n-1) + \sqrt{(n-1)^2 - 4 \times 1 \times (-m/k)}}{2}$$

$$= \frac{-(n-1) + \sqrt{(n-1)^2 + 4(m/k)}}{2} > 0 \text{（容易证明）} \quad (26-21)$$

$$q_2 = \frac{-(n-1) - \sqrt{(n-1)^2 + 4(m/k)}}{2} < 0 \quad (26-22)$$

式（26-19）的一般答案可改写为两个独立答案的线性组合如下：

$$g(S) = a_1 S^{q_1} + a_2 S^{q_2} \quad (26-23-1)$$

下一步，我们必须决定 a_1 及 a_2。假设 $a_2 \neq 0$，则因 $q_2 < 0$，当 $S \to 0$ 时，$aS^{q_2} \to \infty \Rightarrow g(S) \to \infty$，则 λ 无限大，这是不合理的情况。故 a_2 应等于零（$a_2 = 0$）。因此，美式看涨期权的价值可由式（26-10）、（26-15）、（26-23）及 $a_2 = 0$ 改写为：

$$C^A(S, T) = C^E(S, T) + k a_1 S^{q_1} \quad (26-23-2)$$

之后，我们决定 a_2。当标的价格上涨时，$C^A(S, T)$ 也随之上升。因此当标的价格上涨至某一价位 S^* 时，$C^A(S, T)$ 的价值刚好等于其行权价值（$S^* - K$）。也就是，$C^A(S, T)$ 价格线上升而与 $(S - K)$ 直线相切于 S^*（S^* 为切点），则在 S^* 点，两线的价值相等：$S^* - K = C^A(S^*, T)$。也就是：

$$S^* - K = C^E(S^*, T) + k a_1 S^{*q_1} [\, = C^A(S^*, T)\,] \quad (26-24)$$

在 S^*，直线 $(S^* - K)$ 与 $C^A(S^*, T)$ 线相切，因此式（26-24）也代表两者在 S^* 点的斜率相等。对式（26-24）的 S^* 微分：

$$1 = S^* e^{-(r-b)T} N(d_1) + k a_1 q_1 S^{*(q_1 - 1)} \quad (26-25)$$

此处：

$$\frac{\partial C^E}{\partial S^*} = S^* e^{-(r-b)T} N(d_1^*)$$

$$d_1^* = \frac{\ln(S^*/K) + (b + \sigma^2/2)T}{\sigma \sqrt{T}}$$

$q_2 = $ 式（26-22）

由式（26-25）解出 a_1 如下：

$$a_1 = [1 - S^* e^{-(r-b)T} N(d_1^*)] / (kq_1 S^{*(q_1-1)}) \qquad (26-26)$$

再将 a_1 代入式（26-24）即得：

$$S^* - K = C^E(S^*, T) + [1 - e^{-(r-b)T} N(d_1^*)] S^* / q_1 \qquad (26-27)$$

式（26-27）只有一个未知数 S^*，可根据式（26-27）以求解非线性方程的数值方法求得 S^*。

一旦 S^* 可由式（26-27）求解后，a_1 也可由式（26-26）计算。最后将式（26-26）的 a_1 代入式（26-23）就是美式看涨期权的近似定价公式：

1. 当 $S < S^*$（尚未提前行权）

$$C^A(S, T) = C^E(S, T) + B_1 (S/S^*)^{q_1} \qquad (26-28-1)$$

此处：$B_1 = (S^*/q_1)[1 - e^{-(r-b)T} N(d_1^*)] > 0$（$\because r - b > 0$），$S^*$ 由式（26-27）求解出。

2. 当 $S \geq S^*$（提前行权）时

$$C^A(S, T) = S - K \qquad (26-28-2)$$

（二）美式看跌期权的近似定价模型

一旦美式看涨期权的近似定价模型推导出后，美式看跌期权的近似定价模型可用类似的方法求得。简述如下：

由式（26-11）可知，美式看跌期权的提前行权溢酬为：

$$\gamma = P^A - P^E \qquad (26-29)$$

我们可设定 γ 是时间及标的价格的函数，并表示如同式（26-15）：$\gamma = k(T) g(S, k)$，且 $k(T) = 1 - e^{-rT}$[= 式（26-17）]。而经过如同式（26-18）、（26-19）、（26-20）、（26-21）及（26-22）的相同推导，求解出 q_1 及 q_2，并可表示 $g(S, k)$ 正如式（26-23）。而后，就看跌期权而言，$a_1 = 0$。若 $a_1 \neq 0$，则当 $S \to \infty$，$a_1 S^{q_1} \to \infty$（$\because q_1 > 0$）。因此，γ 变成无限大，且 P^A 也变成无限大（而不是零，当 $S \to \infty$，$P^A \to 0$）。因此，$a_1 \neq 0$ 的假设不正确，而 $a_1 = 0$ 才是正确。故美式看跌期权可表示为：

$$P^A(S, T) = P^E(S, T) + k a_2 S^{q_2} \qquad (26-30)$$

正如 a_1 的求法，a_2 可表示为：

$$a_2 = -[1 - e^{-(r-b)T} N(-d_1')] / (k q_2 S'^{q_2-1}) \qquad (26-31)$$

此处：$d_1' = \dfrac{\ln(S'/K) + (b + \sigma^2/2) T}{\sigma \sqrt{T}}$

S' 代表美式提前行权价格 $(K - S')$ 与其内含值 $P^A(S', T)$ 相等的股价,也就是 S' 是由求解下列等式而获得:

$$K - S' = P^A(S', T)$$

或

$$K - S' = P^E(S', T) - [1 - e^{-(r-b)T} N(-d'_1)] S'/q_2 \qquad (26-32)$$

因此,美式看跌期权的近似定价模型如下:

1. 当 $S > S'$ (尚未提前行权)

$$P^A(S, T) = P^E(S, T) + B_2 (S/S')^{q_2} \qquad (26-33)$$

此处:$B_2 = -(S'/q_2)[1 - e^{-(r-b)T} N(-d'_1)] > 0$

$B_2 = [\because q_2 < 0, r - b > 0 \text{ 及 } e^{-(r-b)T} N(-d'_1) < 1]$

2. 当 $S \leq S'$ (提前行权) 时

$$P^A(S, \pi) = K - S \qquad (26-34)$$

四

数值分析法:以 BW 方法求出近似价格 S^* 及 S'

在定价美式看涨期权及看跌期权时,我们必须首先分别求出 S^* 及 S'。S^* 及 S' 可借由 Newton - Raphson (NR) 求解非线方程的数值分析法,分别由式 (26 - 27) 及 (26 - 32) 求出 S^* 及 S'。NR 数值分析被广泛采用,许多电脑软件都备有此种数值分析方法的程式。只要在数值分析开始时,所设定的猜解数值是合理的,则采用 NR 的重复求解程序 (Iterative Procedure) 会很快收敛,并获得很准确的答案,且可忍受的误差可自行设定 (如答案误差小于 10^{-5} 或 10^{-6} 均可)。其中,可以采用的起初答案 (Start Value) 为:令 $S^* = K$ (执行价),或令 $S' = K$。而后由 NR 数值分析求得最后的 S^* 或 S'。

Barone - Adesi 及 Whaley (1987, BW) 提供求解 S^* 及 S' 的近似公式如下:

$$S^* = K + [S^*_\infty - K](1 - e^{h_1}) \qquad (26-35)$$

此处:$S^*_\infty = \dfrac{K}{1 - q^*_1}$

$q^*_1 = [-(n-1) + \sqrt{(n-1)^2 + 4m}]/2$

$h_1 = -(bT + 2\sigma\sqrt{T}) \left[\dfrac{K}{S^*_\infty - K}\right]$

$$S' = K/(1 - 1/q_2^*) \tag{26-36}$$

$$q_2^* = [-(n-1) - \sqrt{(n-1)^2 + 4m}]/2$$

式（26-35）及（26-36）式的证明属于数值分析法，有兴趣的读者可自行参阅 BW 的论文。

此外，若不采用 NR 方法时，BW 也提供了另一种重复求解 S^* 的方法，表示如下（可参阅 BW 的推导）：

$$S_{i+1} = [K + RHS(S_i) - b_i S_i]/(1 - b_i) \tag{26-37}$$

此处：

$$RHS(S_i) = 式（26-27）的右边 = C^E(S_i, T) + \{1 - e^{-(r-b)T}N[d_1(S_i)]\}S_i/q_1$$

$$b_i = e^{-(r-b)T}N[d_1(S_i)](1 - 1/q_1) + \{1 - e^{-(r-b)T}N[d_1(S_i)]/\sigma\sqrt{T}\}/q_1 \tag{26-38}$$

刚开始求解 S^* 时，可设定起初值 $S_1 = K$，而后计算式（26-38）的 b_1，再将 b_1 代入式（26-37）求得 S_2。再以 S_2 及利用式（26-38）及（26-37）求得 S_3。如此重复演算，直至达到某一可忍受的误差为止，例如：

$$\frac{|(S_i - K) - RHS(S_i)|}{K} < 10^{-5} \text{（或} 10^{-7}\text{）} \tag{26-39}$$

最后能达到式（26-39）所示误差准则的 S_i 即是答案 S^*。

BW 的实证结论如下：

1. 对到期日短于一年的美式期权，BW 的定价模型不但准确，其速度也极快[相对于二叉树及有限差分法（Finite-Difference Method）]。

2. 若到期日超过一年以上，建议以二叉树或有限差分法求解美式期权，因 BW 方法的准确度不如前两者的准确度。

参考文献

1. F. Black and M. S. Scholes. "The Pricing of Options and Corporate Liabilities." *Journal of Political Economy* 81（May-June 1973），637-654.

2. M. J. Brennan and E. S. Schwartz. "The Valuation of American Put Options." *Journal of Finance* 32（May 1977），449-462.

3. M. Brenner, G. R. Courtadon, and M. Subrahmanyam. "Option on the Spot and Options on Futures." *Journal of Finance* 40（December 1985），1303-1317.

4. J. C. Cox, S. A. Ross, and M. Rubinstein. "Option Pricing: A Simplified Approach." *Journal of Financial Economics* 3（September 1979），229-263.

5. M. Garman and S. Kohlhagen. "Foreign Currency Option Values. . " *Journal of International Money and Finance* 2 (December 1983), 231 – 237.

6. R. Geske and H. E. Johnson. "The American Put Valued Analytically." *Journal of Finance* 39 (December 1984), 1511 – 1524.

7. R. Geske and K. Shastri. "Valuation by Approximation: A Comparison of Alternative Valuation Techniques." *Journal of Financial and Quantitative Analysis* 20 (March 1985), 45 – 71.

8. H. E. Johnson. "An Analytic Approximation for the American Put Price." *Journal of Financial and Quantitative Analysis* 18 (March 1983), 141 – 148.

9. L. W. MacMillan. "Analytic Approximation for the American Put Option." *Advances in Futures and Operation Research* 1 (1986), 119 – 139.

10. R. C. Merton. "The Theory of Rational Option Pricing." *Bell Journal of Economics and Management Science* 4 (Spring 1973), 141 – 183.

11. R. Roll. "An Analytical Valuation Formula for Unprotected American Call Options on Stocks with Known Dividents." *Journal of Financial Economics* 5 (November 1977), 251 – 258.

12. R. E. Whaley. "On the Valuation of American Call Options on Stocks with Known Dividends." *Journal of Financial Economics* 9 (June 1981) . 207 – 211.

13. "Valuation of American (Futures) Options. Theory and Empirical Test." *Journa of Finance* 41 (March 1986), 127 – 150.

第 27 章 二叉树期权定价模型：CRR

一 模型概念

1973 年布莱克—修斯（BS）发表了定价期权的模型。该模型被认定为令人满意的期权均衡定价模型。从此之后，期权的理论与应用迅速在投资、公司财务、银行、国际金融、金融产品创新、大宗商品等各方面发展。因此，进一步了解 BS 定价模型及其经济意义是很重要的工作。但该模型的推导涉及高深数学知识，不容易了解，且其所蕴含的重要经济意义因高深数学的使用而无法广泛为读者所了解。鉴于此，Cox、Ross 及 Rubinstein（1979，简称 CRR）利用二叉树模型推导了期权的定价模型；其所涉及的数学不深，所蕴含的重要经济意义容易为读者所了解。因此，本章的目的是要详细介绍 CRR 的二叉树定价模型，不但介绍该模型的详细推演，也增添说明其所蕴含的重要的经济意义。

对于实务界人士和金融学本科学生而言，只要了解二叉树的单一期定价原理就可以。理论部分是提供给金融工程硕士或博士生之用。但下一章关于二叉树的实务应用，读者应该详细去了解。

二 定价期权的基本概念

我们举例说明定价期权的基本概念。

> **例1：**

目前某股票的现价（S）为每股 100 美元。在下一期终止时，该股价有两种可能：上涨至每股 150 美元，或下跌至每股 50 美元。以该股票作为履约资产的看涨期权执行价格（X）为每股 100 美元。在下一期的（借贷）利率为 5%。在这种情况下，该看涨期权合约应值多少？若无风险套利机会不存在，我们可定价该看涨期权的价值。为决定该看涨期权的价值，首先我们建立一个套利组合如下：

1. 出售 4 手看涨期权；
2. 以 100 元的价格买入该股票 2 股（假设该股票不支付任何现金股利）；
3. 以 5% 的利率借款 95.24 美元，并在期终偿还。

（借款 95.24 美元加上出售 4 手看涨期权所得的资金购入 2 股）。

在期末时，该组合的损益结构（或收益结构）如下：

组合成分	组合现在价值	期终组合价值 $S^* = 50$	期终组合价值 $S^* = 150$
出售 4 手看涨期权	4C	0	$-200[=4(150-100)]$
买入 2 股	$-200(=2\times100)$	$100(=2\times50)$	$300(=2\times150)$
借款	95.24	$-100[=95.24\times(1.05)]$	-100
期终组合价值		0	0

观察以上损益结构得知，该套利组合的期终价值都是零（不管股价是上涨或下跌）。因期终价值都是一样（零），故它是一个无风险套利组合。这代表无风险套利利润不存在。因此，该套利组合的现在成本应为零，即：

$4C - 200 + 95.24 = 0$

$\therefore C = 26.19$

所以，该看涨期权的均衡价格（或称合理价格）应为 26.19 美元。若该看涨期权的价格不是 26.19 美元，则会有无风险套利的机会存在。举例两种情况如下：

1. 若 $C = 30$ 美元，则以上损益结构中的套利组合在期初就会有 15.24（$= 4 \times 30 - 200 + 95.24$）的利润，但期终收益为零。故投资者建立如同以上结构的套利组合就可获取无风险利润 15.24 美元。

2. 若 $C = 20$ 美元，投资者可采取与损益结构中的相反组合策略套利，也就是，买入 4 手看涨期权，出售 2 股，并贷放 95.24 美元，则在期终时，该组合的收益仍然是零（读者可自行计算），但在期初却可获得无风险利润 24.76 美元（$= -4 \times 20 + 2 \times 100 - 95.24$）。

由上面的介绍可知，只要无风险套利不存在，我们就可定价看涨期权（同样原理也可定价看跌期权）。在竞争的市场下，无风险套利是不存在的。同时，看涨期权可由借入适当的资金，并买入适当数量的股票加以复制。在本例中，复制组合 $=\frac{1}{4}(2\text{股} - \text{借款}95.24\text{美元}) = \frac{1}{2}\text{股} - \text{借款}23.81\text{美元} = $ 一个看涨期权。

此外，由决定看涨期权价值的程序可知，决定看涨期权（或看跌期权）的重要因素是：现在股价、未来股票的上涨与下跌价格、执行价格、利率。因此，股价上涨与下跌的概率、股价的期望值与投资者的风险嫌恶程度都不是定价期权的重要因素。那么不管未来一期是牛市或熊市，投资者对期权的看法（即定价）都是完全一致的。

上面的例题很简单，却告诉我们定价期权的特征与重要的经济意义。二叉树定价模型的推导比 BS 模型的推导简单，且容易了解其所隐含的经济意义，下文中，我们将详细地介绍 CRR（1979，CRR）的二叉树定价模型。

二叉树定价模型的理论

在推演二叉树定价模型时，CRR（1979）采用下列假设条件：

1. 资本市场是竞争性的市场（Competitive Market）。

2. 在资本市场内，诸如交易费用及税率均不存在。投资者可任意借或贷资金而不受限制。任一投资者或市场交易者都无能力操控价格，也就是，他们接受市场所决定的价格（Price Takers）。

3. 投资者可无限制地卖空（或放空）任何资产（诸如股票、大宗商品）。

4. 无风险借贷利率存在，固定不变且相等。备有条件2、条件3及条件4的资本市场，我们称之为完全市场（Perfect Market）。

5. 标的股票在期权到期日或之前，无股息的分发。

6. 投资者是有理性的，他们寻求最高的利润。因此，他们偏好高利润（Preferring More Wealth to Less）。

在推论二叉树定价模型时，下列符号的意义是：

Δ 代表所应购买或卖空（或放空）的标的股数；B 代表以无风险利率筹借或贷放的资金金额；$(u-1)$ 代表标的股价上涨的百分比 $(u>1)$，q 代表股价上涨的概率;$(d-1)$代表标的股价下跌的百分比$(d>1)$,$(1-q)$代表股价下跌的概率。

下面我们介绍如何以二叉树模型定价欧式看涨期权合约。

(一) 单一期的定价

1. 由于$t=0$至$t=1$,标的股价可能上涨$(u-1)$百分比或下跌$(d-1)$百分比。在$t=1$时,股价可由图 27-1 代表。

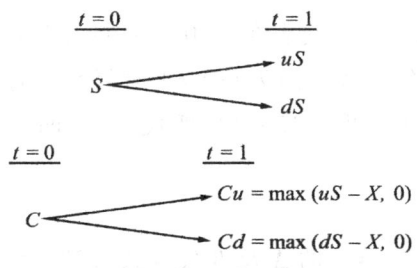

图 27-1 $t=1$ 时的股价

此处:$X=$看涨期权的执行价;

C_u 代表,在 $t=1$ 时,当股价上涨$(u-1)$百分比的看涨期权价格;

C_d 代表,在 $t=1$ 时,当股价下跌$(d-1)$百分比的看涨期权价格;

uS 代表,在 $t=1$ 时,当股价上涨$(u-1)$时的价格;

dS 代表,在 $t=1$ 时,当股价下跌$(d-1)$时的价格。

我们的目的是要定价在 $t=1$ 时该看涨期权契约的合理价格。定价的方法是复制一个避险组合,使其在 $t=1$ 的资金结构(Payoff Structure)与该看涨期权在 $t=1$ 的资金结构完全相同。该避险组合的成分包括标的股的股数(Δ)及筹借或贷放某些资金(B)。所以,我们进行第二步,以求出 Δ 及 B。

2. 由 $t=0$ 至 $t=1$,因股价上涨$(u-1)$或下跌$(d-1)$,以致避险组合的价值也发生变动。其价值变动可由图 27-2 表示:

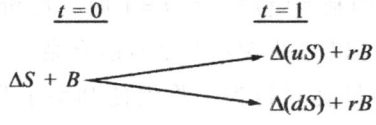

图 27-2 价值变动情况

此处:$r=(1+i)$,$i=$无风险利率

因为我们要建立复制(避险)组合,使其在 $t=1$ 时的资金结构与看涨期权

的资金结构相同。故根据上面 $t=1$ 的图 27-2，我们可建立下列两方程式：

$$C_u = \Delta uS + rB \tag{27-1}$$

$$C_d = \Delta dS + rB \tag{27-2}$$

解答上面二元方程，我们得到：

$$\Delta = \frac{C_u - C_d}{S(u-d)} \tag{27-3}$$

$$B = \frac{uC_d - dC_u}{(u-d)r} \tag{27-4}$$

式（27-3）及式（27-4）代表在 $t=0$ 时复制（避险）组合所应包含的标的股数及筹借或贷放资金的金额。因为在 $t=1$ 时复制组合与看涨期权的资金结构完全相同〔由式（27-1）及（27-2）所代表〕，两者的现值（$t=0$）也应相同，也就是：

$$C = \Delta S + B \tag{27-5}$$

将式（27-3）及（27-4）的 Δ 及 B 代入式（27-5），我们获得看涨期权合约在 $t=0$ 时的价格如下：

$$C = \frac{1}{r}\left[\frac{(r-d)}{u-d} \cdot C_u + \frac{(u-r)}{u-d} \cdot C_d\right] \tag{27-6-1}$$

$$= \frac{1}{r}[pC_u + (1-p)C_d] \tag{27-6-2}$$

此处：$p=(r-d)/(u-d)$，$1-p=(u-r)/(u-d)$

式（27-6-1）或（27-6-2）可以说是欧式看涨期权的单一期定价模型（Single Period Pricing Model）。看涨期权价格是由其未来的价格（C_u 及 C_d）、标的股价的未来变动百分比（u 及 d）、执行价格（X）与利率（r）所决定的。也可以说是，在 $t=0$ 时，看涨期权价格是其期望价值 $[pC_u+(1-p)C_d]$ 的现值；其原因如下：

（1）$R_u > i > R_d$ 必须成立，否则无风险套利机会存在（R_u 与 R_d 分别代表股价上涨或下跌时的收益率）。若 $R_u(=5\%) < i(=7\%)$，则套利投资者可卖空股票，而将所得的资金以 7% 的利率贷放。在 $t=1$ 时，股价上涨 5%，套利投资者亏损 5%。但获得 7% 利息可以弥补 5% 的亏损还有余。因为此种无风险套利机会的存在，以及投资者的大量套利行为，将促使利率下降（i 下降），使股价上涨百分比的可能增大（u 可能增大），终将造成 $R_u > i$，套利机会的消失。同样的，若 $i < R_d$，投资者可以 i 的利率借款，而后，将所借的资金购买股票而获得套利（$R_d - i$）。投资的套利行为终将促使 $i > R_d$，使套利机会消失。所以，$R_u > i > R_d$。也就是，$u > r > d$（因 $1+R_u=u$ 及 $1+R_d=d$，$r=1+i$）。

(2) 因 $u > r > d$ 及 $u > d$，故 $0 < p < 1$，$0 < 1 - p < 1$，同时 $p + (1 - p) = 1$。所以，p 可视为看涨期权价格上涨的概率，而 $(1 - p)$ 可视为看涨期权价格下跌的概率。p 及 $(1 - p)$ 被称为拟似概率（Pseudo Probabilities）或风险中立概率（Risk-Neutral Probabilities），但它们不是股价上涨或下跌的真正概率。

(3) 根据第二个原因，$pC_u + (1 - p)C_d$ 正是看涨期权在 $t = 1$ 时的期望价值，所以，式（27-6-1）或（27-6-2）代表看涨期权在 $t = 1$ 时的价值，也就是期望价格的现价（以无风险利率 R 作为折现率）。

3. 根据上面单一期看涨期权的定价程序，CRR 定价模型具有下列重要的特征，分述如下：

(1) 看涨期权的价值一定大于其内含价值 $(S - X)$，即 $C > S - X$。

① 若 $uS \leq X$，则 $S < X$（$\because u > 1$），且 $C = 0$，所以，$S - X < 0 = C \Rightarrow C > S - X$。

② 若 $dS \geq X$，看涨期权有价值，且 $C = S - X/r > S - X$。

③ 若 $dS < X < uS$，则 $C_d = 0$ 及 $C_u = uS - X$，所以 $C = \frac{1}{r}[pC_u + (1 - p) \times 0] = \frac{1}{r}p(uS - X) > 0$，只要

$(1 - p)dS > (p - r)$，$(r > 1)$。

(2) 正如第二部分的例子所示，投资者的风险嫌恶程度并不是决定看涨期权价值的因素。所需要条件之一是，投资者喜好更多的财富，因此会利用套利机会获利。投资者是否是风险嫌恶、风险中性或风险喜好都不是定价期权的重要因素。因此，式（27-6）对看涨期权的定价适用于任何投资者。

(3) 定价模型的唯一随机变量是标的资产的价格（或股价），而不是其他资产的价格或市场组合的价格（或收益率）。

(4) 虽然投资者的风险嫌恶程度与其他资产的特征不是定价期权的直接因素，它们可能通过 S、u、d、r 与 X 从而对期权有间接的影响。

(5) 我们已提过拟似概率 p 是介于 0 与 1 之间。若投资者是风险中性，则 p 其实就是在均衡下的真正概率 q。

证明如下：在风险中性下，股票的期望收益率等于无风险利率：

$q(uS) + (1 - q)(dS) = rS$。

解出上式的 q 即得：

$q = \frac{r - d}{u - d} = p$

因此，我们可以说看涨期权的价格是在风险中性环境下，看涨期权未来现金流量期望值的折现值。这并不是说，看涨期权的期望收益率等于无风险利率。在

均衡下，持有看涨期权一个时期等于持有套利组合一个时期。因此，看涨期权的期望收益率应等于套利组合的期望收益率。若看涨期权受到市场的错误定价（Mispriced），则其期望收益率与风险将会与套利组合的期望收益率及风险不同，这会引起投资者的套利活动。

（二）两个时期的定价

上面单一期的定价程序可重复应用于推演两个时期的看涨期权定价模型（Two-Period Option Pricing Model）。为推演两个时期的定价模型，我们假设股价由 $t=1$ 至 $t=2$ 的变动百分比仍由 $(u-1)$ 及 $(d-1)$ 所代表。也就是，股价变动的随机过程不变或是稳定的（Stationary Stochastic Process of the Stock Price）。在两个时期的架构下，标的股价的变动可由图 27-3 表示。

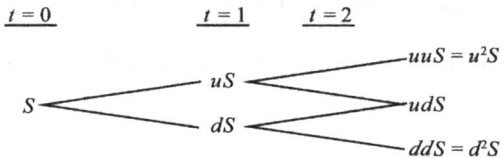

图 27-3　标的股价的变动

因股价的变动，看涨期权价格也随之变动。看涨期权在 $t=2$ 的价格可由图 27-4 表示。

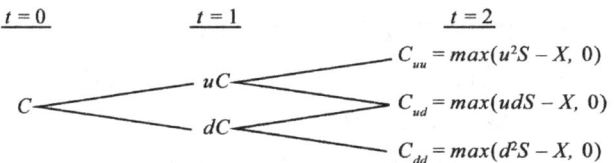

图 27-4　看涨期权在 $t=2$ 的价格

下一步，我们将 $t=1$ 至 $t=2$ 看作一个时期。而后，运用式（27-6-1），我们就可求得 $t=1$ 时看涨期权合约的两种可能价格 C_u 及 C_d。

因为 $t=1$ 至 $t=2$，所以股价由 uS 上涨至 u^2S 或下跌至 udS 的情况下，看涨期权在 $t=1$ 的价格应为：

$$C_u = \frac{1}{r}[pC_{uu} + (1-p)C_{ud}] \qquad (27-7)$$

类似的，因为 $t=1$ 至 $t=2$，所以股价由 dS 上涨至 udS 或下跌至 d^2S 的情况下，看涨期权在 $t=1$ 的价格为：

$$C_d = \frac{1}{r}[pC_{du} + (1-p)C_{dd}] \tag{27-8}$$

读者应注意的是，在第二期初时，套利组合（或称避险组合）的成分必须重新调整才能使套利组合维持无风险，同时套利组合的期望收益等于看涨期权的期望收益。利用式（27-1）、（27-2）、（27-3）及（27-4），在第二期初应调整的股数与借款金额如下：

在 $t=1$，当股价是 uS 时：

$C_{uu} = \Delta(uuS) + rB$

$C_{ud} = \Delta(udS) + rB$

解出上面两公式的 Δ 及 B 而得：

$$\Delta = \frac{C_{uu} - C_{ud}}{(u^2 - ud)S}, \quad B = \frac{uC_{ud} - dC_{uu}}{(u-d)r}$$

与单一期（或第一期）的原理相同，根据上面公式调整后的套利组合与看涨期权在 $t=2$ 的期望收益都相同。因此，我们可决定看涨期权在 $t=1$ 的价格，正如式（27-7）与（27-8）所示。决定看涨期权在 $t=1$ 的价格（C_u 与 C_d）后，我们可进一步决定看涨期权在 $t=0$ 的价格。

因在 $t=0$ 看涨期权的现值是其在 $t=1$ 时期望值的现值。由式（27-7）及（27-8），看涨期权在 $t=0$ 的现值应为：

$$C = \frac{1}{r}[pC_u + (1-p)C_d] \tag{27-9}$$

将式（27-7）及（27-8）代入式（27-9），我们即得看涨期权的现值如下：

$$C = \frac{1}{r^2}[p^2 C_{uu} + 2p(1-p)C_{du} + (1-p)^2 C_{dd}] \tag{27-10-1}$$

$$= \frac{1}{r^2}[p^2 \max(u^2 S - X, 0) + 2p(1-p)\max(udS - X, 0)$$

$$+ (1-p)^2 \max(d^2 S - X, 0)] \tag{27-10-2}$$

而后，我们可运用统计上的二项式分布函数（Binomial Distribution Function）重新改写式（27-10-2）如下：

$$C = \frac{1}{r^2}\left[\binom{2}{2}p^2 \max(u^2 d^0 S - X, 0) + \binom{2}{1}p(1-p)\max(u^1 d^{2-1} S - X, 0) + \binom{2}{0}(1-p)^2 \max(d^2 u^0 S - X, 0)\right] \tag{27-11}$$

此处，$\binom{n}{j} = \frac{n!}{j!(n-j)!}$，$\binom{2}{0} = 1$，$\binom{2}{1} = 2$，$\binom{2}{2} = 1$

再简化式（27-11），看涨期权的现值可表示为：

$$C = \frac{1}{r^2}\Big[\sum_{j=0}^{2}\binom{2}{j}p^j(1-p)^{2-j} \cdot \max(u^j d^{2-j}S - X, 0)\Big] \quad (27-12-1)$$

或者：

$$C = \frac{1}{r^2}\Big[\sum_{j=0}^{2}\frac{2!}{j!(2-j)!}p^j(1-p)^{2-j} \cdot \max(u^j d^{2-j}S - X, 0)\Big] \quad (27-12-2)$$

式（27-12-1）或（27-12-2）代表若看涨期权的到期为两个时期，其现值可由二项式的方程式来决定（或定价）。若我们将之延伸至 n 个分割时期（$n \geq 2$），则看涨期权的现值可由式（27-13）所决定［即将式（27-12-1 或 27-1-2）内的 2 改成 n］：

$$C = \frac{1}{r^n}\Big[\sum_{j=0}^{n}\frac{n!}{j!(n-j)!}p^j(1-p)^{n-j} \cdot \max(u^j d^{n-j}S - X, 0)\Big] \quad (27-13)$$

在式（27-13）中，若 $u^j d^{n-j}S < X$，则 $\max(u^j d^{n-j}S - X, 0) = 0$。若 $u^j d^{n-j}S > X$，则 $\max(u^j d^{n-j}S - X, 0) = u^j d^{n-j}S - X > 0$。

故我们可将所有的零项消除，只保留正项。在式（27-13）中，假设 k 是一最小的整数，能使 $u^k d^{n-k}S > X$，也就是：

$$k > \frac{\ln(X/Sd^n)}{\ln(u/d)} \quad (27-14)$$

∴ 由式（27-14）我们就可找出式（27-13）中的所有正项，去除零项后的式（27-13）则是：

$$C = \frac{1}{r^n}\Big[\sum_{j=k}^{n}\frac{n!}{j!(n-j)!}p^j(1-p)^{n-j} \cdot (u^j d^{n-j}S - X)\Big]$$

$$= \frac{1}{r^n}\Big[\sum_{j=k}^{n}\frac{n!}{j!(n-j)!}p^j(1-p)^{n-j} \cdot u^j d^{n-j}S\Big] - \Big[\sum_{j=k}^{n}\frac{n!}{j!(n-j)!}p^j(1-p)^{n-j}X\Big]$$

$$= S\sum_{j=k}^{n}\frac{n!}{j!(n-j)!}p'^j(1-p')^{n-j} - \frac{X}{r^n}\sum_{j=k}^{n}\frac{n!}{j!(n-j)!}p^j(1-p)^{n-j} \quad (27-15)$$

此处：$p' = \frac{pu}{r}$，$1 - p' = \frac{(1-p)d}{r}$ \quad (27-16)

式（27-15）就是二叉树看涨期权的定价模型，其简化公式如下：

$$C = S \cdot B(n, k, p') - \frac{X}{r^n} \cdot B(n, k, p) \quad (27-17)$$

此处：

$$B(n,k,p') = \sum_{j=k}^{n} \frac{n!}{j!(n-j)!} p'^{j}(1-p')^{n-j}, n > k \qquad (27-18)$$

$$B(n,k,p) = \sum_{j=k}^{n} \frac{n!}{j!(n-j)!} p^{j}(1-p)^{n-j} \qquad (27-19)$$

注：若 $n < k, C = 0$。

（三）利用完全市场解释二叉树模型

在推导二叉树定价模型后，CRR 说明也可利用完全市场解释二叉树模型。假设 π_u 及 π_d 分别代表情况 u 与 d 出现的折现率。也就是，当股价上涨 u 时，π_u 代表在期末收到 1 元的证券现值（现价）。在无套利的情况下，每一种证券（无风险债券、股票与期权）未来收益的折现率应是 π_u 与 π_d。

$\therefore \pi_u r + \pi_d r = 1$ （无风险债券）

$\pi_u(uS) + \pi_d(dS) = S$ （股票）

$\pi_u(C_u) + \pi_d(C_d) = C$ （看涨期权）

由上面无风险债券与股票的公式可求出：

$$\pi_u = \left(\frac{r-d}{u-d}\right)\frac{1}{r}, \quad \pi_d = \left(\frac{u-r}{u-d}\right)\frac{1}{r}$$

再将 π_u 及 π_d 代入上面看涨期权公式即得：

$$C = \left(\frac{r-d}{u-d}\right)\frac{C_u}{r} + \left(\frac{u-r}{u-d}\right)\frac{C_d}{r} = [pC_u + (1-p)C_d]/r \quad 此处：p = (r-d)/(u-d)$$

这也就是式（27-6-1）看涨期权的定价公式。因此，利用完全市场的理论，也可解释二叉树定价模型。

在此值得一提的是，若以股价可能有三种变动的情况来定价看涨期权，则我们无法利用套利的方法求出看涨期权的定价模型。因为在三种股价模型（Trinomial）下，我们会有三个方程式与两个未知数（Δ 及 B），因此所求出的无风险套利组合成分（Δ 及 B）不会是唯一的答案（Unique）。就完全市场的理论而言，我们会有三个未知数（π_u, π_d 及 π_0，π_0 = 股价不变的折现率）。由无风险债券及股票两个方程式，只能求出其中的两个未知数，但第三个未知数无法求解。

既然我们已完成二叉树看涨期权定价模型 [式（27-15）或（27-17）] 的推演，现在就介绍如何运用它来定价欧式看涨期权。

例 2：

假设某标的股票（或标的物）的现价为 100 美元。以该股票为标的发行六个月到期欧式看涨期权的执行价格为 95 美元。该股票价格每个月可能上涨 6%

或下跌 3%。无风险利率为 5%，根据上述数据决定该欧式看涨期权的价格。

答： $S = 100$，$n = 6$，$X = 95$，$u = 1.06$，$d = 0.97 (= 1.0 - 0.03)$，$r = 1.05$。

$$p = \frac{r-d}{u-d} = \frac{1.05 - 0.97}{1.06 - 0.97} = \frac{0.08}{0.09} = 0.89, \quad 1 - p = 0.11$$

$$q = \frac{pu}{r} = \frac{(0.89)(1.06)}{1.05} = 0.90, \quad 1 - q = 0.10$$

$$\frac{\ln(X/Sd^n)}{\ln(u/d)} = \frac{\ln[95/(100)(0.97)^6]}{\ln(1.06/0.97)} = \frac{0.131}{0.028} = 4.69 < 5$$

∴ 式（27-17）中的正项应从 $k = 5$ 开始。

由式（27-18）及（27-19），我们可得：

$$B(6,5,0.90) = \sum_{j=5}^{6} \frac{6!}{j!(6-j)!} (0.9)^j (0.1)^{6-j} = 0.8857$$

$$B(6,5,0.89) = \sum_{j=5}^{6} \frac{6!}{j!(6-j)!} (0.89)^j (0.11)^{6-j} = 0.8656$$

利用式（27-17），该欧式看涨期权的价格应为：

$$C = 100 \times (0.8857) - \frac{95}{(1.05)^6} \times (0.8656) = 88.57 - 61.36 = 27.21 \text{（美元）}$$

四

二叉树定价模型的极限——布莱克—修斯（BS）模型

由前文可知，二叉树模型的推导容易，且极富经济意义。这些经济意义不会因该模型的数学推演而令人模糊不清。但也许有人会问，二叉树模型的每一分割期间长度应是一个月、一周或一日，到底怎么确定呢？其实二叉树模型可适用于任一时间长度。因此，它也适用于一小时、一分钟的时间长度。若与 BS 模型比较，当每一分割期间的长度愈缩小，二叉树模型愈会接近 BS 模型。当资产的交易时间是连续性时（即每一分割期间的长度是极度微小时，Infinitesimally Small），二叉树模型的极限就是 BS 模型。也就是 BS 模型是隐含于二叉树模型内的。所以，在本部分中，我们将介绍如何推展 CRR 的二叉树模型收敛至 BS 模型[①]。

[①] 实务界人与金融本科生可以略省此节的证明，直接阅读第 28 章的实务应用。

当我们将每一分割时期缩短至极度微小时，我们要确定资产或股票价格在这段极度微小期间内做极小幅度的变动，而不是大幅度地往上或往下跳动（或大幅度跳动的概率很小）。这也就是 BS 模型的一个重要假设条件之一。此外，股价上涨与下跌的幅度不必一定相同。

假设每个时间段原来的长度固定为 t。将 t 的长度分割成 n 个小时段。每一小时段的长度为 h。也就是，$h = t/n$。

此处，n 代表在时间段 t 内的交易次数。若交易次数愈多（即 n 愈多），h 就会愈短。且当 $n \to \infty$，$h \to 0$，这意味交易是连续进行的。对 h 设下定义后，我们也必须对 r、u 与 d 的数值下个定义，使它的数值能够有实证的意义。首先，我们设定 $\hat{r}$ 代表在每一小时段 h 内的利率为（1 + 无风险收益率）。$\hat{r}$ 的大小须视小时段数目 n 的多寡而定。在 n 个 h 长度的时期内（即 t 时期内），总无风险收益率应是 $\hat{r}^n$（以复利计算）。此外，我们也设定 r 代表每一单位时间的无风险收益率，则在时间 t 上的无风险收益率应是 r^t。因此，$\hat{r}^n = r^t \Rightarrow \hat{r} = r^{t/n}$。所以，$\hat{r}$ 的大小是由分割时段数目 n 的多寡决定的。读者要注意 $\hat{r}$ 与 r 都是 1 + 无风险利率 i。

另外，我们必须对 u 与 d 设下定义。因为我们要证明，二叉树模型的极限是 BS 模型，所以 u 及 d 的设定应能使股价在极微小时间段内的变动成为小幅度的随机变动，而不会有往上或往下大幅度变动的可能。前者股价的变动是一种连续随机变动（当 $n \to \infty$），而后者是一种跳跃随机变动。在以下的证明中，股票都是连续随机变动，不是大幅跳动（或大幅跳动的概率很小）。

正如前文所述，u 代表每一元股价上涨的数值（即 1 + 股价上涨的收益率），它的概率为 q。d 代表每一元股价下跌的数值（即 1 + 股价下跌的比率），其概率为 $(1-q)$。对 u 与 d 取对数值，则 $\ln u$ 与 $\ln d$ 代表连续复利收益率（以连续复利来计算与证明较容易）。为求得在连续复利下的股票收益率，我们先考虑下列股价的连续变数：$uddud$，则最后的股价应为 $S^* = uddudS = u^2d^3S$。故 $\ln(S^*/S) = 2\ln u + 3\ln d$。若在 n 个分割小时段内，股价有 j 次向上变动，$(n-j)$ 次往下变动，则在 n 小时段内的股票连续复利收益率为：

$$\ln(S^*/S) = j\ln u + (n-j)\ln d$$
$$= j\ln(u/d) + n\ln d$$
$$\therefore E[\ln(S^*/S)] = E(j)\ln(u/d) + n\ln d$$
$$Var[\ln(S^*/S)] = Var(j)[\ln(u/d)]^2$$

因为在 n 个小时段内，股价有 j 次向上变动，其概率为 q。但向下变动的次数为 $(n-j)$，其概率是 $(1-q)$，股价往上（或往下）变动过程正好是二项式概率分布。所以，由数理统计可知，$E(j) = nq$，$Var(j) = nq(1-q)$。

$$\therefore E[\ln(S^*/S)] = nq\ln(u/d) + n\ln d = [q\ln(u/d) + \ln d] \cdot n = \hat{\mu}n, \quad (27-20)$$

$$\hat{\mu} = q\ln(u/d) + \ln d$$

$$Var[\ln(S^*/S)] = nq(1-q)[\ln(u/d)]^2 = \hat{\sigma}^2 n \quad (27-21)$$

$$\hat{\sigma}^2 = q(1-q)[\ln(u/d)]^2$$

在公式 (27-20) 及 (27-21) 中，我们必须选择 u 与 d 使 $\hat{\mu}n \to ut$，$\hat{\sigma}^2 n \to \sigma^2 t$（当 $n \to \infty$）。此处 u 代表在一个时间单位下 $\ln(S^*/S)$ 的期望收益率，而 σ^2 代表在一个时间单位下 $\ln(S^*/S)$ 的方差。u 与 d 的选择方法如下：未来，$\ln(S^*/S)$ 可能上涨 $\ln u$，也可能下跌 $\ln d$。在时间 t 内，$\ln(S^*/S)$ 的标准差为 $\sigma\sqrt{t}$。故在小时段 h 内，$\ln(S^*/S)$ 的标准差是 $\sigma\sqrt{t/n}$，（$h = t/n$）。所以，我们可选择股价上涨或下跌的连续复利收益率为其波动率（即标准差）。也就是：

$$\ln u = \sigma\sqrt{t/n}, \quad \ln d = -\sigma\sqrt{t/n}$$

$$\therefore u = e^{\sigma\sqrt{t/n}}, \quad d = e^{-\sigma\sqrt{t/n}} \quad (27-22)$$

再次将 u 及 d 的定义代入 $\hat{\mu}n = ut$ 内，即：

$$[q\ln(e^{\sigma\sqrt{t/n}}/e^{-\sigma\sqrt{t/n}}) - \sigma\sqrt{t/n}]n = ut$$

$$(2q-1)\sigma\sqrt{t/n} = ut/n$$

$$\therefore q = \frac{1}{2} + \frac{1}{2}(u/\sigma)\sqrt{t/n} \quad (27-23)$$

此种选择的 q 能使 $\hat{\mu}n = ut$，证明如下：

$$\begin{aligned}\hat{\mu}n &= [q\ln(u/d) + \ln d] \cdot n \\ &= [(2q-1)\sigma\sqrt{t/n}] \cdot n \\ &= [(u/\sigma)\sqrt{t/n} \cdot \sigma\sqrt{t/n}] \cdot n \\ &= ut\end{aligned}$$

此外，我们也必须计算 $\hat{\sigma}^2 n$：

$$\begin{aligned}\hat{\sigma}^2 n &= q(1-q)[\ln(u/d)]^2 \cdot n \\ &= \left[\frac{1}{2} + \frac{1}{2}(u/\sigma)\sqrt{t/n}\right]\left[\frac{1}{2} - \frac{1}{2}(u/\sigma)\sqrt{t/n}\right] \cdot [2\sigma\sqrt{t/n}]^2 \cdot n \\ &= \left[\frac{1}{4} - \frac{1}{4}(u/\sigma)^2(t/n)\right] \cdot 4\sigma^2(t/n) \cdot n \\ &= [\sigma^2 - u^2(t/n)]t\end{aligned}$$

我们已求得，就任何 n 而言：

$$\hat{\mu}n = ut, \quad \hat{\sigma}^2 n = [\sigma^2 - u^2(t/n)]t \quad (27-24)$$

当 $n \to \infty$，$\hat{\sigma}^2 n \to \sigma^2 t$，且 $\hat{\mu}n = ut$（就所有 n 而言）。

在以上的证明中，我们已知道，在时期 t 内，随机连续复利收益率 $\ln(S^*/$

S)是 n 个相互独立的随机（复利）收益率。其变动值为 $\ln u$，概率为 q。若变动值为 $\ln d$，其概率为 $1-q$。而且，$\ln(S^*/S)$ 的期望值为 $\hat{\mu}n$，标准差为 $\hat{\sigma}\sqrt{n}$。根据中央极限定理（Central Limit Theorem），$\ln(S^*/S)$ 的标准化会趋近标准正态分布（当 $n\to\infty$），也就是：

$$P_{rob}\left[\frac{\ln(S^*/S)-\hat{\mu}n}{\hat{\sigma}\sqrt{n}}\right]\to N(z)，当 n\to\infty \quad (27-25)$$

此处：$N(z)$ 代表标准正态分布函数 $f(z)$ 的累积概率，即：

$$N(z)=\int_{-\infty}^{z}f(z)dz,\quad f(z)=\frac{1}{\sqrt{2\pi}}e^{-z^2/2},\quad -\infty<z<\infty$$

要使式（27-25）成立，我们必须检验 $\ln(S^*/S)$ 概率分布的有关较高维的动差性质，诸如偏态系数（Sknewness）会趋近于零，而不再重要（当 $n\to\infty$ 时）。故利用 Aitchison 及 Brown（1957，14 页）的结果，$\ln(S^*/S)$ 概率分布的第三动差为：

$$\frac{u_3}{u_2^{3/2}}=\frac{q|\ln u-\hat{\mu}|^3+(1-q)|\ln d-\hat{\mu}|^3}{\hat{\sigma}^3\sqrt{n}}=\text{偏态系数} \quad (27-26)$$

此处：u_2 与 u_3 分别为 $\ln(S^*/S)$ 概率分布的第二与第三动差（Second and Third Moments）。我们证明此偏态系数会趋近于零：

已知：$\hat{\mu}=q\ln u+(1-q)\ln d$

则：

$$|\ln u-\hat{\mu}|^3 = |\ln u-q\ln u-(1-q)\ln d|^3$$
$$=|(1-q)\ln u-(1-q)\ln d|^3$$
$$=(1-q)^3[\ln(u/d)]^3=(rq)^3[8\sigma^3(t/n)^{3/2}]$$

$$|\ln d-\hat{\mu}|^3=|\ln d-q\ln u-(1-q)\ln d|^3$$
$$=-q^3|\ln u-\ln d|^3$$
$$=-q^3[8\sigma^3(t/n)^{3/2}]$$

$$\hat{\sigma}^3\sqrt{n}=\{q(1-q)[\ln e^{2\sigma\sqrt{t/n}}]^2\}\cdot n$$
$$=4q(1-q)\sigma^2 t/\sqrt{n}$$

∴

$$\text{偏态系数}=\frac{q(1-q)^3\cdot 8\sigma^3(t/n)^{3/2}-(1-q)q^3\cdot 8\sigma^3(t/n)^{3/2}}{4q(1-q)\sigma^2 t/\sqrt{n}} \quad (27-27)$$

$$=\frac{2\sigma^2 t}{n}[(1-q)^2-q^2]\to 0，当 n\to\infty$$

注：$q\to 1/2$，当 $n\to\infty$。

因此，利用中央极限定理，$\ln(S^*/S)$ 的标准化会趋近标准正态分布，也就是式（27-25）会成立。故我们可利用中央极限定理来证明：当 $n\to\infty$ 时，二叉树定价模型的极限就是 BS 定价模型。为方便计，我们将二叉树定价模型重新改写为：

$$C = S \cdot B(n,k,p') - \frac{X}{r^n} \cdot B(n,k,p)$$

此处：

$$B(n,k,p') = \sum_{j=k}^{n} \frac{n!}{j!(n-j)!} \cdot p'^j (1-p')^{n-j}$$

$$B(n,k,p) = \sum_{j=k}^{n} \frac{n!}{j!(n-j)!} p^j (1-p)^{n-j} = P_{rob}(j \geq k)$$

BS 定价模型为：

$$C = SN(z) - Xr^{-t}N(z - \sigma\sqrt{t})$$

此处：$z = \dfrac{\ln(S/Xr^{-t})}{\sigma\sqrt{t}} + \dfrac{1}{2}\sigma\sqrt{t}$

对照比较两模型可知，我们要证明的是：当 $n\to\infty$，$B(n,k,p')\to N(z)$，$B(n,k,p)\to N(z - \sigma\sqrt{t})$。

第一步，我们要证明 $B(n,k,p)\to N(z - \sigma\sqrt{t})$。

$$1 - B(n,k,p) = \sum_{j=0}^{k-1} \frac{n!}{j!(n-j)!} p^j (1-p)^{n-j}$$

$$= P_{rob}[j \leq k-1]$$

$$= P_{rob}\left[\frac{j-np}{\sqrt{np(1-p)}} \geq \frac{(k-1)-np}{\sqrt{np(1-p)}}\right] \tag{27-28}$$

第二步，我们证明式（27-28）与连续股价变动率 $\ln(S^*/S)$ 是一致的。我们已知，在每一时期，股价将会向上涨至 uS 或下跌至 dS，其概率分别为 p 与 $1-p$。由前面分析已知，$\ln(S^*/S) = j\ln(u/d) + n\ln d$，而且连续复利的股票期望收益率与方差分别为〔根据式（27-20）及（27-21）〕：

$$\hat{\mu}_p = p\ln(u/d) + \ln d \tag{27-29}$$

$$\hat{\sigma}_p^2 = p(1-p)[\ln(u/d)]^2 \tag{27-30}$$

将 $\hat{\mu}_p$ 及 $\hat{\sigma}_p^2$ 代入式（27-28）的第一项（左边项）：

$$\frac{j-np}{\sqrt{np(1-p)}} = \frac{\ln(S^*/S) - \hat{\mu}_p n}{\hat{\sigma}_p \sqrt{n}} \tag{27-31}$$

第三步，我们计算式（27-28）内的第二项：由 k 的定义〔见式（27-14）〕，我们可将 $k-1$ 改写：因 k 是最小的整数大于 $\ln(X/Sd^n)/\ln(u/d)$，故我

们可改写 $k-1$ 成为：

$$\begin{aligned}a-1 &= \ln(X/Sd^n)/\ln(u/d) - \varepsilon \\ &= [\ln(X/S) - n\ln d]/\ln(u/d) - \varepsilon \end{aligned} \quad (27-32)$$

此处：ε 的选择能使式（27-32）的等号成立（$0 < \varepsilon < 1$）。

将 $\hat{\mu}_p$ 与 $\hat{\sigma}_p^2$ 的定义 [式（27-29）与（27-30）] 代入式（27-28）的第二项，并计算与简化：

$$\because \hat{\mu}_p = p\ln(u/d) + \ln d, \quad \hat{\sigma}_p^2 = p(1-p)[\ln(u/d)]^2$$

$$\therefore \ln d = \hat{\mu}_p - p\ln(u/d), \quad \ln(u/d) = \sigma/\sqrt{p(1-p)}$$

$$\begin{aligned}\therefore a-1-np &= [\ln(X/S) - n\ln d]/\ln(u/d) - \varepsilon - np \\ &= \{\ln(X/S) - n[\hat{\mu}_p - p\ln(u/d)]\} / \frac{\hat{\sigma}_p}{\sqrt{p(1-p)}} - \varepsilon - np \\ &= \frac{[\ln(X/S) - n\hat{\mu}_p - np\ln(u/d)]\sqrt{p(1-p)}}{\hat{\sigma}_p} - \varepsilon - np\end{aligned}$$

$$\begin{aligned}\therefore \frac{a-1-np}{\sqrt{np(1-p)}} &= \frac{\ln(X/S) - n\hat{\mu}_p - np\ln(u/d)}{\hat{\sigma}_p\sqrt{n}} - \frac{\varepsilon + np}{\sqrt{np(1-p)}} \\ &= \frac{\ln(X/S) - n\hat{\mu}_p - np\ln(u/d)}{\hat{\sigma}_p\sqrt{n}} - \frac{\varepsilon + np}{\sqrt{n} \cdot \dfrac{\hat{\sigma}_p}{\ln(u/d)}} \quad \sqrt{p(1-p)} = \frac{\hat{\sigma}_p}{\ln(u/d)} \\ &= \frac{\ln(X/S) - n\hat{\mu}_p - np\ln(u/d)}{\hat{\sigma}_p\sqrt{n}} - \frac{(\varepsilon+np)\ln(u/d)}{\hat{\sigma}_p\sqrt{n}} \\ &= \frac{\ln(X/S) - n\hat{\mu}_p - \varepsilon\ln(u/d)}{\hat{\sigma}_p\sqrt{n}} \end{aligned} \quad (27-33)$$

然后，将式（27-31）与（27-32）代入式（27-28）即得：

$$1 - B(n,k,p) = P_{rob}\left[\frac{\ln(S^*/S) - \hat{\mu}_p n}{\hat{\sigma}_p\sqrt{n}} \leq \frac{\ln(X/S) - n\hat{\mu}_p - \varepsilon\ln(u/d)}{\hat{\sigma}_p\sqrt{n}}\right] \quad (27-34)$$

在尚未应用中央极限定理时，我们必须检验偏态系数是否趋近于零（当 $n \to \infty$ 时）。与式（27-27）的证明相同：

$$\begin{aligned}\text{偏态系数} &= \frac{p|\ln u - \hat{\mu}_p|^3 + (1-p)|\ln d - \mu_p|^3}{\hat{\sigma}\sqrt{n}} \\ &= \frac{2\sigma^2 t}{n}[(1-p)^2 - p^2] \to 0, \quad \text{当 } n \to \infty \end{aligned} \quad (27-35)$$

此处，$p \to 1/2$，当 $n \to \infty$。其证明简单如下：

$$p = \frac{\hat{r}-d}{u-d} = \frac{r^{t/n}-e^{-\sigma\sqrt{t/n}}}{e^{\sigma\sqrt{t/n}}-e^{-\sigma\sqrt{t/n}}} = \frac{r^{t/n}e^{\sigma\sqrt{t/n}}-1}{e^{2\sigma\sqrt{t/n}}-1} = \frac{r^{t/n}(\sigma\sqrt{t}/2 + t/\sqrt{n})}{e^{\sigma\sqrt{t/n}} \cdot \sigma\sqrt{t}}$$

（利用 L'Hopitol's Rule，并简化之即得）

$\therefore p \to 1/2$ 当 $n \to \infty$

我们已证明偏态系数趋近于零 [见式 (27-35)]。下一步，我们可将中央极限定理应用于式 (27-34)。式 (27-34) 内的 $\hat{\mu}_p$ 及 $\hat{\sigma}_p\sqrt{n}$ 可分别证明为：

$$\hat{\mu}_p n \to \left(\ln r - \frac{1}{2}\sigma^2\right)t, \quad \hat{\sigma}_p \sqrt{n} \to \sigma\sqrt{t}, \quad \text{当 } n \to \infty \quad (27-36)$$

首先证明上面第一式如下：

由对数正态分布可知，其期望收益率为：

$$E(S^*/S) = \exp\left(\mu_p t + \frac{1}{2}\sigma^2 t\right) \quad [(S^*/S) \text{ 是对数正态分布}]$$

$$\therefore \ln E(S^*/S) = \mu_p t + \frac{1}{2}\sigma^2 t \quad \text{（对概率 } p \text{ 测度而言）}$$

因为 $p = (\hat{r}-d)/(u-d)$，所以 $\hat{r} = pu + (1-p)d$。又因为 $\hat{r}$ 是在固定时间 t 内每一小时段的无风险收益率（共有 n 个小时段），所以 $E(S^*/S) = [pu + (1-p)d]^n = \hat{r}^n = r^t$。将其代入 $\ln E(S^*/S)$ 的公式可得：

$$t\ln r = \mu_p t + \frac{1}{2}\sigma^2 t$$

$$\therefore \mu_p = \ln r - \frac{1}{2}\sigma^2$$

证明第二式如下：

$$\hat{\sigma}_p^2 n = \left[\sigma^2 - \left(\ln r - \frac{1}{2}\sigma^2\right)^2 (t/n)\right]t \quad [\text{利用式 }(27-24)]$$

$$= \sigma^2 t - \left(\ln r - \frac{1}{2}\sigma^2\right)^2 (t^2/n) \to \sigma^2 t, \quad \text{当 } n \to \infty$$

此外，$\ln(u/d) = 2\sigma\sqrt{t/n} \to 0$，当 $n \to \infty$。

故式 (27-34) 内的第二项成为：

$$\frac{\ln(X/S) - n\hat{\mu}_p - \varepsilon\ln(u/d)}{\hat{\sigma}_p\sqrt{n}} \to \frac{\ln(X/S) - (\ln r - \sigma^2/2)t}{\sigma\sqrt{t}} = y \quad (27-37)$$

$\therefore$ 式 (27-34) 成为：

$$1 - B(n,k,p) \to N(y) = N\left[\frac{\ln(Xr^{-t}/S)}{\sigma\sqrt{t}} + \frac{1}{2}\sigma\sqrt{t}\right], \quad \text{当 } n \to \infty$$

$\therefore B(n,k,p) \to 1 - N(y) = N(-y)$

此处：

$$-y = \frac{-\ln(Xr^{-t}/S)}{\sigma\sqrt{t}} - \frac{1}{2}\sigma\sqrt{t}$$

$$= \frac{\ln(S/Xr^{-t})}{\sigma\sqrt{t}} - \frac{1}{2}\sigma\sqrt{t}$$

$$= z - \sigma\sqrt{t}$$

此处：

$$z = \frac{\ln(S/Xr^{-t})}{\sigma\sqrt{t}} + \frac{1}{2}\sigma\sqrt{t} \qquad (27-38)$$

故 $B(n,k,p) \to N(z - \sigma\sqrt{t})$。利用类似的证明方法，我们也可证明 $B(n,k,p') \to N(z)$。

因此，我们已证明了 BS 模型是 CRR 二项式模型的极限。也就是，CRR 二项式模型包含 BS 模型在内。

五 二叉树模型的其他定价应用

（一）连续时间股价跳动过程

前文，我们已证明 CRR 的二叉树模型的极限是 BS 模型。在这项证明中，代表股价上涨或下跌 u 与 d 的选择是能使股价在极微小期间内做小幅度的变动，而不是大幅度地往上或往下跳动，或大幅度跳动的概率很小。能够符合此条件的 u 与 d 已设定于式（27-22）内。若我们认为股价有呈现大幅度跳动的可能，且要定价在此情况下的期权，我们可另选择适当的 u 与 d 来代表股价跳跃的过程。如此，二叉树模型的极限就是在股价连续时间跳跃过程（Continuous-Time Jump Process）下的期权定价模型。为证明它，CRR 选择：

$$u = u, \quad d = e^{1/3(t/n)}, \quad q = \lambda(t/n) \qquad (27-39)$$

此种选择能捕捉股价跳跃的过程。因为当 $n \to \infty$，$q \to 0$ 及 $(1-q) \to 1$，所以股价往下跳跃（d）的概率就增大，而往上跳跃（u）的概率就小。在这种情况下，股价变动 $[\ln(S^*/S)]$ 的过程不会趋近对数正态分布，但会趋近对数波桑分布（Log-Poisson Distribution）。CRR 证明：当 $n \to \infty$ 时，二叉树定价模型的极限成为跳跃过程的期权定价模型（Jump-Process Option Pricing Formula），如下：

$$C = S\psi(x;y) - Xr^{-t}\psi(X;y/u) \quad (27-40)$$

此处，$y = (\ln r - \zeta)ut/(u-1)$，$x$ 是大于 $[\ln(K/S) - \zeta t]/\ln u$ 的最小整数。

$$\psi(x;y) = \sum_{j=x}^{\infty} \frac{e^{-y}y^j}{j!}$$

（二）在到期前分配股利

在以上的分析中，我们假设标的股票在到期前不分配现金股利。若在到期前标的股票分配现金股利，二叉树模型可修改，并可定价在股利分发下的期权。

假设在每一股利发放登记日（Ex-Dividend Dates），标的股票的现金股利发放是一固定比率 δ，则在该期内，股票持有者可能收到股利 $\delta u S$ 或 $\delta d S$。但股利发放后，股价将会下跌的金额等于所收到的股利。因此，在期末时，股票的价格会有如下两种情况：

此处：$v = 1$ 代表期末是股利发放登记日；若不是，$v = 0$。在期末时，看涨期权价值为：

$$C \begin{cases} Cu = \max[0, u(1-\delta)^v S - X] \\ Cd = \max[0, d(1-\delta)^v S - X] \end{cases}$$

利用第三部分内容的结果，看涨期权在期初的价值为 $C = [pC_u + (1-p)C_d]/\hat{r}$。

由此可知，利用本章第三部分内容的方法，我们可决定在多期下看涨期权的价值。当然，二叉树模型的方法也可用来定价看跌期权、美式期权及其他期权的价值。

参考文献

1. Aithison, J. and J. A. C. Brown, The Lognormal Distribution, Cambridge University Press, London (1957).

2. Cox, J. C., S. A. Ross and M. Rubinstein, Option Pricing: A Simplified Approach, Journal of Financial Economics 7 (1979), 229-263.

第28章 二叉树定价模型之应用：
美式及奇异期权定价

在前一章我们已经很详细地介绍了 CRR 二叉树定价模型的理论。二叉树定价模型是布莱克—修斯（BS）定价模型的近似解模型（Approximation Model）。其极限答案是 BS 模型的答案。在理论上，虽然二叉树模型是模拟模型，但它的实务应用层面却是很广泛。凡是无法以封闭解定价的期权几乎都可以二叉树定价法求解。此外，它也可应用于奇异期权的定价。在本章中，我们将着重于二叉树定价模型的应用，采用许多范例详细介绍如何使用二叉树定价不同类型的期权。第二节介绍如何使用二叉树定价美式期权。第三节介绍使用二叉树定价美式外汇期权。第四节介绍使用二叉树定价奇异期权。第五节做结论。

美式期权的定价：二叉树模型的应用范例

在本节中，我们介绍如何利用二叉树定价美式期权。在定价的过程中，我们同时介绍如何决定提前行权的时间。

（一）到期前标的资产（股票）不支付股利

若到期前标的股票不支付现金股利，美式看涨期权不应该到期前行权，它的价值可由布莱克—修斯（BS）模型来决定。在此我们介绍如何利用二叉树模型定价美式看跌期权。举例如下：

例1：

美式看跌期权的定价

假设标的股票在到期前不支付任何股利。目前该股市价为50美元。该股价上涨的幅度是5%，而下跌的幅度也是5%。每一期的无风险利率是5%。某美式看跌期权是以该股票作为标的，其执行价格为50美元，且其到期日为两个月，每一个月一期（$\Delta t = 1/12$）。根据上述数据，定价该美式看跌期权的价值。

答：$S = 50$，$X = 50$，$u = 1.05$，$d = 1/u = 0.95$，$R = e^{r\Delta t} = e^{(0.05)(1/12)}$ $= 1.004$。由前一章二叉树定价理论可知，股价在下一期价格上涨的（拟似）概率（Pesudo - Probability，或称风险中性概率 Risk - Neutral Probability）是：

$$p = \frac{R-d}{u-d} = \frac{1.004 - 0.95}{1.05 - 0.95} = \frac{0.054}{0.01} = 0.54 \tag{28-1}$$

股价在下一期下跌的（拟似）概率是 $1 - p = 0.46$

美式看跌期权的定价过程如下：

第一步，首先计算标的股票在下两期的各种可能价格。以图表示如下：

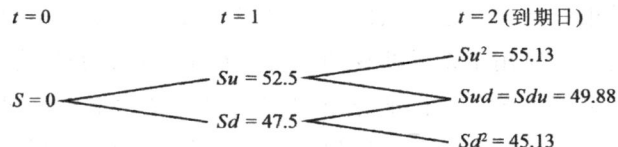

图 28-1 标的股票的各种可能价格

上面各种可能股价的计算如下：

$S_u = 50 \times (1.05) = 52.50$，$S_d = 50 \times (0.95) = 47.50$

$S^{u2} = 50 \times (1.05)^2 = 55.13$，$S_{ud} = 50 \times (1.05) \times (0.95) = 48.88$

$S^{d2} = 50 \times (0.95)^2 = 45.13$

第二步，我们决定该看跌期权在每一时期的各种可能行权价格（$X - S$）。看跌期权的内在价格 $= \text{Max}(X - S, 0)$。以图表示如下：

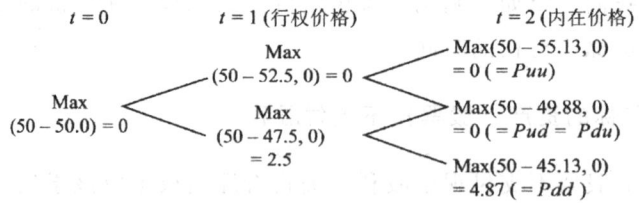

图 28-2 看跌期权的各种可能行权价格或内在价格

注：行权价格是结束美式期权的价格（即死的价格），而合理价格是活的价格（不被行权的价格），故行权价格不等于合理价格。

第28章 二叉树定价模型之应用：美式及奇异期权定价

第三步，我们利用前章二叉树定价模型的理论、看跌期权（或看涨期权）的合理价值可从到期日起倒推计算；以看跌期权（看涨期权）在后期（t）合理（或行权）的执行价格倒推计算前一期（$t-1$）的合理价格［详见前章式（27-7）、（27-8）与（27-9）］，并与该前期的行权价格比较提前行权是否较有利。

在 $t=1$：

$$P_u = \frac{1}{R}[p(P_{uu}) + (1-p)(P_{ud})] \tag{28-2}$$

$$= \frac{1}{1.004}[(0.54)(0) + (0.46)(0)] = 0$$

$$P_d = \frac{1}{1.004}[(0.54)(0) + (0.46)(4.87)] = 2.23 < 2.5 \Rightarrow P_d = 2.5$$

所以，在 $t=1$，当股价下跌至 47.5 时，看跌期权的合理价格是 2.23，低于此时的行权价格 2.5。因此，在 $t=1$，股价下跌至 47.5 时，应提前行权该看跌期权有利。

第四步，在 $t=0$ 的看跌期权合理价格决定，应基于 $t=1$ 时的理性提前行权策略为主：在 $t=1$，看跌期权的两种可能价格是 $0(=P_u)$ 与 $2.5(=P_d)$。因此，在 $t=0$ 时该看跌期权的合理价格应为：

$$P = \frac{1}{1.004}[(0.54) \times (0) + (0.46) \times (2.5)] = 1.15 \quad （不应该用 2.23 计算）$$

此合理价格 1.15 高于在 $t=0$ 的行权价格（0）。因此，不宜于 $t=0$ 时行权该看跌期权。根据上面的计算结果，我们将 $t=1$ 与 $t=0$ 时的行权价格与合理价格表示如图 28-3 所示。

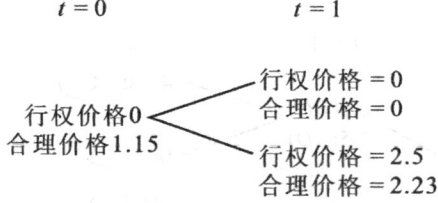

图 28-3 行权价格与合理价格比较

图 28-3 清楚地指出，在 $t=1$ 时，当股价下跌至 47.5 时，提前行权价格 2.5 高于合理价格 2.23，故应于此时提前行权该看跌期权。

上例的定价程序可延长至更多的时段，其计算方法相同。此外，利用二叉树模型定价时，所采用的分割时段愈多，且每段的时间愈短，定价愈准确（详见第 27 章第三部分的论述）。

(二) 到期前标的资产（股票）支付股利

例2：

我们仍然利用前例的数据来说明如何利用二叉树模型定价美式看涨期权。假设某（未受保护）美式看涨期权也以该股票作为标的股票，其执行价格为50美元，但在 $t=1$ 时确知该股会发放1的股利（每股）。有关数据综合表示如下：

$S=50$，$X=50$，$u=1.05$，$d=0.95$，$R=1.004(=e^{r\Delta t})$

$p=0.54$，$1-p=0.46$，$D=1$（股利）

我们定价该美式看涨期权的程序如下：

1. 根据前例的计算，股价在下两期的可能价格如下：

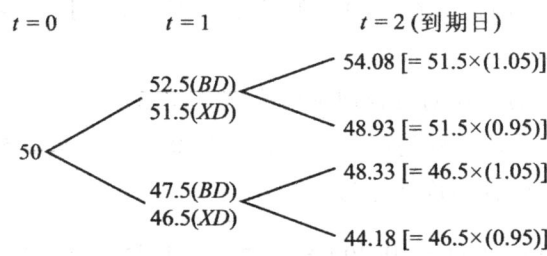

图28-4 标的股价的可能情况

此处：XD 代表发放1美元股利后的股价；BD 代表未发放股利的股价。

2. 计算在每一时期的各种可能的行权价。看涨期权的合理价格 $=Max(S-X,0)$，$X=50$（见图28-5）。

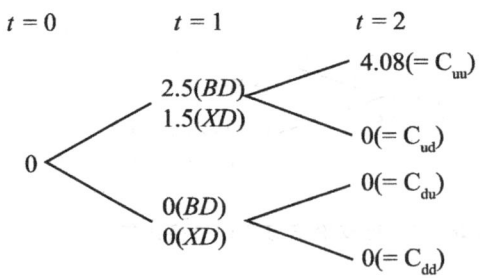

图28-5 看涨期权的可能执行价格

上面的部分计算如下：

$2.5=Max(52.5-50,0)$，$1.5=Max(51.5-50,0)$，

$4.08=Max(54.08-50,0)$，$0=Max(47.5-50,0)$，

其余计算依次类推。

3. 根据第二步的各种可能行权价格计算该看涨期权的合理价格，并决定提前行权的时间。

在 $t=1$：

$$C_u = \frac{1}{1.004}[(0.54)\underbrace{(4.08)}_{C_{uu}} + (0.46)\underbrace{(0)}_{C_{ud}}] = 2.19 < 2.5(BD) \Rightarrow C_u = 2.5 \text{（提前行权）}$$

$$C_d = \frac{1}{1.004}[(0.54)(0) + (0.46)(0)] = 0$$

观察上面的计算可知，在 $t=1$ 时，当股价上涨至 52.5 时，在股利发放日之前应立即提前行权（因行权价格 2.5 高于此时的合理价格 2.19，所以在此时提前行权较有利）。

4. 在 $t=0$ 的看涨期权合理价格的决定应基于在 $t=1$ 时的理性提前行权策略：在 $t=1$，看涨期权的两种可能价格是 2.5($=C_u$) 与 0($=C_d$)。故在 $t=0$ 时该美式看涨期权的合理价格应为：

$$C = \frac{1}{1.004}[(0.54)\underbrace{(2.5)}_{C_u} + (0.46)\underbrace{(0)}_{C_d}] = 1.34$$

合理价格 1.34 高于在 $t=0$ 的行权价格（0），故不宜于 $t=0$ 时行权该看涨期权。根据上面的计算结果，我们将 $t=1$ 与 $t=0$ 的行权价格与合理价格表示如图 28-6：

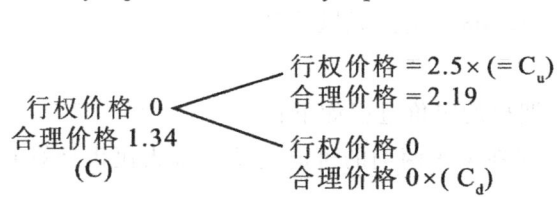

图 28-6 看涨期权行权价格与合理价格的比较

* 代表应在 $t=1$、股价上涨至 52.5 时，于股利发放日之前立即提前行权。

以上所介绍的二叉树模型也适用于定价有支付股息的美式看跌期权。只要提前行权较有利，美式看跌期权随时都应提前行权（不管有无支付股利）。在定价美式看跌期权的过程中，每期都应检验提前行权是否较有利。反之，未受保护的美式看涨期权只在有股利分配的情况下，才出现提前行权的可能性。因此，只要在有股利分配的时候才检验提前行权是否有利；若股利分配促使股价下跌的幅度足以抵销延迟行权的利益（即保险价值与行权价格的时间价值），应提前行权。

其他的时候不应提前行权。

美式外汇期权的二叉树定价：应用范例

下面我们将以人民币/美元汇率为例，说明如何利用二叉树模型定价美元看涨期权（以美元为标的资产）。美元看涨期权相当于人民币看跌期权（以人民币为标的资产）。

例3：

假设目前人民币/美元汇率是 $S(\text{Rmb}/\$) = 5.0$。未来每期汇率的变动可能是 $+2\%$ 或 -2%。在有效期内，中国的无风险利率是 5%，而美国无风险利率是 9.56%。该汇率变动呈现二叉树过程。某一个月期美式美元看涨期权的执行价格为 5.0 元/美元。根据以上数据，以二叉树模型定价该美式美元看涨期权的价值，是否可提前行权？

答：

$S = \text{Rmb } 5.0$，$u = 1.02$，$d = 1/u = 0.98$

$R = e^{(0.05)(1/12)} = 1.004$（国内无风险利率）

$R_f = e^{(0.0956)(1/12)} = 1.008$（美国无风险利率）

$X = \text{Rmb } 5.0$

该美式美元看涨期权的定价过程如下：

（1）首先计算美元在未来两期的可能变动（以人民币计算）（见图28-7）。

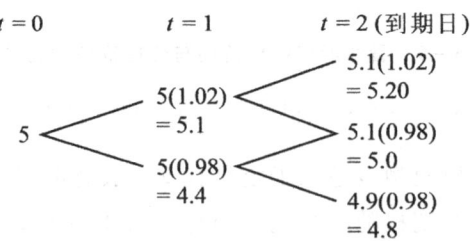

图28-7　美元的可能变动情况

（2）然后，我们根据图28-7美元的可能变动情况与执行价格计算该美元看涨期权在每一个树节点上的行权或内在价格 $[= \text{Max}(S-X, 0)]$（见图28-8）。

第 28 章 二叉树定价模型之应用：美式及奇异期权定价

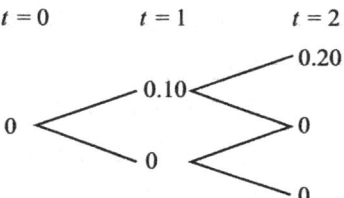

图 28-8 美元看涨期权的行权价格或内在价格

（3）根据第二步的执行价格，我们计算该美元看涨期权的合理价格，其中所采用的拟似概率 p 应以式（27-3）计算，如下：

$$p = \frac{R/R_f - d}{u - d} = \frac{1.004/1.008 - 0.98}{1.02 - 0.98} = 0.40 \tag{28-3}$$

［其证明与式（27-4）的证明相似，但须考虑利率平价关系；证明稍繁，故略之］根据图 28-8 内 $t=2$ 的提前行权的执行价格，我们计算在 $t=1$ 时该美元看涨期权的合理价格：

$$C_u = \frac{1}{1.004}[(0.40) \times (0.20) + (0.60) \times (0)] = 0.08 < 0.10 \Rightarrow C_u = 0.10 \text{（行权）}$$

$$C_d = \frac{1}{1.004}[(0.40) \times (0) + (0.60) \times (0)] = 0$$

在 $t=1$ 时，当美元上升至 5.1 时，该美元看涨期权的合理价格为 0.08，低于行权价格 0.10，故应在此时提前行权该美元看涨期权较有利。所以，在该树节点，美式看涨期权的价格应为 $C_u = 0.10$。

（4）在 $t=0$ 时，该美元看涨期权合理价格的计算应以在 $t=1$ 的理性执行策略为主：在 $t=1$ 时，该看涨期权的可能合理价格为 $0.10(=C_u)$ 与 $0(=C_d)$。故在 $t=0$ 时该美元看涨期权的合理价值为：

$$C = \frac{1}{1.004}[(0.4) \times (0.1) + (0.6) \times (0)] = 0.04$$

根据上面的计算，我们将该美元看涨期权的执行价格与合理价格表示如下（见图 28-9）：

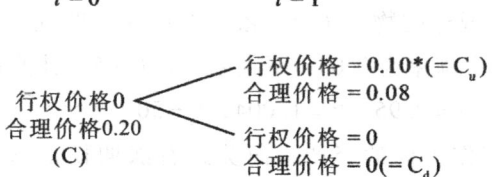

图 28-9 美元看涨期权执行价格与合理价格的比较

* 代表在 $t=1$ 时，当美元上升至 5.2 时，应提前行权该美元看涨期权。

以上所介绍的二叉树模型同样适用于美元看跌期权的定价。唯一不同的是美元看跌期权的行权价格为 $Max(X - S, 0)$。

因为美元看涨期权相当于人民币看跌期权，故当提前行权美元看涨期权有利时，也很可能对提前行权其所对应的人民币看跌期权有利，所以，在外币期权的情况下，很可能发生看涨期权与看跌期权同时提前行权是有利的。其原因如下：

根据国际利率平价论（Interest Rate Parity），若美国名义利率预期相对低于中国名义利率时，美元相对人民币将会升值。因此，美元（相对人民币）升值促使美元看涨期权更能成为实值，这更增加提前行权该看涨期权的概率。又因为人民币（相对美元）贬值时会促使人民币看跌期权更加成为实值，这更增加了提前行权看跌期权的概率。因此，两国利率差距的变动很可能造成同时提前行权外汇看涨期权与看跌期权较有利。这种情况不会发生于其他期权。

三

美式期货期权的二叉树定价：应用范例

在前一部分的分析中，我们已知道，未受保护的美式看涨期权会因股利的分配而使提前行权更为有利。这是因为发放股利的结果造成标的资产（股票）价格的下降，以致增加提前行权的概率。这种情况适用于任何标的资产价格随时间消逝而降低的美式期权（即美式期权以价格递减的标的资产作为基础）。比如说，以期货作为标的资产的美式期权是属于此类。期货价格会因持有成本随时间递减而降低。所以，正如之前介绍的，我们可以利用二叉树模型来定价美式期货期权。另一例子是，美式外汇期权；外币（标的资产）会因贬值而使其价值下降。下文我们介绍如何利用二叉树模型定价美式期货期权以及如何决定提前行权的时间。我们以举例的方式介绍。

例 4：

假设某标的资产（或标的物）（金、银、大豆等）的现货价格为 $50(= S)$。该资产未来每期的价格上涨率为 0.05，下跌率也是 0.05。其他有关数据如下：

$u = 1 + .05 = 1.05$，$d = 0.95$，$R = 1.004$，$X = 50$

某期货是以该资产作为标的资产，而美式看涨期权是以该期货作为标的资产。该美式期货看涨期权的定价程序如下：

1. 计算标的资产未来各期的可能价格，其计算方法与前文所述的完全相同。

其结果表示如图 28-10。

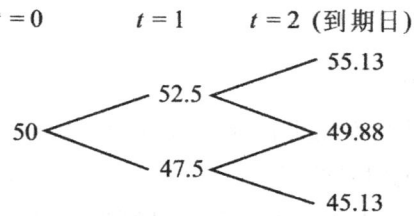

图 28-10 标的资产的各种可能价格

2. 计算该期货在各期的可能价格。期货价格应是即期价格加上未来持有现货的持有成本（以无风险利率 r 计算）。以公式表示则为：

$$F_t = S_t(1+r)^t$$

此处：S_t = 在时间 t 的现货价格

F_t = 在时间 t 的期货价格

r = 无风险利率

根据上面公式与各期的可能现货价格，我们计算未来各期的可能期货价格（如下）

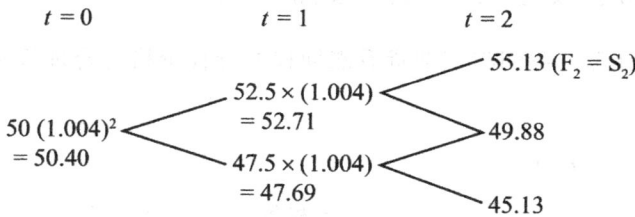

图 28-11 期货未来各期的可能价格

注：在到期时，期货价格收敛等于现货价格（$F_T = S_T$，T 代表到期日）。

3. 根据第二步所得的期货价格，我们计算该期货看涨期权的行权价格；行权价格 = $\text{Max}(F_t - X, 0)$，$X = 50$，见图 28-12。

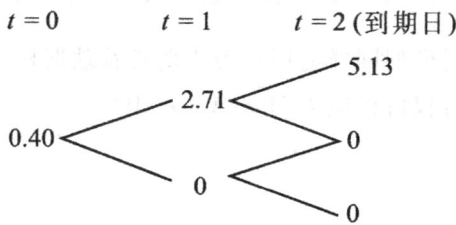

图 28-12 期货看涨期权的行权价格

4. 下一步是计算该期货看涨期权的合理价格。其中所采用的拟似概率 p 应以式（28-4）计算之。

$$p = \frac{1-d}{u-d} = \frac{1-0.95}{1.05-0.95} = 0.5 \qquad (28-4)$$

在 $t=0$ 时，期货交易并不发生任何现金流量，故拟似概率 p 内的 R ［见式（28-1）］改换成 1（详见附录的证明）。

根据图 28-12，$t=2$ 的执行价格，我们计算在 $t=1$ 的合理价格：

$$C_u = \frac{1}{1.004}[(0.5) \times (5.13) + (0.5) \times (0)] = 2.55 < 2.71 \Rightarrow C_u = 2.71 \text{（行权）}$$

$$C_d = \frac{1}{1.004}[(0.5) \times (0) + (0.5) \times (0)] = 0$$

在 $t=1$ 时，当期货价格上升至 52.71 时，期货看涨期权的合理价格是 2.55，低于行权价格 2.71，故在此时提前行权该看涨期权较有利。

5. 在 $t=0$ 时，该期货看涨期权合理价格的计算应以在 $t=1$ 的理性行权策略为主，在 $t=1$ 该看涨期权的可能合理价格应是 $2.71(=C_u)$ 与 $0(=C_d)$。故在 $t=0$ 时，该看涨期权的合理价格应为：

$$C = \frac{1}{1.004}[(0.5) \times (2.71) + (0.5) \times (0)] = 1.35$$

根据上面的计算，我们将该期货看涨期权的行权价格与合理价格表示如下图 28-13。

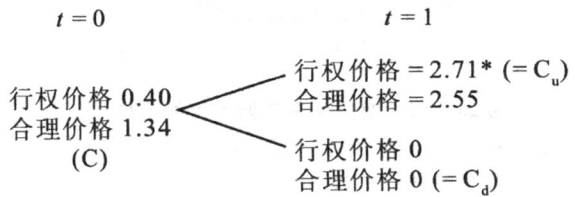

图 28-13　期货看涨期权执行价格与合理价格的比较

*代表在 $t=1$ 时，当期货价格上升至 52.71 时，应提前行权该期货看涨期权。

以上所介绍的二叉树模型同样适用于美式期货看跌期权的定价。唯一不同的是美式期货看跌期权的行权价格应为 $\text{Max}(X-F_t, 0)$。

四 奇异期权的二叉树定价

（一）亚洲式期权及定价

亚洲式期权可分为亚洲式看涨期权与看跌期权。亚洲式看涨期权提供持有人（或购买者）于契约到期时可以执行价格购买某一预定数量（单位）的标的资产。在到期日时，若标的资产在合约有效期内的平均价格（$\bar{S}$）大于执行价格（X），持有人获利，可以执行价格（较低）买入标的资产（或标的物）。在到期日时，亚洲式看涨期权的损益结构可由式（28-5）表示：

$$C_A = \begin{cases} \bar{S} - X - \rho, & 若\ \bar{S} > X \\ -\rho, & 若\ \bar{S} < X \end{cases} \quad (28-5)$$

此处，ρ 代表买入亚洲式看涨期权的成本（或权利金）。

类似的，亚洲式看跌期权提供持有人于契约到期时可以执行价格出售某一预定数量的标的资产。在到期日时，若标的资产在契约有效期内的平均价格（$\bar{S}$）低于执行价格（X），持有者获利，可以执行价格（较高）出售标的资产。在到期日时，亚洲式看跌期权（持有者）的损益结构如式（28-6）：

$$P_A = \begin{cases} X - \bar{S} - \rho, & 若\ \bar{S} < X \\ -\rho, & 若\ \bar{S} \geq X \end{cases} \quad (28-6)$$

此处，ρ 代表购买亚洲式看跌期权的成本（或期权费用）。

标的资产的平均价格 $\bar{S}$ 可以算术平均价格或以几何平均价格作为计算基础。若以算术平均价格，则 $\bar{S} = \frac{1}{n}\sum_{t=1}^{n} S_t$。此处 $S_t(1 \leq t \leq n)$ 代表在契约有效期内标的资产在时间 t 的价格；n 代表计算平均价格所采用的价格数目。

若以几何平均价格作为计算基础，则 $\bar{S} = (S_1 S_2 \cdots S_n)^{1/n}$。

在契约有效期内，为计算平均价格，标的资产价格的观察（$S_1 S_2 \cdots S_n$）可以每周、每两周或每个月观察一次。若以每周观察价格一次，可以星期三收盘价格

（或中午价格）作为基础，或以其他准则作为观察价格的基础。我们举例说明亚洲式期权的使用。

例 5：

假设现在时间是 t_0，其公司购买亚洲式（美元）看涨期权，以规避美元的价格风险。该看涨期权的执行价格是 6.0，6 个月到期，购买该看涨期权的成本为 0.05。假设在契约有效期内，人民币兑美元的平均汇率是以每月最后交易日的收盘价格作为计算平均值的数据。因此，平均汇率是 6 个收盘价格（汇率）的平均值。在 6 个月到期时，平均汇率可能高于或低于执行汇率（或执行价格）。我们分析如下：

1. 在到期日，若平均汇率（$\bar{S}$）是 6.25，高于执行汇率，则该公司获得的净利润是 $6.25 - 6.0 - 0.05 = 0.20$。也就是说，该公司可以执行价格（较低的价格）购买美元，而后再偿还美元货款。若是投资者，他 1 美元可获利 0.20 元人民币。

2. 在到期日，若平均汇率是 5.80，低于执行汇率，该公司可放弃该看涨期权，亏损只是购买该看涨期权的成本 0.05 而已。但该公司平均可以低于执行汇率的价格购入美元，以偿还美元货款。

（二）亚洲式期权价值的定价

若标的资产价格是以几何平均值作为基础，在对数正态概率分布假设下，几何平均值也是对数正态分布。亚洲式期权可利用 BS 模型决定其价格。Kemna 与 Vorst（1990）以及 Turnbull 与 Wakeman（1991）都对亚洲式期权的定价做了详细的介绍。但若标的资产价格是以算术平均值作为基础，则并无准确的模型（或公式）可用来定价亚式洲式期权。若以算术平均值作为基础，二叉树定价模型可用来定价亚洲式期权。我们将以下列资料来介绍如何利用二叉树定价模型决定亚洲式看涨期权的价值。

例 6：

$X = 6.16$ 元/人民币，$T = 3/12 = 0.25$，即期汇率 $= 6.20 = S_0$。为定价该看涨期权，我们将 3 个月期分割成 3 个 1 月期。每一月期的长度为 $h = T/n = 0.25/3 = 0.083$（年）。此外，假设我们已知（或估计）人民币兑美元汇率的标准差为 $0.05(\sigma)$；中国的无风险利率（政府短期债券利率）为 4%（$=r$）；美国无风险利率为 3%（$=r_f$）。利用二叉树模型与外币期权定价模型，我们可计算下列重要定价参数。

$$u = e^{\sigma\sqrt{T/n}} = e^{0.05\sqrt{.083}} = 1.0145$$

$$d = 1/u = 0.9857$$

$$r^* = e^{(r-r_f)(T/n)} = e^{(0.04-0.03)(0.083)} = 1.0008$$

$$p = \frac{r^* - d}{u - d} = \frac{1.00083 - 0.9857}{1.0145 - 0.9857} = 0.524$$

$$1 - p = 0.476$$

汇率的平均价值是以期初汇率与以后每一个月最后交易日汇率的算术平均值作为计算标准。因此，在到期日（即 0.25 年）时，该亚洲式看涨期权的价值应是：

$$\text{Max}\left(\frac{S_0 + S_1 + S_2 + S_3}{4} - 6.16, 0\right) \quad (28-7)$$

此处，S_t 代表时间 t 的人民币兑美元汇率，$t = 0,1,2,3$。

首先，我们根据二叉树模型的树图（Tree Diagram）来计算在不同时段（$t = 0,1,2,3$）下的所有汇率的可能情况。这可由图 28-14 清楚表示如下：

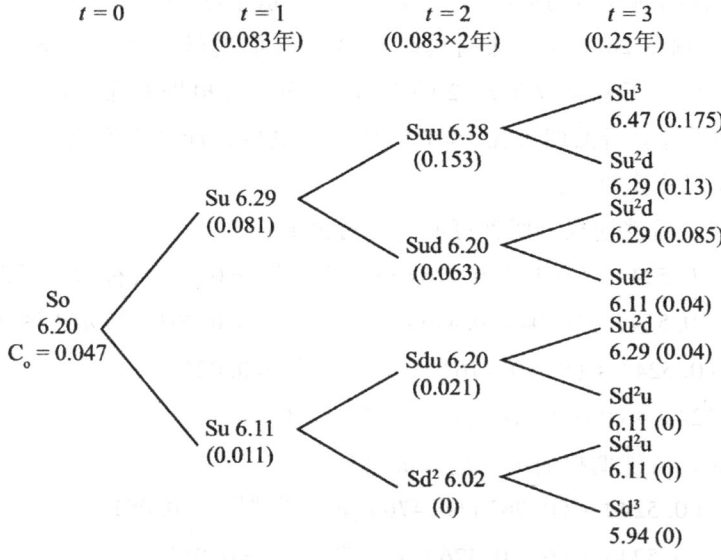

图 28-14　汇率变动的树图

图 28-1 的计算如下：

$$S_u = (6.20)(1.0145) = 6.29$$

$$S_d = (6.20)(0.9857) = 6.11$$

$$S_{uu} = (6.20)(1.0145)^2 = 6.38$$

$$S_{ud} = (6.29)(0.9857) = 6.20$$

$S_d^2 = (6.11)(0.9857) = 6.02$

$S_u^3 = (6.38)(1.0145) = 6.47$，其余计算可类推。

然后根据图 28-14 中每一树结（Tree Node）的 5 个汇率计算到期日（$t=3$）的平均汇率（$\bar{S}$）与在每一树结下的看涨期权价值 [利用式（28-7）]。我们计算如下：

$\text{Max}[(6.20+6.29+6.38+6.47)/4-6.16, 0] = \text{Max}(0.175, 0) = 0.175$

$\text{Max}[(6.20+6.29+6.38+6.29)/4-6.16, 0]$

$\text{Max}(0.13, 0) = 0.13$

$\text{Max}[(6.20+6.29+6.20+6.29)/4-6.16, 0] = \text{Max}(0.085, 0) = 0.085$

$\text{Max}[(6.20+6.29+6.20+6.11)/4-6.16, 0] = \text{Max}(0.04, 0) = 0.04$

$\text{Max}[(6.20+6.11+6.20+6.29)/4-6.16, 0] = \text{Max}(0.04, 0) = 0.04$

$\text{Max}[(6.20+6.11+6.20+6.11)/4-6.16, 0] = \text{Max}(-0.005, 0) = 0.0$

最后两个树结所代表的看涨期权价值将是零。

将每一个树结所代表的期终看涨期权价值标示于图 28-14 中（以括号内的数值代表）。根据图 28-14 看涨期权在 $t=3$ 的价值进行配对，倒推计算看涨期权在 $t=2$ 的价值（看涨期权在 $t=2$ 的现值）。而后再根据看涨期权在 $t=2$ 的价值配对，再倒推计算看涨期权在 $t=1$ 的现值。最后，计算看涨期权在期初（$t=0$）的价值。我们计算如下：

在 $t=2$ 时，看涨期权有两种可能的配对价值：

$[(0.175)(0.524)+(0.13)(0.476)]e^{-(0.04)(0.083)} = 0.153$ （标示于图 28-14）

$[(0.085)(0.524)+(0.04)(0.476)]e^{-(0.04)(0.083)} = 0.063$ （标示于图 28-14）

$[(0.04)(0.524)+(0)(0.476)]e^{-(0.04)(0.083)} = 0.021$

$[(0)(0.524)+(0)(0.476)]e^{-(0.04)(0.083)} = 0$

在 $t=1$ 时，看涨期权的可能配对价值为：

$[(0.153)(0.524)+(0.063)(0.476)]e^{-(0.04)(0.083)} = 0.081$

$[(0.021)(0.524)+(0)(0.476)]e^{-(0.04)(0.083)} = 0.011$

最后，该看涨期权在 $t=0$ 的价值是

$[(0.081)(0.524)+(0.011)(0.476)]e^{-(0.04)(0.083)} = 0.047$

由上面的计算程序可知，我们首先计算看涨期权在到期时的所有可能价值，而后利用现值方法倒推计算看涨期权在 t_2、t_1 与 t_0 的价值。利用二叉树模型也可计算，以几何平均价格作为基础的看涨期权价值。若计算时间的间隔 $h(=T/n)$ 愈小，二叉树模型所估计的看涨期权价值愈准确。

亚洲式期权（或称平均式期权）采用的是平均价格，而不是即期价格。因此，平均价格的方差一般比即期价格的方差小。故平均式期权的价值低于纯期权的价值，运用平均式期权对冲价格风险的成本低于运用纯期权的成本。

亚洲式期权也适用于股票、大宗商品或其他资产价格风险的对冲。

（三）打赌期权（Bet Options）

当投资者（或共同基金经理、财务经理人员）对某种价格变动走势（诸如股价、利率或汇率）的预测具有相当的把握，但对变动幅度的大小并无把握时，便可考虑利用打赌期权来获取（或打赌）判断正确的报酬。比如说，某基金经理预测股票指数两个月后将会上升至7000点，但超过7000点的幅度并无预测的信心。为了将他的观点（或预测）加以利润化（即打赌），他可购买打赌看涨期权：两个月后，若股票指数真正达到7000点（预测正确），他可获利50万元。但若他的预测不正确，他只亏损购买此看涨期权的成本而已。或者，某投资若认为在未来3个月利率价会下降至5%，但不知道利率下降的幅度，则他可购买打赌看跌期权，将他的预测加以利润化。若他的预测是正确的，他可获得10万元；若不正确，则只亏损购买看跌期权的成本而已。因打赌期权将投资者的观点或预测加以利润化（或量化），故也称为数字期权（Binary Options）。

根据上面两个例子，我们可将打赌期权的损益结构表示如下：

1. 打赌看涨期权（C_B）的损益结构：$C_B = \begin{cases} M - \rho, & \text{若 } S_T > E（行权价）\\ -\rho, & \text{若 } S_T \leq E \end{cases}$

此处：M = 预测正确的收益（即当 $S_T > E$ 时的收益）

ρ = 购买打赌看涨期权的期权费用

2. 打赌看跌期权（P_B）的损益结构：$P_B = \begin{cases} M - \rho, & \text{若 } S_T < E \\ -\rho, & \text{若 } S_T \geq E \end{cases}$

此处：M = 预测正确（$S_T < E$）的收益

ρ = 购买打赌看跌期权的期权费用

从持有人的观点看，纯看涨期权与打赌看涨期权的损益结构比较可由图 28-15 表示。

从持有人的观点看，纯看跌期权与打赌看跌期权的损益结构比较可由图 28-16 表示。

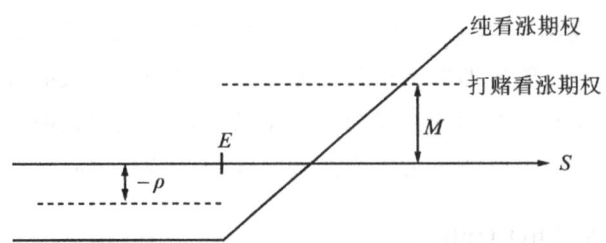

图 28 – 15　纯看涨期权与打赌看涨期权的损益结构——持有人观点

注：虚线代表打赌看涨期权的损益结构。

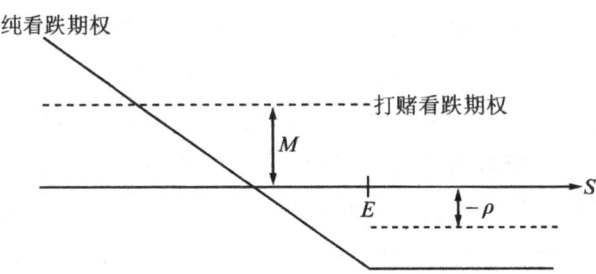

图 28 – 16　纯看跌期权与打赌看跌期权的损益结构——持有人观点

注：虚线代表打赌看跌期权的损益结构。

（四）打赌期权的定价

例7：

我们仍采用例6的资料。目前，即期汇率为6.20。某共同基金经理人预测人民币兑美元汇率在未来3个月很可能会上升至6.25。为将他的预测利润化，他购买打赌（美元）看涨期权。若他的预测正确，他可获得1元人民币（或可设定100万元）。若预测不正确，不得分毫。在这种损益结构下，3个月到期时，该看涨期权价值的可能情况可由图 28 – 17 表示。

在 $t=2$，打赌看涨期权的可能价值：

$[(1)(0.524)+(1)(0.476)]e^{-(0.04)(0.083)}=0.9967$

$[(1)(0.524)+(0)(0.476)]e^{-(0.04)(0.083)}=0.5222$

在 $t=1$，打赌看涨期权的可能价值：

$[(0.9967)(0.524)+(0.5222)(0.476)]e^{-(0.04)(0.083)}=0.7682$

$[(0.5222)(0.524)+(0)(0.476)]e^{-(0.04)(0.083)}=0.2727$

在 $t=0$，打赌看涨期权的可能价值：

$[(0.7682)(0.524)+(0.2727)(0.476)]e^{-(0.04)(0.083)}=0.5305$（每一美元）

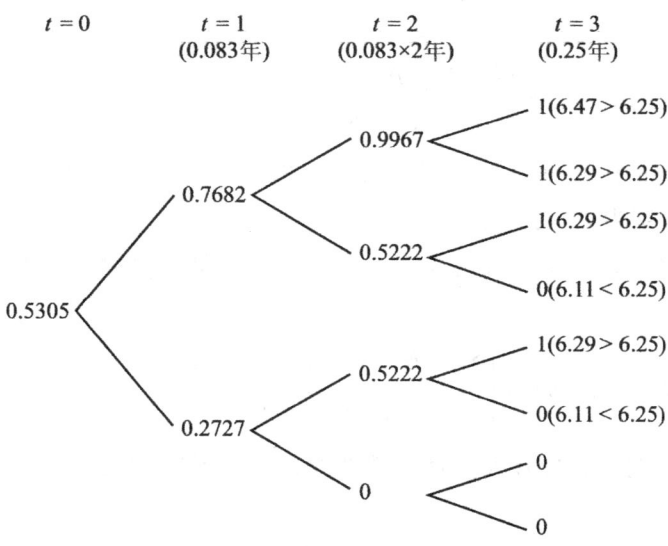

图 28-17 打赌看涨期权的定价树图

所以，若赌金为 100 万元人民币，该看涨期权的合理价值应为 0.5305 × 100 000 = 530 500 元人民币。

正如前所述，若计算时间的间隔 [$h = T/n$] 愈小，二叉树模型所估计的价值会愈准确。

（五）后定期权（Chooser Options, or "As You Like It" Options）

后定期权允许持有人在到期前某一定时期选择（决定）该期权应是看涨期权或是看跌期权。若持有人的选择是看涨期权，则持有人有权在到期时以执行价格购买某一定数量的标的资产。但若持有人的选择是看跌期权，则持有人有权在到期时以执行价格出售某一定数量的标的资产（给合约的卖方）。后定期权内的看涨与看跌期权的执行价格可以设定相同，也可以设定不相同。此外，选择看涨期权与看跌期权的时期也可相同，也可不相同。后定期权的损益结构分析如下：

1. 看涨期权与看跌期权都有相同的到期日（T）与相同的行权格（E）：

（1）在选择期 t_1，若持有人选择看涨期权，则到期时后定期权（即看涨期权）的价值为：

$$\text{Max}(S_T - E - \rho, -\rho) = \begin{cases} S_T - E - \rho, & \text{若 } S_T > E（行权价）\\ -\rho, & \text{若 } S_T \leq E \end{cases}$$

（2）在选择期 t_1，若持有人选择看跌期权，则到期时后定期权（看跌期权）

的价值为：

$$\text{Max}(E - S_T - \rho, -\rho) = \begin{cases} E - S_T - \rho, & \text{若 } S_T < E \\ -\rho, & \text{若 } S_T \geq E \end{cases}$$

2. 看涨期权的到期日为 T_1，而看跌期权的到期日为 T_2。看涨期权与看跌期权的执行价格分别为 E_1 与 E_2：

（1）在选择期，若持有人选择看涨期权，则到期（T_1）时后定期权（看涨期权）的价值为：

$$\text{Max}(S_{T_1} - E_1 - \rho, -\rho) = \begin{cases} S_{T_1} - E_1 - \rho, & \text{若 } S_{T_1} > E_1 \\ -\rho, & \text{若 } S_{T_1} \leq E_1 \end{cases}$$

（2）在选择期，若持有人选择看跌期权，则在到期（T_2）时后定期权（看跌期权）的价值为：

$$\text{Max}(E_2 - S_{T_2} - \rho, -\rho) = \begin{cases} E_2 - S_{T_2} - \rho, & \text{若 } S_{T_2} < E_2 \\ -\rho, & \text{若 } S_{T_2} \geq E_2 \end{cases}$$

例8：

假设目前中国台湾的新台币兑美元汇率为 30.10。1 个月后中国台湾地区的"立法委员会"进行改选。若是"执政党"失败，预期汇率会上升（新台币贬值）。某投资者对选情的结果无法预知。因此，他决定购买后定期权，允许一个月后（选举完成后次日）决定是看涨期权或是看跌期权。看涨与看跌期权的执行价格都是 30.15，且到期日都是 3 个月（自购买后定期权日起计算）。1 个月后，"执政党"的选举结果不如意。因此，美元兑新台币升值至 30.60。看涨期权成为实值，而看跌期权成为虚值，因此，该投资者决定选择看涨期权。两个月过后（在到期时），该看涨期权的价值须视当时的新台币兑美元汇率而定。

1. 在到期时，若汇率是 30.95，则该投资者的净获利是 30.95 - 30.15 - 0.10 = 0.70 ［假设购买该后定期权的成本为 0.10］

2. 在到期时，若汇率是 30.05，则该投资者的亏损只是购买该期权的费用而已（即 0.10）。

（六）后定期权的定价

例9：

我们利用例 6 人民币兑美元汇率的数据来定价后定期权。因基本数据与例 6 相同，我们仍可利用图 28 - 14 来定价该期权。在到期时（3 个月），我们首先计算在不同汇率情况下,看涨与看跌期权的个别价值(见图 28-18)。

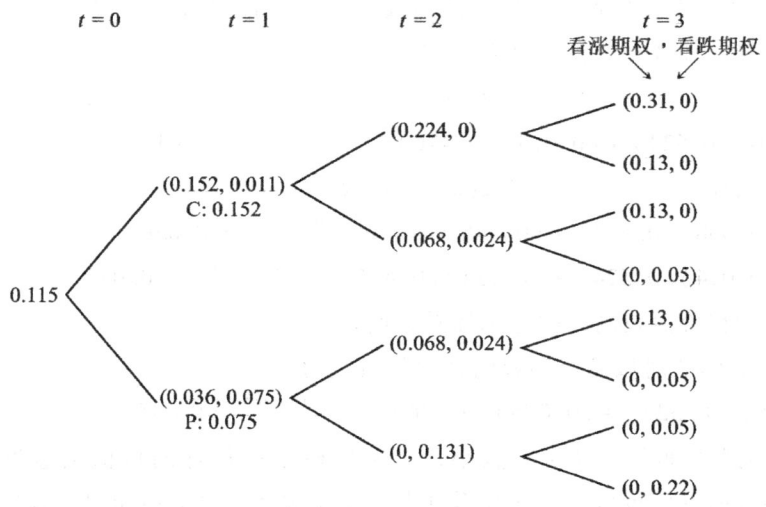

图 28-18 后定(看涨期权)期权的定价过程

在 $T = 3$ 时:

当 $S_u^3 = 6.47$,看涨期权价值(C) $= 6.47 - 6.16 = 0.31$

看跌期权价值(P) $= 0$

当 $S_{u^2d} = 6.29$, $C = 6.29 - 6.16 = 0.13$

$P = 0$

当 $S_{ud^2} = 6.11$, $C = 0$

$P = 6.16 - 6.11 = 0.05$

当 $S_{d^3} = 5.94$, $C = 0$

$P = 6.16 - 5.94 = 0.22$

在 $t = 2$ 时,我们利用 $t = 3$ 看涨期权的可能配对价值,倒推计算在 $t = 2$ 看涨期权的价值。同时,利用类似的程序计算在 $t = 2$ 看跌期权的价值。详细计算如下:

$C:[(0.31)(0.524)+(0.13)(0.476)]e^{-(0.04)(0.083)}=0.224$

$P:0$

$C:[(0.13)(0.524)+(0)(0.476)]e^{-(0.04)(0.083)}=0.068$

$P:[(0)(0.524)+(0.05)(0.476)]e^{-(0.04)(0.083)}=0.024$

$C:[(0.13)(0.524)+(0)(0.476)]e^{-(0.04)(0.083)}=0.068$

$P:[(0)(0.524)+(0.05)(0.476)]e^{-(0.04)(0.083)}=0.024$

$C:[(0)(0.524)+(0)(0.476)]e^{-(0.04)(0.083)}=0$

$P：[(0.05)(0.524)+(0.22)(0.476)]e^{-(0.04)(0.083)}=0.131$

在 $t=1$ 时，基于看涨期权与看跌期权的价值，投资人自己决定选择看涨期权或看跌期权（即选择价值较高者）。选择如下：

$C：[(0.229)(0.524)+(0.068)(0.476)]e^{-(0.04)(0.083)}=0.152$

$P：[(0)(0.524)+(0.024)(0.476)]e^{-(0.04)(0.083)}=0.011$

因看涨期权价值较高，故应选择看涨期权。

$C：[(0.068)(0.524)+(0)(0.476)]e^{-(0.04)(0.083)}=0.036$

$P：[(0.024)(0.524)+(0.131)(0.476)]e^{-(0.04)(0.083)}=0.075$

因看跌期权价值较高，故应选择看跌期权。

最后，在 $t=0$ 时该后定期权的合理价值应为：

$[(0.152)(0.524)+(0.075)(0.476)]e^{-(0.04)(0.083)}=0.115$

若计算时间的间隔（T/n）愈小，二叉树模型所估计的价值会愈准确。其实，后定期权的价值也可用看涨与看跌期权平价关系（Put–Call Parity）加以定价。道理很简单：

$$\begin{aligned}后定期权价值 &= Max(C,P) \\ &= Max(C, C+Ee^{-r(T-t)}-S_t e^{-q(T-t)}) \\ &= C + e^{-q(T-t)} \cdot Max(0, Ee^{-(r-q)(T-t)}-S_t)\end{aligned} \quad (28-8)$$

此处：看涨与看跌期权平价关系是 $P=C+Ee^{-r(T-t)}-S_t e^{-q(T-t)}$，$t$ 是选择期日，$Max(0, Ee^{-(r-q)(T-t)}-S_t)$ 代表看跌期权在时间 t（选择日）的价值。

根据式（28-8），后定期权是由下列两种期权组合而成：

1. 看涨期权：其到期日为 T，执行价格为 E。
2. $e^{-q(T-t)}$ 单位的看跌期权，其执行价格为 $Ee^{-(r-q)(T-t)}$，到期日为 T。

所以，定价上面两种看涨与看跌期权后，后定期权的价值就很容易求算（详见第11章的介绍）。

（七）后定期权的适用情况

当未来某一重要事件的发生会影响价格、利率或汇率的（大幅）变动，但未能预知变动的方向（上涨或下跌，须视重要事件发生的结果）。比如说，若执政党竞选成功，不确定因素消失，股价反而会上涨。若失败，则股价下挫。所以，股价上涨或下跌须视竞选的结果。此外，决定某种重要事件，比如英国"脱欧"公投、公民投票、调降证交税、可能发生的战争，或可能发生的罢工等都是重要事件。这些事件的结果决定股价、利率或汇率的上升或下降。投资者可不必承负这些重要事件所增加的价格变动风险。避免此种风险的方法就是采用后定期权，等到重要事件发生后，再决定选择看涨期权或选择看跌期权。

我们用了很大的篇幅来介绍如何利用二叉树模型来定价美式看涨期权与看跌期权，并讨论了如何决定提前行权的时间。当行权价格高于合理价格时，应提早行权。在股利分配情况下，定价程序与决定提前行权的策略有所不同，我们也举例详细说明之。本章我们还介绍了如何利用二叉树模型定价美式期货期权、美式外汇期权与多种新奇期权。

参考文献

1. Cox, J. C., S. A. Ross, and M. Rubinstein. "Option Pricing: A Simplified Approach." *Journal of Financial Economics*, 7 (1979), pp. 229–264.

2. Figlewski, S., and B. Gao. "The Adaptive Mesh Model: A New Approach to Efficient Option Pricing." *Journal of Financial Economics*, 53 (1999), pp. 313–351.

3. Geske, R., and H. E. Johnson. "The American Put Valued Analytically." *Journal of Finance*, 39 (1984), pp. 1511–1524.

4. Huang, J., M. Subrahmanyam, and G. Yu, "Pricing and Hedging American Options: A Recursive Integration Method." *Review of Financial Studies*, 9 (1996), pp. 277–300.

5. Johnson, H. "An Analytical Approximation for the American Put Price." *Journal of Financial and Quantitative Analysis*, 18 (1983), pp. 141–148.

6. Ju., N. "Pricing an American Option by Approximating Its Early exercise Boundary as a Multipiece Exponential Function." *Review of Financial Studies*, 11, 3 (1998), pp. 627–646.

and R. Zhong "An Approximating Formula for Pricing American Options." The Journal of Derivatives, Winter 1999, 31–41.

7. MacMillan, L. W. "An Analytical Approximation for the American Put Prices." *Advances in Futures and Options Research*, 1 (1986), pp. 119–139.

本章附录

式 (28-4) 的证明如下：

首先我们建立一个避险组合，它包括购买一个期货看涨期权，并出售 Δ 个标的期货。该组合是由多仓与空仓合并组成，因此，它是个无风险组合。这是因为多仓的损益正好与空仓的损益冲销，以致无风险。此无风险组合的收益率应等于无风险利率。

假设该期货价格变动呈现二项式，其价格上涨与下跌的概率分别为 u 与 d（$u = 1 +$ 上涨率，$d = 1 -$ 下跌率）。期货看涨期权在下一期的可能价格可由 C_u 与 C_d 代表。C_u 代表当期货上涨时，该期货看涨期权的价格；C_d 代表当期货下跌时，该期货看涨期权的价格。

在下一期，若期货上涨，该无风险组合的价值可表示为：

$$
\begin{array}{rl}
\text{多仓} & = C_u \\
+)\ \text{空仓} & = \Delta(F - F_u) \\
\hline
\text{组合价值} & = C_u + \Delta(F - F_u)
\end{array}
$$

此处：F 为期初期货价格，$F_u =$ 下一期期货的上涨价格。

在下一期，若期货价格下跌，该无风险组合的价值应为：

$$
\begin{array}{rl}
\text{多仓} & = C_d \\
+)\ \text{空仓} & = \Delta(F - F_d) \\
\hline
\text{组合价值} & = C_d + \Delta(F - F_d)
\end{array}
$$

此处：$F_d =$ 下一期期货的下跌价格。

因该组合是一个无风险组合，故它的上涨与下跌价格应相等。

$$C_u + \Delta(F - F_u) = C_d + \Delta(F - F_d) \tag{28-A-1}$$

由式 28-A-1 求解而得：

$$\Delta = \frac{C_u - C_d}{F_u - F_d} \tag{28-A-2}$$

将式（28-A-2）的 Δ 代入式（28-A-1）的左方而得：

$$\text{左方} = C_u + \frac{C_u - C_d}{F_u - F_d} \cdot (F - F_u) = C_u + \frac{C_u - C_d}{u - d}(1 - u) = \left(\frac{1 - d}{u - d}\right)C_u + \left(\frac{u - 1}{u - d}\right)C_d \tag{28-A-3}$$

若将式（28-A-2）的 Δ 代入式（28-A-1）的右方，我们同样可得到式（28-A-3），即右方 = 式（28-A-3）（因该组合是无风险组合）。

式（28-A-3）代表在下一期（$t = 1$）该无风险组合的价值。因此，在期初（$t = 0$）时，该组合的合理价值应是 $t = 1$ 价值的现值。也就是：

$$C = \frac{1}{R}\left[\left(\frac{1 - d}{u - d}\right)C_u + \left(\frac{u - 1}{u - d}\right)C_d\right] = \frac{1}{R}[p \cdot C_u + (1 - p)C_d] \tag{28-A-4}$$

此处：$R = 1 + $ 无险利率

$p = \dfrac{1-d}{u-d}$，也就是式（28-13）

$1 - p = \dfrac{u-1}{u-d}$

因该组合内包括 Δ 个期货，且在期初（$t=0$）时，期货方面并未发生任何现金流量，故式（28-A-4）所代表的组合价值其实就是期货看涨期权的价值（在期初建立无风险组合时，必须支付现金购买期货看涨期权）。

第29章 三叉树的期权定价模型

在前两章,我们已介绍二叉树期权定价模型,它可用来定价欧式与美式期权以及其他奇异期权。封闭解(Closed – Form Solutions)不存在的期权,也可以二叉树模型定价期权,但缺点是,其解答的收敛速度慢,尤其是求解限界期权(Barrier Options 或称障碍期权)及其他较复杂的期权,其答案的收敛速度很慢,且需要更多的时间步骤(Time Steps)才能得到满意的答案(即误差很小的答案)。因此,我们需要一种更有效率的近似解答模型来定价期权及其他较复杂的期权。虽然 Boyle(1989)、Boyle、Evnine 和 Gibbs(1989),以及 Boyle 和 Lau(1994)都提供了较有效率的二叉树解模型,但 Kamrad 和 Ritchken(1991)的三叉树定价方法及其延伸提供了更有效率的方法,答案收敛速度快且很准确。因此,我们在本章将介绍 Kamrad 和 Ritchken(1991,简称 K&R)的三叉树定价模型及其延伸方法。

三叉树模型:单一情况变数模型

正如布莱克—修斯(BS)模型,在风险中性下,股价动态过程(单一情况变数)可表示为:

$$\frac{dS}{S} = rdt + \sigma dZ \qquad (29-1)$$

对数股价 $\ln S$ 的动态过程为:

$$d\ln S = (r - \sigma^2/2)dt + \sigma dZ \qquad (29-2)$$
$$= \mu dt + \sigma dZ$$

此处：$\mu = r - \sigma^2/2$

根据式（29-2），在时间 Δt 下，式（29-2）可另表示为：

$$\ln S(t + \Delta t) = \ln S(t) + Z(t) \tag{29-3}$$

$\Delta \ln S(t)$ 是正态分布，其期望值为 $\mu \Delta t$，方差为 $\sigma^2 \Delta t$。在时段 $[t, t+\Delta t]$ 内，令 $S^*(t)$ 的概率分布代表 $\ln[S(t)/S_0]$ 概率分布的近似概率分配（Approximating Distribution）。也就是说，在 $[t, t+\Delta t]$ 时段，离散性对数股价 $S^*(t)$ 的变动有三种情况：

$$S^*(t) = \begin{cases} V, & \text{概率为 } p_1 \\ 0, & \text{概率为 } p_2 \\ -V, & \text{概率为 } p_3 \end{cases} \tag{29-4}$$

此处：$p_1 + p_2 + p_3 = 1$

换另一方式表示股价在 $[t, t+\Delta t]$ 时段的变动为：

$$S(t + \Delta t) = \begin{cases} S_t e^V = S_t e^{\lambda \sigma \sqrt{\Delta t}}, & \text{概率为 } p_1 \\ S_t, & \text{概率为 } p_2 \\ S_t e^{-V} = S_t e^{-\lambda \sigma \sqrt{\Delta t}}, & \text{概率为 } p_3 \end{cases} \tag{29-5}$$

此处 S_t 为时间 t 的股价。

V 值取决为：

$$V = \lambda \sigma \sqrt{\Delta t}, \quad \lambda \geq 1^{①} \tag{29-6}$$

我们可根据 $S^*(t)$ 的第一及第二动差（First and Second Moments）求解概率如下：

$$E[S^*(t)] = p_1 V + 0 - p_3 V = V(p_1 - p_3) = \mu \Delta t \tag{29-7}$$

$$\begin{aligned} Var[S^*(t)] &= E[S^*(t) - E(S^*)]^2 \\ &= p_1[V - V(p_1 - p_3)]^2 + [0 - V(p_1 - p_3)]^2 p_2 + [-V - V(p_1 - p_3)]^2 p_3 \\ &= V^2(p_1 + p_3) \quad \text{（简化得之）} \end{aligned}$$

$$\therefore V^2(p_1 + p_3) = \sigma^2 \Delta t + O(\Delta t) \tag{29-8}$$

此处，$O(\Delta t)$ 代表涉及 Δt 一次方以上的项目，诸如 Δt^2 可视为零。利用式（29-7）及（29-8）解出 p_1 及 p_3 如下：

由式（29-9）解出：$p_1 = \dfrac{\mu \Delta t}{V} + p_3 \tag{29-9}$

将式（29-9）代入式（29-8）解出 p_3：

---

① $\lambda \geq 1$ 才能使概率 p_1、p_2 及 p_3 不是负值。

$$p_3 = \frac{\sigma^2 \Delta t}{V^2} - p_1$$

$$= \frac{\sigma^2 \Delta t}{V^2} - \frac{\mu \Delta t}{V} - p_3$$

$$\therefore p_3 = \frac{1}{2\lambda^2} - \frac{\mu \sqrt{\Delta t}}{2\lambda \sigma} \tag{29-10}$$

将 p_3 代入式（29-9）即得 p_1：

$$p_1 = \frac{\mu \Delta t}{V} + \frac{1}{2\lambda^2} - \frac{\mu \sqrt{\Delta t}}{2\lambda \sigma} = \frac{1}{2\lambda^2} + \frac{\mu \sqrt{\Delta t}}{2\lambda \sigma} \tag{29-11}$$

此外：

$$p_2 = 1 - p_1 - p_3 = 1 - 1/\lambda^2 \tag{29-12}$$

只要 $\lambda \geq 1$，则 p_1、p_2 及 p_3 将不会成为负值，而是大于或等于零，且 $p_1 + p_2 + p_3 = 1$。若 $\lambda = 1$，则 $V = \sigma \sqrt{\Delta t}$，而且股价的概率分布会变成：

$$S(t + \Delta t) = \begin{cases} S_t e^{\sigma \sqrt{\Delta t}}, & p_1 = \frac{1}{2} + \frac{\mu \sqrt{\Delta t}}{2\sigma} \text{①} \\ S_t e^{-\sigma \sqrt{\Delta t}}, & p_3 = \frac{1}{2} - \frac{\mu \sqrt{\Delta t}}{2\sigma} \end{cases} \tag{29-13}$$

所以，当 $\lambda = 1$，三叉树模型会变成为 Cox、Ross 及 Rubinstein（CRR）的二叉树模型 [详见二叉树模型一章内的式（29-22）及（29-23）]。

根据式（29-5），在 $[t, t+\Delta t]$ 时段，股价的变动过程——三叉树的结构可表示如图 29-1，其余树图可类推。

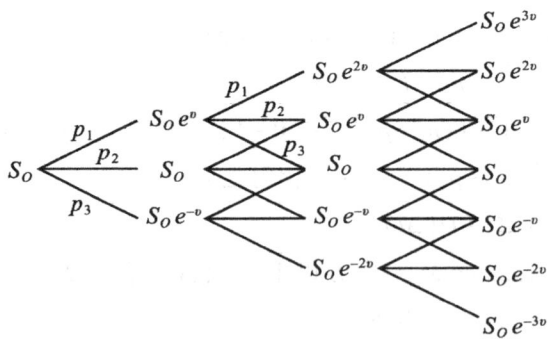

图 29-1　三叉树结构

---

① $p_2 = 0$，$p_1 + p_3 = 1$。

三叉树与二叉树模型计算速度与准确度的比较

为说明三叉树模型优于二叉树模型，K&R（1991）分别以平值、实值与虚值三种不同看涨期权来做验证。在此，我们列报其中部分实证结果如下：

实证参数是：$S_0 = 40$，$r = 4.879\%$，$T = 7$ 个月（0.58333 年），$\sigma = 0.20$。

表 29 – 1　　　　　　　二叉树及三叉树定价误差比较

执行价 K	λ	总时段 (n)			
		10	30	50	70
35 （实值）	1.41421	0.015	-0.002	-0.001	0.001
	1.05409	-0.009	-0.002	0.001	0.001
	1（二叉树）	-0.019	-0.006	0.005	-0.002
40 （平值）	1.41421	0.030	0.007	0.003	0.000
	1.05409	0.008	-0.001	-0.003	-0.003
	1（二叉树）	0.056	0.017	0.008	0.005

注：定价误差 = Black – Scholes 定价（三叉树定价或二叉树定价）。

解释：

1. 在三叉树定价下，不管在任何 λ 值之下，其定价误差都比二叉树定价误差小，且其解答收敛快。比如说，就实值看涨期权（$K = 35$）而言，当 $n = 30$ 及 $\lambda = 1.41421$ 时，三叉树定价误差为 -0.002，但二叉树定价误差为 -0.006。到 $n = 50$ 时，前者误差为 -0.001，后者误差仍是大 0.005。在其他的 n 及 λ 值下，也显示相同的结论。因此，三叉树定价可以较小的总分割时段 n 达到二叉树所需要以较大的 n 获得相同的准确度。例如，当 $\lambda = 1.41421$ 及 $n = 30$，三叉树定价误差为 -0.002。但二叉树定价必须在 $n = 70$ 才能达到 -0.002 的误差。因此，二叉树定价需要一倍以上的 n 才能达到所要求的准确度。

2. 就平值（$K = 40$）看涨期权而言，三叉树定价仍然比二叉树定价准确，且答案的收敛速度快。虚值看涨期权（$K = 45$）也显示类似的结果（未列表在此）。

表 29 – 1 的实证结果可以图 29 – 2 表示更清楚。

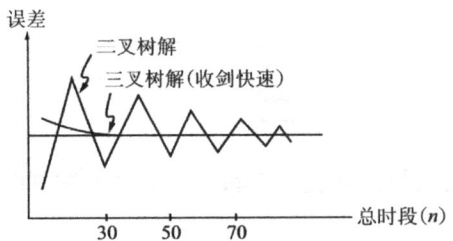

图 29-2 二叉树解和三叉树解的比较

在尚未介绍限界期权定价之前，我们举例说明如何利用三叉树定价欧式及美元期权。

例：

$S_0 = 100$，$r = 5\%$，$\sigma = 20\%$，$\Delta t = 1/12 = 0.083$ 年，$n = 2$，$\lambda = 1.225$。

根据上述数据，解答下列问题：

（1）定价 $K = 100$ 的欧式看涨期权；

（2）定价 $K = 95$ 的美式看跌期权。

答：

首先计算相关参数如下：

$$V = \lambda \sigma \sqrt{\Delta t} = 0.0706 \qquad \mu = r - \frac{\sigma^2}{2} = 0.03$$

$$p_1 = \frac{1}{2\lambda^2} + \frac{\mu \sqrt{\Delta t}}{2\lambda \sigma} = 0.3508$$

$$p_2 = 1 - \frac{1}{\lambda^2} = 0.3336$$

$$p_3 = \frac{1}{2\lambda^2} - \frac{\mu \sqrt{\Delta t}}{2\lambda \sigma} = 0.3156$$

三叉树图见图 29-3。

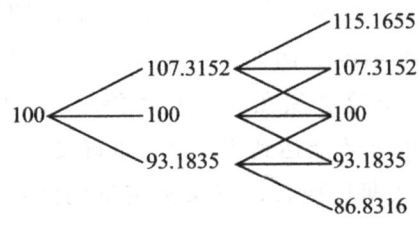

图 29-3 三叉树图

三叉树图上的股价计算如下：

$S_0 e^v = 100 e^{0.0706} = 107.3152$

$S_0 e^{-v} = 100 e^{-0.0706} = 93.1835$

$S_0 e^{2v} = 100 e^{2 \times (0.0706)} = 115.1655$

$S_0 e^{-2v} = 100 e^{-2 \times (0.0706)} = 86.8316$

（1）定价欧式看涨期权（$K=100$）见图 29-4。

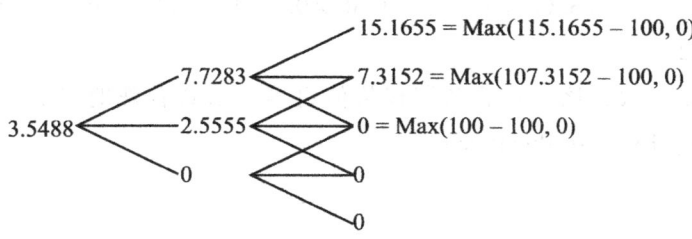

图 29-4　定价欧式看涨期权

倒推计算如下：

当 $t=1$

$C_{1,1} = e^{-0.05 \times 0.083}[(0.3508 \times 15.1655) + (0.3336 \times 7.3152) + (0.3156 \times 0)]$
$= 7.7283$

$C_{1,0} = e^{-0.05 \times 0.083}[(0.3508 \times 7.3152) + (0.3336 \times 0) + (0.3156 \times 0)]$
$= 2.5555$

$C_{1,-1} = e^{-0.05 \times 0.083}[(0.3508 \times 0) + (0.3336 \times 0) + (0.3156 \times 0)] = 0$

在 $t=0$，该看涨期权的合理价格为：

$C = e^{-0.05 \times 0.083}[(0.3508 \times 7.7283) + (0.3336 \times 2.555) + (0.3156 \times 0)]$
$= 3.5488$

（2）定价美式看跌期权（$K=95$）见图 29-5。

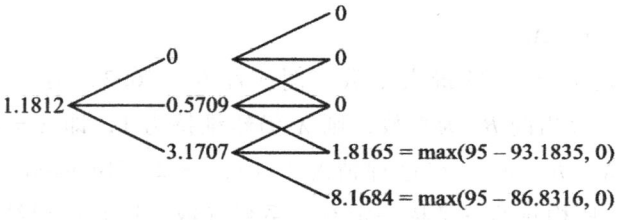

图 29-5　定价美式看跌期权

当 $t=1$

$P_{1,1} = e^{-0.05 \times 0.083}[(0.3508 \times 0) + (0.3336 \times 0) + (0.3156 \times 0)] = 0$

不提前行权，因为行权价格 $= \max(95 - 107.3152, 0)$

$$P_{1,0} = e^{-0.05 \times 0.083}[(0.3508 \times 0) + (0.3336 \times 0) + (0.3156 \times 1.8165)]$$
$$= 0.5709 > 0[= \max(95-100, 0)] \quad 不提前行权$$
$$P_{1,-1} = e^{-0.05 \times 0.083}[(0.3508 \times 0) + (0.3336 \times 1.8165) + (0.3156 \times 8.1684)]$$
$$= 3.1707 > 1.817(= 95 - 93.1835) \quad 不提前行权$$

在 $t=0$，该美式看跌期权的合理价格为：
$$P = e^{-0.05 \times 0.083}[(0.3508 \times 0) + (0.3336 \times 0.5709) + (0.3156 \times 3.1707)]$$
$$= 1.1862$$

因都无提前行权，该美式看跌期权价值也等于欧式看跌期权价值（无提前行权溢酬，Early Exercise Premium）。

限界期权定价：三叉树更快、更准确

除了一般欧式及美式期权外，三叉树定价方法也可应用其他期权的定价，诸如限界期权（Barrier Options）。Ritchken（1995）介绍如何将三叉树定价模型应用于限界期权的定价，并以往下敲出的看涨期权（Down-and-Out Call Option）为例。其定价方法如下：参数 λ 的选择应能使三叉树的某一个树结（Tree Node）与限界 B（Barrier）相接触。刚开始，我们可先试选 $\lambda=1$，而后构建三叉树，直到某一个时段 n^*，股价下探至限界 B 之上的最低树结。该时段 n^* 可以下列公式求得：

$$n^* = [B^*] \tag{29-14}$$

此处：
$$B^* = \frac{\ln(S_0/B)}{\sigma\sqrt{\Delta t}} \tag{29-15}$$

也就是，n^* 是小于 B^* 的最大整数。例：若 $B^*=6.2$，则 $n^*=[6.2]=6$。若由式（29-15）算出的 B^* 为整数，则 λ 仍然维持为 1，即 $\lambda=1$。但若 B^* 不是整数，则重设 $\lambda = B^*/n^*$。在这种情况下 $1 \leq \lambda < 2$。Ritchken（1995）说明，在此范围内的 λ，所构建的三叉树一定有一系列（或一层）的树结价格会坐落在限界 B 之上（即触及 B）。也就是，从时段 n^* 之后，三叉树股价下探的树结价格定会触及限界 B。Ritchken（1995）实证证明，用三叉树定价下出局看涨期权的答案收敛速度非常快。在此提供部分的结果见表 29-2。

表 29-2　　　　　二叉树及三叉树定价误差比较

	总时段（n）				
	25	50	100	1000	4000
三叉树	6.0069	5.9942	5.9977	5.9972	5.9969
二叉树	8.8486	7.2405	7.5045	6.1002	6.0998

真正答案：5.9968。

此处参数：$S_0 = 95$，$K = 100$，$\sigma = 25\%$，$T = 1$ 年 $r = 10\%$，$B = 90$

观察上面的结果可知，用三叉树方法只要 $n = 50$ 就可达到比二叉树法（$n = 4000$）更准确的答案。

四

双情况变数的三叉树模型

前文的三叉树模型是在单一情况变数（即单一股价变动）下的定价模型。K&R（1991）将定价理论延伸至双情况变数以及更多情况变数的评价模型。我们在本部分中介绍双情况变数的定价模型。

正如式（29-3），两个变数的概率分布假设是二元正态分布（Bivariate Normal Distribution）。其对数价格（$\ln S_i, i = 1, 2$）的动态过程为：

$$d\ln S_i = \mu_i dt + \sigma_i dz_i, i = 1, 2 \tag{29-16}$$

此处：$\mathrm{Corr}(dz_1, dz_2) = \rho dt$，$\mu_i = (r - \sigma_i^2/2)$

在时段 $[t, t + \Delta t]$，式（29-16）可另表示为：

$$\ln S_i(t + \Delta t) = \ln S_i(t) + z_i(t), i = 1, 2 \tag{29-17}$$

该二元正态分布可用多元离散随机变数（Multinomial Discrete Variables）$[S_1^*(t), S_2^*(t)]$ 来模拟，并可表示如下：

$S_1^*(t)$	$S_2^*(t)$	概率
V_1（或 $S_{1,0}e^{r_1}$）	V_2（或 $S_{2,0}e^{r_2}$）	p_1
V_1（或 $S_{1,0}e^{r_1}$）	$-V_2$（或 $S_{2,0}e^{-r_2}$）	p_2
$-V_1$（或 $S_{1,0}e^{-r_1}$）	$-V_2$（或 $S_{2,0}e^{-r_2}$）	p_3
$-V_1$（或 $S_{1,0}e^{-r_1}$）	V_2（或 $S_{2,0}e^{r_2}$）	p_4
0（或 $S_{1,0}$）	0（或 $S_{2,0}$）	p_5

或可表示为 $S_1^*(t)$ 及 $S_2^*(t)$ 的联合概率分布（The Joint pdf）。

		$S_1^*(t)$			$S_2^*(t)$的
		V_1	$-V_1$	0	边缘分布
$S_2^*(t)$	V_2	p_1	p_4	0	p_1+p_4
	$-V_2$	p_2	p_3	0	p_2+p_3
	0	0	0	p_5	p_5
$S_1^*(t)$的边缘分布		p_1+p_2	p_3+p_4	p_5	1

此处：概率分布代表在 $[t, t+\Delta t]$ 中有五种不同的跳动情况（Five - jump Model，$S_{i,0}$）。分别代表标的 1 及 2 的期初股价，$i=1,2$。正如式（29 - 6），$V_i = \lambda_i \sigma_i \sqrt{\Delta t}$，$i=1,2$。当 $\Delta t \to 0$，为能使这个模拟概率分布收敛至二元正态分布，模拟概率分布的第一及第二动差（期望值与方差）应分别等于二元正态分布的第一及第二动差 [与单一情况变数下的式（29 - 7）及（29 - 8）的理由相同]。以数学公式表示如下：

$$E[S_1^*(t)] = V_1(p_1+p_2) - V_1(p_3+p_4)$$
$$= V_1(p_1+p_2-p_3-p_4) = \mu_1 \Delta t \qquad (29-18)$$

$$E[S_2^*(t)] = V_2(p_1+p_4) - V_2(p_2+p_3)$$
$$= V_2(p_1-p_2-p_3+p_4) = \mu_2 \Delta t \qquad (29-19)$$

$$Var[S_1^*(t)] = E\{S_1^*(t) - E[S_1^*(t)]\}^2$$
$$= [V_1 - V_1(p_1+p_2-p_3-p_4)]^2(p_1+p_2)$$
$$+ [-V_1 - V_1(p_1+p_2-p_3-p_4)]^2(p_3+p_4)$$
$$= V_1^2(p_1+p_2+p_3+p_4) = \sigma_1^2 \Delta t + O(\Delta t) \qquad (29-20)$$

$Var[S_2^*(t)] = E\{S_2^*(t) - E[S_2^*(t)]\}^2$，简化可获得下一等式：

$$= [V_2 - V_2(p_1-p_2-p_3+p_4)]^2(p_1+p_4)$$
$$+ [-V_2 - V_2(p_1-p_2-p_3+p_4)]^2(p_2+p_3)$$
$$= V_2^2(p_1+p_2+p_3+p_4) = \sigma_2^2 \Delta t + O(\Delta t) \qquad (29-21)$$

$$Cov[S_1^*(t), S_2^*(t)] = E\{S_1^* - E[S_1^*(t)]\}\{S_2^* - E[S_2^*(t)]\}$$
$$= [V_1 - V_1(p_1+p_2-p_3-p_4)][V_2 - V_2(p_1-p_2-p_3+p_4)]$$
$$\cdot p_1 + [-V_1 - V_1(p_1+p_2-p_3-p_4)][-V_2 - V_2(p_1-p_2$$
$$-p_3+p_4)] \cdot p_4 + \cdots + [0 - V_1(p_1+p_2-p_3-p_4)][0 -$$
$$V_2(p_1-p_2-p_3+p_4)]p_5$$

$$= V_1 V_2 (p_1 - p_2 + p_3 - p_4) = \rho \sigma_1 \sigma_2 \Delta t + O(\Delta t) \quad (29-22)$$

$O(\Delta t)$ 可忽略。将 $V_i = \lambda_i \sigma_i \sqrt{\Delta t}$ 代入式（29-18）至（29-22），并简化可获概率 p_1、p_2、p_3 及 p_4 方程式如下：

$$p_1 + p_2 - p_3 - p_4 = \frac{\mu_1}{\lambda_1 \sigma_1} \sqrt{\Delta t} \quad (29-23-1)$$

$$p_1 - p_2 - p_3 + p_4 = \frac{\mu_2}{\lambda_2 \sigma_2} \sqrt{\Delta t} \quad (29-23-2)$$

$$p_1 + p_2 + p_3 + p_4 = 1/\lambda_1^2 \quad (29-23-3)$$

$$p_1 + p_2 + p_3 + p_4 = 1/\lambda_2^2 \quad (29-23-4)$$

$$p_1 - p_2 + p_3 - p_4 = \frac{\rho}{\lambda_1 \lambda_2} \quad (29-23-5)$$

由式（29-23-3）及（29-23-4）得知，$\lambda_1 = \lambda_2 = \lambda$（设定等于 λ）。因此，式（29-23-3）及（29-23-4）代表只有一个方程式：

$$p_1 + p_2 + p_3 + p_4 = \lambda \quad (29-23-6)$$

因由四个方程式（29-23-1），（29-23-2），（29-23-3）及（29-23-4）可解出四个概率未知数如下：

$$p_1 = \frac{1}{4} \left\{ \frac{1}{\lambda^2} + \frac{\sqrt{\Delta t}}{\lambda} \left(\frac{\mu_1}{\sigma_1} + \frac{\mu_2}{\sigma_2} \right) + \frac{\rho}{\lambda^2} \right\} \quad (29-24)$$

$$p_2 = \frac{1}{4} \left\{ \frac{1}{\lambda^2} + \frac{\sqrt{\Delta t}}{\lambda} \left(\frac{\mu_1}{\sigma_1} - \frac{\mu_2}{\sigma_2} \right) - \frac{\rho}{\lambda^2} \right\} \quad (29-25)$$

$$p_3 = \frac{1}{4} \left\{ \frac{1}{\lambda^2} + \frac{\sqrt{\Delta t}}{\lambda} \left(\frac{-\mu_1}{\sigma_1} - \frac{\mu_2}{\sigma_2} \right) + \frac{\rho}{\lambda^2} \right\} \quad (29-26)$$

$$p_4 = \frac{1}{4} \left\{ \frac{1}{\lambda^2} + \frac{\sqrt{\Delta t}}{\lambda} \left(-\frac{\mu_1}{\sigma_1} + \frac{\mu_2}{\sigma_2} \right) - \frac{\rho}{\lambda^2} \right\} \quad (29-27)$$

$$\therefore p_5 = 1 - p_1 - p_2 - p_3 - p_4 = 1 - \frac{1}{\lambda^2} \quad (29-28)$$

观察式（29-24）至（29-28）可知，只要 $\lambda \geq 1$，五个概率都会大于或等于零（不会是负概率）。若 $\lambda = 1$，则 $p_1 + p_2 + p_3 + p_4 = 1$，且双情况变数模型就会变成 BEG（Boyle, Evnine & Gibbs）的四个跳动（或变动）随机过程（Four-Jump Process）。

为验证五个跳动模型（Five-Jump Model）的准确度，K&R（1991）利用五个跳动模型求解最大资产值的欧式看涨期权 [Call Options on the Max(S_1, S_2)]。该看涨期权已有封闭解（详见本书相关章节的介绍）。因此，可以观察五个跳动模型的准确性。为让读者更进一步了解，K&R 的部分实证结果报告见表 29-3：

表 29-3　　　　　　　　　　五个跳动模型对封闭解的误差

执行价 K	λ	p_5	总时段 (n)		
			10	30	70
35	1.41421	0.500	0.085	0.015	0.006
	1.11803	0.200	0.018	0.005	0.002
	1.000	0.000	0.020	-0.002	0.000
40	1.4142	0.500	0.078	0.025	0.011
	1.11803	0.200	0.026	0.009	0.004
	1.000	0.000	0.087	0.030	0.013

注：$S_{1,0} = S_{2,0} = 40$，$\sigma_1 = 20\%$，$\sigma_2 = 30\%$，$\rho = 0.5$，$r = 4.879\%$，$T = 7$ 个月。

表 29-3 证明，K&R 五个跳模型的误差很小，特别是当 n 是 70，而且答案的收敛速度也快（至于执行价 $K = 45$ 的实证结果也与上表相似）。

对于较复杂的 K 个情况变数（$K \geqslant 3$）模型，K&R（1991）也有推导，有兴趣的读者，可参阅该论文。

参考文献

1. Boyle, P. "A Lattice Framework for Option Pricing with Two State Variables." *Journal of Financial and Quantitative Analysis*, 35, 1 (1988), pp. 1-12.

2. Boyle, P., J. Evnine, and S. Gibbs. "Valuation of Options on Several Underlying Assets." *Review of Financial Studies*, 2 (1989), pp. 241-250.

3. Boyle, P., and S. H. Lau. "Bumping Up Against the Barrier with the Binomial Method." *Journal of Derivatives*, 1, 4 (1994), pp. 6-14.

4. Heynen, R., and H. Kat. "Crossing Barriers." *Risk Magazine*, 7, 6 (June 1994), pp. 192-195.

5. Hull, J., and A. White. "Valuing Derivative Securities Using the Explicit Finite Difference Method." *Journal of Financial and Quantitative Analysis*, 23, 3 (1990), pp. 237-252.

6. Kamrad, B., and P. Ritchken "Multinomial Approximating Models for Options with k-State Variables." *Management Science*, 37, 12 (1991), pp. 1640-1652.

7. Madan, D., F Milne, and H. Shefrin. "The Multinomial Option Pricing Model and its Limitations." *Review of Financial Studies*, 2 (1989), pp. 251-265.

8. Pelsser, A., and T. Vorst. "The Binomial Model and the Greeks." *Journal of Derivatives*, Spring 1994, pp. 45–49.

9. Ritchken, P. "On Pricing Barrier Options," *Journal of Derivatives*, Vol. 3 (1995).

10. Stulz, R. M., "Options on the Minimum or the Maximum of Two Risky Assets: Analysis and Applications," *J. Financial Economics*, 10 (July 1982).

第30章 随机过程与最大及最小值的概率分布

路径相依的结构式与场外衍生品

路径相依期权（Path Dependent Options），诸如回顾期权（Lookback Options）及欧式限界期权（European Barrier Options，亦称为障碍期权），在实务上的应用很广泛。它可应用于外汇的避险，并可降低避险成本。此外，结构式金融产品和场外衍生品的设计也经常使用路径相依期权，以降低权利金费用，吸引投资者。但它的定价比一般期权更困难，其中涉及比较深奥的概率计算。除非读者了解相关概率计算的数学基础，否则很难理解路径相依期权的定价理论。因此，在本章中，我们首先介绍定价路径相依期权的相关概率分布理论。借此作为基础，在以后的章节，再介绍限界期权及跨越限界期权的定价。

基础概率理论

首先令 $W_t(t>0)$ 是在概率空间 (Ω, F, P) 上的一个标准布朗运动 [即 W_t 是 $N(0, t)$]。$\{F\}$ 是一个讯息集合（Filtration），它包含 W_t 的所有历史过程（至现在时间为止），亦即 $\{F\}$ 是由 W_t 所产生。因此，W_t 可由讯息集合 F_t 来衡量（F_t - Measurable）。

1. 因 W_t 是 $N(0,t)$，我们可以很容易计算下列概率：

$$P_r(W_t \geq k) = P_r\left(\underbrace{\frac{W_t - 0}{\sqrt{t}}}_{N(0,1)} \geq \frac{k - 0}{\sqrt{t}}\right) = 1 - P_r\left(\frac{W_t}{\sqrt{t}} \leq \frac{k}{\sqrt{t}}\right) = 1 - N\left(\frac{k}{\sqrt{t}}\right) \quad (30-1)$$

此处：$N(x) = \int_{-\infty}^{x} \frac{1}{\sqrt{2\pi}} e^{-x^2/2} dx$（此外，$x = k/\sqrt{t}$）

2. 令 $X_t = \mu t + \sigma W_t$，则 X_t 是 $N(\mu t, \sigma^2 t)$。

$$P_r(X_t < k) = P_r\left(\underbrace{\frac{X_t - \mu t}{\sigma \sqrt{t}}}_{N(0,1)} < \frac{k - \mu t}{\sigma \sqrt{t}}\right)$$

$$= N\left(\frac{k - \mu t}{\sigma \sqrt{t}}\right) \quad (30-2)$$

3. 因 $X_t(=\mu t + \sigma W_t)$ 是一个实数随机过程（Real-Valued Process），在某一时间范围内它存有最大值与最小值。因此，令最大值 $M_{X,t} = \underset{0 \leq u \leq t}{\text{Max}} X_u$，最小值 $m_{X,t} = \underset{0 \leq u \leq t}{\text{Min}} X_u$。

4. 由上面的随机过程 X_t 可知，$X_t \sim N(\mu t, \sigma^2 t)$，因此 $-X_t = (-\mu)t + \sigma(-W_t)$ 是正态分布，其期望值为 $-\mu$，且方差为 σ^2（每单位时间 t），亦即 $-X_t \sim N(-\mu t, \sigma^2 t)$。此外，$X_t$ 的最小值相当于 $-X_t$ 最大值的负值，即：

$$m_{X,t} = \underset{0 \leq u \leq t}{\text{Min}} X_u = -\underset{0 \leq u \leq t}{\text{Max}}(-X_u) = -M_{-X,t} \quad (30-3)$$

类似的原理，X_t 的最大值相当于 $-X_t$ 最小值的负值：

$$M_{X,t} = \underset{0 \leq u \leq t}{\text{Max}} X_u = -\underset{0 \leq u \leq t}{\text{Min}}(-X_u) = -\min_{-X,t} \quad (30-4)$$

布朗运动（W_t）及其最大最小值（$W_{W,t}$ 及 $m_{w,t}$）的概率分布：运用反射原理

首先我们介绍布朗运动 W_t 的反射原理（Reflection Principle）如下：

$$P_r(W_t < b, M_{W,t} > c) = P_r(W_t > 2c - b)$$

$$= P_r\left(\frac{-W_t}{\sqrt{t}} < \frac{b - 2c}{\sqrt{t}}\right)$$

$$= N\left(\frac{b-2c}{\sqrt{t}}\right) \quad (30-5)$$

$(M_{W,t} = \underset{0 \leq u \leq t}{\text{Max}} W_u, \ c > 0, \ b \leq c)$

解释：

在时段 $[0, t]$ 内，布朗运动最大值 $M_{W,t}$ 大于某常数 c，且在时点 t 布朗运动 W_t 小于常数 b 的概率相等于在时点 t 布朗运动 W_t 大于 $(2c-b)$ 的概率，这就是布朗运动的反射原理（见图 30-1 表示）。

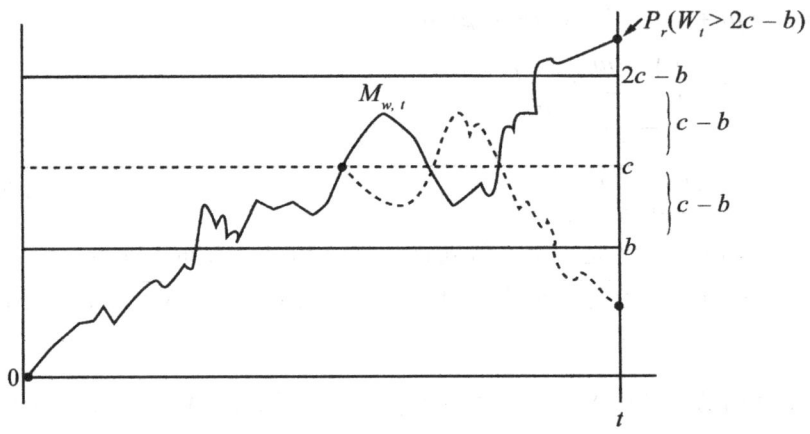

图 30-1 布朗运动的反射原理

图 30-1 内的虚线代表布朗运动路径从触及 c 线起的反射路径，即与原来 W_t 以 c 线为基准的反射倒影路径。从触及 c 起，W_t 与其反射路径的两者概率相等 [也就是式 (29-5)]。（可参见 Karatzas and Shreve (1991, p. 79-80)。

定理1

W_t 及 $M_{W,t}$ 的联合概率分布函数可表示为：

$$f_{W,M}(b,c) = \frac{2(2c-b)}{t\sqrt{2\pi t}} e^{-\frac{(2c-b)^2}{2t}}$$

$$= \frac{2(2c-b)}{t\sqrt{t}} n\left(\frac{2c-b}{\sqrt{t}}\right), \ c > 0, \ b \leq c \quad (30-6)$$

此处：$n\left(\frac{2c-b}{\sqrt{t}}\right) = \frac{1}{\sqrt{2\pi}} e^{-\frac{1}{2}\left(\frac{2c-b}{\sqrt{t}}\right)^2}$ = 标准正态概率分布函数

证明

利用式（30-5）：

$$P_r(W_t < b, M_{W_t} > c) = P_r(W_t > 2c - b)$$

$$\Rightarrow \int_{-\infty}^{b} \int_{c}^{\infty} f(W, M) \, dM \, dW = \frac{1}{\sqrt{2\pi t}} \int_{2c-b}^{\infty} e^{-\frac{1}{2}\frac{W^2}{t}} dW$$

对 c 微分得：

$$-\int_{-\infty}^{b} f(W, c) \, dW = \frac{-1}{\sqrt{2\pi t}} e^{-\frac{1}{2}\frac{(2c-b)^2}{t}} \times (2)$$

再对 b 进行微分得：

$$f(b, c) = \frac{1}{\sqrt{2\pi t}} e^{-\frac{1}{2}\frac{(2c-b)^2}{t}} \cdot \frac{-12(2c-b)}{2} \cdot \frac{1}{t}(-1) \times (2)$$

简化之即是 W_t 及 $M_{W,t}$ 的联合概率分布：

$$f_{W,M}(b, c) = \frac{2(2c - b)}{t\sqrt{2\pi t}} e^{-\frac{1}{2}\left(\frac{2c-b}{\sqrt{t}}\right)^2}$$

$$= \frac{2(2c - b)}{t\sqrt{t}} \cdot n\left(\frac{2c - b}{\sqrt{t}}\right)$$

注：1. 若 $c < 0$ 及 $b \leq 0$，则 $f_{W,M}(b, c) = 0$，原因：因 W_t 是对零呈现对称概率分布。若 $c < 0$。则 $P_r(M_{W,t} < c) = 0$（$\because M_{W,t} > 0$）

2. 若 $c > 0$ 及 $b \geq c$，则式（30-6）内的 b 30- 以 c 30- 取代之；

$$f_{W,M}(b, c) = \frac{2c}{t\sqrt{t}} n\left(\frac{c}{\sqrt{t}}\right)$$

原因：

$$P_r(W_t < c, M_{W,t} > c) = P_r(W_t < b, M_{W,t} > c); \quad b \geq c \text{ 及 } M_{W,t} > c$$

$$= P_r(W_t > 2c - c), \text{ 由反射原理} \Rightarrow \text{以 } c \text{ 取代 } b。$$

定理 2

以知 $W_t = b$，则 $M_{W,t}$ 的条件概率分布函数（Conditional Density Function）可表示为：

$$f_{W,M}(c | b) = \frac{2(2c - b)}{t} e^{-\frac{2c(c-b)}{t}} \tag{30-7}$$

证明

$f_{W,M}(c | b)$ 是 W_t 及 $M_{W,t}$ 联合概率分布除以 W_t 的边缘概率分布 $f_W(b)$（Marginal Density Function）：

$$f_{W,M}(c|b) = \frac{f_{W,M}(b,c)}{f_W(b)} = \frac{2(2c-b)}{t\sqrt{2\pi t}}e^{-\frac{(2c-b)^2}{2t}} / \frac{1}{\sqrt{2\pi t}}e^{-\frac{1}{2}\frac{b^2}{t}}$$

$$= \frac{2(2c-b)}{t}e^{-\frac{(2c-b)^2}{2t}+\frac{1}{2t}b^2}$$

$$= \frac{2(2c-b)}{t}e^{-\frac{2c(c-b)}{t}}$$

注：$\frac{-(2c-b)^2}{2t} + \frac{1}{2}b^2 = \frac{-1}{2t}(4c^2 - 4bc + b^2) = \frac{-2c(c-b)}{t}$

定理 3

布朗运动最大值 $M_{W,t}$ 的概率分布函数为：

$$P_r(M_{W,t} \geq c) = 2P_r(W_t \geq c)$$

$$= 2P_r\left(\frac{-W_t}{\sqrt{t}} \leq \frac{-c}{\sqrt{t}}\right)$$

$$= 2N\left(\frac{-c}{\sqrt{t}}\right) \tag{30-8}$$

证明

$P_r(M_{W,t} \geq c) = P_r(M_{W,t} \geq c, W_t \leq b) + P_r(M_{W,t} \geq c, W_t \geq 2c-b)$ 利用反射原理

$= P_r(M_{W,t} \geq c, W_t \geq 2c-b) + P_r(M_{W,t} \geq c, W_t \geq 2c-b)$ 应用反射原理于第一个概率

$= 2P_r(M_{W,t} \geq c, W_t \geq 2c-b)$

$= 2P_r(M_{W,t} \geq c, W_t \geq c)$，选取 b 等于 c

$= 2P_r(W_t \geq c)$

（若 $W_t \geq c$，则 $M_{W,t}$ 一定大于 c。所以 $M_{W,t} \geq c$ 是多余的条件）

$= 2N\left(\frac{-c}{\sqrt{t}}\right)$

注：对于式（30-8）内的 c 微分，布朗运动最大值 $M_{W,t}$ 的概率分布可表示如下：

$$f_M(c) = 2d\left(\int_{-\infty}^{-c/\sqrt{t}} \frac{1}{\sqrt{2\pi}}e^{-\frac{1}{2}x^2}dx\right) = 2\frac{1}{\sqrt{2\pi}}e^{-\frac{1}{2}\left(\frac{-c}{\sqrt{t}}\right)^2}\left|-\frac{1}{\sqrt{t}}\right|$$

$$= \frac{2}{\sqrt{2\pi t}} e^{-\frac{1}{2}\left(\frac{-e}{\sqrt{t}}\right)^2} \tag{30-9-1}$$

或者 $f(M) = \dfrac{2}{\sqrt{2\pi t}} e^{-\frac{1}{2t}M^2}$ (30-9-2)

定理 4

(1) 若 $b \geq e$,利用布朗运动 W_t 的对称性质与最小值 $m_{W,t}$ 相关的反射原理为:

$$P_r(W_t \geq b, m_{W,t} \leq e) = P(W_t \leq 2e - b) \tag{30-10}$$

解释:在时段 $[0,t]$ 内,布朗运动最小值 $m_{W,t}$ 小于常数 e,且在时点 t 做布朗运动 W_t 大于 b 的概率相等于在时点 t 布朗运动 W_t 小于 $(2e-b)$ 的概率,以图 30-2 表示如下:

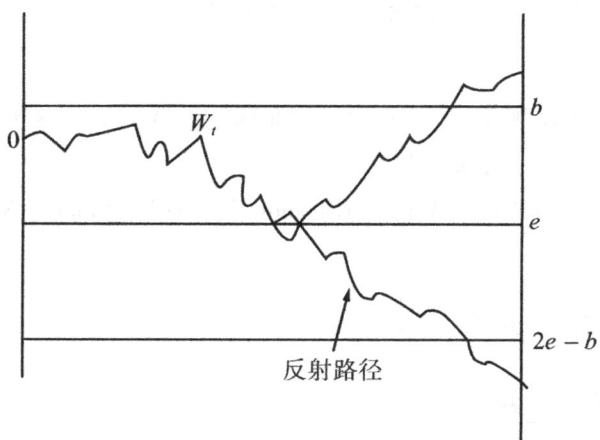

图 30-2　反射原理

(2) 布朗运动最小值 $m_{W,t}$ 的概率分布函数可表示为:

$$P_r(m_{W,t} \leq e) = 2P(W_t \leq e)$$

$$= 2N\left(\frac{e}{\sqrt{t}}\right) \tag{30-11}$$

证明

$P_r(m_{W,t} \leq e) = P_r(W_t \geq b, m_{W,t} \leq e) + P_r(W_t \leq 2e - b, m_{W,t} \leq e)$　利用反射原理

$$= P_r(W_t \leq 2e-b, m_{W,t} \leq e) + P_r(W_t \leq 2e-b, m_{W,t} \leq e)$$ 应用反射原理于第一个概率。

$$= 2P_r(W_t \leq 2e-b, m_{W,t} \leq e)$$

$$= 2P_r(W_t \leq e, m_{W,t} \leq e), \text{ 选取 } b \text{ 等于 } e$$

$$= 2P_r(W_t \leq e) = 2N\left(\frac{e}{\sqrt{t}}\right)$$

若 $W_t \leq e$，则 $m_{W,t}$ 一定小于（等于）e，所以 $m_{W,t} \leq e$ 是多余的条件。

四、含有飘移项的布朗运动（X_t）及其最大值（$M_{x,t}$）的联合概率分布

下面我们考虑具有飘移项 μ（Drift）的布朗运动 X_t，其定义如下：

$$X_t = \mu t + W_t^P \quad (\text{或 } dX_t = \mu dt + dW_t) \tag{30-12}$$

为数学推导方便，我们首先利用 Girsanov 定理选取 Radon-Nikodym Derivative 如下：

$$\xi_t = \frac{dQ}{dP} = \exp\left(-\int_0^t \mu dW_u^P - \frac{1}{2}\int_0^t \mu^2 du\right)$$

$$= \exp\left(-\mu W_t^P - \frac{1}{2}\mu^2 t\right)$$

此处，$E(e^{\frac{1}{2}\int_0^t \mu^2 du}) = e^{\frac{1}{2}\mu^2 t} < \infty$，所以，由自然概率测度 P 转换成为风险中性概率测度 Q 的布朗运动为 $dW_t^Q = dW_t^P - (-\mu)dt = dW_t^P + \mu dt$。因此在风险中性下的 X_t 随机过程为：

$$dX_t = \mu dt + dW^P$$

$$= \mu dt + (dW_t^Q - \mu dt)$$

$$= dW_t^Q \quad \Rightarrow X_t = W_t^Q$$

∴ 在风险中性概率测度 Q 之下，X_t 是等价概率平赌（Martingale），也是标准布朗运动。因此，在测度 Q 之下，X_t 及 $M_{X,t}$ 的概率分布会与其在自然测度 P 之下的概率分布相同。根据这个结果，我们就可以推导 X_t 及 $M_{X,t}$ 的联合概率分布函数如下：

$P_r(X_t < b, M_{X,t} < c)$

$M_{X,t} = \underset{0 \leq u \leq t}{\text{Max}} X_u$

$\quad = E^P(1_{(X_t < b, M_{X,t} < c)})$

$\quad = E^Q\left[\dfrac{dP}{dQ} \cdot 1_{(X_t < b, M_{X,t} < c)}\right]$ 利用 Girsanov 定理

$\quad = E^Q\left[\left(\dfrac{dQ}{dP}\right)^{-1} 1_{(X_t < b, M_{X,t} < c)}\right]$ $\left(\dfrac{dQ}{dP}\right)^{-1}$ 代表测度 Q 转换成测度 P

$\quad = E^Q\left\{\exp-\left[(-\mu)W_t^Q - \dfrac{1}{2}\mu^2 t 1_{(X_t < b, M_{X,t} < c)}\right]\right\}$ $\because dW^P = dW^Q + (-\mu)dt$,

由测度 Q 转换成测度 P

$\quad = E^Q\left[\exp\left(\mu X_t - \dfrac{1}{2}\mu^2 t\right) \cdot 1_{(X_t < b, M_{X,t} < c)}\right]$ $\because$ 在测度 Q 下 $X_t = W_t^Q$

$\quad = \int_0^c \int_{-\infty}^b \exp\left(\mu X_t - \dfrac{1}{2}\mu^2 t\right)f(X_t, y_t)dxdy$ $y_t = M_{x,t}$

$\quad = \int_{-\infty}^b \exp\left(\mu X_t - \dfrac{1}{2}\mu^2 t\right)\left[\int_0^c f(X_t, y_t)dy\right]dx$ (30-13)

此处，$\int_0^c f(X_t, y_t)dy = X_t$ 的概率分布函数（在 Q 测度之下）$= \dfrac{\partial}{\partial b}F^Q(b,c)$。

只要求出在 Q 测度下 X_t 及 $M_{X,t}(=y_t)$ 的联合概率分布函数 $F^Q(b,c)$ 后，再对 b 微分即可求得 X_t 的概率分布函数。求算如下：

$F^Q(b,c) = P_r^Q(X_t < b, M_{X,t} < c)$

$\quad = P_r^Q(X_t < b) - P_r^Q(X_t < b, M_{X,t} > c)$

$\quad = N\left(\dfrac{b}{\sqrt{t}}\right) - P_r^Q(X_t > 2c - b)$ 利用反射原理及在测度 Q 下 $X_t \sim N(0,t)$

$\quad = N\left(\dfrac{b}{\sqrt{t}}\right) - N\left(\dfrac{b-2c}{\sqrt{t}}\right)$ 利用式（30-5）   (30-14)

另外，X_t 的概率分布函数为：

$\dfrac{\partial F^Q}{\partial b} = n\left(\dfrac{b}{\sqrt{t}}\right)\dfrac{1}{\sqrt{t}} - n\left(\dfrac{b-2c}{\sqrt{t}}\right)\dfrac{1}{\sqrt{t}}$

$\quad = \dfrac{1}{\sqrt{t}}\left[n\left(\dfrac{b}{\sqrt{t}}\right) - n\left(\dfrac{b-2c}{\sqrt{t}}\right)\right]$

$\quad = \dfrac{1}{\sqrt{t}}\left[n\left(\dfrac{X}{\sqrt{t}}\right) - n\left(\dfrac{X-2c}{\sqrt{t}}\right)\right]$ (30-15)

因为 b 代表 X_t，所以用 X_t 取代 b，"t" 暂时忽略。

将式（30-15）代入式（30-13），求得：

$$P_r(X_t < b, M_{X,t} < c)$$

$$= \int_{-\infty}^{b} \exp(\mu X - \frac{1}{2}\mu^2 t) \frac{1}{\sqrt{t}} \left[n\left(\frac{X}{\sqrt{t}}\right) - n\left(\frac{X - 2c}{\sqrt{t}}\right) \right] dx$$

$$= \int_{-\infty}^{0} \exp\left[\mu(x^* + b) - \frac{1}{2}\mu^2 t\right] \cdot \frac{1}{\sqrt{t}} \left[n\left(\frac{x^* + b}{\sqrt{t}}\right) - n\left(\frac{x^* + b - 2c}{\sqrt{t}}\right) \right] dx^*$$

（令 $x^* = x - b \Rightarrow x = x^* + b, -\infty < x^* < 0$ 及 $dx = dx^*$）

$$= \exp\left[\mu b - \frac{1}{2}\mu^2 t\right] \cdot \int_{-\infty}^{0} \left[\frac{1}{\sqrt{t}} e^{\mu x} \cdot n\left(\frac{x + b}{\sqrt{t}}\right) - \frac{1}{\sqrt{t}} e^{\mu x} \cdot n\left(\frac{x + b - 2c}{\sqrt{t}}\right) \right] dx$$

$$(30-16)$$

注：为方便计，x 的星号予以省略。

式（30-16）内的两个积分求算如下：

$$\int_{-\infty}^{0} \frac{1}{\sqrt{t}} e^{\mu x} n\left(\frac{x + b}{\sqrt{t}}\right) dx$$

$$= \frac{1}{\sqrt{2\pi t}} \int_{-\infty}^{0} \exp\left[\mu x - \frac{1}{2}\left(\frac{x + b}{\sqrt{t}}\right)^2\right] dx$$

$$n\left(\frac{x + b}{\sqrt{t}}\right) = \frac{1}{\sqrt{2\pi}} \exp\left(\frac{-1}{2}\left(\frac{x + b}{\sqrt{t}}\right)^2\right)$$

此处：$\mu x - \frac{1}{2}\left(\frac{x + b}{\sqrt{t}}\right)^2 = \mu x - \frac{1}{2t}(x^2 + 2bx + b^2)$

$$= \frac{-1}{2t}(-2\mu x t + b^2 + 2bx + x^2)$$

$$= \frac{-1}{2t}[b^2 - 2(\mu t - b)x + x^2]$$

$$= \frac{-1}{2t}[b^2 - (\mu t - b)^2 + (\mu t - b)^2 - 2(\mu t - b)x + x^2]$$

$$= \frac{-1}{2t}\{b^2 - (\mu t - b)^2 + [x - (\mu t - b)]^2\}$$

$$= \left(\frac{1}{2}\mu^2 t - b\mu\right) - \frac{1}{2}\left[\frac{x - (\mu t - b)}{\sqrt{t}}\right]^2$$

$$= \exp\left(\frac{1}{2}\mu^2 t - b\mu\right) \times$$

$$\underbrace{\int_{-\infty}^{0} \frac{1}{\sqrt{2\pi t}} \exp\left[-\frac{1}{2}\left(\frac{x - (\mu t - b)}{\sqrt{t}}\right)^2\right] dx}_{\parallel}$$

$$= \exp\left(\frac{1}{2}\mu^2 t - b\mu\right) \cdot N\left(\frac{0-(\mu t - b)}{\sqrt{t}}\right)$$

$$= \exp\left(\frac{1}{2}\mu^2 t - b\mu\right) \cdot N\left(\frac{b-\mu t}{\sqrt{t}}\right)$$

同理，式（30 – 15）的第二个积分可求算如下（将上式内 b 以 $b-2c$ 取代）：

$$\int_{-\infty}^{0} \frac{1}{\sqrt{t}} e^{\mu x} \cdot n\left(\frac{x+b-2c}{\sqrt{t}}\right) dx = \exp\left(\frac{1}{2}\mu^2 t - (b-2c)\mu\right) \cdot N\left(\frac{b-2c-\mu t}{\sqrt{t}}\right)$$

再将上面两个积分的结果代入式（30 – 16），即是 X_t 及 $M_{X,t}$ 的联合累积概率分布函数：

$$F_{X,M}(b,c) = P_r(X_t < b, M_{X,t} < c)$$

$$= N\left(\frac{b-\mu t}{\sqrt{t}}\right) - e^{2c\mu} N\left(\frac{b-2c-\mu t}{\sqrt{t}}\right) \quad (30-17)$$

对 $F_{X,M}$ 进行 b 及 c 的微分即可求得 X_t 及 $M_{X,t}$ 的双元概率分布函数：

$$\frac{\partial F_{X,M}}{\partial b} = n\left(\frac{b-\mu t}{\sqrt{t}}\right)\left(\frac{1}{\sqrt{t}}\right) - e^{2c\mu} n\left(\frac{b-2c-\mu t}{\sqrt{t}}\right)\left(\frac{1}{\sqrt{t}}\right)$$

再对上式的 c 微分并简化即可得 X_t 及 $M_{X,t}$ 的二元概率分布数：

$$f_{X,M}(b,c) = \frac{2(2c-b)}{t\sqrt{t}} n\left(\frac{2c-b}{\sqrt{t}}\right) e^{-\mu^2 t/2 + b\mu} \quad (30-18)$$

五

几何布朗运动（Y_t）及其最大值（$M_{y,t}$）的联合概率分布

令 Y_t 的随机过程为：

$$Y_t = \mu t + \sigma W_t^P \text{ 或 } dY_t = \mu dt + \sigma dW_t^P, \sigma > 0 \quad (30-19-1)$$

∵ W_t 及 $-W_t$ 具有相同的概率分布 [i.e., $N(0,t)$]

∴ $Y_t = \mu t - \sigma W_t^P = \mu_t + \sigma(-W_t^P)$ （30 – 19 – 2）

与式（30 – 19）的 Y_t 也有相同随机过程。

求算 Y_t 及 $M_{Y,t}(=\max_{0 \leq u \leq t} Y_u)$的联合概率分布，可先将式（30 – 19）改写成式（30 – 12）的形式：

$$\frac{Y_t}{\sigma} = \left(\frac{\mu}{\sigma}\right)t + W_t \qquad (30-20)$$

因此 (Y_t/σ) 的随机过程相等于式（30-12）X_t 的随机过程。我们可利用前文的结果求算 Y_t 及 $M_{Y,t}$ 的联合（累积）概率分布函数：

$$F_{Y,M}(b,c) = P_r(Y_t < b, M_{Y,t} < c)$$

$$= P_r\left(\frac{Y_t}{\sigma} < \frac{b}{\sigma}, \frac{M_{Y,t}}{\sigma} < \frac{c}{\sigma}\right)$$

$$= N\left(\frac{(b/\sigma) - (\mu/\sigma)t}{\sqrt{t}}\right) - e^{2(c/\sigma)(\mu/\sigma)} \times N\left(\frac{(b/\sigma) - 2(c/\sigma) - (\mu/\sigma)t}{\sqrt{t}}\right)$$

利用式（30-17），并以 (b/σ)，(c/σ) 及 (μ/σ) 分别取代式（30-17）内的 b，c 及 μ

$$= N\left(\frac{b - \mu t}{\sigma\sqrt{t}}\right) - e^{2c\mu/\sigma^2} N\left(\frac{b - 2c - \mu t}{\sigma\sqrt{t}}\right) \qquad (30-21)$$

同理，Y_t 及 $M_{Y,t}$ 的二元概率分布函数可由式（30-18）求得：

$$f_{Y,M}(b,c) = \frac{2(2c-b)}{\sigma t\sqrt{t}} n\left(\frac{2c-b}{\sigma\sqrt{t}}\right) e^{-\mu^2 t/2\sigma^2 + b\mu/\sigma^2} \qquad (30-22)$$

最后，我们求算最大值 $M_{Y,t}$ 的（累积）概率分布函数如下：

$$F_M(c) = P_r(M_{Y,t} < c)$$

$$= P_r(Y_t < c, M_{Y,t} < c) \qquad \because M_{Y,t} < c \Rightarrow Y_t < c$$

$$= N\left(\frac{c - \mu t}{\sigma\sqrt{t}}\right) - e^{2c\mu/\sigma^2} N\left(\frac{-c - \mu t}{\sigma\sqrt{t}}\right) \qquad c \geqslant 0 \qquad (30-23)$$

注：利用式（30-21）并以 c 取代 b。

六

几何布朗运动（Y_t）及其最小值（$m_{y,t}$）的联合概率分布

我们利用下列事实：（1）$m_{Y,t} = -M_{-Y,t}$ ［由式（30-3）而来］及（2）$-(Y_t/\sigma) = (-\mu/\sigma)t + (-W_t)$，可知 Y_t 及最小值 $m_{Y,t}$ 的联合概率分布为：

$$P_r(Y_t > b, m_{Y,t} > c) = P_r(-Y_t < -b, -m_{Y,t} < -c)$$

$$= P_r\left(-\frac{Y_t}{\sigma} < \frac{-b}{\sigma}, M_{-Y,t}/\sigma < -c/\sigma\right)$$

$$= N\left(\frac{-b+\mu t}{\sigma\sqrt{t}}\right) - e^{2c\mu/\sigma^2} \cdot N\left(\frac{-b+2c+\mu t}{\sigma\sqrt{t}}\right) \tag{30-24}$$

利用式（30-21）并以 $-b$、$-c$ 及 $-\mu$ 分别替代 b、c 及 μ，即式（30-21）内的 b、c 及 μ 都以负值替代。

最小值 $m_{Y,t}$ 的概率分布函数求算如下：

$$P_r(m_{Y,t}>c) = P_r(Y_t>c, m_{Y,t}>c) \qquad \because m_{Y,t}>c \Rightarrow Y_t>c$$

$$= N\left(\frac{-c+\mu t}{\sigma\sqrt{t}}\right) - e^{2c\mu/\sigma^2} N\left(\frac{c+\mu t}{\sigma\sqrt{t}}\right) \tag{30-25}$$

七

第一触及时间的概率分布与实务应用

第一触及时间（First Hitting Time）的定义为：

$$\tau_y = \inf_{t\geq 0}\{t\mid Y_t\geq y\} \tag{30-26}$$

解释：从时间零起，随机过程 Y_t 第一次触及或超越 y 的最短时间称之为 τ_y。

第一触及时间 τ_y 的事件（或概率）其实等于 Y_t 的最大值 $M_{Y,\tau}$（$=\max_{0\leq t\leq\tau}Y_t$）在时间 τ 内小于 y 的事件（或概率）。所以，第一触及时间 τ_y 的概率分布为：

$$P_r(\tau_y>\tau) = P_r(M_{Y,\tau}<y)$$

$$= P_r[M_{Y,\tau}<y, Y(\tau)<y]$$

$$= N\left(\frac{y-\mu\tau}{\sigma\sqrt{\tau}}\right) - e^{2y\mu/\sigma^2} \cdot N\left(\frac{-y-\mu\tau}{\sigma\sqrt{\tau}}\right) \qquad 利用式（30-21）：b=y, c=y$$

$$\tag{30-27}$$

在利用式（30-22）即 τ_y 的概率分布函数 ($b=y=c$)：

$$f_{\tau_y}(y) = \frac{2y}{\sigma t\sqrt{t}} n\left(\frac{y}{\sigma\sqrt{t}}\right) e^{-\mu^2 t/2\sigma^2 + y\mu/\sigma^2} \tag{30-28}$$

第一触及时间的观念和其概率在场外衍生品或结构式产品设计时，经常会被运用到。比如，在产品设计时会经常设有敲入或敲出的条件。如此，可以让产品的发行机构降低产品成本或管控产品风险。

在本章中，我们已经有详细推导了随机过程及其最大与最小值的概率分布函数。这些概率理论对于定价回顾型、限界期权和场外衍生品来说很重要，我们将在以后的章节中继续运用这些理论。

第31章 限界期权

原理与实务应用

限界期权（或称障碍期权，Barrier Options）是奇异期权的一种，其实务应用很广泛。它不同于一般布莱克—修斯（BS）期权。欧式期权是路径独立的期权，但限界期权是路径相依的期权，其到期收益结构须视到期前标的价格是否大于或小于某一固定水平（称为限界，Barriers）以及到期的标的价格。因此其定价比一般期权复杂。在本章中，我们将会详细推导限界期权定价的理论。至于限界期权的一般特征及实务应用，请参阅作者的书《期权交易实战一本精》第8章（机械工业出版社出版）。

标的价格与最大及最小值之概率分布

正如以前，标的物价格的风险中性随机过程为

$$\frac{dS}{S} = (r-q)dt + \sigma dW^Q, \quad Q = 风险中性概率测度 \tag{31-1}$$

$$d\ln S = \left(r - q - \frac{\sigma^2}{2}\right)dt + \sigma dW^Q$$

$$\therefore S_t = S\exp\left[\left(r - q - \frac{\sigma^2}{2}\right)t + \sigma W_t^Q\right]$$

$$= Se^{Y_t} \tag{31-2}$$

此处：

$$Y_t = \ln(S_t/S) \tag{31-3}$$

$$= \left(r - q - \frac{\sigma^2}{2}\right)t + \sigma W_t^Q$$

$$= \mu t + \sigma W_t^Q \qquad \mu = r - q - \sigma^2/2$$

令：$\overline{S}_T = \max_{0 \le t \le T} S_t$，$\underline{S}_T = \min_{0 \le t \le T} S_t$ $\tag{31-4}$

$$M_{Y,T} = \max_{0 \le t \le T} Y_t = \ln(\overline{S}_T/S), \quad m_{Y,T} = \min_{0 \le t \le T} Y_t = \ln(\underline{S}_T/S) \tag{31-5}$$

我们可利用前一章的理论来推导有关标的价格、最大及最小值的概率分布及相关的期望值。

定理 1

标的价格与其最大值的联合累积概率为：

$$P_r^Q(S_T \le K, \overline{S}_T \le B) = N(-d_2) - \left(\frac{B}{S}\right)^{2\mu/\sigma^2} \cdot N(d_3) \tag{31-6}$$

此外：$B > K$，B 称为限界或障碍（Barriers）。

此处：$d_2 = \dfrac{\ln(S/K) + (r - q - \sigma^2/2)T}{\sigma\sqrt{T}}$

$d_3 = \dfrac{\ln(KS/B^2) - (r - q - \sigma^2/2)T}{\sigma\sqrt{T}}$

$\mu = r - q - \sigma^2/2$

证明

$$P_r^Q(S_T \le K, \overline{S}_T \le B) = P_r^Q[\ln(S_T/S) \le \ln(K/S) \quad \ln(\overline{S}_T/S) \le \ln(B/S)]$$

$$= P_r^Q[Y_T \le \ln(K/S), M_{Y,T} \le \ln(B/S)] \quad \text{由式（31-3）及式（31-5）}$$

$$= N\bigg[\underbrace{\frac{\ln(K/S) - (r - q - \sigma^2/2)T}{\sigma\sqrt{T}}}_{-d_2}\bigg] - e^{2[\ln(B/S)](r - q - \sigma^2/2)/\sigma^2} \times$$

$$N\left[\frac{\ln(K/S) - 2\ln(B/S) - \left(r - q - \frac{\sigma^2}{2}\right)T}{\sigma\sqrt{T}}\right]$$

$$= N(-d_2) - (B/S)^{2(r-q-\sigma^2/2)/\sigma^2} \cdot N(d_3)$$

注：利用上一章式（30-21）的 $b = \ln(K/S)$，$c = \ln(B/S)$，$\mu = r - q - \sigma^2/2$。

注意：若 $B \leq K$，则：

$$P_r^Q(S_T \leq K, \overline{S}_T \leq B) = P_r^Q(S_T \leq B, \overline{S}_T \leq B) = P_r^Q(\overline{S}_T \leq B)$$

$$= P_r^Q[\ln(\overline{S}_T/S) \leq \ln(B/S)] = P_r[M_{Y,T} \leq \ln(B/S)]$$

$$= N\left[\frac{\ln(B/S) - \mu}{\sigma\sqrt{T}}\right] - e^{2\ln(B/S)\mu/\sigma^2} N\left[\frac{-\ln(B/S) - \mu T}{\sigma\sqrt{T}}\right]$$

利用上一章的式（30-23）

$$= N\left[\frac{\ln(B/S) - \mu T}{\sigma\sqrt{T}}\right] - (B/S)^{2\mu/\sigma^2} \cdot N\left[-\frac{\ln(B/S) + \mu T}{\sigma\sqrt{T}}\right]$$

(31-7)

定理 2

标的价格与最小值的联合概率为：

$$P_r^Q(S_T > K, \underline{S}_T > B) = N(d_2) - (B/S)^{2\mu/\sigma^2} \cdot N(d_4) \qquad (31-8)$$

此处：$\mu = r - q - \sigma^2/2$

$$d_2 = \frac{\ln(S/K) + (r - q - \sigma^2/2)T}{\sigma\sqrt{T}} = \frac{\ln(S/K) + \mu T}{\sigma\sqrt{T}}$$

$$d_4 = \frac{\ln(B^2/SK) + (r - q - \sigma^2/2)T}{\sigma\sqrt{T}} = \frac{\ln(B^2/SK) + \mu T}{\sigma\sqrt{T}}$$

证明

$$P_r^Q(S_T > K, \underline{S}_T > B) = P_r^Q[\ln(S_T/S) > \ln(K/S), \ln(\underline{S}_T/S) > \ln(B/S)]$$

$$= P_r^Q[Y_t > \ln(K/S), m_{Y,T} > \ln(B/S)]$$

$$= N\left(\frac{-\ln(K/S) + \mu T}{\sigma\sqrt{T}}\right) - e^{2[\ln(B/S)]\mu/\sigma^2} \cdot$$

$$N\left(\frac{-\ln(K/S) + 2\ln(B/S) + \mu T}{\sigma\sqrt{T}}\right)$$

利用上一章式（30-24）的 $b = \ln(K/S)$，$c = \ln(B/S)$

$$= N\left[\frac{\ln(S/K) + \mu T}{\sigma \sqrt{T}}\right] - (B/S)^{2\mu/\sigma^2} \cdot N\left[\frac{\ln(B^2/SK) + \mu T}{\sigma \sqrt{T}}\right]$$

$$= N(d_2) - (B/S)^{2\mu/\sigma^2} N(d_4)$$

定理 3

$$E^Q[S_T 1_{\{S_T < K, \bar{S}_T < B\}}] = Se^{(r-q)T}\left[N(-d_1) - \left(\frac{B}{S}\right)^{2\mu^*/\sigma^2} \cdot N(d_5)\right] \quad (31-9)$$

此处：概率内的不等式加上或不加上等号是一样的，因为加上等号的概率为零；在连续股价下，价格等于单点价格的概率为零。

$$d_1 = \frac{\ln(S/K) + \mu^* T}{\sigma \sqrt{T}}, \quad \mu^* = r - q + \sigma^2/2$$

$$d_5 = \frac{\ln(SK/B^2) - \mu^* T}{\sigma \sqrt{T}}$$

证明

利用 $S_T = S\exp\left[\left(r - q - \frac{\sigma^2}{2}\right)T + \sigma W_T^Q\right]$，

则：
$$E^Q[S_T 1_{(S_T < K, \bar{S}_T < B)}] = Se^{(r-q)T} E^Q\left[e^{-\frac{1}{2}\sigma^2 T + \sigma W_T^Q} \cdot 1_{(S_T < K, \bar{S}_T < B)}\right]$$

$$= Se^{(r-q)T} E^R[1_{\{S_T < K, \bar{S}_T < B\}}] \quad \text{利用 Girsanov 定理}$$

$$= Se^{(r-q)T} P_r^R(S_T < K, \bar{S}_T < B)$$

$$= Se^{(r-q)T} P_r^R[Y_T < \ln(K/S), M_{Y,T} < \ln(B/S)]$$

$$= Se^{(r-q)T}\left\{N\underbrace{\left[\frac{\ln(K/S) - \mu^* T}{\sigma \sqrt{T}}\right]}_{-d_1} - e^{2[\ln(B/S)]\mu^*/\sigma^2} \cdot \right.$$

$$\left. N\left[\frac{\ln(K/S) - 2\ln(B/S) - \mu^* T}{\sigma \sqrt{T}}\right]\right\}$$

利用前一章式（30-21），在 R 概率测度下：

$$S_T = S\exp\left[\left(r - q + \frac{\sigma^2}{2}\right)T + \sigma W_T^R\right]$$

$$\therefore Y_T = \ln(S_T/S) = \left(r - q + \frac{\sigma^2}{2}\right)T + \sigma W_T^R = \mu^* T + \sigma W_T^R$$

$$= Se^{(r-q)T} \left\{ N(-d_1) - (B/S)^{2\mu^*/\sigma^2} \cdot N\left[\underbrace{\frac{\ln(SK/B^2) - \mu^* T}{\sigma\sqrt{T}}}_{d_5}\right] \right\}$$

定理 4

$$E^Q[S_T 1_{(S_T \geq K, \underline{S}_T \geq B)}] = Se^{(r-q)T}\left[N(d_1) - \left(\frac{B}{S}\right)^{2\mu^*/\sigma^2} \cdot N(d_6)\right] \quad (31-10)$$

此处，$d_1 =$ 正如前定义；$d_6 = \dfrac{\ln(B^2/SK) + \mu^* T}{\sigma\sqrt{T}}$。

证明

$$E^Q[S_T 1_{(S_T \geq K, \underline{S}_T \geq B)}] = Se^{(r-q)T} E^Q\left[e^{-\sigma^2 T/2 + \sigma W_T^Q} \cdot 1_{(S_T \geq K, \underline{S}_T \geq B)}\right]$$

$$= Se^{(r-q)T} \cdot P_r^R(S_T \geq K, \underline{S}_T \geq B)$$

$$= Se^{(r-q)T} P_r^R[Y_T \geq \ln(K/S), m_{Y,T} \geq \ln(B/S)]$$

$$= Se^{(r-q)T}\left\{N\left[\frac{-\ln(K/S) + \mu^* T}{\sigma\sqrt{T}}\right] - e^{2[\ln(B/S)]\mu^*/\sigma^2} \cdot \right.$$

$$\left. N\left[\frac{-\ln(K/S) + 2\ln(B/S) + \mu^* T}{\sigma\sqrt{T}}\right]\right\}$$

利用前一章式（30-24），并在 R 概率测度下运算，与前一定理同理。

$$= Se^{(r-q)T}\left\{N\left[\underbrace{\frac{\ln(S/K) + \mu^* T}{\sigma\sqrt{T}}}_{d_1}\right] - (B/S)^{2\mu^*/\sigma^2} \cdot \right.$$

$$\left. N\left[\underbrace{\frac{\ln(B^2/SK) + \mu^* T}{\sigma\sqrt{T}}}_{d_6}\right]\right\}$$

往下敲出与往下敲入看涨期权

我们首先定价往下敲出看涨期权（Down-And-Out Call），再定价往下敲入看涨期权（Down-and-In Call）。

(一) 往下敲出看涨期权 (DOC) 的定价公式

$$DOC = Se^{-qT}[N(d_1) - (B/S)^{2\mu^*/\sigma^2} \cdot N(d_6)] - Ke^{-rT}[N(d_2) - (B/S)^{2\mu/\sigma^2} \cdot N(d_4)] \tag{31-11}$$

证明

$$\begin{aligned}
DOC &= e^{-rT}E^Q[(S_T - K) \cdot 1_{(S_T \geq K, \underline{S}_T \geq B)}] \\
&= e^{-rT}\underbrace{E^Q[S_T 1_{(S_T \geq K, \underline{S}_T \geq B)}]}_{\text{定理4：式(31-10)}} - Ke^{-rT}\underbrace{E^Q[1_{(S_T \geq K, \underline{S}_T \geq B)}]}_{\text{定理2：式(31-8)}} \\
&= Se^{-qT}\left[N(d_1) - \left(\frac{B}{S}\right)^{2\mu^*/\sigma^2} \cdot N(d_6)\right] - Ke^{-rT}[N(d_2) - (B/S)^{2\mu/\sigma^2} \cdot N(d_4)]
\end{aligned}$$

(二) 往下敲入看涨期权 (DIC)

因为往下敲出看涨期权 (DIC) 加上往下敲入看涨期权 (DOU) 等于布莱克—修斯 (BS) 的欧式看涨期权 C，所以：

$$DIC = BS\ Call\ (C) - DOC \tag{31-12}$$

此处：$C = Se^{-qT}N(d_1) - Ke^{-rT}N(d_2)$

$DOC = $ 式 (31-11)

四 往上敲出及往上敲入看涨期权

我们首先定价往上敲出看涨期权 (Up-and-Out Calls)，而后再定价往上敲入看涨期权 (Up-and-In Calls)。

(一) 往上敲出看涨期权 (UOC) 的定价

$$UOC = e^{-rT}[\text{式}(31-9)(\text{令}\ K=B) - \text{式}(31-9)] - Ke^{-rT}[\text{式}(31-6)(\text{令}\ K=B) - \text{式}(31-6)] \tag{31-13}$$

证明

根据 UOC 的定义：

$$UOC = e^{-rT}E^Q[(S_T - K)1_{(S_T > K, \overline{S}_T < B)}] \qquad B > K$$

$$= e^{-rT} E^Q [S_T 1_{(S_T>K, \overline{S}_T<B)}] - Ke^{-rT} E^Q [1_{(S_T>K, \overline{S}_T<B)}]$$

$$= e^{-rT} \{ \underbrace{E^Q [S_T 1_{(S_T<B, \overline{S}_T<B)}]}_{\text{式}(31-9)(K=B)} - \underbrace{E^Q [S_T 1_{(S_T<K, \overline{S}_T<B)}]}_{\text{式}(31-9)} \} -$$

$$Ke^{-rT} \{ \underbrace{E^Q [1_{(S_T<B, \overline{S}_T<B)}]}_{\text{式}(31-6)(K=B)} - E [1_{(S_T<K, \overline{S}_T<B)}]_{\text{式}(31-6)} \}$$

此处：$E^Q [S_T^i 1_{(S_T>K, \overline{S}_T<B)}]$ $i = 0, 1$

$$= E^Q [S_T^i 1_{(S_T<B, \overline{S}<B)}] - E^Q [S_T^i 1_{(S_T<K, \overline{S}_T<B)}]$$

$$= e^{-rT} [\text{式}(31-9)(\text{但令} K=B) - \text{式}(31-9)] - Ke^{-rT} [\text{式}(31-6)(K=B) - \text{式}(31-5)]$$

（二）往上敲入看涨期权的定价

因为往上敲出看涨期权（UOC）加上往上敲入看涨期权（UIC）等于欧式看涨期权，所以往上敲入看涨期权的定价模型为：

$$UIC = \text{欧式看涨期权} - UOC [\text{即式}(31-11)] \qquad (31-14)$$

往下敲出及往下敲入看跌期权

（一）往下敲出看跌期权（Down – and – Out Puts）的定价

首先我们利用一个事实：看跌期权的到期收益$(K-S_T)^+$等于看涨期权到期收益$(S_T-K)^+$减掉(S_T-K)，也就是：

$$(K-S_T)^+ = (S_T-K)^+ - (S_T-K) \qquad (31-15)$$

∴ 往下敲出看跌期权的定价为：

$$DOP = e^{-rT} E^Q [(K-S_T)^+ 1_{(\underline{S}_T>B)}]$$

$$= e^{-rT} E^Q [(S_T-K)^+ 1_{(\underline{S}_T>B)}] - e^{-rT} E^Q [(S_T-K) 1_{(\underline{S}_T>B)}]$$

$$= \underbrace{e^{-rT} E^Q [(S_T-K) 1_{(S_T>K, \underline{S}_T>B)}]}_{DOC; \text{式}(31-11)} - e^{-rT} E^Q [S_T 1_{(\underline{S}_T>B)}] + e^{-rT} KE^Q [1_{(\underline{S}_T>B)}]$$

$$= DOC [\text{式}(31-11)] - e^{-rT} \underbrace{E^Q [S_T 1_{(S_T>B, \underline{S}_T>B)}]}_{\text{式}(31-10); \text{并令} K=B} + e^{-rT} K \underbrace{E^Q [1_{(S_T>B, \underline{S}_T>B)}]}_{\text{式}(31-8); \text{并令} K=B}$$

此处：$\underline{S}_T > B \Rightarrow S_T > B$

$$= DOC [\text{式}(31-11)] - e^{-rT} \cdot [\text{式}(31-10), \text{令} K=B] + e^{-rT} K [\text{式}(31-8),$$

令 $K = B$] (31-16)

（二）往下敲入看跌期权（Down-and-In Puts）定价

因为往下敲出看跌期权（DOP）加上往下敲入看跌期权（DIP）等于欧式看跌期权，所以往下敲入看跌期权的合理价格为：

$$DIP = P - DOP \quad (31-17)$$

此处：$P = -Se^{-qT}N(-d_1) + Ke^{-rT}N(-d_2)$ (31-18)

DOP = 式（31-16）

六 往上敲出及往上敲入看跌期权

我们仍然利用式（31-13）的原理来定价往上敲出及往上敲入看跌期权。

（一）往上敲出看跌期权（Up-and-Out Puts）的定价

$$UOP = e^{-rT}E^Q[(K-S_T)^+ 1_{(\overline{S}_T < B)}] \quad \text{再运用看涨与看跌期权平价关系}$$

$$= e^{-rT}E^Q[(S_T-K)^+ 1_{(\overline{S}_T < B)}] - e^{-rT}E^Q[(S_T-K)1_{(\overline{S}_T < B)}]$$

$$= \underbrace{e^{-rT}E^Q[(S_T-K)1_{(S_T>K,\overline{S}_T<B)}]}_{UOC,\text{式}(31-13)} - \underbrace{e^{-rT}E^Q[S_T 1_{(S_T<B,\overline{S}_T<B)}]}_{\text{式}(31-9),\text{并令}K=B}$$

$$+ e^{-rT}K\underbrace{E^Q[1_{(S_T<B,\overline{S}_T<B)}]}_{\text{式}(31-6),\text{并令}K=B}$$

此处：$\overline{S}_T < B \Rightarrow S_T < B$

$= UOC[\text{式}(31-13)] - e^{-rT}[\text{式}(31-9),\text{令}K=B] + e^{-rT}K[\text{式}(31-6),$ 令 $K=B]$ (31-19)

（二）往上敲入看跌期权（Up-and-In Puts）的定价

$UIP = P - UOP = \text{式}(31-18) - \text{式}(31-19)$ (31-20)

在本章中，我们已经先推导标的价格与最大及最小值的概率分布，再利用这些概率分布来推导各类型限界线期权的定价模型。其中包括往下敲出及往下敲入看涨期权、往上敲出及往上敲入看涨期权、往下敲出及往下敲入看跌期权，以及往上敲出与往上敲入看跌期权。

第32章 跨越限界期权

实务应用范例

一般限界期权（Barrier Options）是以一种标的作为到期收益计算的变数（Payoff Variable），并以同样的标的作为限界变数（Barrier Variable）。比如说，上证指数往上敲出看涨期权（Up-and Out Call Option）是以上证指数作为到期收益的计算 $[\max(S_T-K,0)]$，同时若在有效期内任何时刻，若上证触及8600点，则该看涨期权立即失效而无价值（即使看涨期权是实值）。所以，上证本身是收益变数，也是限界变数，但跨越限界期权则以另一种标的作为限界变数。例如：

1. 上证指数往下敲出跨越看涨期权（Crossing Barrier Call）是以上证指数作为收益变数，但以人民币/美元汇率作为限界变数。在有效期内任何时刻，若汇率由上而下触及6.55，则该看涨期权立即失效而无价值。但若不触及，则在到期日以 $\max(S_T-K,0)$ 作为收益计算。

2. 某债券的往上敲入跨越看跌期权是以政府零息债券作为收益变数，并以上证指数作为限界变数。在有效期内任何时刻，若上证指数由下而上触及8500点，则该看跌期权立即生效。在该期权的到期日 T_1 以 $\max[K-B(T_1,T_2),0]$ 作为收益计算（$T_1<T_2$）。$B(T_1,T_2)$ 是债券在 T_1 的价格，而其到期日为 T_2。但若在有效期内该指数都没有碰触到8500点，则该期权不生效（不被敲入）而无价值。

任何两种不同标的都可以构建成为跨越限界期权。两种标的可以同属于本国的标的（股票指数、个别股票、债券、利率指标、汇率或大宗商品），也可以其中之一为本国标的，另一个为外国标的。因此可以形成很多不同类型的跨越限界期权。

在本章中，我们将介绍跨越限界期权的定价模型（八种不同模型）。这些定价模型是由 Heynen 和 Kat（1994）所介绍。本章还会详细的推导理论。

定价模型的介绍

我们采用布莱克—修斯（BS）环境下的假设条件。在风险中性下，收益变数(S_t)及界限变数(B_t)的随机过程分别为：

$$d\ln(S_t/S_0) = \mu_1 dt + \sigma_1 dW_{1t} \quad S_0 \text{ 及 } B_0 \text{ 分别代表 } t=0 \text{ 的价值} \quad (32-1)$$

$$d\ln(B_t/B_0) = \mu_2 dt + \sigma_2 dW_{2t} \quad S_0 \text{ 及 } B_0 \text{ 分别代表 } t=0 \text{ 的价值} \quad (32-2)$$

若 S_t 及 B_t 都是本国标的，则：

$\mu_1 = (r - q_1 - \sigma_1^2/2)$, $\mu_2 = (r - q_2 - \sigma_2^2/2)$

此处：r = 本国无风险利率

q_1 = 本国标的 S_t 的股利率

q_2 = 本国标的 B_t 的股利率或方便收益率（若无股利率，$q_2 = 0$）

若 S_t 是本国标的，而 B_t 是外国标的，则：

$$\mu_1 = (r - q_1 - \sigma_1^2/2), \mu_2 = r_f - q_2 - \sigma_2^2/2 \quad (32-3)$$

r_f = 外国无风险利率，q_2 = 外国标的的股利率 $\quad (32-4)$

若 S_t 是本国标的，而 B_t 是人民币/美元汇率，则：

$\mu_1 = r - q_1 - \sigma_1^2/2$, $\mu_2 = r - r_f - \sigma_2^2/2$, r_f = 美元无风险利率

令 τ_H^B 为限界变数 B_t 在某一时段内触及限界 H 的第一次时间（First Hitting Time），我们首先考虑下列四种跨越限界期权的定价。

1. 往下敲出跨越看涨期权（Down-Out-Outside Call，简称 DOC）

$$DOC = e^{-rT} E^Q \{(S_0 e^u - K) 1_{[u > \ln(K/S_0), \tau_H^B > T]}\}$$

$$= e^{-rT} \int_{\ln(K/S_0)}^{\infty} (S_0 e^u - K) P_{\downarrow}(u, \tau_H^B > T) du \quad (32-5)$$

此处 $S_T = S_0(S_T/S_0) = S_0 e^u$，$u = \ln(S_T/S_0)$，$T$ = 到期日，K = 执行价，E^Q

($\cdot$) 代表在风险中性概率测度 Q 之下的期望值。

2. 往下敲出跨越看跌期权 (Down – and – Out Outside Put，简称 DOP)

$$DOP = e^{-rT} E^Q \{ (K - S_0 e^u) \mathbf{1}_{[u < \ln(K/S_0), \tau_H^B > T]} \}$$

$$= e^{-rT} \int_{-\infty}^{\ln(K/S_0)} (K - S_0 e^u) P_\downarrow(u, \tau_H^B > T) du \qquad (32-6)$$

式 (32 – 3) 及 (32 – 4) 内的 $P_\downarrow(u, \tau_H^B)$ 代表标的 S_t 及限界变数 B_t 由上而下 (不) 触及限界 H 的联合概率分布函数。

3. 往上敲出跨越看涨期权 (Up – and Out Outside Call，UOC)：

$$UOC = e^{-rT} \int_{\ln(K/S_0)}^{\infty} (S_0 e^u - K) P_\uparrow(u, \tau_H^B > T) du \qquad (32-7)$$

4. 往上敲出跨越看跌期权 (Up – and – Out Outside Put，UOP)：

$$UOP = e^{-rT} \int_{-\infty}^{\ln(K/S_0)} (K - S_0 e^u) P_\uparrow(u, \tau_H^B > T) du \qquad (32-8)$$

式 (32 – 5) 及 (32 – 6) 内的 $P_\uparrow(u, \tau_H^B > T)$ 代表标的 S_t 及限界变数 B_t 由下而上 (不) 触及限界 H 的联合概率分布函数。

虽然上面只有四种往上、往下敲出跨越期权的定价公式，其他四种评价模型可根据敲入敲出定价原理 (In – Out Parity) 求解。说明如下：

1. 往下敲入期权 + 往下敲出期权 = 一般欧式期权

例：

往下敲入 (跨越) 看涨期权 + 往下敲出 (跨越) 看涨期权 = 欧式看涨期权
(公式内的所有看涨期权都有相同执行价、相同标的及相同到期日)

∴ 往下敲入 (跨越) 看涨期权 = 一般欧式看涨期权 – 往下敲出 (跨越) 看涨期权式 (32 – 3)

同样：

往下敲入 (跨越) 看跌期权 = 一般欧式看跌期权 – 往下敲出 (跨越) 看跌期权式 (32 – 4)

2. 往上敲入期权 + 往下敲出期权 = 一般欧式期权

所以：往上敲入 (跨越) 看涨期权 = 一般欧式看涨期权 – 往下敲出 (跨越) 看涨期权

往上敲入 (跨越) 看跌期权 = 一般欧式看跌期权 – 往上敲出 (跨越) 看跌期权

因此，只要求算出式 (32 – 5) 至 (32 – 8) 的四种定价模型，即可利用敲入敲出平价原理求算出其他四种跨越限界期权的定价模型，而且所需要运用的联合概率分布函数只有两个：$P_\downarrow(u,\tau_H^B > T)$ 及 $P_\uparrow(u,\tau_H^B > T)$。我们将会在下文推导这两个联合概率分布函数。

为清楚地介绍跨越限界期权的定价模型，我们首先要列出往上敲出（跨越）看涨期权的定价公式：

$$UOC = e^{-rT}\int_{\ln(K/S_0)}^{\infty}(S_0 e^u - K)P_\uparrow(u,\tau_H^B > T)du \qquad 式（32-7）$$

$$= S_0[N_2(d_1,e_1;\rho) - e^{2(r_2 - \sigma_2^2/2 + \rho\sigma_1\sigma_2)\cdot\ln(H/B_0)/\sigma_2^2}N_2(d_1{'},e_1{'};\rho)]$$
$$- e^{rT}K[N_2(d_2,e_2;\rho) - e^{2(r_2 - \sigma_2^2/2)\ln(H/B_0)/\sigma_2^2}N_2(d_2{'},e_2{'};\rho)] \qquad (32-91)$$

此处：

$$d_1 = \frac{\ln(S_0/K) + (r_1 + \sigma_1^2/2)T}{\sigma_1\sqrt{T}}, \quad e_1 = \frac{\ln(H/B_0) - (r_2 - \sigma_2^2/2 + \rho\sigma_1\sigma_2)T}{\sigma_2\sqrt{T}}$$

$$d'_1 = \frac{\ln(S_0/K) + (r_1 + \sigma_1^2/2)T + 2\rho(\sigma_1/\sigma_2)\ln(H/B_0)}{\sigma_1\sqrt{T}}$$

$$e_1 = \frac{\ln(H/B_0) - (r_2 - \sigma_2^2/2 + \rho\sigma_1\sigma_2)T}{\sigma_2\sqrt{T}}$$

$$e'_1 = \frac{-\ln(H/B_0) - (r_2 - \sigma_2^2/2 + \rho\sigma_1\sigma_2)T}{\sigma_2\sqrt{T}}$$

$$d_2 = \frac{\ln(S_0/K) + (r_1 - \sigma_1^2/2)T}{\sigma_1\sqrt{T}}$$

$$d'_2 = \frac{\ln(S_0/K) + (r_1 - \sigma_1^2/2)T + 2\rho(\sigma_1/\sigma_2)\ln(H/B_0)}{\sigma_1\sqrt{T}}$$

$$e_2 = \frac{\ln(H/B_0) - (r_2 - \sigma_2^2/2)T}{\sigma_2\sqrt{T}}$$

$$e'_2 = \frac{\ln(H/B_0) - (r_2 - \sigma_2^2/2)T}{\sigma_2\sqrt{T}},$$

若有股息，则以 $r_i - q_i$ 取代 $r_i(i=1,2)$，$N_2(.,.)$ 代表累积双元标在正态分布概率。

其实，式（32-5）至（32-8）的四种定价模型之差异在于相关参数的正负符号对调而已，如 BS 的看涨与看跌期权公式的参数 S_0、K、d_1 及 d_2：将看涨期权定价公式内 S_0、K、d_1 及 d_2 的符号改成负号，即成为看跌期权的定价公式。因此，我们根据此原理及式（32-7）的推导可将这四种定价模型整合成为一个公式表示如下：

$$c = \beta S_0[N_2(\beta d'_1,\alpha e_1;-\alpha\beta\rho) - e^{2(r_2 - \sigma_2^2/2 + \rho\sigma_1\sigma_2)\ln(H/B_0)/\sigma_2^2}N_2(\beta d'_1{'},\alpha e'_1{'};-\alpha\beta\rho)]$$

$$-\beta e^{-rT} K[N_2(\beta d_2, \alpha e_2; -\alpha\beta\rho) - e^{2(r_2-\sigma_2^2/2)\ln(H/B_0)/\sigma_2^2} N_2(\beta d'_2{}', \alpha e'_2; -\alpha\beta\rho)]$$

$$(32-9-2)$$

式（32-9-2）内"$\beta=1$"代表看涨期权，"$\beta=-1$"代表看跌期权。"$\alpha=1$"代表往上敲出，而"$\alpha=-1$"代表往下敲出。当α及β的± 1值的组合成四种不同的公式就是上面我们所介绍的四种不同跨越限界期权的定价模型，分述如下：

1. 当$\alpha=-1$，$\beta=1$，则式（32-9-1）= 往下敲出跨越看涨期权的定价模型。

2. 当$\alpha=+1$，$\beta=1$，则式（32-9-1）= 往上敲出跨越看涨期权的定价模型[即式（32-7）]。

3. 当$\alpha=-1$，$\beta=-1$，则式（32-9-1）= 往下敲出跨越看跌期权的定价模型。

4. 当$\alpha=+1$，$\beta=-1$，则式（32-9-1）= 往上敲出跨越看跌期权的定价模型

$$\rho = \mathrm{Corr}[d\ln(S_t/S_0), d\ln(B_t/B_0)]/dt = \mathrm{Corr}(dW_{1t}, dW_{2t})/dt$$

三 联合概率分布函数

首先将式（32-1）及（32-2）改写如下：

$$dx_t = \mu_1 dt + \sigma_1 dW_{1t}, \quad x_t = \ln(S_t/S_0) \qquad (32-10-1)$$

$$dy_t = \mu_2 dt + \sigma_2 dW_{2t}, \quad y_t = \ln(B_t/B_0) \qquad (32-10-2)$$

令 $\tau_b^y = \inf\{t>0 | y_t = b\}$ 及 $b = \ln(H/B_0) > 0 \Rightarrow H > B_0$

$\therefore$ 界限变数 B_t 是由下而上触及限界 H（即 $y_0 < b$）。此外，$\tau_b^y > T \Leftrightarrow \max_{1 \leq t \leq T} B_t < H \Leftrightarrow \max_{1 \leq t \leq T} \ln(B_t/B_0) < b$。我们首先推导 X_T 与限界变数 B_T 由下而上触及 H 的联合累积概率函数 $P_{\uparrow}(X_T < x, \tau_b^y > T)$，而后再利用反射原理（Reflection Principle）或对称原理求算 X_T 与 B_T 由上而下触及 H 的联合概率分布函数 $P_{\downarrow}(u, \tau_b^y > T)$。

为推导方便起见，令 $\sigma_1 = \sigma_2 = 1$，等完成公式推导后，再重新将原来的 σ_1 及 σ_2 放回公式中。

因 X_t 及 y_t 是相关的两个变数（$\rho \neq 0$），为推导的简化，我们将 X_t 转换成另一

新变数 z_t，使 z_t 与 y_t 成为不相关。

$$\therefore 令 z_t = X_t - \rho y_t 及 y_t = y_t \qquad (32-11)$$

则：

$$Cov(z_t, y_t) = Cov(X_t - \rho y_t, y_t) = Cov(X_t, y_t) - \rho Cov(y_t, y_t)$$
$$= \rho \sigma_1 \sigma_2 - \rho \sigma_2^2 = 0 (\because \sigma_1 = 1 = \sigma_2)$$

注：若 $\sigma_1 \neq \sigma_2$，则令 $z_t = X_t - \rho(\sigma_1/\sigma_2) y_t \Rightarrow Cov(z_t, y_t) = 0$。

$$\therefore E(z_t) = E(X_t) - \rho E(y_t) = \mu_1 - \rho \mu_2 \qquad 乘以时间单位$$
$$Var(z_t) = Var(X_t - \rho y_t) = Var(X_t) + \rho^2 Var(y_t) - 2\rho Cov(X_t, y_t)$$
$$= 1 + \rho^2 - 2\rho(\rho \cdot 1) = 1 - \rho^2 \qquad 乘以时间单位$$

由数理统计可知 $Z_T \sim N[(\mu_1 - \rho\mu_2)T, (1-\rho^2)T]$，因此 X_T、y_T 及 τ_b^y 的联合概率分布函数可写成：

$$P(X_T \in dT, y_T \in dT, \tau_b^y > T) = P(z_T \in dT) \cdot P(y_T \in dT, \tau_b^y > T) \qquad (32-12)$$

此处，$P(z_T \in dT)$ 代表 z_T 的正态概率分布函数，$P(y_T \in dT, \tau_b^y > T)$ 是 y_T 与第一触及时间发生在有效期之后的联合概率分布函数。

$\therefore X_T$ 与 B_T 由下而上触及 H 的联合累积概率函数可表示如下：

$$P_\uparrow(X_T < x, \tau_b^y > T) = \int_{-\infty}^{x} \int_{-\infty}^{b} P(X_T \in dT, y_T \in dT, \tau_b^y > T) dy_T dX_T \qquad (32-13)$$

$$= \int_{-\infty}^{x} \int_{-\infty}^{b} P(Z_T \in dT) \cdot P(y_T \in dT, \tau_b^y > T) dy_T dX_T$$

$$= \int_{-\infty}^{x} \int_{-\infty}^{b} \frac{1}{\sqrt{2\pi(1-\rho^2)T}} \exp\left\{-\frac{[Z_T - E(Z_T)]^2}{2(1-\rho^2)T}\right\} \cdot P(y_T \in dT, \tau_b^y > T) dy_T dX_T$$

此处：$P(Z_T \in dT) = N[(\mu_1 - \rho\mu_2)T, (1-\rho^2)T]$

$$= \int_{-\infty}^{x} \int_{-\infty}^{b} \frac{1}{\sqrt{2\pi(1-\rho^2)T}} \exp\left\{-\frac{[(X_T - \rho y_T) - (\mu_1 - \rho\mu_2)T]^2}{2(1-\rho^2)T}\right\} \cdot$$
$$P(y_T \in dT, \tau_b^y > T) dy_T dX_T \qquad (32-14)$$

根据 Elliot 和 Kopp [1999, p.176, eq (7.50)]，y_T 与 $\tau_b^y > T$ 的概率函数可表示为：

$$P_\uparrow(y_T < y, \tau_b^y > T) = N\left(\frac{y - \mu_2 T}{\sqrt{T}}\right) - e^{2\mu_2 b} N\left(\frac{y - 2b - \mu_2 T}{\sqrt{T}}\right) \qquad (32-15)$$

注：式（32-15）也是第 30 章内式（30-21），当 $y = b$，$c = b$，$\mu = \mu_2$ 和 $\sigma = \sigma_2 = 1$。

式（32-14）内的第二个概率分布函数可由式（32-15）对 y 微分求解

如下：

$$P_\uparrow(y_T \in dT, \tau_b^y > T) = \frac{\partial}{\partial y} P_\uparrow(y_T < y, \tau_b^y > T)$$

$$= \frac{1}{\sqrt{T}} n\left(\frac{y - \mu_2 T}{\sqrt{T}}\right) - e^{2\mu_2 b} \cdot \frac{1}{\sqrt{T}} n\left(\frac{y - 2b - \mu_2 T}{\sqrt{T}}\right) \quad (32-16)$$

此处：$n(a) = \frac{1}{\sqrt{2\pi}} e^{-a^2/2}$，$a = \frac{y - \mu_2 T}{\sqrt{T}}$ 或 $\frac{y - 2b - \mu_2 T}{\sqrt{T}}$

将式（32-16）代入式（32-14），并将之拆成两项如下：

式（32-14）

$$= \int_{-\infty}^{x} \int_{-\infty}^{b} \underbrace{\frac{1}{\sqrt{2\pi(1-\rho^2)T}} \exp\left\{-\frac{[(X_T - \rho y_T) - (\mu_1 - \rho\mu_2)T]^2}{2(1-\rho^2)T}\right\}}_{x_t \text{及} y_T \text{的联合机率分配函数}} \cdot \frac{1}{\sqrt{T}} n\left(\frac{y - \mu_2 T}{\sqrt{T}}\right) dy_T dX_T -$$

$$e^{2\mu_2 b} \int_{-\infty}^{x} \int_{-\infty}^{b} \frac{1}{\sqrt{2\pi(1-\rho^2)T}} \exp\left\{-\frac{[X_T - \rho y_T - (\mu_1 - \rho\mu_2)T]^2}{2(1-\rho^2)T}\right\} \cdot$$

$$\frac{1}{\sqrt{T}} n\left(\frac{y - 2b - \mu_2 T}{\sqrt{T}}\right) dY_T dX_T \quad (32-17)$$

式（32-17）内的第一积分项可立即辨认是 X_T 及 y_T 的累积双元联合概率

$$N_2\left(\frac{x - \mu_1 T}{\sqrt{T}}, \frac{b - \mu_2 T}{\sqrt{T}}; \rho\right) \quad (32-18)$$

至于式（32-17）内的第二积分项可以将其改写成为第一积分项的格式，而后利用第一积分项就可以很容易地将第二积分项求算出。所以我们对第二积分项求算如下：

令 $y_T^* = y_T + 2b$，将式（32-17）内第二指数函数的部分改写如下：

$$\exp\left\{-\frac{[X_T + 2\rho b - \rho(y_T + 2b) - (\mu_1 T - \rho\mu_2 T)]^2}{2(1-\rho^2)T}\right\}$$

$$= \exp\left\{-\frac{[\overbrace{(X_T + 2\rho b)}^{X_T^*} - \rho y_T^* - (\mu_1 - \rho\mu_2)T]^2}{2(1-\rho^2)T}\right\}$$

$$= \exp\left\{-\frac{[(X_T^* - \rho y_T^*) - (\mu_1 - \rho\mu_2)T]^2}{2(1-\rho^2)T}\right\}$$

$$X_T^* = X_T + 2\rho b \quad (32-19)$$

这与第一积分项内 $\exp[\cdot]$ 的格式相同，只是 X_T 及 y_T 是以新变数 X_T^* 及 y_T^* 来替代。

此外，式（32-17）内的最后一项可以改写为：

$$\frac{1}{\sqrt{T}}n\left(\frac{y-2b-\mu_2 T}{\sqrt{T}}\right)=\frac{1}{\sqrt{T}}n\left(\frac{y^*-(4b+\mu_2 T)}{\sqrt{T}}\right) \quad (32-20)$$

这与式（32-17）内 $\frac{1}{\sqrt{T}}\left(\frac{y-\mu_2 T}{\sqrt{T}}\right)$ 的格式相同，只是原来的 $\mu_2 T$ 由 $(4b+\mu_2 T)$ 取代。因此，式（32-17）第二双层积分内的联合概率分布是 X_T^* 及 y_T^* 的联合二元正态分布。X_T^* 的积分上限为 $x+2\rho b$，而 y_T^* 的积分上限是 $3b$。所以，式（32-17）内第二项可利用第一项的结果式（32-18）求算如下：

$$e^{2\mu_2 b}N\left[\frac{x^*-\mu_1 T}{\sqrt{T}},\frac{3b-(4b+\mu_2 T)}{\sqrt{T}};\rho\right]$$

$$=e^{2\mu_2 b}N\left[\frac{x+2\rho b-\mu_1 T}{\sqrt{T}},\frac{-b-\mu_2 T}{\sqrt{T}};\rho\right] \quad (32-21)$$

注：式（32-20）的分母：$y-(2b+\mu_2 T)=(y+2b)-(4b+\mu_2 T)=y^*-(4b+\mu_2 T)$，$y^*=y+2b\Rightarrow y_T^*$ 的积分上限 $=b+2b=3b$。

将式（32-18）及（32-21）代回式（32-17）[=式（32-14）]：

$$\text{式}(32-14)=N_2\left(\frac{x-\mu_1 T}{\sqrt{T}},\frac{b-\mu_2 T}{\sqrt{T}};\rho\right)-e^{2\mu_2 b}N_2\left(\frac{x+2\rho b-\mu_1 T}{\sqrt{T}},\frac{-b-\mu_2 T}{\sqrt{T}};\rho\right)$$

$$(32-22)$$

因为式（32-22）[=式（32-14）]的求解是令 $\sigma_1=\sigma_2=1$，所以我们重新将 σ_1 及 σ_2 的角色放回式中，亦即式（32-22）内的 x、y、μ_1、μ_2 及 b 分别以 x/σ_1、y/σ_2、μ_1/σ_1、μ_2/σ_2 及 b/σ_2 取代就可获得式（32-13）或（32-14）的联合概率分布函数，表示如下：

$$P_{\uparrow}(X_T\leqslant x,\tau_b^y>T)=N_2\left[\frac{x/\sigma_1-(\mu_1/\sigma_1)T}{\sqrt{T}},\frac{b/\sigma_2-(\mu_2/\sigma_2)T}{\sqrt{T}};\rho\right]$$

$$-e^{2(\mu_2/\sigma_2)(b/\sigma_2)}N_2\left[\frac{(x/\sigma_1)+2\rho(b/\sigma_2)-(\mu_1/\sigma_1)T}{\sqrt{T}},\frac{-(b/\sigma_2)-(\mu_2/\sigma_2)T}{\sqrt{T}};\rho\right]$$

$$=N_2\left(\frac{x-\mu_1 T}{\sigma_1\sqrt{T}},\frac{b-\mu_2 T}{\sigma_2\sqrt{T}};\rho\right)-e^{2\mu_2 b/\sigma_2^2}N_2\left[\frac{x+2\rho(\sigma_1/\sigma_2)b-\mu_1 T}{\sigma_1\sqrt{T}},\frac{-b-\mu_2 T}{\sigma_2\sqrt{T}};\rho\right]$$

$$(32-23)$$

一旦 X_T 与 B_T 由下而上触及 H 的联合（累积）概率函数式（32-23）求解后，我们可利用反射原理求算 X_T 与 B_T 由上而下触及 H 的联合概率分布函数。推导如下：

若 $b=\ln(H/B_0)<0\Rightarrow B_0>H$，所以界限变数 B_t 是由上而下触及限界 H，亦即 $y_0>b$，则 $(-y_0)<(-b)$ 及 $-b>0$，因此我们利用反射原理（或对称原理）

将式（32-23）内的 b 及 μ_2 加上负号即 $-b$ 及 $-\mu_2$ 之后，就是 X_T 与 B_T 由上而下触及 H 的联合概率分布函数如下：

$$P_\downarrow(X_T < x, \tau_b^\gamma > T) = N_2\left(\frac{x - \mu_1 T}{\sigma_1 \sqrt{T}}, \frac{-b + \mu_2 T}{\sigma_2 \sqrt{T}}; \rho\right)$$

$$- e^{2\mu_2 b/\sigma_2} N_2\left(\frac{x - 2\rho(\sigma_1/\sigma_2)b - \mu_1 T}{\sigma_1 \sqrt{T}}, \frac{b + \mu_2 T}{\sigma_2 \sqrt{T}}; \rho\right) \quad (32-24)$$

四 定价模型的推导

利用式（32-23），我们在本部分推导往上敲出跨越看涨期权的定价模型[即式（32-7）]。利用已知的事实，在风险中性概率测度 Q 之下有：

$S_T = S_0 \exp[(r_1 - \sigma_1^2/2)T + \sigma_1 W_{1T}^Q] \Rightarrow \mu_1 = r_1 - \sigma_1^2/2$

$B_T = B_0 \exp[(r_2 - \sigma_2^2/2)T + \sigma_2 W_{2T}^Q] \Rightarrow \mu_2 = r_2 - \sigma_2^2/2$

在概率测度 R 之下：

$S_T = S_0 \exp[(r_1 + \sigma_1^2/2)T + \sigma_1 W_{1T}^R] \Rightarrow \mu_1 = r_1 + \sigma_1^2/2$

$B_T = B_0 \exp[(r_2 - \sigma_2^2/2 + \rho\sigma_1\sigma_2)T + \sigma_2 W_{2T}^R] \Rightarrow \mu_2 = r_2 - \sigma_2^2/2 + \rho\sigma_1\sigma_2$

此处：

$dW_1^Q = dW_1^R + \sigma_1 dt$

$dW_2^Q = dW_2^R + \rho\sigma_1 dt$

∴ 往上敲出跨越看涨期权的定价模型为：

$$UOC = e^{-rT} \int_{\ln(K/S_0)}^{\infty} (S_0 e^u - K) P_\uparrow(u, \tau_H^B > T) du$$

$$= \underbrace{e^{-rT} \int_{\ln(K/S_0)}^{\infty} S_0 e^u P_\uparrow(u, \tau_H^B > T) du}_{A} - \underbrace{e^{-rT} K \int_{\ln(K/S_0)}^{\infty} P_\uparrow(u, \tau_H^B > T) du}_{B}$$

$$(32-25)$$

首先求算式（32-25）内的 B 项：

$$B = \int_{\ln(K/S_0)}^{\infty} P_\uparrow(u, \tau_H^B > T) du = E^Q[1_{\{u > \ln(K/S_0), \tau_H^B > T\}}]$$

（= 它是当 $\tau_H^B > T$ 和到期看涨期权是实值的概率）

$= P_r[u^* < \ln(S_0/K), \tau_H^B > T]$

此外：$u^* = -u \Rightarrow E(u^*) = -\mu_1 T$

然后，将式（32-1）内的 $u_1 T$ 以 $-u_1 T$ 替代（或改为负号）$\Rightarrow -\mu_1 T = -(-\mu_1 T) = \mu_1 T$

在式（32-23）内：

$$= N_2 \left[\underbrace{\frac{\ln(S_0/K) + (r_1 - \sigma_1^2/2)T}{\sigma_1\sqrt{T}}}_{\text{在测度} Q \text{下的} d_2}, \underbrace{\frac{\ln(H/B_0) - (r_2 - \sigma_2^2/2)T}{\sigma_2\sqrt{T}}}_{\text{在测度} Q \text{下的} e_2}; \rho \right]$$

$\left[\text{此外，我们运用等价概率平赌的观念} \atop \mu_1 = r_1 - \sigma_1^2/2, \mu_2 = r_2 - \sigma_2^2/2, \text{在测度} Q \text{之下} \right]$

$$- e^{2(r_2 - \sigma_2^2/2) \cdot \ln(H/B_0)/\sigma_2^2} N_2 \left[\underbrace{\frac{\ln(S_0/K) + \left(r_1 - \frac{\sigma_1^2}{2}\right)T + 2\rho\left(\frac{\sigma_1}{\sigma_2}\right)\ln(H/B_0)}{\sigma_1\sqrt{T}}}_{d'_2 \text{在测度} Q \text{之下}}, \right.$$

$$\left. \underbrace{\frac{\ln(H/B_0) - \left(r_2 - \frac{\sigma_2^2}{2}\right)T}{\sigma_2\sqrt{T}}}_{e'_2 \text{在测度} Q \text{之下}}; \rho \right]$$

之后在概率测度 R 之下，利用等价概率平赌的方法求算式（32-25）内的 A 项（$\mu_1 = r_1 + \sigma_1^2/2$ 和 $\mu_2 = r_2 - \sigma_2^2/2 + \rho\sigma_1\sigma_2$，在测度 R 之下）：

$$A = e^{-rT} \int_{\ln(K/S_0)}^{\infty} \underbrace{S_0 e^u}_{S_T} P_\uparrow(u, \tau_H^R > T) du$$

$$= e^{-rT} E^Q \{ S_0 e^u 1_{[u > \ln(K/S_0), \tau_H^R > T]} \}$$

$$= e^{-rT} S_0 e^{rT} E^Q [\xi_T 1_{(.)}] = S_0 E^R [1_{(.)}]$$

$$= S_0 P_r^R [u > \ln(K/S_0), \tau_H^B > T] = S_0 P_r^R [\underbrace{u^*}_{X_T} < \underbrace{\ln(S_0/K)}_{x}, \tau_H^B > T]$$

然后，再运用在测度 R 之下的式（32-23）将 $-\mu_1 T$ 以 $\mu_1 T$ 替代，此处在测度 R 之下：

$\mu_1 = r_1 + \frac{1}{2}\sigma_1^2$ 和 $\mu_2 = r_2 - \frac{\sigma_2^2}{2} + \rho\sigma_1\sigma_2$.

$$= S_0 N \left[\underbrace{\frac{\ln(S_0/K) + \overbrace{(r_1 + \sigma_1^2/2)}^{\mu_1 \text{under} R} T}{\sigma_1\sqrt{T}}}_{d_1 \text{在测度} R \text{之下}}, \underbrace{\frac{\ln(H/B_0) - \overbrace{(r_2 - \sigma_2^2/2 + \rho\sigma_1\sigma_2)}^{\mu_2 \text{under} R} T}{\sigma_2\sqrt{T}}}_{e_1 \text{在测度} R \text{下}}; \rho \right]$$

$$- S_0 e^{2(r_2 - \frac{\sigma_2^2}{2} + \rho\sigma_1\sigma_2) \cdot \ln(H/B_0)/\sigma_2^2} N \left[\underbrace{\frac{\ln(S_0/K) + (r_1 + \sigma_1^2)T + 2\rho(\sigma_1/\sigma_2)\ln(H/B_0)}{\sigma_1\sqrt{T}}}_{d'_1}, \right.$$

$$\left. \frac{-\ln(H/B_0) - \overbrace{(r_2 - \sigma_2^2/2 + \rho\sigma_1\sigma_2)}^{\mu_2} T}{\sigma_2\sqrt{T}} \right\}_{c_1'} ; \rho \right]$$

将 A 及 B 两项代入式（32-25）即是往上敲出跨越看涨期权的定价模型式（32-7）。其他三个定价模型［式（32-3）（32-4）及（32-6）］的推导很类似。其相互之间的差异只是相关参数的正负符号对调而已。

五

相关系数大小对限界期权价值的影响

收益变数（S_t）与限界变数（B_t）之间的相关系数 ρ 对跨越期权价值的影响分述如下。

1. 就往下敲出跨越看涨期权（DOC）而言，若 $\rho<0$ 且愈小，则 S_t 的价格愈高，B_t 可能愈下降，增加触及限界 H 的概率（即出局的概率愈大），因此 DOC 的价值愈小；若 $\rho>0$ 且愈大，则 S_t 的价格愈上升，B_t 愈上升，降低触及限界 H 的概率（即出局的概率愈小），因此 UOC 的价值愈大。

2. 就往上敲入跨越看涨期权（UIC）而言，若 $\rho<0$ 且愈小，则 S_t 的价格愈上升，B_t 愈下降，触及 H 的概率就愈小（即生效概率愈小），因此 UIC 的价值愈小；若 $\rho>0$ 且愈大，则 S_t 愈上升，B_t 也愈上升，触及 H 的概率愈大（即生效的概率愈大），UIC 的价值愈大。

3. 就往上敲出跨越看涨期权（UOC）而言，若 $\rho<0$ 且愈小，则 S_t 愈上升，B_t 会下降，触及 H 的概率愈小（即出局的概率愈小），UOC 的价值愈大；若 $\rho>0$ 且愈大，则 S_t 愈上升，B_t 也会愈上升，触及失效（出局）的概率愈大，UOC 的价值愈小。

4. 就往上敲入跨越看跌期权（UIP），若 $\rho<0$ 且愈小，则 S_t 愈下降，B_t 愈上升，触及生效（入局）的概率愈大，因此 UIP 的价值愈大；若 $\rho>0$ 且愈大，则 S_t 愈下降，B_t 也愈下降，触及生效（入局）的概率愈小，因此 UIP 的价值愈小。

5. 就往上敲出跨越看跌期权（UOP）而言，若 $\rho<0$ 且愈小，则 S_t 愈下降，B_t 愈上升，触及失效（出局）的概率愈大，因此 UOP 的价值愈小；若 $\rho>0$ 且愈大，则 S_t 愈下降，B_t 也愈下降，触及失效（出局）的概率愈小，因此 UOP 的价值愈大。

其他三种跨越期权可按理类推。

界限期权在实务方面的应用很广泛，它可降低权利金成本，也可作避险工具使用。跨越限界期权比一般的限界期权更有趣，但其定价更具挑战性及更困难。在本章中，我们已介绍了 8 种跨越限界期权，并详细推导了其定价模型，此外，本章对收益变数及限界变数之间的相关系数及对跨越限界期权价值的影响也有详细分析。

参考文献

1. Elliot, R. and P. Kopp, Mathematics of Financia (Markets, Springer–Verlag New York (1999).

2. Heynen, R. and H. Kat, "Crossing Barriers", Over the Rainbow (1995), Chapter 26.

第33章 场外衍生品与投资产品设计的七个示范案例：定价与对冲产品风险

本章的主要目的是要让读者了解本书介绍的各种期权的定价技术和对冲风险的方法是场外衍生品创新的磐石，以及拓展与增强竞争力利器的来源。在本章中，我们介绍七个示范产品案例，以供读者参考，其内容包括：

（1）挂钩股指的定期存款（或票据）；

（2）牛熊式产品：上涨或下跌通吃；

（3）后定牛熊市产品：日后决定是看涨或看跌期权；

（4）资产配置产品：保本保收益和获得两种资产最高的收益率；

（5）熊市增益产品；

（6）每日区间累计收益期权产品；

（7）双鲨鱼鳍期权产品。

关于更多创新衍生品的实用案例，读者可参阅作者的另外一本书《国际投行与商银热门衍生品实用宝典：利率、汇率与大宗商品》。

挂钩股指的定期存款（或票据）

（一）产品的收益特征

股价指数期权可以运用构建股指挂钩的银行定期存款或票据，这是一种结构式票据（或产品）。比如，一个股指挂钩的定期存款的到期收益可以设计为：

$$\max\left[1.5\%, 60\%\left(\frac{S_T}{3000}-1\right)\right] \qquad (33-1)$$

此处，1.5%是存款的最低利率（或保证最低收益率）；S_T代表沪深300指数在到期日的价格；60%代表投资者可以分享沪深指数到期收益率（$\frac{S_T}{3000}-1$）的百分比，称为参与率。也就是，在到期时，若沪深指数上涨高于3000点，投资者就可以分享其收益率低的60%。若60%的收益率低于1.5%，投资者可获得1.5%的保证收益率。也就是说，若高于1.5%，投资者可获沪深300指数收益率的60%。比如，在到期日若$S_T=3250$，则$60\%\times(3250/3000-1)=60\%\times(0.08333)=5\%$。

投资者可以获得2%与3.67%的较高者，也是3.67%的收益率。所以，这个产品是一种既保息又保本的产品，广受投资者的喜爱。

（二）产品的结构

其实，式（33-1）的到期收益代表一个结构式产品，它是由1.5%利息的银行存款和一个沪深300指数的看涨期权组合而成。这可将其到期收益率加以改写，就能很清楚了解：

$$\max\left[1.5\%, 60\%\left(\frac{S_T}{3000}-1\right)\right]$$

$$=1.5\%+\max\left[0, 60\%\left(\frac{S_T}{3000}-1\right)-1.5\%\right]$$

$$=1.5\%+60\%\max\left[0,\left(\frac{S_T}{3000}-1\right)-\frac{1.5\%}{60\%}\right]$$

$$=1.5\%+60\%\underbrace{\max\left[0,\frac{S_T}{3000}-1.025\right]}_{\text{沪深指数看涨期权}} \qquad (33-2)$$

= 1.5%利息的银行存款（或票据） +60%的沪深指数看涨期权C_T

所以沪深指数看涨期权的到期收益率如下：

$$C_T=\max\left[0,\frac{S_T}{3000}-1.025\right] \qquad (33-3)$$

这个看涨期权的标的是沪深300指数的到期价位S_T除以现在的价位3000点，其执行价位是1.025。

在金融创新时，这一类型的结构式产品（或票据）得到广泛运用。其实，标的物的选定可以是任何适当的标的，比如高流动性、有知名度或广泛被市场接受的标的，诸如各种指数、ETFS、债券、黄金、石油等或可选取国外的适当标的。

(三) 产品的定价

这个产品的定价很容易。银行存款的部分是 1.5% 利率的短期票据定价，而期权部分是欧式看涨期权的定价，其标的为 $S_T/3000$，而执行价是 1.025。产品的总成本是这两个定价之和。当然，还要加上避险成本、交易费用、税费等关联成本费用，最后，还要加上利润，才是产品的总价格。

(四) 对冲产品的风险

短期票据部分可由短期国库券或货币工具对冲。至于期权的风险，如 Delta、Gamma、Vega 和 Theta 风险的对冲方法与欧式期权一样。一旦发行机构具备正确且有效率的产品对冲策略，在到期日就不会产生信用违约或刚性兑付的风险。读者可参阅《期权交易实战一本精》的第 3 章。

牛熊式产品：上涨或下跌通吃

(一) 适用市场情况

牛熊式产品 (Bull - Bear Notes) 适用于投资者（或避险者）对未来标的价格的趋势无法确定，或许未来是牛市或熊市。此产品给投资者提供了正的收益率，不管标的价格是上涨或下跌。

(二) 产品特征

不管标的是上涨或下跌，投资者通吃（都可以获得收益）。除了保本外，投资者的收益可能无限，但没有保证最低收益。所以最低收益率可能会是零，或低于银行利息（当然也可以另外设计保证最低收益率，比如 3%）。

(三) 产品的到期收益

产品的到期收益为：

$$1 + \alpha \cdot Max\left[\overbrace{\left(\frac{S_T - K_2}{K_2}\right)}^{\text{多头}}, \overbrace{\left(\frac{K_1 - S_T}{K_1}\right)}^{\text{空头}}\right] \tag{33-4}$$

此处，执行价可以设定为下列三种：
1. $K_1 = K_2 = S_0$（与标的期初价格S_0相同的执行价）；
2. $K_1 = 98\% \times S_0$（虚值设计）；
$K_2 = 102\% \times S_0$（虚值设计）。
也就是说，看涨和看跌的收益部分在期初都是虚值。
3. $K_1 = 102\% \times S_0$（实值设计）；
$K_2 = 98\% \times S_0$，（实值设计）。
也就是说，看涨和看跌的收益部分在期初都是实值。
若设计就是期初一个是实值，而另一个是虚值，可能会产生到期时看涨和看跌的收益都会是零收益。

注：

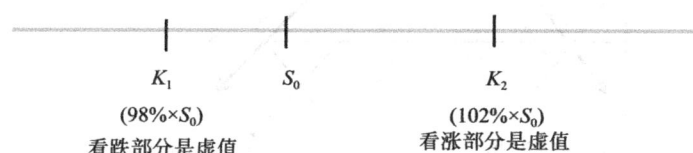

此外，α = 参与率（比如，100%、95%、90%等）或多头与空头收益率可各设不同的参与率（α_1和α_2）。

为了要了解牛熊式产品的结构，我们改写式（33-4）的到期收益如下：
产品收益 = $1 + \alpha[call(K_2) + put(K_1)]$　　此处，$call(K_2)$是指看涨期权的执行价是K_2，而$put(K_1)$是指看跌期权的执行价是K_1。

= $1 + \alpha$（做多的下跨式策略，即投资者同时持有看涨和看跌期权）

(33-5)

式（33-5）告诉我们，牛熊式产品是由零息债券（保本部分，由1代表）和看涨与看跌期权组合而成。

（四）牛熊式产品的定价

产品定价 = 零息债券价格 + α单位的做多跨式策略的价格（即欧式看涨和看跌期权的价格）　　　　　　　　　　　　　　　　　　　　　　　　　(33-6)

实际产品成本 = 产品定价 + 对冲风险成本 + 交易费用 + 税费 + 利润

利润的高低得视竞争的程度而定；竞争越剧烈，利润越低。

（五）对冲牛熊式产品风险

1. 买入零息债券，以保证到期的保本。

2. 对冲跨式策略的风险：采用期货。

其风险管控策略如图 33-1 所示。当股价上涨接近上行盈亏点 B 处，买入期货（或看涨期权，执行价等于 B）。当股价下跌接近下行盈亏点 A 时，出售期货（或买入看跌期权，执行价 B）。

从发行公司的观点，出售牛熊式产品相当于出售看涨和看跌期权给投资者。也就是卖出勒式策略，也称为上跨式策略（是根据其收益图形横跨于标的价格线之上而命名）。运用期货对冲"卖出勒式策略"的风险如图 33-1 所示。

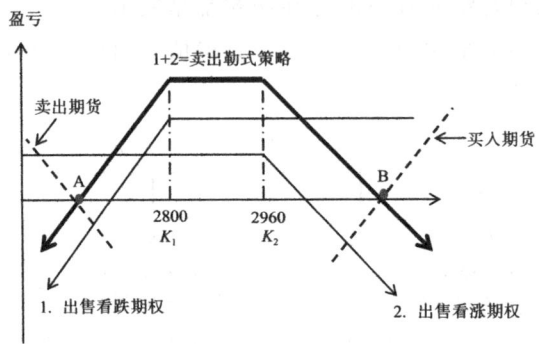

图 33-1　运用期货对冲"卖出勒式策略"的风险

一旦发行机构具备正确且有效率的产品风险对冲策略，在到期时，就不会发出信用违约或刚性兑付的风险。关于卖出勒式策略的风险控管，读者可参阅《期权交易实战一本精》的第 16 章和第 22 章。

牛熊市产品内包括看涨和看跌期权，因此其期权费用比较高。为降低期权费用，可以将这两个期权分别以牛市价差和熊市价差取代。这样，期权费用就降低了许多。其定价也相对容易，只要将看涨和看跌期权的定价改为牛市价差和熊市价差的定价就可以，后两者的定价也简单，对冲期权的风险也不难（注：降低期权费用的产品设计有许多的方法可以采用）。

后定牛熊式产品：日后决定是看涨或看跌期权

（一）适用的市场情况

当预期未来的市场很难确定是牛市或熊市时，或者有一个重要的事件即将发生或宣布，且很难确定应该是选择看涨或看跌期权时，后定牛熊式产品正适用于投资者的需求。此产品允许投资者在产品有效期内的某一个时点再选择产品的收益期权是看涨或者是看跌期权。一旦选择是看涨（或看跌）期权后，看涨（或看跌）期权就会一直到产品的到期日。比如，2016年6月23日英国"脱欧"公投日之前，"留欧"与"脱欧"的民调不相上下，很难确知最后的结果。这种产品允许投资者（或避险者）在公投日的次日（6月24日）选择产品内的期权是英镑看涨或看跌期权。虽然投资者可免除不确定性的风险，但产品的成本价格会相对高于单一个期权，但低于前一个产品的成本价格。

（二）产品特征

因为产品的成本相对低于前一个产品的成本，发行商（券商、私募基金、银行、信托、保险公司）可提供投资者比较高的参与率（α）。

投资者在到期前某一个时点（t），可以选择该产品内的期权是看涨对他们有利，还是看跌期权对他们有利［前一个产品是给投资者在到期时（T）选择该产品是看涨或者是看跌期权］。

除了保本外，收益可能无限，但没有保证最低收益，可能会是零收益。

（三）产品到期收益

产品到期收益：

$$1 + \text{Max}\left[0, e_t \cdot \alpha\left(\frac{S_T - S_0}{S_0}\right)\right] \tag{33-7}$$

此处：

$e_t = \begin{cases} 1, \text{产品内含一个看涨期权} \\ -1, \text{产品内含一个看跌期权} \end{cases}$

［在选择时点（t）时，若投资者选择"看涨期权"，则$e_t = 1$。若选择"看跌期权"，则$e_t = -1$］

= 1 + 到期日是 T 的看涨期权（call）+ 到期日是在选择时点（t）的看跌期权［put，执行价为 $Ke^{-r(T-t)}$］

= 1 + 后定期权

后定期权的到期日和执行价如图33-2所示：

put 的期初标的价格为e^{-qT}，call 的期初标的价格为 1（$\because S_0/S_0 = 1$），q 为标的股息率（或方便率；若没有，设定 $q = 0$）。

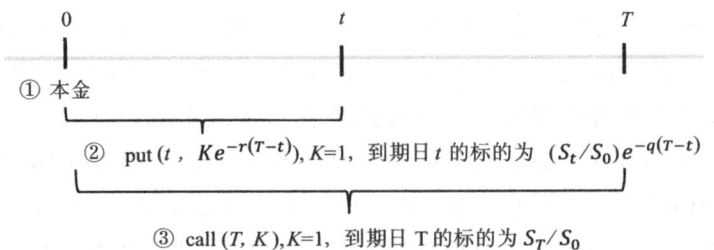

图33-2 后定期权的到期日和执行价

这是一个保本的产品,并内含一个后定期权(Chooser Option),允许投资者(或避险者)在选择时点(t),决定内含的期权是看涨或者是看跌期权,哪一个对他有利。后定期权的定价已于第11章进行了详细的介绍。

(四)根据产品到期的收益分析,后定牛熊式产品的成本价格可以表示为:

$$\text{产品定价} = \text{零息债券} + call(T,K) + put(t,K^*) \quad (33-8)$$

后两者为后定期权的定价(详见第11章),此外,$K=1, K^* = e^{-r(T-t)}$。

实际产品报价 = 产品定价 + 对冲风险成本 + 交易费用 + 税费 + 利润

(五)对冲产品风险的方法

1. 买入零息债券,以保证到期的保本。
2. 对冲后定期权的参数已于第11章详细介绍了,在此不再重复。
3. 当发行公司的对冲策略很好、很有效率时,对冲风险的成本可降至最低,因此,可提升利润。更重要的是产品的风险也降低至最小。

资产配置产品:保本保收益和获得两种资产的最高收益率

(一)产品适用的情况

在资产配置时,允许投资者选择两种资产间的最高收益率,并保证最低收益率 G。

(二) 产品收益率

$$\text{产品收益率} = N\left\{1 + Max\left[G, \alpha\left(\frac{S_{1T} - S_1}{S_1}\right), \alpha\left(\frac{S_{2T} - S_2}{S_2}\right)\right]\right\} \quad (33-9)$$

此处：N = 名义本金，G = 保证最低收益率，α = 参与率

S_{1T} = 代表资产 1 的到期价格，比如：沪深 300EFT、标普 500 指数或黄金价格等

S_{2T} = 债券指数或创业板指数、债券指数 ETF，或黄金 ETF 等

(三) 产品的定价

根据产品的收益率，可以很容易地看出该产品是由零息债券、付息 G 的短期债券（或银行存款）、(α/S_1) 单位的第一个标的看涨期权和 (α/S_2) 单位的第二个标的看涨期权组合而成，以式 (33-10) 表示：

产品定价 = 零息债券(由 1 代表) + 付息 G 的债券(由 G 代表)

$$+ \left(\frac{\alpha}{S_1}\right)call(S_{1T}, K_1, T) + \left(\frac{\alpha}{S_2}\right)call(S_{2T}, K_2, T) \quad (33-10)$$

此处：

$K_1 = S_1(1 + G/\alpha)$，是第一个看涨期权的执行价

S_1 = 第一标的期初价格

$K_2 = S_2(1 + G/\alpha)$，是第二个看涨期权的执行价

S_2 = 第二标的期初价格

(四) 产品风险的对冲

保本和保息部分的风险可分别由买入零息债券和付息 G 的债券对冲。至于两个看涨期权，可以分别由其 Delta 对冲。此外，也必须考虑 Gamma、Vega 和 Theta 的风险。读者可参见《期权交易实战一本精》第 3 章的详细介绍。

当设定 G = 0 时，该产品的保证收益率为零，但不会有负收益率，该产品成为保本，但不保息。

五 熊市的增益产品

（一）适用的市场情况

当预期股市（或某大宗商品）未来会有短暂下跌时，可以理性地放弃上涨的收益（可能性不大）来换取下跌时获得一个固定的收益；以小的代价换取固定收益。

（二）产品的收益

$$R = 1 + \min\left(\frac{S_0 - S_T}{S_0}, 0\right) + G \tag{33-11}$$

此处，S_T = 标的到期价格；S_0 = 标的期初价格；G = 固定收益率；名义本金设定为1元（没有保本）。

式（33-11）的意义是：在到期时（T），若标的价格下跌（$S_T < S_0$），$R = 1 + G$（获得固定收益 G）；若到期时，价格上涨（$S_T > S_0$），$R = 1 +$ 负值的 $(\frac{S_0 - S_T}{S_0}) + G$。

所以，只要标的价格上涨的负收益率$\left(\frac{S_0 - S_T}{S_0}\right)$不超过 G，投资者（或基金经理）都可获得正收益 R。若上涨的负收益率超过 G，则会牺牲（或失去）收益率 G 和亏损部分的本金。但按照预期的判断，其可能性较低。所以，该产品是以小的代价换取固定收益率 G。

（三）产品定价

根据产品的收益，式（33-11）可以改写为：

$$R = (1 + G) - \left(\frac{1}{s_0}\right)\max(S_T - S_0, 0) \tag{33-12}$$

此处，我们运用一个规则：$\min(a, b) = -\max(-a, -b)$

= 付息国库券（或债券）到期的本利和（$1 + G$）加上做空$\left(\frac{1}{s_0}\right)$单位的看

涨期权

所以，根据式（33-12），该产品的定价很简单，它是付息债券和看涨期权两者的定价之和。

（四）产品风险的对冲方法

观察产品的收益式（33-12）得知，产品内含有做空的看涨期权。投资者购买这个产品相当于出售1手看涨期权给发行机构，以取得权利金收入。这个权利金收入转换为产品的固定收益 G（或者发行机构支付固定收益率给投资者）。所以，发行机构唯一的责任是在到期目标的价格下跌时支付收益率 G 给投资者。这个责任可由期初购入付息 G 的低风险货币工具或债券兑付它。

至于做空看涨期权的风险，投资者（或基金经理）应该负责。若基金经理判断错误，在到期时标的价格不跌反涨，他不但会失去固定收益率，也可能亏损本金。购买此产品的风险可以图33-3表示：

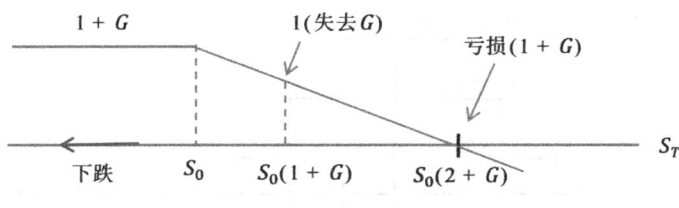

图33-3 产品风险

解释：

在到期时，若标的价格上涨至 $S_0(1+G)$，基金经理失去收益率 G；若上涨到 $S_0(2+G)$，会亏损本金和收益率 $(1+G)$。

当预期未来标的价格上涨的可能性大时，基金经理（或投资者）除了拥有标的外，也可以出售看跌期权来提升基金的收益，或创造额外收益。能够满足基金经理这种需求的产品，可以经由式（33-11）加以修改，其产品收益如下：

$$R = 1 + \min\left(\frac{S_T - S_0}{S_0}, 0\right) + G \qquad (33-13)$$

$$= (1+G) - \underbrace{\left(\frac{1}{S_0}\right)\max(S_0 - S_T, 0)}_{\text{出售}(\frac{1}{S_0})\text{单位的看跌期权}} \qquad (33-14)$$

式（33-13）或（33-14）的产品分析与上述产品和很类似：若标的价格上涨时，除了基金本身获得资本利得外，也获得额外的收益率 G。但若标的价格下跌时，基金经理会失去部分收益 G；若是大跌时，不但会失去收益 G，也会亏损部分本金，这是判断错误的后果。

六 每日区间累计收益期权产品

（一）产品到期收益结构

这个产品的每日区间收益是以每日计算，并累计至到期日（三个月）。其每日收益结构如图33-4所示：

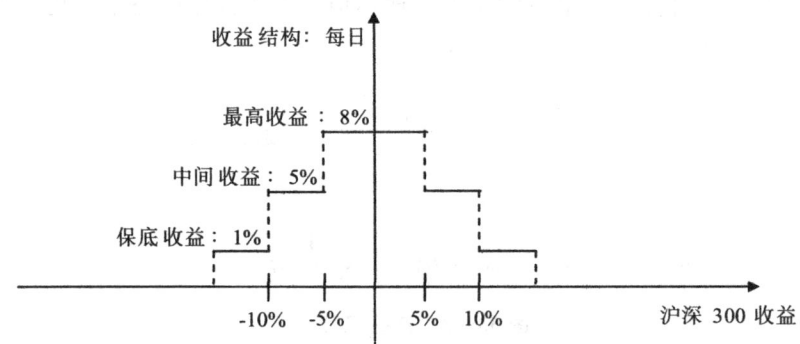

图33-4 每日收益结构

比如，在第一个交易日，若沪深300收益率介于-5%和5%之间，投资者获得年收益率8%；在第二交易日，若该股指收益率介于5%和10%之间，投资者获得年收益率5%；每一个交易日都是如此计算收益率，并累计至到期日。此产品是由5个数字期权（或二元期权）组合而成，其定价方法已于第5章介绍了。这种由数字期权组合而成的产品常出现于实务界。

（二）产品定价

区间型产品的定价很容易。令 t_i 为第 i 个交易日；$\tau_i = t_i - t$；t = 定价时点，RAO_t = 该产品在时点 t 的价格（Range Accrual Option）；$N = 3$ 个月的总共交易日。

$$\therefore RAO_t = \sum_{i=1}^{N} e^{-r\tau_i} \left(\frac{1\%}{365}\right) Pr^Q (S(t_i) < \overbrace{-10\%}^{K_1})$$

$$+ \sum_{i=1}^{N} e^{-r\tau_i}\left(\frac{5\%}{365}\right) Pr^Q(\overbrace{-10\%}^{K_1} < S(t_i) < \overbrace{-5\%}^{K_2})$$

$$+ \sum_{i=1}^{N} e^{-r\tau_i}\left(\frac{8\%}{365}\right) Pr^Q(\overbrace{-5\%}^{K_2} < S(t_i) < \overbrace{5\%}^{K_3})$$

$$+ \sum_{i=1}^{N} e^{-r\tau_i}\left(\frac{5\%}{365}\right) Pr^Q(\overbrace{5\%}^{K_3} < S(t_i) < \overbrace{10\%}^{K_4})$$

$$+ \sum_{i=1}^{N} e^{-r\tau_i}\left(\frac{1\%}{365}\right) Pr^Q[\overbrace{10\%}^{K_5} < S(t_i)] \quad (33-15)$$

此处：$K_1 = -10\%$，$K_2 = -5\%$，$K_3 = 5\%$，$K_4 = 10\%$，名义本金为1元。

（注：累计收益率也可以设定为每一个月支付一次，则定价稍做修改就可以。）

$$= \left(\frac{1\%}{365}\right)\sum_{i=1}^{N} e^{-r\tau_i} N(-d_{2,1}^i) + \left(\frac{5\%}{365}\right)\sum_{i=1}^{N} e^{-r\tau_i}[N(d_{2,1}^i) - N(d_{2,2}^i)]$$

$$+ \left(\frac{8\%}{365}\right)\sum_{i=1}^{N} e^{-r\tau_i}[N(d_{2,2}^i) - N(d_{2,3}^i)]$$

$$+ \left(\frac{5\%}{365}\right)\sum_{i=1}^{N} e^{-r\tau_i}[N(d_{2,3}^i) - N(d_{2,4}^i)]$$

$$+ \left(\frac{1\%}{365}\right)\sum_{i=1}^{N} e^{-r\tau_i}[N(d_{2,5}^i)] \quad (33-16)$$

此处，$d_{2,1}^i = \dfrac{\ln\left(\dfrac{S}{K_1}\right) + \left(r - q - \dfrac{1}{2}\sigma^2\right)(t_i - t)}{\sigma\sqrt{-t}}$，$1 \leq i \leq N$，

$$d_{2,2}^i = \frac{\ln\left(\dfrac{S}{K_2}\right) + \left(r - q - \dfrac{1}{2}\sigma^2\right)(t_i - t)}{\sigma\sqrt{-t}}$$

$$d_{2,3}^i = \frac{\ln\left(\dfrac{S}{K_3}\right) + \left(r - q - \dfrac{1}{2}\sigma^2\right)(t_i - t)}{\sigma\sqrt{-t}}$$

$$d_{2,4}^i = \frac{\ln\left(\dfrac{S}{K_4}\right) + \left(r - q - \dfrac{1}{2}\sigma^2\right)(t_i - t)}{\sigma\sqrt{-t}}$$

$$d_{2,5}^i = \frac{\ln\left(\dfrac{S}{K_5}\right) + \left(r - q - \dfrac{1}{2}\sigma^2\right)(t_i - t)}{\sigma\sqrt{-t}}$$

以上所有的 d 参数都可以以一个公式表示如下：

$$d_{2,j}^i = \frac{\ln\left(\frac{S}{K_j}\right) + \left(r - q - \frac{1}{2}\sigma^2\right)(t_i - t)}{\sigma\sqrt{t_i - t}}, i = 1, 2, \cdots, N; j = 1, 2, \cdots, 5。$$

在数值分析时，$t_i - t$ 必须以年的百分比表示；若 $t_i - t = 12$ 天，则 $t_i - t = \frac{12}{365}$ = 0.0329 年。

（三）风险对冲方法

该产品是由 5 个数字期权组合而成，其定价是由 5 个数字期权的定价加总之和，也就是式（33 - 16）内 5 个定价项加总。因此，每一个数字期权的风险对冲方法可运用背对背（Back - to - Back）对冲方法，由（几个）第三方接收对冲风险，但会有成本的支出。只要 5 个背对背对冲的成本总支出小于式（35 - 2）的定价，则发行机构可以赚取价差，当然，也可以用发行机构自己拥有的几个相同（或很类似）的数字期权仓位对冲，产品内的其余数字期权可借由第三方对冲风险。或者每一个数字期权可运用一个看涨期权价差（Call Spread）对冲风险，其中做多执行价 K_i 与做空执行价 K_{i+1} 之间的距离越小越能够复制数字期权的到期收益，对冲风险的效果会很好。

该产品风险的对冲不宜采用 Delta 对冲，因为会产生 4 个 Delta 跳跃，也会产生更高的亏损。

双鲨鱼鳍期权产品（Double - Shark fin Option，DSO）

（一）产品到期收益结构

此产品的到期收益结构如图 33 - 5 所示：

产品收益结构设有两个敲出条件。在有效期内的任一个交易日，若 CSI 指数下跌低于 B_1（= 93% × S_t）或高于 B_2（= 107% × S_t），则该产品期权被敲出（即产品合约终止），投资者获得 5.4% 的收益率。S_t 代表定价时点（或合约起始日）的 CSI 指数价位。

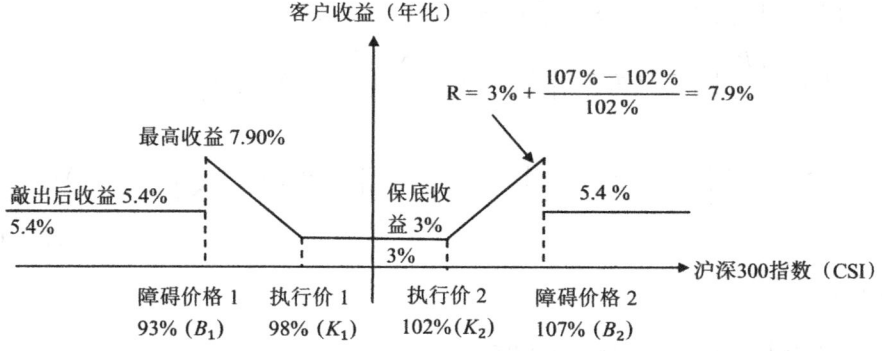

图 33-5 收益结构

（二）产品定价

该产品的定价可视为由 5 个基础期权定价的组合。其定价如下：

$$DSO_t = e^{-r\tau}\Big\{5.4\% Pr^Q(\underline{S}_T \leq B_1) + \Big[3\% + E^Q\Big(\frac{K_1 - S_T}{K_1}\Big)1_{(B_1 < S_T < K_1;\underline{S}_T > B_1)} +$$

$$3\% E^Q(1_{\{K_1 < S_T < K_2\}})\Big] + \Big[3\% + E^Q\Big(\frac{S_T - K_2}{K_2}\Big)1_{(K_2 < S_T < B_2;\overline{S}_T < B_2)}\Big] +$$

$$5.4\% Pr^Q(\overline{S}_T \geq B_2)\Big\} \tag{33-17}$$

注：第三个指示函数内可以不加 $\underline{S}_T > B_1$ 的条件，因其发生的概率很低。

此处，$\underline{S}_T = \min_{t \leq u \leq T}\{S_u\}, \overline{S}_T = \max_{t \leq u \leq T}\{S_u\}, \tau = T - t$

式（33-17）内的 5 个期望值分别求算如下：

1. $Pr^Q(\underline{S}_T \leq B_1) = 1 - \Big[N\Big(\frac{-B_1 + \mu\tau}{\sigma\sqrt{\tau}}\Big) - e^{2B_1\mu/\sigma^2}N\Big(\frac{B_1 + \mu\tau}{\sigma\sqrt{\tau}}\Big)\Big] \tag{33-18}$

此处，$\mu = r - q - \frac{1}{2}\sigma^2$

运用第 30 章式（30-25），获得式（33-18）。

2. $E^Q\Big[\Big(\frac{K_1 - S_T}{K_1}\Big)1_{(B_1 < S_T < K_1;\underline{S}_T > B_1)}\Big]$　　此处运用第 31 章式（31-8）求算期望值：

$$= \underbrace{Pr^Q(B_1 < S_T < K_1;\underline{S}_T > B_1)}_{\text{（可拆分成两个概率）}} - \frac{1}{K}E^Q(S_T 1_{\{B_1 < S_T < K_1;\underline{S}_T > B_1\}})$$

$$= Pr^Q(S_T > B_1;\underline{S}_T > B_1) - Pr^Q(S_T > K_1;\underline{S}_T > B_1)$$

$$- \frac{1}{K}S_t e^{(r-q)\tau}\underbrace{Pr^R(B_1 < S_T < K_1;\underline{S}_T > B_1)}_{\text{可拆分成两个概率}}$$

再运用第 31 章式（31-8）求算概率。

$$= N(d_2) - \left(\frac{B_1}{S}\right)^{2\mu/\sigma^2} N(d_4) - \left[N(d_2^*) - \left(\frac{K_1}{S}\right)^{2\mu/\sigma^2} \cdot N(d_4^*)\right]$$

$$- \frac{1}{K} S_t e^{(r-q)\tau} \left\{ N(d_{2+}) - \left(\frac{B_1}{S}\right)^{2\mu^*/\sigma^2} N(d_{4+}) - \left[N(d_{2+}^*) + \left(\frac{K_1}{S}\right)^{2\mu^*/\sigma^2} \cdot N(d_{4+}^*)\right]\right\}$$

$$(33-19)$$

此处：

$$d_2 = \frac{ln\left(\frac{S}{B_1}\right) + \mu\tau}{\sigma\sqrt{\tau}}, d_2^* = \frac{ln\left(\frac{S}{K_1}\right) + \mu\tau}{\sigma\sqrt{\tau}}, \mu = r - q - \frac{1}{2}\sigma^2$$

$$d_4 = \frac{ln\left(\frac{B_1^2}{SB_1}\right) + \mu\tau}{\sigma\sqrt{\tau}}, d_4^* = \frac{ln\left(\frac{B_1^2}{SK_1}\right) + \mu\tau}{\sigma\sqrt{\tau}}, S = S_t (为方便计)$$

$$d_{2+} = \frac{ln\left(\frac{S}{B_1}\right) + \mu^*\tau}{\sigma\sqrt{\tau}}, d_{2+}^* = \frac{ln\left(\frac{S}{K_1}\right) + \mu^*\tau}{\sigma\sqrt{\tau}},$$

此处，$\mu^* = r - q + \frac{1}{2}\sigma^2$（在测度 R 之下）

$$d_{4+} = \frac{ln\left(\frac{B_1^2}{SB_1}\right) + \mu^*\tau}{\sigma\sqrt{\tau}}, d_{4+}^* = \frac{ln\left(\frac{B_1^2}{SK_1}\right) + \mu^*\tau}{\sigma\sqrt{\tau}}$$

3. $E^Q[1_{(K_1 < S_T < K_2)}] = Pr^Q(K_1 < S_T < K_2) = Pr^Q(S_T > K_1) - Pr^Q(S_T > K_2)$
$$= N(d_{2,1}) - N(d_{2,2}) \qquad (33-20)$$

此处：

$$d_{2,i} = \frac{ln\left(\frac{S}{K_i}\right) + \mu\tau}{\sigma\sqrt{\tau}}, i = 1, 2$$

4. $E^Q\left[\left(\frac{S_T - K_2}{K_2}\right) 1_{(K_2 < S_T < B_2; \overline{S}_T < B_2)}\right]$

$$= \frac{1}{K_2} E^Q(S_T 1_A) - Pr^Q(K_2 < S_T < B_2; \overline{S}_T < B_2)$$

$$= \frac{1}{K_2} S e^{(r-q)\tau} Pr^R(K_2 < S_T < B_2; \overline{S}_T < B_2) - Pr^Q(K_2 < S_T < B_2; _T < B_2)$$

$$= \frac{1}{K_2} S e^{(r-q)\tau} \left[Pr^R(S_T < B_2; \overline{S}_T < B_2) - Pr^R(S_T < K_2; \overline{S}_T < B_2)\right] - [Pr^Q(S_T < B_2;$$

$\overline{S}_T < B_2) - Pr^Q(S_T < K_2; \overline{S}_T < B_2)]$

此处，$Pr(S_T < B_2; \overline{S}_T < B_2) = Pr(\overline{S}_T < B_2)$，因为条件 $S_T < B_2$ 已包含于条件 $\overline{S}_T < B_2$ 内。

$$= \frac{1}{K_2} S e^{(r-q)\tau} \left\{ \left[N\left(\frac{B_2 - \mu^* \tau}{\sigma\sqrt{\tau}}\right) - e^{2B_2\mu^*/\sigma^2} N\left(\frac{-B_2 - \mu^* \tau}{\sigma\sqrt{\tau}}\right) \right] \right.$$ 运用第 30 章式 (30-27) 在测度 R 之下

$$- \left[N(-d_2^*) - \left(\frac{B_2}{S}\right)^{2\mu^*/\sigma^2} \cdot N(d_3^*) \right]$$ 运用第 31 章式 (31-6) 在测度 R 之下

$$- \left[N\left(\frac{B_2 - \mu\tau}{\sigma\sqrt{\tau}}\right) - e^{2B_2\mu/\sigma^2} N\left(\frac{-B_2 - \mu\tau}{\sigma\sqrt{\tau}}\right) \right]$$ 运用第 30 章式 (30-27) 在测度 Q 之下

$$\left. + \left[N(-d_2) - \left(\frac{B_2}{S}\right)^{2\mu/\sigma^2} N(d_3) \right] \right\} \qquad (33-21)$$

此处：

$$d_2^* = \frac{ln\left(\frac{S}{B_2}\right) + \mu_+ \tau}{\sigma\sqrt{\tau}}, \quad d'_2 = \frac{ln\left(\frac{S}{K_2}\right) + \mu_+ \tau}{\sigma\sqrt{\tau}}$$

$$d_3^* = \frac{ln\left(\frac{B_2 S}{B_2^2}\right) - \mu_+ \tau}{\sigma\sqrt{\tau}}, \quad d'_3 = \frac{ln\left(\frac{K_2 S}{B_2^2}\right) - \mu_+ \tau}{\sigma\sqrt{\tau}}$$

$$d_2 = \frac{ln\left(\frac{S}{B_2}\right) + \mu\tau}{\sigma\sqrt{\tau}}, \quad d''_2 = \frac{ln\left(\frac{S}{K_2}\right) + \mu\tau}{\sigma\sqrt{\tau}}$$

$$d_3 = \frac{ln\left(\frac{B_2 S}{B_2^2}\right) - \mu\tau}{\sigma\sqrt{\tau}}, \quad d''_3 = \frac{ln\left(\frac{K_2 S}{B_2^2}\right) - \mu\tau}{\sigma\sqrt{\tau}}$$

5. $Pr^Q(\overline{S}_T \geq B_2)$

$= 1 - Pr^Q(\overline{S}_T \leq B_2)$ 再运用第 30 章式 (30-27) 获得式 (33-22)

$$= 1 - \left[N\left(\frac{B_2 - \mu\tau}{\sigma\sqrt{\tau}}\right) - e^{\frac{2B_2\mu}{\sigma^2}} N\left(\frac{-B_2 - \mu\tau}{\sigma\sqrt{\tau}}\right) \right] \qquad (33-22)$$

将以上式 (33-18)、式 (33-19)、式 (33-20)、式 (33-21) 和式 (33-22) 代入式 (33-17) 就是双鲨鱼鳍期权产品的定价公式如下：

$$DSO_t = e^{-r\tau} \{(4.5\%) \times 式(33-18) + [(3\%) + 式(33-19)] + (3\%) \times 式$$

$$(33-20)+[(3\%)+\text{式}(33-21)]+(5.4\%)\times\text{式}(33-22)\} \qquad (33-23)$$

(三) 产品风险的对冲方法

该产品是由 5 个期权组合而成，因其中含有敲出条件，建议以背对背对冲方法，详见前一个产品的详细介绍。

由以上七个案例的分析介绍可知，只要读者能够掌握本书内所介绍的各种期权的定价技术和对冲期权产品风险的各种策略，一定可以掌握金融创新的技术，并可以克服场外衍生品与投资产品设计的各种困难。